Buch

Victor Ostrovsky erhielt seinen gefährlichsten Auftrag erst, nachdem er den Mossad aufgrund einer Intrige verlassen mußte. Doch die Drahtzieher der Intrige sind seine neuen geheimen Auftraggeber, fortschrittlich eingestellte Kräfte, die die Hardliner der alten Führungsclique entmachten wollen. Ostrovsky läßt sich, um sein Leben zu retten, auf ihr Spiel ein; dabei fällt ihm brisantes Material in die Hände, das er nun, um auch vor der neuen Clique seines Lebens sicher sein zu können, veröffentlicht.

Autor

Der 1949 in Kanada geborene und in Israel aufgewachsene Victor Ostrovsky war mit 18 Jahren der jüngste Offizier der israelischen Armee. Anfang der achtziger Jahre warb er in der Mossad an. Nach vier Jahren Geheimdiensttätigkeit wurde er unter ominösen Umständen entlassen. Heute lebt er wieder in Kanada. 1990 veröffentlichte er das Buch »Der Mossad«, gegen das der Staat Israel per einstweiliger Verfügung einzuschreiten versuchte und das in der Folge zu einem internationalen Bestseller avancierte. »Geheimakte Mossad« beleuchtet quasi als Fortsetzung weitere dunkle Kapitel aus der jüngsten Geschichte des israelischen Geheimdienstes und deckt einige, zuvor nur angedeutete tiefere Querverbindungen auf.

Alice Hummel

Victor Ostrovsky

GEHEIMAKTE MOSSAD

Die schmutzigen Geschäfte des israelischen Geheimdienstes

Aus dem Amerikanischen von Einar Schlereth

GOLDMANN

Für Bella

Umwelthinweis:
Alle bedruckten Materialien dieses Taschenbuches
sind chlorfrei und umweltschonend.

Der Goldmann Verlag
ist ein Unternehmen der Verlagsgruppe Bertelsmann

Vollständige Taschenbuchausgabe Februar 1996
Wilhelm Goldmann Verlag, München

Originalverlag Harper Collins, New York
Originaltitel »The Other Side of Deception«
Umschlaggestaltung: Design Team München
Druck: Presse-Druck, Augsburg
Verlagsnummer: 12658
kf · Herstellung: Ludwig Weidenbeck
Made in Germany
ISBN 3-442-12658-4

3 5 7 9 10 8 6 4

Inhalt

Vorbemerkung

Dieses Buch habe ich geschrieben, um die Wahrheit über meine Odyssee zu berichten. Ich bin sicher, daß es verschiedene Leute gibt, die lieber ihre Sicht der Ereignisse veröffentlicht gesehen und dafür alles getan hätten. Wegen der Komplexität des Themas entschied ich, daß zur Vermittlung der Fakten das geeignetste Medium ein Buch wäre. Ich entschied mich auch für die mehr oder weniger chronologische Darstellung der Ereignisse.

Obwohl es nicht die Regel ist, daß Mitglieder von Geheimdiensten schriftliche Aufzeichungen oder Notizen machen, habe ich es zur Durchführung operativer Aufgaben getan. Diese Notizen wurden für mich eine zusätzliche und nützliche Quelle bei der Niederschrift dieses Buches, obwohl sie ursprünglich nicht dafür gedacht waren. Abgesehen von diesen Notizen habe ich mich bei der Rekonstruktion der hier beschriebenen Ereignisse vor allem auf mein Gedächtnis gestützt. Ich habe mir alle Mühe gegeben, um Ungenauigkeiten weitgehend auszuschalten. Es sei daran erinnert, daß gerade mein Erinnerungsvermögen einer der Hauptgründe dafür gewesen ist, daß mich der Mossad ursprünglich eingestellt hat. Ich glaube behaupten zu können, daß das Buch bis beinahe in die kleinsten Details hinein exakt ist. Alle Namen im Buch sind authentisch, mit Ausnahme von Dina, Rachel, Albert, David, Sarah, Rami, Edward und Fadllal, bei denen es sich um Decknamen handelt. In manchen Fällen, bei denen es sich um aktive Operateure handelt, habe ich nur die Vornamen angegeben, damit diese Personen nicht gefährdet werden. Außerdem habe ich dafür gesorgt, daß der Mossad vorab eine Kopie des Buches erhält, damit er die ihm notwendig erscheinenden Vorsichtsmaßnahmen treffen kann. Das Buch ist schließlich keine persönliche Vendetta.

Die meisten der im Buch behandelten Ereignisse sind ausführlich in den Medien abgehandelt worden. Ich habe am Ende des Buches eine unvollständige Liste von Publikationen angefügt, um Interessierten Nachforschungen in bestimmten Fragen zu erleichtern.

Kurz gesagt, dieses Buch ist der Tatsachenbericht von Ereignissen, die ich erlebt habe.

Ich möchte mich bei vielen Freunden und ehemaligen Kollegen für ihre Hilfe und Unterstützung bedanken, aber die Natur der Sache verlangt, daß sie, im eigenen Interesse, anonym bleiben müssen.

Außerdem danke ich meinen Verlagen Aventura in Norwegen, Bertelsmann in Deutschland, M & P in den Niederlanden, Standast in Belgien, Longanesi/Corbaccio in Italien und HarperCollins im englischen Sprachraum dafür, daß sie mir vertrauen und dieses Vorhaben unterstützen.

Victor Ostrovsky

Prolog

Meine Großeltern väterlicherseits emigrierten um die Jahrhundertwende aus Rußland nach Kanada. Sie ließen sich zusammen mit anderen Emigranten in der kleinen Stadt Wakaw in Saskatchewan nieder, wo mein Großvater Aaron Ostrovsky ein gutgehendes Einzelhandelsgeschäft aufbaute, das er aber in der Zeit der großen Depression wieder verlor. Danach zog die Familie nach Edmonton in Alberta, wo sie sich der wachsenden jüdischen Gemeinde anschloß.

Ungefähr um dieselbe Zeit floh die Margolin-Familie – Esther, Hayyim und ihr Baby Rafa – vor den Pogromen in Rußland und wanderte nach Palästina aus. Sie ließ sich in Jerusalem nieder, und es kamen noch zwei weitere Kinder, Mira und Maza, zur Welt.

Sid Ostrovsky, das fünfte von sieben Kindern, diente im Zweiten Weltkrieg als Pilot in einem kanadischen Bombergeschwader, das in Europa stationiert war. Nach dem Krieg trat er in die Armee des neugebildeten Staates Israel ein. Dort traf er Mira Margolin, die gerade ihre Dienstpflicht in der britischen Armee im Kampf gegen die Deutschen in Nordafrika abgeleistet hatte.

Die beiden heirateten und ließen sich in Edmonton nieder, wo ich am 28. November 1949 geboren wurde. Meine Mutter, die alles andere als eine typische Hausfrau war, hatte eine Stelle als Lehrerin an der jüdischen Schule in Edmonton gefunden. Die Erziehung ihres Kindes überließ sie der Großmutter väterlicherseits, Bessie Ostrovsky.

Es war zu meinem größten Vorteil, daß ich zu meinen Großeltern kam. Meine Mutter war eine Art Freigeist, sie träumte davon, Schauspielerin zu werden, und stürzte sich auf jedes noch so kleine Rollenangebot, was sie aber zu einer sehr frustrierten Person werden ließ. Mein Vater hingegen wußte genau, daß er eines Tages sein Ziel erreichen würde: die Verwirklichung des amerikanischen Traums von finanzieller Sicherheit und ein ruhiges Leben. Aber der Weg dorthin war lang und hart. Der unüberbrückbare Gegensatz in den Charakteren führte zur Trennung meiner Eltern. Ich war damals fünf Jahre alt.

Meine Mutter nahm mich mit nach Israel, wo sich ihre Eltern Hayyim und Esther Margolin um mich kümmerten. Mein Großvater, der in Jerusalem als Chef-Revisor in der UJA (United Jewish Agency) arbeitete, pendelte täglich zwischen dort und Holon, einer kleinen Stadt in den Außenbezirken von Tel Aviv, hin und her. Ich erinnere mich gerne an das kleine Haus in der Ha-yod-daleth-Straße. Es war ein warmes, liebenswertes Zuhause. Es gab dort jede Menge Bücher und lange Gespräche über die Erfüllung des zionistischen Traums und wie er in das tägliche Leben integriert werden könnte.

Meine Großmutter, die eine sehr schöne Frau war, setzte ihren Stolz darein, eine *Bah-leh-boss-teh* zu sein, wie es auf jiddisch heißt, eine vorbildliche Hausfrau, die nur vorzügliche Speisen auftischte und sich niemals dabei helfen ließ. Hinter ihrem Rücken wurde geflüstert, daß sie eigentlich gar keine Jüdin wäre. Sie hatte blonde Haare und hellblaue Augen, was ihr ein slawisches Aussehen verlieh. Aber sie entstammte sogar einer ultraorthodoxen Familie mit einer langen Rabbinertradition.

Da ich künstlerische Neigungen zeigte, brachten mich meine Großeltern zu einem Maler, der Gilady hieß und in der Nachbarschaft wohnte. Er gab mir einen Kasten mit Ölfarben und widmete mir auch einige Zeit. Er brachte mir die Grundlagen der Perspektive und den Gebrauch der Farben bei. Das Malen wurde für mich im Laufe der Jahre zu einer Leidenschaft.

Als ich in die Schule kam, nahm mich meine Mutter wieder nach London in der kanadischen Provinz Ontario mit, schickte mich aber ein Jahr später erneut zu den Großeltern in Israel. Dort verbrachte ich ruhige Jahre. Von Zeit zu Zeit tauchte meine Mutter wie ein Wirbelwind auf, der sich schnell wieder im blauen Himmel verlor. Bei einem ihrer Besuche beschloß sie, daß es besser für mich wäre, ein Internat zu besuchen. Die Bitten meiner Großmutter waren vergeblich, und ich verbrachte ein Jahr an einem furchtbaren Ort, Hadasim genannt, ein Internat mitten in Israel, das von der Hadassah Wizo, einer jüdischen Frauenorganisation in Kanada, finanziert und geführt wurde. Wären die Vorkommnisse in dem Internat bekannt gewesen, hätte man es schon lange geschlossen gehabt. Ich ergriff jedoch die Initiative und kehrte zu meinen Großeltern zurück. Ich trat der paramilitärischen Jugendorganisation Gadna bei und wurde als Mitglied des Abu Kabir, eines Schießklubs, der von dem alten Major Dan David geleitet wurde, Zweiter in einem landesweiten Wettbewerb im Zielschießen.

Auf der Highschool traf ich Bella, und ich war vom ersten Augenblick an in sie verliebt. Wir verbrachten jede freie Minute zusammen; wir mochten dieselben Fächer in der Schule, wir liebten das Wandern, Bücher, über Politik reden, aber besonders liebten wir einander. Mit etwa achtzehn Jahren wurden wir zur Armee eingezogen. Bella kam in das Verteidigungsministerium, und mich steckte man zur Militärpolizei. Nach der Grundausbildung machte ich einen Unteroffizierskurs. Unmittelbar darauf wurde ich zum Offizierskurs geschickt, den ich damals als jüngster Offizier der israelischen Armee abschloß. Ich war Leutnant und noch nicht neunzehn Jahre alt. Danach durchlief ich einen Kurs für Offiziere der Militärpolizei und einen Spezialkurs für Militärrecht. Dazu kamen ein Spreng- und ein Scharfschützenkurs.

Als ich meine sogenannte militärische Ausbildung beendet hatte, heirateten Bella und ich. Wir waren noch keine zwanzig Jahre alt. Man sagte uns, wir seien zu jung, aber ich betrachtete unsere Verbindung nie als einen Hemmschuh, sondern als etwas, an dem wir gemeinsam arbeiteten. Ein Jahr danach wurde Sharon geboren, und unser Leben war voller Pläne.

Nach Beendigung meiner dreijährigen Dienstzeit verließ ich die Armee im Rang eines Oberleutnants. Wir besuchten meine Familie in Edmonton und blieben dort für fünf Jahre. Unsere zweite Tochter Leeorah wurde in Edmonton geboren, als Sharon vier Jahre alt war.

1977 kehrten wir nach Israel zurück. Am Tag unserer Ankunft verpflichtete ich mich bei der Marine und erhielt den Rang eines Unteroffiziers mit besonderen Aufgaben. Im Laufe von fünf Jahren stieg ich zum Korvettenkapitän auf. Die meiste Zeit leitete ich die Abteilung zum Testen und Koordinieren neuer Waffensysteme, bevor sie in das Arsenal der Marine aufgenommen wurden. In jener Periode schickte man mich auch auf die Generalstabs- und Führungsakademie, die ich erfolgreich abschloß. Danach wurde ich dort Gastdozent.

Bella und ich verlebten eine schöne Zeit. Wir hatten einen großen Freundeskreis, mit dem wir Wochenendfahrten und Ausflüge unternahmen und Partys feierten. Dann erhielt ich den ersten Anruf von den Geheimdienstleuten. Ich vermutete, daß es der Mossad oder so etwas Ähnliches wäre. Ich mußte mich einer langen und anstrengenden Serie von Tests unterwerfen, bevor ich Näheres über den mir zugedachten Job erfuhr. Er erforderte, mich für jeweils lange Zeit von Bella und den Kindern zu trennen, da ich zum Kämpfer, einer besonderen Form von Spezialeinsatz, bestimmt worden war. Ich lehnte ab, und nach vielen Versuchen ihrerseits, mich zu überreden, akzeptierten sie am Ende meine Weigerung.

1982 verließ ich die Marine und brachte ein Video-Magazin heraus, das erste seiner Art in Israel. Wie so viele Erstlinge wurde es ein Flop. Danach begann ich ein kleines Geschäft mit Glasmalereien, das auch bald den Bach hinunterging, weil es dafür absolut keine Nachfrage gab. Ich nahm auch Stunden im Programmieren, weil ich glaubte, daß das ein Beruf mit Zukunft wäre.

Zu jenem Zeitpunkt rief der Mossad wieder an. Diesmal sagten sie gleich, daß es nicht zu langen Trennungen von meiner Familie käme. Ich durchlief wieder zahlreiche Tests, die sich über beinahe ein Jahr hinzogen.

Als ich noch in meinem Glasmalereigeschäft in Herzelia arbeitete, traten zwei Männer an mich heran, die ich in der Zeit mit dem Video-Magazin kennengelernt hatte. Sie waren Hersteller der Plastikkassetten, in denen die Videobänder verkauft werden. Ich hatte damals verschiedene grafische Arbeiten für sie gemacht. Es stellte sich heraus, daß der eine von ihnen, ein Itzik Zarug, gute Verbindungen zur israelischen Unterwelt hatte. Er wollte mich im Auftrag von Freunden dazu bewegen, bei der Fälschung großer Mengen von Kreditkarten – Visa, MasterCard usw. – mitzumachen. Sie übergaben mir mehrere gestohlene Karten und wollten Kopien haben.

Ich rief einen meiner Freunde an, einen Anwalt in Tel Aviv, ein früherer Untergebener von mir bei der Militärpolizei. Ich wollte mich in dieser Angelegenheit von vornherein rechtlich absichern. Mein Anwalt arrangierte ein Treffen mit dem Polizeioffizier Eitan Golan, Chef der Fälschungsabteilung in Tel Aviv. Ich erzählte ihm alles, was ich wußte. Er fragte, ob ich getarnt für die Polizei arbeiten wolle, und ich war einverstanden, auf freiwilliger Basis mitzumachen, solange mein Name nicht genannt wurde. Ich hatte ja Pläne mit dem Mossad.

Einige Monate später flog der gesamte Fälscherring auf, und alle wurden eingebuchtet. In den Zeitungen hieß es, daß die Polizei von einem Grafik-Designer Hilfe erhalten habe, aber mein Name wurde nicht genannt. Der Mossad-Sicherheitsabteilung gelang es, allen Versuchen der Polizei, mich zur Zeugenaussage zu bringen, einen Riegel vorzuschieben. Ich gehörte von nun an zum Mossad, war Mitglied eines Eliteteams, der Beschützer des Staates. Mein Leben würde nie wieder so sein wie zuvor.

Kapitel 1

Donnerstag, den 17. Juli 1986
Kairo

Die winzige Zelle war heiß und muffig. In einer dunklen Ecke neben dem vergitterten Fenster ratterte ein alter, schäbiger Ventilator, der die übelriechende Luft kaum in Bewegung versetzte. Ich saß in der Falle.

Vor drei Tagen war ich mit einem Aer-Lingus-Flug aus New York in Kairo angekommen. Am Flughafen wurde ich von zwei stämmigen Männern in kurzärmeligen Safari-Anzügen in aller Eile abgeführt. Einer meiner scheinbar freundlichen Gorilla-Begleiter sprach Englisch. Er sagte, sie hätten den Auftrag, mich an einen sicheren Ort zu bringen. Sie hielten mich fest an meinen Armen und schoben mich zu einem weißen Kleinwagen, der in einer Kurve vor dem Haupteingang geparkt war.

»Willkommen in Ägypten«, sagte der Englischkundige, der neben mir auf dem Rücksitz Platz nahm, als der Wagen losfuhr. Mehr Konversation fand nicht statt, bis wir das Flughafengelände hinter uns gelassen hatten. Dann gab er mir eine Augenbinde und bat mich, sie anzulegen.

In den trüben Wassern der Spionagewelt lernt man, mit derlei Dingen zu rechnen. Während der folgenden dreißig Minuten saß ich im Dunkeln. Ich vermutete, daß wir auf dem Weg waren, um mit der Spitze des ägyptischen Sicherheits- und Geheimdienstes zusammenzutreffen. Der einzige Zweck meines Besuches in Ägypten war, meinen früheren Arbeitgeber, den Mossad, Israels berühmten Geheimdienst, zu verraten.

Es passiert nicht alle Tage, daß ein Mossad-Agent an ihre Türen klopft, um auszupacken. Ich hatte den sprichwörtlichen Roten-Teppich-Empfang erwartet, worin ich mich entschieden getäuscht hatte. Durch die Augenbinde konnte ich mich ganz auf die Geräusche konzentrieren. Laut und deutlich vernahm ich den typischen

Lärm einer Großstadt im Nahen Osten. Die geräuschvolle Mischung aus hupenden Autos und schreienden Verkäufern war mir vertraut. Dem Lärm war der Geruch von Holzkohlenöfen und Kameldung unterlegt. Ich fühlte mich an Jaffa oder Ost-Jerusalem erinnert.

Nach einer Weile wurde der Lärm schwächer, und bald war nur noch der heiße Fahrtwind an den offenen Fenstern zu hören. Einmal hätte ich schwören mögen, das Brummen eines Dieselmotors und das Rasseln von Panzerketten gehört zu haben. Ich hatte lange genug bei der Armee gedient, um zu wissen, daß wir eine Militärbasis erreicht hatten.

Als mir schließlich die Augenbinde abgenommen wurde, sah ich, daß wir uns im Innenhof eines Gebäudekomplexes befanden, der einem alten britischen Truppenlager ähnelte. Der große quadratische Platz war von einem verfallenen fünfstöckigen Gebäude umgeben.

Ich wurde über eine dunkle Treppe in den dritten Stock gebracht. Zwei uniformierte Wächter mit Maschinenpistolen nahmen uns in Empfang und führten uns durch einen langen schummrigen Korridor zu einer grünen Eisentür. Ich rechnete damit, daß dahinter ein Büro lag, in dem es zur Begegnung mit meinen Gastgebern kommen sollte. Statt dessen fand ich mich in einer zehn Quadratmeter großen Zelle wieder. Hinter mir schlug die schwere Eisentür zu. Dann waren nur noch das hohle Geräusch des Schlüssels und die Schritte meiner Begleiter zu hören, die sich entfernten.

Zuerst glaubte ich, es handle sich um eine zeitweilige Lösung. Ein Gestank von altem Urin und Exkrementen lag in der Luft. Durch das vergitterte Fenster konnte ich nur den Innenhof sehen. Das große Eisenbett, das den größten Teil der Zelle beanspruchte, war kein gutes Zeichen. Das Ganze kam mir so vor, als würde ich auf Dauer hier bleiben müssen. Mich erfaßte Panik. Mir wurde bewußt, daß ich ein Gefangener war, und niemand in der Außenwelt wußte, wo ich mich aufhielt.

Ich betrat durch eine ungleichmäßige Öffnung, die in die dicke Mauer geschlagen war, so etwas wie eine Gruft. Ich fand dort eine Dusche mit einem schmutzigen Plastikvorhang vor. Gegenüber der Dusche war der Boden abschüssig, mit einem Loch in der Mitte, einer primitiven Toilette, in der Armee als Scheißloch bekannt. Ich sprang schnell zurück, als ich bemerkte, daß es bei dem Loch, der Quelle des Gestanks, von Kakerlaken nur so wimmelte.

Zehn Minuten später hörte ich, wie sich der Schlüssel im Schloß drehte. Jetzt, dachte ich, jetzt holen sie mich heraus und entschuldigen sich. Ich war bereit, ihre Entschuldigung anzunehmen und das Ganze als etwas zu betrachten, was eben mal vorkommt.

Ein alter Mann mit einer weißen Galabiya kam herein, ein Tablett mit Früchten, einem großen Krug Limonade sowie einem einzigen Glas in der Hand. Er lächelte und stellte das Tablett auf den Tisch neben dem Bett. Ein uniformierter Wächter stand an der Tür und schaute zu. Der alte Mann ging in den schmalen, gruftähnlichen Duschraum, um dort das Handtuch aufzuhängen, das er über dem Arm trug. Ein paar Stunden später kam er wieder mit etwas zum Essen und einem frischen Krug Limonade.

Als die Nacht des ersten Tages anbrach, hatte ich eine Einschätzung meiner Situation vorgenommen, und die Prognose war nicht gut. Es gab keinen logischen Grund für die Art meiner Behandlung, es sei denn, sie wußten etwas, was sie nicht hätten wissen dürfen, und trieben jetzt irgendein böses Spiel mit mir. Was hatten sie vor? Ich befand mich in völliger Isolation, und alles machte keinen Sinn.

Vom Fenster aus konnte ich einen uniformierten Wächter auf einem Holzstuhl neben dem großen Tor sitzen sehen. Gelegentlich öffnete er eine kleine Seitentür, um mit jemandem zu sprechen.

Das große Tor öffnete sich jeden Morgen um neun mit lautem Geräusch, um einen weißen Wagen, ähnlich dem, mit dem ich hierhergebracht worden war, hereinzulassen. Ich kleidete mich an und wartete auf jemanden, der mit mir sprechen würde. Aber es kam niemand. Um sechs Uhr abends verließ der weiße Wagen den Hof. Ich schrie und hämmerte mit der Blechschüssel gegen die Eisenstangen, aber das schien niemanden zu kümmern.

Die Hitze ließ nicht nach, auch nicht nach Einbruch der Nacht. Ich stellte den ratternden Ventilator an den Rand des Tisches und richtete ihn auf mich. Ich legte mich dann in Unterwäsche auf den Rücken und betupfte mein Gesicht und die Brust mit einem feuchten Handtuch. Mein Kopf ruhte auf einem harten Kissen, und ich versuchte zu schlafen.

Schon am Ende des ersten Tages nahm ich den Gestank nicht mehr wahr. Auch die Unmengen Kakerlaken störten mich nicht, solange sie im Scheißloch blieben und mein Essen nicht berührten. In der Nacht gingen mir zahllose Gedanken durch den Kopf und hielten mich wach.

Eine Frage quälte mich beständig. Wie zum Teufel war ich nur in diese zehn Quadratmeter große Zelle irgendwo außerhalb Kairos geraten? Ich wurde den erschreckenden Gedanken nicht los, daß ich hier den Rest meines Lebens würde zubringen müssen, daß meine Frau und meine Kinder in Kanada nie erfahren würden, daß ich nicht weggelaufen war, sondern daß ich in der Falle saß.

Ich konnte nicht sagen, wo und wann all dies enden würde, aber ich konnte fast auf die Minute genau sagen, womit alles begonnen hatte.

Montag, den 3. Februar 1986
Zypern

Es war sechs Monate zuvor, am Montag, dem 3. Februar 1986. Ich wohnte im Sun Hull Hotel in Larnaka auf Zypern. Ich war dort, um mit einem belgischen Terroristen zusammenzutreffen. Ich hatte einen falschen britischen Paß auf den Namen Jason Burton in der Tasche. Der Belgier war Mitglied einer linksgerichteten terroristischen Organisation, die sich CCC (Cellules Communistes Combattantes: Kämpfende Kommunistische Zellen) nannte.

Laut Paß war ich am Tag zuvor auf dem Flughafen von Larnaka gelandet. Ich besaß ein Ticket der Olympic Airways und die Bordkarte, um es zu beweisen. Der Belgier sollte von mir den Schlüssel zu einem in Brüssel geparkten Auto erhalten, das mit nicht nachweisbarem Plastiksprengstoff und ein paar tausend erstklassigen Sprengsätzen beladen war. Im Austausch dafür sollte ich den Beleg dafür erhalten, daß etwas mehr als zwei Millionen Dollar auf ein Schweizer Bankkonto überwiesen worden waren.

Es war eine Blitzoperation, und ich war damals vollwertiger Einsatzoffizier des Mossad. Es war bei diesem Auftrag, daß alles schiefzulaufen begann. In Wirklichkeit war ich mit dem Schiff und nicht mit dem Flugzeug nach Larnaka gekommen. Den größten Teil der Strecke hatte ich an Bord des Patrouillenschiffes »Dabur« zurückgelegt, von der Hafenstadt Ashdod in Israel aus. Hundert

Kilometer südlich von Zypern wechselte ich von der »Dabur« auf eine Jacht über. Die Jacht fuhr unter griechischer Flagge und ging regelmäßig in Larnaka vor Anker. Es war ein schwimmendes sicheres Haus[1] für Mossad-Operateure. Denn es war schwierig, auf einer so kleinen Insel Wohnungen zu mieten und Geheimnisse zu wahren.

Ich war nur ein Bauer in diesem Spiel, das im belgischen Ressort der *Melucha*[2] geplant worden war. Wenn die CCC-Leute sich dem Wagen in Brüssel näherten, würde der ganze Ring von der belgischen Polizei und den Sicherheitsdiensten hochgenommen werden. Gleichzeitig würde eine weitere Gruppe von der holländischen Polizei verhaftet werden. Beide Polizeidienste waren bereits auf der Spur der Terroristen, dank einer Reihe von Hinweisen, die ihnen das belgische Ressort des Mossad geliefert hatte.

Es gab mehr als einen Anlaß für dieses Blitzmanöver. Die CCC war in den Kauf und Verkauf von Waffen an die PLO und andere palästinensische Gruppen verwickelt. Sie aus dem Geschäft zu werfen wäre ein bedeutender Sieg für den Mossad im Kampf gegen den Terrorismus.

Ein anderer Anlaß für die Operation, von dem ich erst sehr viel später erfuhr, war weitaus finsterer. Itzik Efrat, Chef des israelischen Ressorts, war dafür verantwortlich. Dabei spielte ein kampferprobter Einsatzoffizier namens Barda eine Rolle, der 1984 eine belgische Gruppe aufgespürt und mit ihr Kontakt aufgenommen hatte. Sie war ursprünglich von der NATO als antikommunistische Zelle aufgebaut worden, um im Falle einer kommunistischen Invasion aktiviert zu werden. Dieser Plan, der unter der Bezeichnung Operation Gladiator lief, wurde niemals verwirklicht, aber die NATO löste die von ihr geschaffene geheime Guerillatruppe nie auf, und so benutzte der Mossad sie für seine Zwecke. Die Aktivierung der schlafenden Zelle wurde im Einverständnis mit dem

[1] Ein Begriff, der in Geheimdienstkreisen einen Ort bezeichnet, der während einer Operation benutzt wird und nicht in Verbindung mit der Botschaft steht. Das sichere Haus wird wie eine Wohnung mit den üblichen Vorräten unterhalten und steht immer bereit.

[2] Abteilung des Mossad, die für Geheimoperationen in Europa und für die Rekrutierung von Agenten zuständig ist. Ihr Kodename lautete früher *Tsomet*. Sie ist in geographische Departements untergliedert, deren Ressorts die Stationen vor Ort unterstützen.

belgischen Staatssicherheitsdienst und der Anti-Terrorismus-Abteilung des Mossad vorgenommen.

Barda machte dem belgischen Geheimdienst klar, daß extreme Methoden notwendig wären: terroristische Greueltaten, die man den Kommunisten in die Schuhe schieben wollte, um eine starke Reaktion und die Forderung nach einer Verstärkung der Sicherheitskräfte zu provozieren. »Das Zögern soll man den Umweltschützern und empfindsamen Demokraten überlassen«, pflegte er zu sagen.

Außer auf die NATO-Zelle konnte der belgische Geheimdienst auf ein schier unerschöpfliches Reservoir an rechten Fanatikern zurückgreifen, so auf eine faschistische Gruppierung, die sich Westland New Post (WNP) nannte. Das berichteten jedenfalls Mossad-interne Quellen. Die sich formierenden Rechten, zu denen einige aktive Polizisten zählten, verübten unter dem Schutz des belgischen Geheimdienstes eine Serie von Raubüberfällen von extremer Brutalität. Diese Terroristen wurden unter dem Namen »Mörder von Brabant« bekannt. Im September und November 1985 überfielen sie mehrere Supermärkte und verübten einen politischen Mord an einem belgischen Geistlichen. Außerdem führten sie mehrere LKW-Entführungen durch, die anderen Verbrechern zugeschrieben wurden, die »auf der Flucht erschossen« worden waren. Die Überfälle hatten kein finanzielles Motiv. Ihr Ziel war reiner Terror und die Destabilisierung der belgischen Regierung, die nach links neigte. Drei Mitglieder der Gruppe mußten 1985 das Land verlassen. Sie entkamen nach Israel und erhielten vom Mossad eine neue Identität, als Teil des Abkommens, das ursprünglich mit dem belgischen Partner des extremen rechten Flügels getroffen worden war.

Die Forderung der Belgier, daß der Mossad einen Weg finden sollte, um den Rechten Waffen zukommen zu lassen, ohne die belgischen Behörden mit hineinzuziehen, führte zu dem Blitzmanöver, bei dem ich 1986 von Zypern aus beteiligt war.

Barda bezeichnete den Rechten das Versteck der CCC mit den Waffen, die der Mossad ihnen verkauft hatte. Er sagte ihnen, daß sie sie sich holen könnten, während man die Kommunisten hochgehen lasse.

Nach einer zehnminütigen Anstrengung, um bei bewegter See

von einem schaukelnden Boot auf das andere überzusetzen, hatte ich am Tag vor meiner Übergabe des Autoschlüssels an den CCC-Mann Ze'ev Alon getroffen. Er war Leiter von technischen Spezialoperationen und dabei, die Insel zu verlassen. Seine Anwesenheit auf dem Boot war sehr ungewöhnlich. Ich war in der Rekrutierungsabteilung und nicht mit Spezialoperationen betraut. Er hingegen unterstützte mit seiner Proudot-Unterabteilung hauptsächlich die Kämpfer[1] von der topgeheimen Metsada[2]. Sie setzten normalerweise Kämpfer in arabischen Ländern für spezielle *Kidon*-Operationen[3] ein.

Ze'ev informierte mich über einen neuerlichen Nebenauftrag. Ich sollte jetzt als sogenannte Relais-Station oder Bestätigungs-Station (Back-up) für eine Operation fungieren, die, bedingt durch die Umstände, hastig und in letzter Minute geplant worden war.

»Zypern ist für uns kein gastfreundlicher Ort«, sagte er. »Je weniger Leute wir dort haben, um so besser.«

Der libysche Führer Muammar al-Gaddafi hatte zu einem dreitägigen Gipfel der, wie er es nannte, Panarabischen Kommandos der revolutionären Kräfte in der arabischen Heimat geladen. Es würde mit anderen Worten ein Treffen aller wichtigen Persönlichkeiten des Terrorismus sein. Ein Leckerbissen für den Mossad, den er sich nicht entgehen lassen wollte.

Zu diesem Anlaß wurde ein Kämpfer nach Libyen geschickt, der als Reporter für die französischsprachige Zeitschrift *Afrique-Asie* getarnt war. Der Kämpfer fand heraus, daß nach der Konferenz mehrere palästinensische Führer mit einem privaten »Gulfstream II«-Jet nach Syrien fliegen würden. Der Mossad brachte Premierminister Peres dazu, einer Entführung des Jets zuzustimmen.

Wegen des extrem kitzligen Charakters dieser Operation wollte der Mossad-Boß einen Augenzeugen haben, der vor Ort bestätigen

[1] Israelis, die rekrutiert werden, um gefährliche Operationen hinter den feindlichen Linien durchzuführen. Die Kämpfer werden vom übrigen Mossad getrennt ausgebildet und besitzen keinerlei Informationen über die Organisation, so daß sie nichts verraten können, falls sie gefangengenommen werden.

[2] Abteilung des Mossad, für die Kämpfer und die *Kidon*-Truppe arbeiten.

[3] Untereinheit der Metsada-Abteilung, die für Exekutionen und Spezialoperationen hinter den feindlichen Linien zuständig ist. Alle Exekutionen des Mossad gehen auf das Konto von *Kidon*; übersetzt etwa »Bajonett«.

sollte, daß die betreffenden Leute auch wirklich an Bord gegangen waren. Er sollte dann eine Botschaft über ein mobiles »Burst«-Kommunikationssystem mittels Zerhacker abschicken. Ein Handelsschiff sollte auf dem Weg nach Gibraltar die Botschaft empfangen und nach Israel weitersenden. Die Notwendigkeit für ein Back-up war durch frühere Probleme mit dieser Art der Nachrichtenübermittlung gegeben. Sie war von gutem Wetter abhängig, auf das man sich zu jener Jahreszeit nicht unbedingt verlassen konnte. Ich sollte also das Back-up-System sein. Es würde eine einfache und solide Operation werden. Der Kämpfer sollte, sobald er die Leute an Bord gehen sah, die Signale übermitteln und mich außerdem im Hotel anrufen. Wenn sie an Bord waren, sollte er sagen, daß die Küken das Nest verlassen hätten. Ich sollte dann mit dem Pieper ein Signal geben, um die Botschaft zu bestätigen.

Nach diesen Informationen wünschte mir Ze'ev Glück, setzte auf die »Dabur« über und fuhr zurück nach Israel. Zweifellos gab es ein drittes Back-up, von dem ich nichts wußte.

Das Treffen mit dem Belgier und die Übergabe des Schlüssels liefen glatt. Neun Tage später, am 12. Februar 1986, schnappte die belgische Polizei den Mann und seine Genossen von den CCC. Die Terroristen hatten über zwei Zentner Sprengstoff und Tausende Sprengsätze bei sich. Gleichzeitig drangen die rechten, kriminellen Partner des Mossad in mehrere Lagerhäuser in der Gegend um Antwerpen ein. Die Faschisten erbeuteten zwei Wagenladungen mit leichten Waffen und mehrere Tonnen Munition.

Erst durch die Nebenoperation geriet ich in die Bredouille. In meinem Hotel in Larnaka hatte ich mit einem palästinensischen Geschäftsmann aus Amman Bekanntschaft geschlossen beziehungsweise »einen Kontakt gemacht«, wie wir es in unserem Jargon nannten. Er war einer der wenigen Touristen im Hotel. Solche nichtautorisierten Kontakte galten als absolutes Tabu, aber es war bekannt, daß die Einsatzoffiziere ständig dagegen verstießen. Man geht ein Risiko ein: Wenn es funktioniert, ist man ein Held; wenn nicht, dann spricht man nicht davon.

Es stellte sich heraus, daß der Geschäftsmann gerade aus Libyen gekommen war und Kontakte zur PLO besaß. Von ihm erfuhr ich, daß wir in Tripolis ausgetrickst worden waren. Er sagte mir so etwas wie: »Die Israelis werden morgen Scheiße fressen.« Ich wußte, daß im Mossad-Hauptquartier die Möglichkeit, ausgetrickst zu werden, in Erwägung gezogen wurde, aber niemand meinte, daß die Palästinenser dazu fähig seien.

Ich versuchte jeden zu kontaktieren, den ich in dem System kannte, um das aufzuhalten, was nun unausweichlich schien. Ich kämpfte mit den zahllosen Puffern, die der Mossad während einer Operation vor das Kommando- und Kontrollzentrum schiebt. Es lag eine gewisse Ironie darin, daß die Puffer, die zur Verstärkung der Sicherheit gedacht waren, jetzt eine Warnung blockierten. Das Kommandozentrum befand sich in der Luftwaffenbasis Mahaneh David. Ich wurde das Gefühl nicht los, irgend jemandem sei daran gelegen, daß alles schieflief.

Ich erhielt den Anruf des Kämpfers und übermittelte seine Botschaft; da ich nur eine sogenannte Relais-Station war, mußte ich sie weitergeben, wie sie hereinkam, ohne etwas zu streichen oder hinzuzufügen, obwohl ich mir ziemlich sicher war, daß die Botschaft falsch war. Ich fand niemals heraus, ob das Kommuniqué an das Marineschiff weitergegeben wurde oder nicht. Möglicherweise schon, doch diese Tatsache wurde sorgfältig geheimgehalten, bis die Operation beendet war, so daß, falls etwas schiefging, es dem vorher bestimmten Sündenbock, nämlich mir, in die Schuhe geschoben werden konnte. Und natürlich wurde das Flugzeug zur Landung gezwungen, und die großen Tiere waren nicht an Bord.

Ich verließ Zypern an Bord der Jacht, die mich zur »Dabur« bringen sollte. Doch irgend jemand wollte, daß ich zu dem Zeitpunkt noch nicht nach Israel zurückkam. Also wurde die »Dabur« angewiesen, mehrere Tage auf hoher See zu bleiben. Dem Kapitän der »Dabur« wurde vom Marinekommando befohlen, »Maschinenprobleme« vorzutäuschen. Ich wußte, daß dies jemandem Zeit geben würde, mich für diese mißlungene Operation als Sündenbock hinzustellen.

Mir war nicht klar, wie das möglich sein sollte, wenn der Kämpfer nicht die Geschichte verfälschte. Ich sollte dann derjenige sein, der die Botschaft falsch verstanden hatte. Ich hatte keine Zweifel, daß alle Aufzeichnungen über meine Versuche, das Kommandozentrum zu warnen, gelöscht worden waren, und das stellte sich später auch als richtig heraus. Als wir endlich in Ashdod anlegten, war Oren Riff, damals Stabschef im Büro des Mossad-

Chefs, zu meiner Begrüßung erschienen. Ich sollte die Verantwortung für das Fiasko übernehmen. Ich wisse ja, daß es zum Wohle des Büros[1] sei. Mir blieb keine andere Wahl, und folglich stimmte ich zu.

[1] Diesen Ausdruck benutzen die Mossad-Leute für ihre Organisation. Der Mossad wird nie beim Namen genannt.

Kapitel 2

Februar 1986
Israel

Mitte Februar gehörte das »Zypern-Fiasko«, wie man es nannte, schon der Vergangenheit an. Ich jedoch stand unter ständiger Beobachtung. Das Leben wurde sehr schwierig für mich, solange dieser Schatten auf mir lag.

Ich war immer noch Mitglied auf Probe, was für die ersten vier Jahre beim Mossad galt, außer daß ich jetzt unter spezieller Beobachtung stand. Fast alle anderen wollten mit mir wegen dieser besonderen Überwachung nicht zusammenarbeiten. »Man kann nicht immer perfekt sein«, sagte Arik, einer meiner Kollegen, zu mir. »Irgendwann wirst du einen Fehler machen, und dann fallen sie alle über dich her. Warum gibst du nicht einfach auf und quittierst den Dienst?« Ich wußte, daß er recht hatte, aber ich hatte keine Lust aufzugeben. Für mich war der Dienst im Mossad das Höchste, was man erreichen konnte. Bei uns wurde gescherzt, daß der Messias, sofern es denn eine Wiederkunft gab, mit Sicherheit ein Mossad-Mann sein würde.

Ich arbeitete mit halber Kraft, kontrollierte doppelt jeden Zug, den ich machte, um sicherzugehen, daß alles so perfekt wie möglich war. Ich wollte meinen Vorgesetzten nicht die Genugtuung geben, mich bei einem Fehler zu erwischen.

Ich wußte, daß sie wegen meiner politischen Meinungen glücklich wären, mich loszuwerden. Ich war ein Mann der Mitte, aber nach den Maßstäben des Mossad war ich links, vielleicht sogar extrem links.

Die ständige Anspannung forderte ihren Preis. Mein Familienleben war nicht viel besser. Unter dem Druck leidet die Familie immer als erstes. In der Regel müssen alle Agenten des Mossad verheiratet sein, bevor sie im Ausland dienen können, aber nur wenige führen eine glückliche Ehe, auch wenn sie zum zweiten Mal verheiratet sind. Ich begann, später nach Hause zu kommen als gewöhnlich, weil ich die wenige Freizeit damit verbrachte, mit den Jungs in einem unserer Stammlokale herumzusitzen. Es war ein ewiges Getratsche. Wer als erster ging, über den wurde geredet und gelästert. Deswegen blieb man am besten bis zum Schluß.

Ich wußte, daß ich meine Frau Bella und die Kinder sträflich vernachlässigte. Aber ich machte mir vor, daß dies eine vorübergehende Situation wäre und ich alles wiedergutmachen würde, sobald ich erst einmal richtig im System etabliert war.

Beim Mossad zu arbeiten war immer eine Entschuldigung, spät nach Hause zu kommen. Statt mich meiner Frau zuzuwenden, der Person, die mein bester Freund war, entfernte ich mich von ihr. Und sie mochte niemanden aus dem Büro; sie durchschaute sie alle.

Da ich an den Tatsachen nichts ändern konnte, redete ich mir ein, daß Bella sich irrte. Schließlich war ich ein Angehöriger des Mossad, der Elite, der wenigen Auserwählten. Aber zu Hause war ich nicht mehr der Mossad-Mann, und das war in Ordnung.

Mittwoch, den 12. Februar 1986

Wir steckten mitten in einer kleineren Operation auf dem einzigen Gebiet, auf dem der Mossad nicht arbeiten durfte: Israel. Obwohl es keine Regeln gibt, die die Aktivitäten des Mossad leiten, ist dies ein ungeschriebenes Gesetz, dessen Einhaltung vom *Shaback*[1] peinlich genau überwacht wird. Im Fall eines Mißlingens mußte die Operation deshalb wie eine bloße Übung erscheinen.

Diese besondere Operation sollte zwei Optronic-Firmen, El Op und Rehovot Instruments, zugute kommen. Diese Firmen arbeiteten an der Entwicklung eines Spezialapparats, der digitalisierte Fotos (DPI) senden und empfangen konnte, und eines ähnlichen Systems für sogenannte Mazlats, unbemannte ferngesteuerte Flugzeuge. Das Projekt war eine Kooperation zwischen der IAI (Israeli Aeronautical Industries), einer Tochtergesellschaft der Israeli Military Industry (IMI), und einer amerikanischen Firma in Baltimore, Maryland, mit Namen AAI, die im Besitz der United Industrial

[1] Israels interner Sicherheitsdienst, vergleichbar dem amerikanischen FBI.

Corporation war. Die Entwicklung von DPI erwies sich als extrem teuer und technisch problematisch. Die IAI stand wegen ihres enormen finanziellen und militärischen Potentials auf der Unterstützungsliste des Mossad. Der Mossad entwarf einen Plan, um den Karren aus dem Dreck zu ziehen.

Die IMI wurde angewiesen, mit den Recon Optical Industries ein Entwicklungsabkommen zu schließen. Recon, die führende amerikanische Firma im Bereich jener Technologie, die von den Firmen benötigt wurde, war auch an einem geheimen amerikanischen Projekt, das die taktische und strategische Spionagekapazität der amerikanischen Militärs verbessern sollte, beteiligt. Über ein Projekt, das damit nichts zu tun hatte und durch amerikanische Militärhilfe für Israel finanziert wurde, schloß die israelische Luftwaffe mit Recon einen Vertrag. Der Plan des Mossad bestand nun darin, daß israelische Luftwaffenoffiziere mit den Amerikanern zusammenarbeiteten. Ihre Aufgabe sollte die Beaufsichtigung und Qualitätskontrolle sein. Aber in Wirklichkeit sollten sie die neue Technologie stehlen, damit Israel die Forschungs- und Entwicklungskosten sparen und auf dem Markt gegenüber den bestohlenen amerikanischen Firmen konkurrenzfähig sein konnte.

Vor dieser Aufgabe waren schon einige Mossad-Teams in eine Basis in Ramat Gan, einer Stadt in der Nähe von Tel Aviv, eingedrungen und hatten El-Op-Personalakten in die Kartei der Luftwaffenreserve geschmuggelt. Der Zweck war, daß El-Op-Ingenieure als Luftwaffenoffiziere getarnt in die Vereinigten Staaten reisen konnten, um sich bei Recon einzuschleusen. Wir waren hier, um eine ähnliche Operation für die Firma Tadiran durchzuführen.

Arik und Amir tauchten in original Wachuniformen mit entsprechenden Papieren zur Zeit der Wachablösung am Eingang der Basis auf. Die richtigen Wachen waren von anderen Mitgliedern unseres Teams, die als Militärpolizei auftraten, festgehalten worden. Der verantwortliche Hauptfeldwebel der Wache erhielt einen Telefonanruf vom Personalkontor, daß ihm zwei neue Männer – Arik und Amir – zugeteilt würden. Den Anruf erledigte ich von einer Telefonzelle aus, und der Mann nahm es für bare Münze. Alles, was er wollte, waren zwei Leute am Tor.

Wir gingen auf das Hauptgebäude zu, als Yosy zu mir sagte: »Ich möchte, daß du jemanden kennenlernst.«

»Jetzt?« Yosy und ich hatten Militäruniformen an, beide im Rang eines Obergefreiten.

Ich erinnere mich daran, daß er nickte und lächelte. Er hielt das für kein Problem.

»Versteh doch, Yosy«, flüsterte ich, als wir den kleinen Hügel zum Verwaltungsgebäude hochgingen, »wir befinden uns mitten in einer Übung, und wir haben wirklich etwas zu tun. Können wir das nicht ein anderes Mal machen? Wir können jeden Tag hier in die Basis rein. Wir brauchen nur unseren Ausweis zu zeigen.«

»Ja«, und er verzog sein Babygesicht zu einem lüsternen Grinsen. »Das weiß ich, aber wir sind jetzt hier. Ich habe es so eingerichtet, daß wir Zeit dafür haben.« Er schwieg, als zwei Offiziere näher kamen. Wir grüßten lässig, als sie vorbeigingen. Sie machten sich aber nicht die Mühe, den Gruß zu erwidern. Als sie sich entfernt hatten, fuhr Yosy fort. »Wenn alles nach Plan läuft, dann haben wir zehn Minuten Zeit, bevor wir gehen müssen.«

»Was können wir in zehn Minuten machen?«

»Ich möchte, daß du jemanden kennenlernst.«

»Und wenn ich nicht möchte?«

»Ich kann dich zu nichts zwingen. Aber ich sag' dir, daß ich dein Trauerkloß-Gesicht und dein schlappes Herumhängen nicht mehr mit ansehen kann. Ich will dir nur etwas Leben einhauchen.«

»Ich weiß es zu schätzen, aber danke, nein.«

»Ich rede von einer Frau, die unbedingt will.«

»Ich breche für so etwas doch nicht mitten in der Nacht in eine Militärbasis ein.«

Yosy hielt inne. Wir hatten unser Zielgebäude erreicht, ein Überbleibsel aus der britischen Zeit, gelbbraun, rechteckig, mit drei Reihen kleiner Fenster. Die Eukalyptusbäume auf dem Gelände rauschten im Wind. Die Flutlichter an der Straße und auf dem hohen Zaun warfen die Schatten der Bäume auf die sauber verputzten Mauern, schufen unruhige Bilder, wie sie meinem Geisteszustand entsprachen.

Yosy wurde ernst. Jetzt ging es um die Arbeit, und zu meiner Erleichterung konzentrierte er sich darauf.

»Hast du alles dabei?« fragte er mich.

Ich griff mit der Hand unter mein Hemd und fühlte den großen Plastikumschlag. »Ja.«

»Dann los.«

Wir liefen direkt auf das schmale Treppenhaus zu. Wir mußten uns auf der Treppe vorsehen; bei jedem zweiten Absatz konnten wir von unten entdeckt werden. Das Gebäude selbst war keine besondere Sicherheitszone, aber wenn die Wache uns auf der Treppe oder drinnen sehen würde, könnte es Probleme geben. Drei Streifen drehten ihre Runden.

Nachdem wir erst einmal drinnen waren, beeilten wir uns. Zuerst vergewisserten wir uns, daß keine knutschenden Liebespaare in der Nähe waren – ein beliebter Zeitvertreib für israelische Soldaten, die in der Basis bleiben mußten, aber gerade keinen Dienst hatten. Der Raum war voller Aktenschränke, und am anderen Ende stand ein großer grauer Safe. Yosy ging zu dem Schreibtisch neben der Tür und zog die Schublade auf. »Geh hinüber zu dem Safe. Ich lese dir die Kombination vor.«

Ich ging zum Safe und stellte die Scheibe auf Null. »Wo hast du die Nummer her?«

»Das ist eben der Unterschied zwischen einem Agenten und einem Einbrecher. Ich habe mit dem Mädchen, das hier arbeitet, einen Kontakt gemacht und war mit ihr einige Zeit zusammen.«

»Wirklich?«

»Lach nicht. Es war ein Opfer für mich«, sagte Yosy.

»Ein Opfer?«

»Du solltest sie sehen. Glaub mir, es war ein Opfer.« Er kicherte.

»Du hättest sie ja nicht mit ins Bett nehmen müssen.«

»Es war kein Bett. Im übrigen, ich kann nicht anders, aber für mich gilt: Eine Frau ist eine Frau ist eine Frau.«

»Und weshalb jammerst du dann jetzt?«

Er zuckte mit den Schultern und schaute in die Schublade. »Siebzehn nach rechts, vier nach links.« Und so ging es weiter, bis sich das Schloß öffnen ließ. Ich drehte das verchromte Rad und öffnete die Safetür. Drinnen lag ein Stapel Ordner. Wir erledigten das Auswechseln in weniger als fünf Minuten und waren abmarschbereit.

Plötzlich gab es ein Geräusch an der Außentür. Wir erstarrten beide. Wir wußten nicht, ob die Patrouille auch in den Büros ihre Runde machte oder nur kontrollierte, ob die Außentür verschlossen war.

»Hast du die Außentür verschlossen?« flüsterte ich.

»Ja, ich hab' sie verriegelt!«

Wir gingen leise zum Fenster und schauten hinaus. Es war ziemlich hoch. Nachdem sie die Tür kontrolliert hatten, gingen die Wachleute weiter. Es waren weibliche Soldaten. Wir atmeten erleichtert auf, als wir sie das Gebäude verlassen sahen.

Alles war gutgegangen. Jetzt wollte ich nur noch so schnell wie möglich hier raus. Ich zündete mir eine Zigarette an, und wir machten uns zum Tor auf.

Yosy schaute auf die Uhr. »Wir haben immer noch zwanzig Minuten, viel mehr als geplant.«

»Wovon redest du? Wir sind fertig. Worauf warten wir?«

»Dov hat gesagt, wir sollen nicht vor zehn gehen.«

»Willst du etwa sagen, daß sie uns wieder etwas drangehängt haben?« Um den vollen Nutzen aus den Jobs zu ziehen, warf das Mossad-Trainingspersonal uns bei ansonsten einfachen Operationen immer noch ein paar Knüppel in den Weg. Sie wollten uns prüfen und feststellen, ob wir wußten, daß wir beobachtet wurden. Ähnliche Übungen wurden in Europa auch gemacht, wenn Agenten Routine-Operationen durchführten. Das Wissen, daß sie von Prüfern kontrolliert werden könnten, sollte die Agenten dazu bringen, immer ihr Bestes zu geben.

»Egal«, sagte Yosy, »wir sollen nicht vor zehn gehen und dann auch nur einzeln. Wenn wir sauber sind, treffen wir uns irgendwo. Wenn nicht, tust du, was du tun mußt. Ich werde als letzter gehen, wie ein guter Kapitän. Kommst du jetzt mit? Ich möchte, daß du jemanden kennenlernst.«

»Vergiß es, Yosy. Ich bin nicht in der Stimmung.«

»Dann tu es mir zuliebe. Haim und ich können es nicht allein machen; wir brauchen einen dritten. Wir haben sie schon im vergangenen Monat gebumst. Haim kennt sie von früher, von Haifa her.«

»Warum rufst du nicht Jerry an?« grinste ich.

»Wir haben da eine Frau, und wir brauchen einen weiteren Mann. Komm schon.«

Er war fest entschlossen, mich aus dem Stimmungstief herauszuholen, in dem ich steckte, und mich zum Bumsen zu bringen schien den beiden die beste Methode zu sein. Wir gingen auf ein graues

Gebäude in Fertigbauweise zu, das zwischen dem Tor und dem Hauptgebäude lag. Es begann zu regnen. Ich stand hinter Yosy unter dem Vordach, als er an eine Tür klopfte.

Yosy flüsterte: »Ich hab' keine Zeit mehr, dir die ganze Geschichte zu erzählen. Denk dran, wir sind vom *Shaback*. Es wär' wohl am besten, wenn du überhaupt nichts sagst. Und wir sind natürlich nicht verheiratet, keiner von uns. Und benutz nicht deinen Namen, den Familiennamen mein' ich.« Er klopfte nochmals.

Eine sanfte Frauenstimme antwortete. »Wer ist da?«

»Yosy.«

»Komm rein.«

Er öffnete langsam die Tür und zog mich mit.

»Dina, wie geht es dir?« Er ging auf eine schlanke, wunderschöne Blondine zu, die hinter einem großen Metalltisch saß. Sie trug einen übergroßen grünen Armee-Sweater, an dessen Ärmel nachlässig die Sergeanten-Streifen befestigt waren. Sie hatte enge, ausgebleichte Jeans an den Beinen, die unter dem Schreibtisch hervorschauten und einen kleinen glühenden Heizofen beinahe berührten.

Yosy beugte sich hinüber und küßte sie auf die Wange. Dann stand er hinter ihr, legte ihr die Hände auf die Schultern und sagte: »Dies, meine Süße, ist mein Freund Dan.«

Ich lächelte sie an, und sie lächelte zurück. Ich war verlegen, fühlte mich fehl am Platz, aber dennoch angezogen, hypnotisiert von ihren tiefblauen Augen. Über dem Zimmer lag ein rötlicher Schimmer, und mir begann warm zu werden.

»Was macht ihr denn hier?« fragte sie Yosy.

»Eine Inspektion. Wir sind hier, um zu sehen, ob der Ort sicher ist.«

»Und, ist er sicher?«

Yosy überlegte einen Moment und kam ihr noch ein wenig näher. »Keine Sorge, du bist sicher, solange wir hier sind.«

Sie starrte mich an und lächelte. Yosy beugte sich über sie und küßte sie auf die Lippen. Der Kuß dauerte endlos. Als ich mich umdrehte und gehen wollte, sah ich, wie sie langsam ihre Hände hob und seinen Kopf hielt. Er glitt mit seiner Hand in ihren Ausschnitt und massierte ihre Brust. Ich wartete draußen ein paar

Sekunden, bevor ich ihn sagen hörte: »Hör mal, meine Süße, einer von uns kommt rüber zu dir, ungefähr um zwölf.«

»Okay. Wenn ich noch nicht da bin, dann weißt du, wo der Schlüssel liegt, oder?«

Yosy kam heraus und grinste, als er die Tür hinter sich schloß. »Na, Kumpel, wenn alles gutgeht, dann sehen wir Dina um Mitternacht.«

Kapitel 3

Beim Verlassen der Basis achtete ich darauf, daß ich nicht beschattet wurde. Das war schon zu meiner zweiten Natur geworden. Als ich sicher war, sauber zu sein, rief ich Dov an. Das Telefon läutete zweimal. »Ja?« fragte Dov mit heiserer Stimme.

»Hier ist Kid.«

»Was ist?«

»Ich wollte dir nur sagen, daß ich sauber bin.«

»Sicher?«

»Ganz sicher.«

»Wo bist du jetzt?«

»An der Elite-Kreuzung. Gibt es noch etwas? Ich möchte aus dieser stinkenden Uniform raus.«

»Auf welcher Seite der Kreuzung bist du?«

»Bei der Diamantenbörse.«

»Okay. Wart einen Moment.« Zwei Minuten Pause in der Leitung. Als er zurück war, sagte er nur: »Gute Nacht. Bis morgen.« Seine Stimme klang ein wenig zynisch, wie es seine Art war. Das hatte er von Mousa gelernt, seinem Boß, und es noch eine Spur weiterentwickelt.

Ich hatte noch nicht aufgehängt, als ein Polizeiauto mit quietschenden Bremsen vor der Telefonzelle hielt. Ich sah, wie ein uniformierter Polizist heraussprang und auf mich zukam. Ich hängte langsam den Hörer auf und wandte mich zu ihm um. Ich kannte schon die Routine; es war eine typische Trainingsübung, damit wir uns an diese Art Ungemach gewöhnten, die uns vielleicht im Ausland widerfahren würde. Ich grinste; das war keine gute Idee, aber ich konnte nicht anders. Ich wußte, was kommen würde, aber es war mir egal. Ich wußte, daß ich es aushalten würde.

»He, du!« schrie der Bulle.

Ich fand die Situation komisch. Ich konnte mich noch erinnern, wie mich derlei Begegnungen zu Anfang aufgeregt und geängstigt hatten. »Was?« Ich mußte kichern. »Redest du mit mir?«

»Was gibt es da zu lachen?«

»Redest du mit mir?«

»Du meinst, das ist komisch, nicht wahr? Ich zeig' dir gleich, wie komisch das ist.« Er riß die Tür weit auf und streckte sein Bulldoggengesicht herein, so daß er mich fast berührte. Immer wieder hatten wir beim Training geübt, wie wir eine solche Situation zu meistern hatten. Ich müßte extrem kooperativ sein, freundlich, winselnd, um den Mann zu beruhigen und das Problem rasch aus der Welt zu schaffen. Aber ich war dazu nicht in der Laune. »Redest du mit mir?« Die Worte entschlüpften mir einfach, und mein Grinsen wurde noch breiter.

Er packte mich am Hemdkragen und schleuderte mich gegen die Rückwand der Zelle. Ich schlug gegen das Eisenbord unter dem Telefonapparat und hatte stechende Schmerzen in den Beinen. »Hast du deine Papiere dabei?« Sein Gesicht war wegen meines Grinsens vor Wut verzerrt. Er drehte sich zu seinem Partner um, der langsam aus dem Wagen stieg. »Wir haben hier einen netten Fang gemacht. Sollen wir ihn in die Stadt mitnehmen, um ihm eine richtige Abreibung zu verpassen?«

Der zweite Polizist war ein Riese. »Na, kleiner Soldat«, sagte er, »ich seh' schon, daß du gerne spielst.«

»Redest du mit mir?« Ich grinste nicht mehr. Während mich der kleine Polizist noch festhielt, schlug mir der zweite mit seiner geöffneten Riesenhand vor die Stirn, so daß ich mit dem Hinterkopf gegen die Scheibe knallte. Ich hörte das Glas krachen. Ich war dabei, das Bewußtsein zu verlieren – ich wußte nicht, ob wegen des Würgegriffs oder wegen der Dampflok, die mich gerade erwischt hatte.

Plötzlich packten mich beide Polizisten und rissen mich mit einem Ruck aus der Zelle. Der plötzliche Kontakt mit der frischen Luft machte mich wieder wach.

»Du kommst mit uns, kleiner Soldat«, sagte der eine, als er mich auf den Rücksitz des kleinen Ford-Escort-Streifenwagens stieß.

»Woher kommst du?« Er drückte meinen Kopf zwischen meine Knie, drehte meine Hände auf den Rücken und legte mir Handschellen an.

»Redest du mit mir?«

Ein kurzer Hieb in die Rippen ließ mich kurz aufschreien. Als ich meinen Kopf zu heben versuchte, drückte er ihn wieder nach unten, wobei ich mir die Lippen am Knie stieß. Ich schmeckte Blut. Ich blieb unten. Was immer passierte, sie durften keine Spuren auf meinem Gesicht hinterlassen. Mein Gesicht war das wichtigste Werkzeug in meinem merkwürdigen Beruf. Ich konnte meinen Job nicht mit einem grün und blau geschlagenen Gesicht ausüben. Ich wußte, daß sie die Anweisung hatten, mich nicht zu verletzen oder sichtbare Spuren zu hinterlassen, aber die Bullen ließen sich oft hinreißen.

Ich wollte ihnen sagen: »Ich kenne die Masche, und nun laßt uns Schluß machen«, aber alles, was aus mir herauskam, war: »Redet ihr mit mir?« Ich konnte mich nicht mehr konzentrieren. Unterdessen hieb mir der Bastard ständig auf den Kopf oder stieß mich in die Rippen. Ein scharfer Schmerz riß mich von Zeit zu Zeit aus meiner Apathie und zwang mich, mich mit der Realität zu befassen. Ich wußte, ich konnte das Spiel beenden, wenn ich nur darauf einging, aber irgend etwas hinderte mich daran.

Fast eine ganze Stunde dauerte diese Qual, bis wir wieder dort waren, wo sie mich aufgegriffen hatten. Der Wagen stoppte, der Fahrer drehte sich um, packte mich an den Haaren und drehte mein Gesicht nach oben. Ich konnte nur verschwommen sehen, und in meinem Kopf hämmerte es.

Der Gorilla schwitzte heftig.

»Was machst du hier, du kleiner Bastard?« zischte er mir direkt ins Gesicht und packte meine Haare noch fester.

»Redest du mit mir?« stammelte ich. Ich spürte, daß sie verwirrt waren. Das war nicht der normale Ablauf. Sie waren sich nicht sicher, ob ich oder sie etwas falsch machten. Der Gorilla starrte jetzt zum Fenster hinaus und war deutlich besorgt, ob er zu weit gegangen sein könnte.

»Ja, du Scheißer, ich rede mit dir«, sagte er schließlich. Mir war gar nicht bewußt gewesen, wie sehr ich diesen kleinen Sieg brauchte.

»Warum hast du das nicht gleich gesagt?« Ich lächelte schwach.

Er lächelte erleichtert zurück und ließ meine Haare los. Sein Freund nahm mir die Handschellen ab und öffnete die Tür. Er stieg dann aus dem Wagen und half mir behutsam heraus. Bevor er die Tür schloß, schaute er mich an: »Bist du okay? Bist du uns böse?«

»Ich bin nicht böse.« Ich zuckte mit den Achseln und stolperte zurück in die Telefonzelle. Die gesprungene Scheibe starrte mich an. Es schien so lange zurückzuliegen. Ich hatte beinahe vergessen, wie es begonnen hatte. Ich wählte, und beim zweiten Läuten war Dov am Apparat.

»Hier ist Kid«, sagte ich.

»Was ist?«

»Du Hurensohn. Ich komme gerade von der Berg-und-Tal-Bahn.«

»Warum hat es so lange gedauert?«

»Weiß nicht. War wohl ein Kommunikationsproblem mit dem Betreiber des Vergnügungsparks.«

»Was meinst du?«

»Ich meine, daß ich es satt habe, du Arschloch. Was sonst?«

»Geht's dir gut?«

»Na, wie schon? Ich werde es überleben.«

»Okay, schreib alles in den Bericht. Wir sehen uns morgen früh.« Er hängte auf.

Ich wählte nochmals, diesmal die Nummer des Apparats in der Eingangshalle der Akademie, wo wir trainiert wurden. Yosy oder Haim müßte dort sein. Es war abgemacht, daß wir aufeinander warteten, bis der letzte da war. Es war 23.40 Uhr, und Yosy nahm nach dem fünften Läuten ab. Er war außer Atem, als wäre er gerannt.

»Ja?«

»Yosy?«

»He, Victor, wo zum Teufel steckst du? Wir wollten dich schon aufgeben.«

»Wer ist wir?«

»Haim und ich, wer sonst?«

»Warum keuchst du, als wärest du gerade Marathon gelaufen?«

»Wir haben Tischtennis gespielt. Was hast du vor?«

»Nichts Besonderes. Ich brauche einen Platz, wo ich mich ausruhen und entspannen kann.«

Er kicherte. »Ich denke, daß eine Bonbonfabrik das Richtige wäre.«

»Eine Bonbonfabrik?« Ich war immer noch etwas benommen von den Schlägen.

»Dina, ich rede von Dina. Haim und ich haben ihr den Kodenamen Bonbonfabrik gegeben. Wo bist du jetzt?«

»Ich bin an der Elite-Kreuzung in Ramat Gan.«

»Wir holen dich in zehn Minuten am London-Minikaufhaus ab.«

»Bis dann.« Ich legte auf und hielt ein Taxi an. Ein paar Minuten später stand ich an der Ecke und schaute Richtung Norden die Even-Gvirol-Avenue hinauf. Der Jeep hielt direkt hinter mir.

Haim saß hinten. Er steckte seinen Glatzkopf zum Fenster raus. »Los, komm schon. Wir haben nicht die ganze Nacht Zeit. Wir haben Arbeit vor uns.«

»Arbeit?«

»Ja, ein Anwaltsbüro. Wir müssen in das Haus rein und ein paar Akten fotografieren.«

»Seit wann denn das?«

»Seit gestern.«

»Wieso weiß ich davon nichts?«

»Du gehörst nicht zu unserem Team. Wir haben uns das nicht ausgesucht, wir wurden eingeteilt.«

Ich spürte, wie es mir kalt über den Rücken lief. Yosy, Haim und ich waren beinahe von Anfang an ein Team gewesen. Es gab keinen Grund, uns auseinanderzureißen, wir ergänzten einander. Ich konnte mir nur vorstellen, daß irgend jemand ein Interesse daran hatte, mich zu isolieren. Ich war kein Paranoiker. Wenn dies ein legitimer Schritt wäre, dann hätten sie mich in Kenntnis gesetzt und mir eine Erklärung gegeben. Daß es hinter meinem Rücken geschah, machte es so schlimm. Aber daran konnte ich jetzt nichts ändern. Das einzig Vernünftige war, es zu akzeptieren.

»Haben wir nicht zu ihr gesagt, daß wir um Mitternacht bei ihr sein würden?« Ich riß mich zusammen. Die zu erwartende Begegnung erregte mich.

»Das dachte ich auch«, sagte Yosy und drehte sich um. »Wir setzen Victor rasch bei ihr ab, dann machen wir unseren Job. Danach kommen wir und holen dich ab.«

»Oder wir schließen uns dir an«, meinte Haim.

Ich nickte. »Ist mir recht.«

»Wir kommen auf eine Tasse Kaffee mit rein und hauen dann ab«, fügte Yosy hinzu.

Ich erzählte ihnen von meiner Begegnung mit der Polizei.

»Haben sie dich sehr geschlagen?« fragte Yosy.

»Es reicht. Ich habe es auch herausgefordert.«

»Ich dachte, du könntest jeden an die Wand reden.« Haim beobachtete mich scharf.

»Ich weiß nicht. Ich weiß es wirklich nicht. Ich kann nur sagen, daß ich keine Lust hatte, mit den beiden zu reden.«

Wir fuhren in Richtung Dizengoffstraße. An der Ecke der Dizengoff- und Gordonstraße machte Yosy einen scharfen Schwenk, so daß der Jeep fast umkippte. Er hielt neben dem Trottoir.

»Hübsch geparkt«, bemerkte ich. »Machst du das immer so?« Wir lachten. Jedermanns Stolz in diesem Job war es, die Verkehrsregeln zu mißachten. Das Nummernschild des Jeeps war falsch, aber obwohl es im Polizeicomputer gespeichert war, würde es in ein paar Tagen ausgetauscht werden. Wir besaßen auch eine Identitätskarte, mit der wir jeden Bullen auf der Stelle in jede beliebige Richtung jagen konnten. Das war unser Joker, und wir warteten nur darauf, ihn einsetzen zu können.

»Wir sind da«, verkündete Yosy und sprang hinaus. Haim und ich folgten ihm. Es war ein für Tel Aviv typisches Appartementhaus.

»Hier ist es.« Yosy hielt vor der Tür rechts neben dem dunklen Treppenhaus. Er drehte sich zu mir um, bevor er den Klingelknopf drückte. »Denk dran, daß wir vom *Shaback* sind, daß wir Singles sind und in ...« Er wandte sich an Haim: »Wo leben wir?«

»In Natania.«

»Warum in Natania? Warum vom *Shaback*?« fragte ich.

»Natania ist weit genug und doch nicht zu weit, und vom *Shaback*, weil wir ihr nicht sagen können, daß wir vom Mossad sind. Alles klar? Wir wollen keine Polizisten sein, deshalb liegt das am nächsten.«

»Okay, ich kann damit leben. Wie oft muß man die Geschichte auftischen?«

»Wir haben es ihr einmal erzählt«, sagte Haim leise.

»Und nie mehr davon gesprochen«, bemerkte Yosy und klingelte.

Ich war nur deshalb ruhig, weil ich Prügel bezogen hatte. Ich war nicht weit davon entfernt, auf der Stelle einzuschlafen. Das Schuldgefühl, das sich bei mir mit dieser Art von Abenteuer verband, war betäubt. Mit meinem Unterbewußtsein hatte ich dafür gesorgt, daß ich meine Strafe bekommen hatte, bevor die Tat begangen war. Außerdem war ja noch gar nicht klar, ob es so weit kommen würde, daß ich mich schuldig fühlen mußte.

Der Klang der Klingel war schrill und unangenehm, die Stimme, die darauf folgte, weich und kaum hörbar. »Einen Augenblick bitte.« Der Spion verdunkelte sich kurz, und dann wurde die Tür geöffnet. »Hallo, Jungs, ich dachte schon, ihr würdet nicht mehr kommen, und wollte ins Bett gehen.« Sie trat einen Schritt zurück, um uns hereinzulassen.

»Laß dich nicht von uns abhalten«, sagte Yosy mit anzüglichem Lächeln. »Wir könnten dir gleich folgen.«

Sie schloß die Tür hinter uns. Haim steuerte direkt auf das große Bett mitten im Zimmer zu und warf sich drauf. Yosy ging ins Badezimmer. Das Zimmer war schwach erleuchtet, und in der Luft lagen die Feuchtigkeit eines kürzlichen Bades und ein leichter Hauch von Parfüm. Der Duft war sinnlich. Ich spürte geradezu die weiche Haut der Frau. Das Zimmer war einfach eingerichtet, warm und verführerisch. Ich merkte, wie mein Herz mit jeder Minute schneller schlug.

Dina war wunderschön in ihrem langen Kleid. Sie ging langsam Richtung Badezimmer, schaltete dann das Licht in einem Raum an, den ich gar nicht bemerkt hatte. Es war eine kleine Küche. »Möchte jemand etwas trinken?«

»Ich einen Kaffee«, antwortete Haim, ohne sich umzudrehen.

»Das kannst du vergessen«, schallte es aus dem Badezimmer. »Wir müssen noch was erledigen. Wir holen Dan später ab.« Wir fanden immer einen Grund für einen Kodenamen, egal was wir taten. Es war uns zur zweiten Natur, zu einer ständigen Gewohnheit geworden.

Yosy kam aus dem Badezimmer, zog das Mädchen an sich und küßte sie. Sie zeigte keinen Widerstand. Er ließ sie los und wandte sich an Haim. »Laß uns gehen, Alter. Wir haben zu tun, und Dan auch.« Er wandte sich an mich. »Halt das Bett warm, bis wir wiederkommen.«

Es brachte mich auf, wie er sich benahm, als ob er mich gekränkt hätte, wo doch sie hätte gekränkt sein müssen – aber sie war es nicht. Daß sie so unterwürfig war und er dies ausnutzte, ärgerte mich. Sie schloß ab, nachdem die beiden draußen waren, lehnte sich an die Tür und schaute mich an. Ich war verlegen. Ich war wegen Sex gekommen und fühlte mich zu nichts anderem aufgelegt.

»Möchtest du was trinken?« fragte sie und lächelte zum ersten Mal.

»Ich hätte gerne einen Kaffee, bitte.«

»Mach es dir bequem. Ich bin gleich zurück.«

Sie glitt durch das Zimmer und verbreitete dabei ihren Duft; ich konnte den Druck in meinen Lenden spüren. In der Küche klapperten Tassen. Ich zündete eine Zigarette an und nahm eine Art Notizbuch in die Hand, das auf dem kleinen Tisch neben dem Bett lag.

Ich schlug es auf und sah, daß es mit enger, kleiner Schrift vollgeschrieben war. Meine erste Reaktion war, es auf den Tisch zurückzulegen. Dann schaute ich noch einmal hin.

Ich begann mich wieder schuldig zu fühlen. Was zum Teufel hatte ein siebenunddreißigjähriger verheirateter Mann mit zwei Kindern hier zu tun, auf dem Bett dieser jungen Frau?

Ich fing an zu lesen. Es machte zunächst keinen Sinn für mich – kurze, gereimte Sätze, deren Bedeutung ich nicht verstand. Dina kam mit zwei Tassen in der Hand zurück und setzte sich neben mich auf das Bett. Ihr Knie glitt unter ihrem Kleid hervor und berührte wie zufällig das meine. Ich räusperte mich. Sie begann ihren Kaffee zu trinken und versteckte ihr Gesicht halb hinter der Tasse.

Ich hob das Buch. »Hast du das geschrieben?«

Sie nickte schweigend, als ob sie wartete, daß ich mehr sagte.

»Wirklich?«

»Ja«, antwortete sie, setzte die Tasse ab und lächelte mir zu.

»Warum?«

Sie rückte näher, und ihr Lächeln wurde breiter. »Wie gefällt es dir?«

»Ich finde es großartig.«

Sie lehnte sich zurück und lachte leise. »Was meinst du damit?«

»Das, was ich gesagt habe.« Ich machte mir klar, daß jemand, der so aufgegeilt war wie ich, nicht über Dichtung diskutieren sollte. »Mir ist wirklich heiß«, sagte ich.

»Warum duschst du nicht und ziehst was anderes an? Du siehst so aus, als ob es dir guttun würde.«

»Du meinst, ich stinke?« lachte ich.

»Nein, nein, gar nicht...«

»Also gut.« Ich stand auf und ging zum Bad. »Aber ich habe nichts anderes anzuziehen.«

»Nimm den Bademantel an der Tür, und dann kannst du dir was von meinem Mann raussuchen.«

Ich erstarrte. »Deinem was?«

»Oh, keine Sorge. Er wohnt nicht mehr hier.«

Ich stieß einen Seufzer der Erleichterung aus.

Als ich aus der Dusche kam, war das Zimmer dunkel bis auf das rote Glühen des Heizofens.

»Geh schon ins Bett«, kam ihre Stimme aus der Ecke. »Ich komme gleich.«

Mein Puls raste, als ich auf dem Bett lag. Dann trat sie völlig nackt in den roten Schein der Lampe. Sie setzte sich neben mich und lehnte ihren schlanken, weichen Körper gegen mein angewinkeltes Bein. Dann streichelte sie sanft meine Brust.

Ich war am Explodieren. Sie konnte spüren, wie sehr ich sie begehrte. Sie lächelte. Sie war sichtlich glücklich. Ich setzte mich auf und nahm ihre kleine Brust in die eine Hand und streichelte mit der anderen ihren ganzen Körper, der unter meiner Berührung zu beben schien. Sie drückte mich auf das Bett zurück und liebkoste jeden Teil meines Körpers. Dann setzte sie sich langsam auf mich.

Ich erinnere mich noch, daß ich zu Yosy und Haim, als sie mich abholen wollten, sagte, daß ich die Nacht über hierbleiben und sie morgen sehen würde. Es war meine Flucht aus der brutalen Wirklichkeit, und ich wollte, daß sie zumindest diese Nacht andauerte.

Kapitel 4

Donnerstag, den 13. Februar 1986

Am Morgen war ich wieder in der Akademie. Ich rannte ins Gebäude, wobei ich den Mantel zum Schutz vor dem Regen über den Kopf gezogen hatte.

Dov, unser Trainingsleiter, blickte verärgert drein, ein Ausdruck, den man auf seinem runden Gesicht selten sah. Er hielt mich an, bevor ich mir einen Kaffee holen konnte.

»Wo zum Teufel bist du gewesen?«

»Hatten wir eine Verabredung?« fragte ich trocken.

»Ich brauche keine Verabredung, um dir in den Arsch zu treten.« Eins zu null für ihn. Ich wurde hellhörig. »Ich rede von der vergangenen Nacht.«

Ich schaute zur Decke. »Hast du mich vermißt? Ich bin gerührt.«

»Du warst nicht zu Hause, als ich anrief.«

»Was heißt das? Du hast zu Hause angerufen? Was fällt dir ein? Was hast du Bella gesagt?«

»Nichts, ich wollte nur mit dir reden.«

»Was soll ich ihr denn jetzt erzählen?«

»Wärst du zu Hause gewesen, müßtest du ihr jetzt nichts erzählen.«

Er hatte damit die grundlegende ungeschriebene Regel der Kameradschaft im Mossad gebrochen: Er hatte bei einem Offizier zu Hause angerufen, als es dafür keinen dringenden Grund gab, und es sah so aus, daß er mich nicht einmal gedeckt hatte, als er feststellte, daß ich nicht dort war. Ich war wütend. »Arschloch. Wer hat dich zum Sheriff gemacht? Verlaß dich drauf, Dov, auch dich wird es mal treffen.«

Ich goß mir eine Tasse Kaffee ein. Jetzt war er richtig wütend. »So, und jetzt raus damit, was du eigentlich willst. Ich hab' nicht den ganzen Tag Zeit.« Es begann viel komplizierter zu werden, als ich gedacht hatte.

»Was hast du dir heute nacht bei dem Spiel mit den Bullen eigentlich gedacht?« Dov versuchte seine Stimme zu dämpfen.

»Nichts. Sie haben mich ein Stück mitgenommen und dann wieder zurückgebracht. Warum?«

»Geht man so mit feindlichen Polizisten um? Nach jahrelangem Training ist das alles, was dir eingefallen ist: ›Sprichst du mit mir?‹«

»Sprichst du mit mir?«

»Fang nicht mit mir an. Du stehst auf der Kippe, das weißt du genau. Treib mich also nicht zum Äußersten.«

Ich packte ihn an der Schulter und zog ihn zu mir. Ich beugte mich dicht zu ihm herüber und sagte mit leiser Stimme: »Hör gut zu, Dov. Der Mossad hat dich wegen deiner Erfahrung mit operativer Sicherheit von der Inneren Sicherheit ausgeliehen, stimmt's?«

Er nickte.

»Ich bin Mossad-Offizier. In ein paar Wochen werde ich eingesetzt, und selbst wenn nicht, dann bin ich immer noch Oberst. Ich stehe im Rang zehnmal über dir, du kleines Würstchen.« Er versuchte sich loszumachen, aber ich hielt ihn fest. »Du kannst mir erzählen, was du willst, das ist dein Job. Aber wenn du nicht willst, daß ich dir das Genick breche, dann behandle mich mit Respekt. Hab' ich mich deutlich ausgedrückt?«

»Nimm deine Hände weg.« Er versuchte mich abzuschütteln.

»Du bekommst in Kürze meinen Bericht, und wenn dir nicht gefällt, was drinsteht, kannst du machen, was du willst, aber anschreien lass' ich mich nicht. Und jetzt, entschuldige, trinke ich meinen Kaffee, und du kannst mich am Arsch lecken.« Ich ging zurück in den Hauptraum.

Ich hatte noch einige Dinge zu erledigen, und das war der Grund, weshalb ich in die Akademie gekommen war. Das hatte mit einer Konferenz zu tun, die im Monat zuvor im Country Club Hotel gegenüber der Akademie an der Schnellstraße nach Haifa stattgefunden hatte. Zu der Konferenz waren Vertreter der Moon-Sekte samt ihrem unerquicklichen Gefolge von internationalem Abschaum geladen gewesen. Es hatte Zusammenkünfte mit rechten Knesseth-Angehörigen und einigen Militärs gegeben. Von unserer Seite waren auch Vertreter aus Geheimdienstkreisen und andere wichtige Leute wie Yehuda Blum, der ehemalige israelische Botschafter bei der UNO, dabei gewesen. Ein Ex-Oberst vom koreanischen Geheimdienst (KCIA) und mehrere amerikanische Generäle im Ruhestand waren ebenfalls anwesend. Der Franzose Pierre Ceylac, der einer Partei der extremen, faschistischen Rechten angehörte, ging mir echt auf den Wecker. Der Mann wollte ständig von mir irgend etwas erledigt haben. Er dachte, daß man einen Verbindungsmann quasi als Diener benutzen konnte. Er hatte vom Mossad ein Computerprogramm angefordert, um Daten besser übertragen und speichern zu können. Ceylac wollte die Daten vor dem französischen Geheimdienst sichern. Ich sollte ihm das Programm besorgen, das von der Elektronikfirma Sitex für ihn zurechtgeschnitten worden war, und es mit der Diplomatenpost an die französische Station schicken. Sie sollte ihm das Programm direkt übergeben.

Erst einmal verstand ich nicht, warum wir uns mit solch einem Abschaum abgaben. Aber David Biran, der zu der Konferenz geladen hatte, meinte, daß der Gewinn größer sei als der Gestank, der dem Ganzen anhaftete. Es war nicht meine Aufgabe, Fragen zu stellen, sondern zu gehorchen, und das tat ich auch.

Freitag, den 14. Februar 1986

»He Victor«, sprach mich Yehuda Gill an, ein alter *Katsa*[1], der schon zu Lebzeiten zur Legende geworden war, als ich gerade die Sicherheitskontrolle am Eingang des Gebäudes passierte. Ich wandte mich um, und er winkte mir zu und wies auf einen Korridor, der zur Fotoabteilung führte. Der Mann war an nahezu allen Operationen beteiligt, die eine sorgfältige Planung verlangten. Dennoch gehörte er zu den bescheideneren Personen in der Organisation.

Ich lachte und ging auf ihn zu. Er legte eine Hand auf meine Schulter. »Komm mit. Ich will meine häßliche Visage für einen neuen amerikanischen Paß fotografieren lassen. Ich muß mit dir reden.«

Wir betraten das leere Fotostudio. »Der Fotograf kommt in ein paar Minuten«, sagte er.

[1] Operateur, Einsatzoffizier, leitender Mossad-Agent.

»Was ist mit dem amerikanischen Paß?« So etwas bekam man äußerst selten. Der Mossad versuchte soweit wie möglich die Benutzung amerikanischer Pässe zu vermeiden.

»Ich werde in den Staaten für die Al-Abteilung[1] arbeiten. Wir müssen dort eine Großreinigung vornehmen.«

»Ich hab' nie von Komplikationen gehört. Was gibt es da zu säubern?«

»Die Pollard-Angelegenheit.«

»Ich dachte, dabei ging's um den LAKAM[2].«

»Die haben die Sache durcheinandergebracht, aber wir müssen nun wieder Ordnung schaffen. Ich muß den berühmten Mr. X kontaktieren und dafür sorgen, daß sie ihn nicht kriegen.«

Ich wußte ein wenig über den Fall. Der LAKAM hatte einen Mann namens Pollard rekrutiert, einen amerikanischen Juden, der im Nachrichtendienst der US-Marine arbeitete, und ihn als Spion benutzt. 1986 wurde er vom FBI festgenommen, nachdem die israelische Botschaft in Washington sich geweigert hatte, ihm Asyl zu gewähren. Diese Weigerung war das direkte Ergebnis einer Mossad-Intervention, obwohl die Angelegenheit nicht den Mossad betraf. Es ging das Gerücht um, daß es einen Verbindungsmann zwischen Pollard und dem Mossad gab, den berühmten Mr. X. Die komplette Geschichte haben wir nie erfahren, und was durchsikkerte, das wurde unter Papier begraben.

»Also gibt es einen Mr. X?« fragte ich.

»Nur dem Namen nach. Mr. X ist keine Person. Eitan[3] hat von uns *Sayanim*[4]-Listen mitgenommen, bevor er losfuhr, und er hat die Leute als Quellen benutzt. Sie sagten ihm, wo er bestimmte Dinge finden würde, und dann mußte Pollard sie herausholen.«

»Und sie waren einverstanden?« In dem Moment, als sie heraus war, wußte ich, daß ich eine dumme Frage gestellt hatte.

[1] Geheime Einheit von erfahrenen *Katsas*, die in den USA gegen amerikanische und arabische Ziele eingesetzt wird.

[2] *Lishka Le Kishrei Mada*; direkt dem israelischen Premierminister unterstellte Einheit für wissenschaftliche Beziehungen und Nachrichtenbeschaffung in den USA. Der LAKAM ist nicht Teil des Mossad.

[3] Refael Eitan, ein Ex-Mossad-Offizier, Leiter des LAKAM.

[4] Freiwillige jüdische Helfer des Mossad außerhalb Israels. Zu ihrem Schutz bekommen sie kein Geld, damit es nicht heißen kann, sie seien bezahlte Agenten. Bezüglich ihrer Verwendung gibt es verschiedene Direktiven; zum Beispiel ist der Einsatz eines *Sayan* in einem arabischen Land verboten.

»Einverstanden? Ein *Sayan* hat zu gehorchen, nicht Fragen zu stellen. Wenn wir uns nicht beeilen, werden nach Pollard auch noch andere im Gefängnis landen. Also muß ich rüber und zusehen, daß das nicht passiert. Wie viele Juden kennst du in Amerika, die bereit sind, als Verräter gebrandmarkt zu werden und zum Ruhme Israels ins Gefängnis zu gehen?«

Ich nickte zustimmend. »Was kann ich also für dich tun?«

»Nichts. Ich wollte mit dir nur über dich reden.«

»Über mich? Was gibt es da zu reden?«

»Ich habe einiges über dich gehört, und ich denke, du solltest darüber Bescheid wissen.«

»Was denn?«

»Da ist erst einmal Mike Harari[1], den du zum Narren gehalten hast. Er will immer noch deinen Kopf. Der Mann verbreitet Geschichten über dich. Und dann sind da all die Leute, denen deine politischen Ansichten nicht gefallen.« Yehuda schaute mich an, wie ein Lehrer einen kleinen Lausebengel anschaut. »Du hast ein Recht darauf, deine verfluchten Meinungen zu haben. Aber da du auf der falschen Seite stehst, solltest du sie für dich behalten.«

Ich glaubte an das Recht des palästinensischen Volkes auf einen eigenen Staat im Westjordanland und im Gazastreifen. Ich glaubte, daß wir durch die Besetzung dieser Gebiete, die angeblich dem Wohl der Bevölkerung diente, unser menschliches Image verlieren würden. Ich glaubte nicht nur daran, ich sagte es auch bei jeder Gelegenheit, weshalb ich als Linker abgestempelt wurde. In Israel im allgemeinen und im Mossad im besonderen ist der Unterschied zwischen links und rechts deutlich durch die Frage der besetzten Gebiete abgegrenzt. Die Rechten wollen die Gebiete behalten und sie nach Möglichkeit dem Staat Israel einverleiben, nachdem die meisten der dort lebenden Palästinenser fortgejagt sind. Die Linken betrachten die Palästinenser als nationale Einheit mit eigenen Be-

[1] Ex-Mossad-Offizier, der weltweit in dunkle Aktivitäten verwickelt war. Es ist bekannt, daß er der Partner von Manuel Noriega war, dem Staatschef von Panama. Während meiner Ausbildung in der Akademie mußte ich als Teil einer Übung mit dem Honorar-Botschafter von Panama in Israel einen Kontakt machen, um ihn für zwielichtige Geschäfte zu gewinnen. Es stellte sich heraus, daß jener Mann Mike Harari war, und da ich ihn erfolgreich für die faulen Geschäfte gewonnen hatte, ohne zu wissen, wer er war, hatte ich ihn in beträchtliche Schwierigkeiten gebracht.

fugnissen und Rechten, einschließlich des Rechts auf Selbstbestimmung. In anderen Bereichen, wie Wirtschaft und sonstige Politik, wird nicht nach diesen Maßstäben gemessen. Ein extremer Linker in der Frage der besetzten Gebiete kann durchaus ein extremer Rechter in allen anderen Fragen sein.

Ich wußte, daß es ein Mythos war zu meinen, eine Organisation wie der Mossad mit all seiner Macht könnte bestehen, ohne faschistisch zu sein. Aber ich klammerte mich an den Mythos. »Was rätst du mir also? Daß ich das Maul halten soll? Ist Israel nicht eine Demokratie?«

»Das schon, aber du bist nicht in Israel, sondern im Mossad. Bevor wir die Chance bekommen, reinen Tisch zu machen, wird es schlimmer werden und nicht besser. Ich rate dir, duck dich, mein Junge, duck dich, bis der Sturm vorüber ist.«

»Und wenn nicht?«

»Dann bist du schneller draußen, als du glaubst. Wenn nicht Schlimmeres passiert.«

»Was soll das heißen?«

»Was meinst du denn, was es heißen könnte? Wir haben täglich mit Tod und Täuschung zu tun. Denk darüber nach.« Er lächelte traurig. Ich wollte ihm tausend Fragen stellen, aber da kam gerade der Fotograf herein.

»Danke, daß du gekommen bist, mir auf Wiedersehen zu sagen«, meinte er und wandte sein Gesicht dem Fotografen zu. Ich wußte, daß unser kurzes Gespräch beendet war.

Sonntag, den 16. Februar 1986

Ich wurde Country[1], dem dänischen Ressort im Mossad-Hauptquartier, zugewiesen. Morgens mußte ich als erstes zum Bericht erscheinen. Nach dem Ritual des Kaffeetrinkens und Tratschens in den Korridoren wurde mir die Aufgabe des Tages zugewiesen. Als erste Arbeit in dem Ressort gab man mir einen Stoß dänischer Visa-Anträge, die wir in Fotokopie mit der Diplomatenpost erhalten hatten. Sie gehörten zum sogenannten Dienst, den wir für die

[1] Unterabteilung der Verbindungsabteilung Liaison.

Dänen erledigten. Alle Antragsteller waren arabischer Herkunft, und wir mußten ihre Namen mit denen in unserer Kartei vergleichen. Man hatte uns erst vor ein paar Monaten ein neues System installiert, bei dem das Gegenchecken der Informationen extrem schnell ablief. Der Computer hatte über anderthalb Millionen Namen in seinem Speicher. Mit dem System, von dem es hieß, daß es erst kürzlich von einem unserer Verbündeten gestohlen worden sei, konnte man in Sekundenschnelle beliebige Quervergleiche anstellen.

Ein paar Tage später sagte Benny S., der stellvertretende Chef von Country, zu mir, ich solle Hombre – das war der Kodename für unseren Mann in Skandinavien – anrufen, um durch ihn eine neue Abhöranlage bei Gammeltoft Hansen, einem der führenden dänischen Anwälte, anbringen zu lassen. Er war ein propalästinensischer Rechtsanwalt und Professor an irgendeiner Universität. Die dänische Polizei oder Geheimpolizei hatte vor ein paar Jahren sein Büro für uns mit Wanzen ausgestattet. »Schau dir mal die Akte an«, sagte Benny, »und sag dann, was getan werden muß. Wir glauben, Hansen hat den Verdacht, daß sein Büro abgehört wird, der Art nach zu schließen, wie er seine Gespräche führt. Wenn wir seine Wohnung verwanzen, dann bekommen wir bestimmt bessere Ergebnisse.«

Montag, den 17. Februar 1986

Wie ich aus der Akte des dänischen Geheimdienstes ersehen konnte, hatten wir in Dänemark einen »guten Freund«, der wesentlich freundlicher und kooperativer war als unser israelischer *Shaback*. Die Dänen hatten einen kleinen Dienst, der in der ersten Liga mitspielen wollte, aber weder das Geld noch das Know-how dafür hatte. Andererseits konnten sie in Dänemark Informationen sammeln und gewisse Dinge tun, ohne erwischt zu werden, von denen wir nur träumen konnten. Im Austausch dafür, daß sie diese Dinge für uns erledigten, gaben wir ihnen das Gefühl, sehr wichtig zu sein.

Hombres Antwort auf meinen Wunsch nach einer weiteren Abhöranlage kam noch am selben Tag. Sie sei schon in Arbeit. Die erste im Büro des Professors hatten sie Ende 1984 installiert. Den

Auftrag hatte ein Agent ausgeführt, den wir im dänischen Geheimdienst hatten. Sein Name war Schmidt, sein Kodename »Ölgemälde«. Er schickte ein Polizeiteam zur Anbringung der Wanze zu einem Mann, der sie angeblich angefordert hatte, vermutlich um irgendeine telefonische Belästigung zu unterbinden. Durch eine falsche Lokalisierung des Telefons kam es dann dazu, daß die Wanze zufällig im Apparat des Professors installiert wurde. Niemand, außer »Ölgemälde« und Hombre natürlich, wußte davon. Die Bänder wurden direkt und unangetastet alle zwei Wochen an Hombre geliefert, und alle waren zufrieden.

Der nächste Wunsch, den ich an Hombre hatte, ging darum, mehr Informationen über die Aktivitäten koreanischer Dissidenten in Dänemark herauszufinden. Das war ein Wunsch der Liaison, um ein Versprechen an die Moon-Sekte zu erfüllen. Eine gleiche Forderung war schon 1982 gestellt worden, aber damals hatten uns die Dänen nichts gegeben. Diesmal waren sie sehr viel hilfsbereiter. Sie waren einverstanden, ließen uns aber zugleich wissen, daß die Informationen sehr empfindlich seien. Sie würden sie exklusiv für den CIA sammeln und wollten auf keinen Fall zwischen die Stühle geraten.

Ich hielt Rücksprache mit Amnon Peleg, dem Verbindungsmann zum CIA. Er sagte, der CIA würde uns alle abschießen, wenn man dort herausbekäme, daß wir die Informationen an die Moon-Sekte weitergäben.

Peleg verlangte von mir, die Weitergabe der Informationen zu verschieben. Bis zum Abend wuchs sich diese Angelegenheit zu einer Krise aus. Der Chef der Liaison bestand darauf, sie der Moon-Sekte zu geben. Er sagte, die Informationen seien ihm von Shabtai, dem *Melucha*-Chef, versprochen worden. Shabtai war außer Landes und unerreichbar. Er war als Gast des italienischen Geheimdienstes zu einem Arbeitsbesuch in Rom. Shabtai hatte Menachem Dorf mitgenommen, den Chef von *Saifanim*[1]. Sie hatten Informationen, die Sabri al-Banna (besser unter dem Namen Abu Nidal bekannt) mit dem Anschlag vom 27. Dezember 1985 auf dem Flughafen von Rom in Zusammenhang brachten. Die Information war solide, obwohl viele Lücken kunstvoll überbrückt worden

[1] Abteilung innerhalb des Mossad, die ausschließlich für die PLO-Aktivitäten zuständig ist; Teil der Forschungs-Sektion (Kodename Manginot).

waren, die den Mann mit anderen terroristischen Gewaltakten in Verbindung brachten, die in Italien verübt worden waren. Von Rom aus wollte Shabtai nach Frankreich weiterreisen, um dort ganz ähnliche Dinge zu erledigen.

Schließlich fiel die Entscheidung zugunsten der Moon-Sekte. Der Chef von Country beschloß, daß Hombre Schmidt aktivieren sollte, um das Material zu stehlen, sofern dies notwendig sein sei.

Mittwoch, den 19. Februar 1986

Die Informationen für die Moon-Sekte liefen vor Mittag ein und wurden direkt an den Traksin (die Abteilung des *Mashov*[1] für das Umschreiben von Informationen) weitergereicht. Mit dem Umschreiben sollte verhindert werden, daß die Quelle der Information zurückverfolgt werden konnte. Ich reichte sie dann weiter an die Liaison, die sie nach Japan schickten, wo der Mossad-Verbindungsoffizier für Fernost – von der Dardasim-Sektion[2] – sie persönlich dem Kontaktmann von Dr. Moons Vereinigungskirche übergab.

Am selben Tag schickte Hombre ein Fax über eine sichere Leitung an die israelische Botschaft in Dänemark. Er informierte mich, daß die Antiterror-Spezialeinheit von Purples-A[3] ein Glass[4] im Büro des Professors angebracht habe. Im Fax hieß es weiter, daß ein Offizier namens Delsgard gegen die Aktion protestiert, aber nichts weiter unternommen habe.

Freitag, den 21. Februar 1986

Die dänischen Visa-Formulare, die problematisch waren, kamen auf meinen Schreibtisch zurück. Einige von ihnen enthielten Namen, die sich auch in unseren Computern befanden, was bedeutete,

[1] Kommunikationsabteilung.

[2] Für Fernost zuständige Unterabteilung des *Kaisarut*, der Liaison an den israelischen Botschaften.

[3] Mossad-Kodename für den dänischen zivilen Geheimdienst.

[4] Im Telefon installierte Abhöranlage, die auch Gespräche im Raum mithören kann.

daß sie für uns von gewissem Interesse waren. Sie mußten immer doppelt gecheckt werden, weil arabische Namen außerordentlich verwirrend sind. Man mußte überprüfen, ob andere Angaben, wie Geburtsdatum und -ort, übereinstimmten. Dabei flogen etwa achtzig Prozent der sogenannten heißen Daten raus. Die Frauen in der Schreibabteilung konnten die Dateien, an denen sie arbeiteten, nicht selbst aufrufen. Sie konnten nur Informationen eingeben, und nicht umgekehrt.

Wenn einmal ein Name als heiß galt und verifiziert war, wurde er in das Verzeichnis, das alle relevanten Informationen enthielt, eingefügt. Das Verzeichnis wurde dann alle zwei Tage an das Operationszentrum weitergegeben. Dort wurden die neuen Namen analysiert, um zu sehen, ob sie rekrutiert oder in Reserve gehalten werden sollten. Wurde entschieden, sie sofort zu rekrutieren, bekamen die Dänen keine Antwort in bezug auf jene Person. Sie sollten annehmen, daß alles in Ordnung sei und sie das Visum ausstellen könnten. Wenn ein Antragsteller erst einmal in Dänemark war und unter unserer Überwachung stand, wurden die Dänen informiert, daß die Person gefährlich sei. Sie stellten dann automatisch das Aufnahmeverfahren ein und nahmen ihn fest, um ihn zu befragen. Dann versuchte ein Mossad-Offizier, ihn für den dänischen Pool zu rekrutieren. Verlief die Rekrutierung erfolgreich, dann wurde er entlassen und arbeitete künftig als Agent für den Mossad in der palästinensischen Gemeinde in Europa oder anderswo. Gelang die Rekrutierung nicht, wurde er bedroht und dann freigelassen; gewöhnlich wichen diese Leute dann in ein anderes skandinavisches Land aus, mit dem der Mossad aber ähnliche Abkommen hatte. Dort begann dann alles von vorne.

»Auf diese Weise haben wir im vergangenen Jahr über achtzig Palästinenser rekrutiert«, rühmte sich unser Boß. »Es ist zu einfach, um legal zu sein.«

Aber das war es ja nicht, doch als ich fragte, ob derlei Dinge nicht für uns zum Bumerang werden könnten, erhielt ich die Antwort, die man immer im Mossad auf solche Fragen erhielt: »Na und?«

In den folgenden Tagen entwickelte sich die Arbeit zu einer Schinderei. Ich arbeitete beinahe rund um die Uhr, um mich auf meine geplante Reise nach Sri Lanka vorzubereiten. Ich sollte eine große Ladung von Minen für die Tamil Tigers begleiten und das

Geld dafür entgegennehmen. Ich lernte meine Tarngeschichte und wurde von meinem Sektionschef getestet.

Da begann der ganze Laden plötzlich durchzudrehen. Allesamt suchten nach Informationen, mit denen man die Friedensinitiative König Husseins stoppen konnte. Die hatte den Mossad kalt erwischt; wir hatten einen Monat zuvor aus amerikanischen Quellen erfahren, daß sie eine Farce, ein totgeborenes Kind sei. Aber plötzlich war sie wieder quicklebendig, und obwohl Arafat Israel nicht anerkennen wollte, war er doch damit einverstanden, mit König Hussein zusammenzutreffen. Es hieß, das sei nur eine List von Hussein. Er wolle lediglich, daß die Amerikaner seiner Forderung nach einer Waffenlieferung von zwei Milliarden Dollar entsprächen. Wir hatten dem Premierminister die Garantie gegeben, daß das nicht geschehen würde. Die gesamte jüdische Lobby in den USA war mobilisiert worden. Der Verantwortliche dafür war Tsvy Gabay, der Chef des Nachrichtendienstes im Außenministerium. Ihm wurden Listen von *Sayanim* und prozionistischen Organisationen gegeben, die er mobilisieren konnte.

Das war keine einfache Aufgabe. Die Jordanier konnten die Waffen kaufen, wo immer sie wollten. Sie bettelten nicht um ein Darlehen, sie wollten Geld in den USA ausgeben. Sie wollten einen Bargeld-Deal machen. Wir wußten, daß sie im Falle eines Erfolgs Zugang zu einem amerikanischen Markt bekämen, der nur zu gerne etwas verkaufte. Deshalb durfte dieser Deal keine Chance haben.

Die jüdische Gemeinde in Amerika wurde in ein Drei-Stufen-Aktionsteam eingeteilt. Zuerst die individuellen *Sayanim*: Bei einer Schlappe würden sie, falls sie als Amerikaner in Israel arbeiteten, als Spione behandelt werden. Dann gab es die große proisraelische Lobby. Sie würde die Gemeinde zu einer gewaltigen Anstrengung mobilisieren in der Richtung, die ihr der Mossad vorgeben würde. Und schließlich gab es noch die *Bnai-Brith*. Das waren diejenigen, die mit Nichtjuden Freundschaft schlossen und alle, die nicht auf die Seite Israels gezogen werden konnten, als Antisemiten anschwärzen würden. Mit dieser Eins-zwei-drei-Taktik konnte nichts schiefgehen.

Kapitel 5

Donnerstag, den 27. März 1986

Zwei Monate waren seit dem Zypern-Fiasko vergangen. Im System zerbrach man sich den Kopf, wie man mit mir verfahren sollte. Einerseits hatten sie eine Menge investiert, um mich so weit zu bringen. Und es hatte sich gelohnt, das heißt, ich war ein gutes Produkt ihres Trainings- und Umformungsprozesses. Es gab jedoch einige hohe Offiziere, die mich als Störenfried betrachteten. Einer, Ephraim, den ich nur flüchtig kannte, führte seinen persönlichen Kreuzzug gegen mich, um mich aus der ersten Familie des Staates, wie er es nannte, hinauszuwerfen.

Er war irgendwie zu meinem Begutachter ernannt worden und nicht glücklich über die Dinge, die er in meiner Akte gefunden hatte. Er sagte, daß ich ein Aufrührer sei und daß meine politischen Ausbrüche eine Bedrohung für die Moral darstellten. Er räumte ein, daß ich das Zeug zu einem guten Agenten hätte, da ich aber in meinen Auffassungen nach links neigte, würde ich für das System eine Gefahr bilden.

Der Mossad ist eine kleine Organisation mit dreißig bis vierzig Agenten, jeder ein wichtiges Mitglied der Außendienstfamilie. Was auch immer einem von ihnen passiert, geht alle an. Meine Situation war allgemein bekannt und bei allen Zusammenkünften, bei denen ich nicht anwesend war, Gegenstand der Diskussion. Ich hörte davon immer von Freunden, aber ich hatte kein »Pferd« laufen, also keine hochrangige Person, die sich für mich einsetzte, da ich zu keiner Clique gehörte.

Zu diesem Zeitpunkt war mir bereits klar, daß ich fliegen würde. Ich stand vor dem großen Holztor der Akademie, am Rand des Parkplatzes für die Führungsleute. Ich starrte in die Sonne, die langsam im Mittelmeer versank. Es begann zu regnen, und es wurde sehr schnell dunkel.

»Victor!« Ich wurde von der Eingangshalle her gerufen. Ich

drehte mich um. Es war Dinur, den ich immer als meinen Freund angesehen hatte und der es immer noch war, dessen war ich mir sicher.

»Was?«

»Sie wollen mit dir reden.« Er wies mit dem Kopf in Richtung des Büros.

»Ist der Boß da?« Als Agent, der rausfliegen sollte, hatte ich das Recht, mit dem Mossad-Chef direkt zu sprechen. Wenn es mir verweigert wurde, konnte ich von meinem zweiten Privileg Gebrauch machen und um ein Gespräch mit dem Premierminister nachsuchen.

»Nein, der Boß ist nicht da. Aber David Arbel.«

»Ich habe das Recht, mit Rom zu sprechen.« Ich verwendete den Kodenamen für den Chef des Mossad.

»Warum hörst du dir nicht an, was Arbel und Gideon Naftaly zu sagen haben?«

»Naftaly? Was hat Naftaly damit zu tun?« Naftaly war der Chef der psychiatrischen Abteilung, und ich mochte ihn nicht. Im Kadettenkurs hatte sich ein Kadett, ein Psychologe, einen Sport daraus gemacht, diesen Burschen auf den Arm zu nehmen.

»Hör mal, Victor. Stell doch nicht mir all diese Fragen. Geh rein und frag sie.«

Ich nickte und trat in die Halle. Dann schenkte ich mir noch eine Tasse Kaffee ein und nahm ein paar Servietten, um mir die Haare zu trocknen, die vom leichten Nieselregen draußen naß geworden waren. Dinur kam nach. Ich fühlte mich wie ein Mann auf dem Weg zur Hinrichtung.

Gideon steckte seinen Kopf zur Bürotür heraus. »Victor, wir warten auf dich. Bitte komm jetzt rein.«

»Geh schon«, sagte Dinur und schob mich Richtung Büro.

Ich nickte und betrat das Büro. »Ihr habt mich gerufen?«

»Ja«, sagte Arbel mit seiner schweren, selbstgerechten Stimme. »Wir wollen mit dir über die Beendigung deines Vertrages mit dem Mossad reden.«

»Wann werde ich mit dem Boß sprechen können?«

»Überhaupt nicht«, sagte er so beiläufig, als würde er seine Sekretärin bitten, jemanden ans Telefon zu holen. »Das hier wird dein letztes Gespräch sein.«

Plötzlich stieg die Wut in mir hoch. Ich merkte, daß sie es so schnell wie möglich hinter sich bringen wollten. Ich hatte aufgehört, einer von ihnen zu sein, und sie wollten mich hier nicht mehr sehen. Sie hatten mich um meine Heimat betrogen und um meinen Glauben an eine gerechte Sache. Ich klammerte mich an jeden Strohhalm.

»Wovon redest du? Du bist nicht der Boß, und dieser Clown da hat hier sowieso nichts zu suchen.«

»Hüte deine Zunge, Victor. Ich bin keiner deiner lausigen Freunde.«

»Das wirst du auch nie sein, du ...«

»Das reicht.« Arbels Augen blitzten. Ich konnte sehen, wie er nach und nach seine Beherrschung verlor. »Ich wollte mit dir reden, bevor du gehst. Wenn du keinen Wert darauf legst, mir zu antworten, dann ist es mir recht. Ich wäre dir sogar dankbar dafür. Also hör mir zu, und vergiß nie, was ich dir jetzt sage.«

Ich lehnte mich auf meinem Stuhl zurück. Ich fand seine Art beleidigend, aber er saß am längeren Hebel. »Wenn du erst einmal draußen bist, wirst du alles vergessen, was du gelernt, getan, gehört oder sonst irgendwie mitgekriegt hast.«

»Ich dachte, ich bekäme die Chance, dem Boß zu sagen, was hier meiner Meinung nach falsch läuft«, antwortete ich. »Ich weiß, daß das, was ich zu sagen habe, vielleicht nicht viel zählt, aber er könnte wenigstens so tun, als ob er zuhörte.«

Naftaly schüttelte den Kopf, sagte aber nichts.

Arbel fuhr fort. »Wie du siehst, wird das nicht der Fall sein. Warum spuckst du nicht aus, was immer du zu sagen hast? Ich werde es an ihn weitergeben.«

»Und was ist, wenn ich mit dem Premierminister spreche, falls der Boß nicht mit mir sprechen will ...«

»Du sprichst mit mir oder gar nicht.« Er verlor die Geduld.

»In meinem Vertrag steht, daß mir bei unfreiwilliger Beendigung des Arbeitsverhältnisses ein Treffen mit dem Mossad-Chef und/oder dem Premierminister zusteht. Es steht auch da, daß dieses Treffen vor der endgültigen Beendigung der Arbeit stattzufinden hat.« Ich kam näher an ihn heran, als ob ich seiner unbegrenzten Macht trotzen wollte.

Er grinste mich an. »Ich scheiße auf deinen Vertrag. Bei wem willst du dich denn beschweren?« Er sprach leise. »Verstehst du nicht? Wir haben das Versprechen gegeben, und wir können es brechen. Wir können alles tun, was wir wollen. Ich könnte dich ins Gefängnis stecken und den Schlüssel wegwerfen. Du weißt, daß das schon passiert ist. Du bist nur eine Mücke auf meinem Kopf. Du fängst an, lästig zu werden, und ich bin drauf und dran, dich zu zerdrücken. Hör also zu, Victor, hau ab, solange du noch Zeit hast.«

»Das heißt also, nein?« Ich wußte, daß ich es drauf ankommen ließ.

»Bist du schwerhörig? Ich sagte bereits, daß du mit niemandem sprechen wirst. Du bist aus dem Rennen, und wenn du nicht aufpaßt, dann kannst du dich ganz verabschieden.«

»Was sagst du da?« Ich flüsterte beinahe. »Du willst mich umbringen, wenn ich dein Spiel nicht mitmache? Wenn du das gemeint hast, dann ist das wirklich großartig. Ich habe vielleicht eine Übung verpatzt oder vielleicht sogar, wenn du dem Gerede Glauben schenken willst, eine Operation versaut. Aber du weißt genausogut wie ich, daß ich einer der besten Agenten bin, die ihr habt, und ich bin immer noch ein Patriot, ob es dir gefällt oder nicht. Und es sieht ganz so aus, als ob du keiner wärst. Du bist vielleicht für die Sicherheit des Landes verantwortlich, aber noch hat dich niemand auf den Thron gesetzt.«

Ich stand auf und ging zur Tür.

»Du läßt mich nicht so einfach stehen!« Arbel war aufgesprungen und brüllte mir nach.

»Ich scheiße auf euch alle«, antwortete ich und drehte mich nicht einmal um.

Als ich an der Tür war, stand plötzlich Naftaly neben mir. Ich schaute ihn an. »Was ist?«

»Es gibt etwas, was ich dir sagen muß, gewissermaßen der Berufsehre halber.«

»Ich höre, aber mach schnell. Ich muß ein neues Leben beginnen.«

»Als ich dich bei den abschließenden Tests erlebte, wollte ich dich rauswerfen. Ich wußte, daß es mit dir Ärger geben würde, aber ich wurde überstimmt; sie sahen in dir ein großes operatives Potential, wie sie es nannten.«

»Nun, ich bin draußen. Das müßte dich sehr glücklich machen.«

Er wurde rot. »Leider ist das nicht mein Verdienst. Es gibt ein paar hochrangige Leute, die du dir ganz allein zum Feind gemacht hast.«

»Was willst du also?«

»Ich weiß inzwischen ganz gut über dein psychologisches Profil Bescheid. Schließlich beobachte ich dich schon seit mehreren Jahren. Ich weiß, daß du eine Menge gelernt hast in diesen Kursen und in der kurzen Zeit, die du draußen gearbeitet hast. Du bist Experte im Töten, Stehlen, Fälschen, Rekrutieren und Einbrechen. Nachdem du all dies gelernt hast, wirst du in die Welt entlassen, ohne dafür richtig Verwendung zu haben.«

»Hast du Angst davor? Hast du Sorge, daß ich dir an den Kragen will oder so was?«

»Sei nicht albern. Ich will dir nur sagen, daß du ein grundlegendes Problem hast. Du solltest dich darum kümmern, oder es wird dich umbringen.« Er machte eine Pause und fuhr dann fort: »Du hast das, was ich mal ganz laienhaft einen Mangel an Angst nennen würde.«

»Was?«

Nicht ein Muskel bewegte sich in seinem schwammigen Gesicht. »Ich spaße nicht. Zu Anfang war das einer der Hauptgründe, weshalb sie dich genommen haben. Viele Leute hier haben dasselbe Problem, aber sie haben das System, das sich um sie kümmert. Du hast das jetzt nicht mehr. Bevor du all diese Dinge im Mossad gelernt hattest, spielte es keine Rolle.« Er machte eine Pause. »Du steckst jetzt in der Patsche und wirst wieder in Unannehmlichkeiten geraten, weil du keine Angst vor den Konsequenzen hast. Du solltest darüber nachdenken, daß Angst ein Schutzmechanismus ist, den wir haben, und wenn er fehlt, dann ist das ein Mangel. Du solltest dir angewöhnen, alles, was du tust, vorher gut zu analysieren. Du hast keine natürliche Angst, die dich schützt.«

»Du willst mir also sagen, daß ich mir einen Job suchen soll, der nicht das verlangt, was ich hier gelernt habe?«

»Ja, das wäre das Beste.« Er senkte den Kopf und schaute auf seine Schuhspitzen.

»Sag deinem Boß, daß dein Versuch nicht geklappt hat. Du hast wahrscheinlich recht, mich scheint nichts zu erschrecken.«

»Es wird dich umbringen, wenn du nicht aufpaßt, Victor.«

»Angenehmen Tag wünsch' ich dir.« Ich ging hinaus zu meinem Wagen. Ich war wütend.

Als ich erst einmal in meiner kleinen blauen Kiste saß, überfiel es mich. Das war's also. Wenn ich den Wagen startete und die hundert Meter bis zum Tor fuhr, dann war alles vorbei. Jeder, den ich im Mossad kannte, würde von da an für mich ein Fremder sein. Der Zugang zu Informationen und die damit verbundene Macht wären für immer für mich verschlossen.

Ich konnte es nicht begreifen. Das Leben nach dem Mossad – das hörte sich wie ein Oxymoron an. Ich fühlte mich wie eine Figur aus einem surrealistischen Gemälde von Dalí, die in die wirkliche Welt verpflanzt wird, in eine Welt, in der die Leute so bleiben, wie es von Geburt an festgelegt ist, die nur das tun können, was erlaubt ist – ein Ort, wo die Regeln dazu da sind, befolgt, und nicht, gebrochen zu werden.

Ich hatte das Gefühl, kotzen zu müssen, und gleichzeitig wollte ich irgend jemanden zusammenschlagen. Ich ließ den Wagen an und fuhr zum Tor. Ich erinnerte mich, wie ich diesen Ort als glücklicher, übermütiger Mann betreten hatte, neugierig und ängstlich wie ein Kind, das Aladins Schatzhöhle erkunden darf. Jetzt nahm ich die entgegengesetzte Richtung, verbittert, geschlagen und betrogen.

Ich hielt am Tor, um hinausgelassen zu werden. Ich starrte vor mich hin, als ich ein Klopfen am Fenster hörte. Es war ein Wachmann. Ich drehte die Scheibe herunter, ohne ihn anzuschauen.

»Was?«

»Man hat mir gesagt, daß ich deine Einlaßkarte verlangen soll, also bitte.«

Ich wollte etwas Gemeines sagen, aber sein Gesicht sah so aus, als ob er sich entschuldigen wollte. Er war sich nicht sicher, was er tun oder sagen sollte. Ich zog die weiße Karte aus meiner Tasche und gab sie ihm. »Und könnt ihr jetzt endlich das verdammte Tor aufmachen und mich aus diesem Scheißloch rauslassen?«

Das Tor ging auf. Ich wartete nicht, bis es ganz offen war, und trat voll auf das Gaspedal. Die Räder drehten durch, und ich raste in die Nacht hinaus.

Ich wußte, daß ich nach Hause fahren sollte, aber ich konnte es jetzt noch nicht. Mir war klar, daß es erst dann wirklich wahr wäre, wenn ich es Bella sagte.

Der Regen hörte nicht auf. Ich fuhr langsam durch die Straßen von Tel Aviv. Alles erschien mir grau und trübe. Vorher hatte ich in allem eine Herausforderung gesehen, und jetzt war da nichts mehr. Niemand folgte mir, und ich brauchte niemandem mehr einen Bericht zu liefern. Ich war wieder ein normaler Sterblicher, aus dem Himmel verstoßen. Es war Zeit, nach Hause zu fahren und zu versuchen, mein Leben neu zu ordnen.

Kapitel 6

Es war fast Mitternacht, als ich vor dem Appartementblock in Herzelia ankam. Ich parkte in der Tiefgarage. Als ich den Wagen abschloß, hörte ich jemanden aus dem Lagerraum rufen.

»Victor!«

Ich machte einen Schritt rückwärts.

»Keine Angst. Ich bin hier, um dich zu einem Treffen abzuholen.«

Ich versuchte zu erkennen, wer mit mir redete, konnte aber nur eine dunkle Figur sehen, die im Lagerraum an der Wand lehnte. Ich wollte das Licht anschalten, war aber nicht überrascht, als es nicht funktionierte. »Wer bist du?«

»Ich bin nur ein Bote. Ich kann dir keine Fragen beantworten, aber du brauchst nichts zu befürchten...« Er hörte kurz auf zu reden und horchte in ein Empfangsgerät, das er am Ohr hatte. »Wie ich schon sagte«, fuhr er fort, »du hast nichts zu befürchten. Du bist auf dem Weg hierher nicht verfolgt worden. Auch dieses Haus ist nicht überwacht worden, außer von mir.« Er öffnete das Drahtgitter und kam auf mich zu. »Wollen wir gehen?«

»Soll das ein übler Scherz sein?«

»Glaub mir, es ist kein Scherz. Begreif doch, wenn wir dir etwas antun wollten, hätten wir es schon vor deinem Treffen mit Arbel tun können, stimmt's?«

Niemand außerhalb des Mossad konnte das gesagt haben, was ich gerade gehört hatte. Ich konnte den Adrenalinstoß geradezu spüren. Wollte der Mossad mich zurückholen?

»Auf der anderen Seite der Straße steht ein schwarzer Lancia. Steig hinten ein. Sie werden dich zu dem Treffen bringen.«

»Warum kann ich nicht meinen Wagen nehmen?«

»Keine Sorge, sie bringen dich zurück.«

»Okay, aber erst muß ich meiner Frau sagen, daß ich weggehe. Sie wird sich Sorgen machen, wenn sie meinen Wagen sieht und ich nicht da bin.«

»Wenn es nicht zu lange dauert.«

»Hör mal, Kumpel«, ich war dabei durchzudrehen, »das wird so lange dauern, wie es dauert. Du kannst unterdessen in den kleinen Raum dort gehen und meinetwegen ein Ei legen.«

»Tut mir leid, mach schon. Wir warten auf dich, aber beeil dich bitte, okay?«

Der Ton gefiel mir schon viel besser. Einen Moment lang hatte ich schon geglaubt, ich hätte das Gesicht vor mir, dem ich an diesem Tag eine reinhauen konnte.

Ich rief über die Sprechanlage oben an. »Ja?« Bellas Stimme klang verschlafen.

»Ich bin es.«

»Kommst du nicht hoch?«

»Es dauert noch eine Weile. Ein paar Leute vom Büro haben hier auf mich gewartet. Wir fahren noch mal kurz weg. Es ist alles in Ordnung mit mir.«

»Du hörst dich nicht okay an. Bist du sicher, daß du mit diesen Leuten mitgehen willst?«

»Keine Sorge.«

»Warum kommen sie nicht hoch? Ich könnte euch einen Kaffee machen.«

»Ich glaub' nicht, daß das geht. Sie warten auf mich. Ich muß los. Ich bin bald wieder hier. Keine Sorge, es ist alles okay.«

Sie antwortete nicht. Ich wußte, daß sie es aufgegeben hatte. Keine andere Frau hätte es so lange mit mir ausgehalten wie Bella. Ich stand vor dem schwarzen Sprechgerät. Ich wollte hinaufrennen, sie in die Arme nehmen und ihr sagen, wie sehr ich sie liebte.

Ich drehte mich um und ging auf den Wagen zu. Als ich davorstand, fühlte ich gar nichts. Es war das, was wir operative Taubheit nannten. Man spürt einen winzigen Schmerz in der Brust, eher wie eine leichte Übelkeit. Das sind deine persönlichen Gefühle. Sie werden in einer kleinen kontrollierbaren Zone zusammengepreßt, während dein Bewußtsein auf Empfang eingestellt ist, bereit, alle Informationen aufzunehmen, die darüber entscheiden, wie du reagieren wirst.

Es war, als wäre ich aus einem Traum erwacht und dann, immer noch wach, wieder in ihn zurückgekehrt. Zu diesem Zeitpunkt gab es nur zwei Möglichkeiten: Entweder sie holten mich zurück, oder sie wollten ein »Gespräch« mit mir. Das hieße, daß sie etwas klarstellen würden, um mich daran zu hindern, etwas zu tun, was dem Mossad schaden könnte.

Nach zehnminütiger Fahrt hielten wir. Wir befanden uns hinter einer verlassenen Lagerhalle im Industriegebiet von Herzelia. Ein Wagen stand vor dem Gebäude. Als unsere Scheinwerfer ihn kurz streiften, sah ich, daß zwei Männer darin saßen. »Sie warten dort auf dich«, sagte der Fahrer, ohne den Kopf umzuwenden.

Ich stieg aus und ging auf den Wagen zu. Ein Mann stand jetzt neben dem Auto, mit dem Rücken zu mir. Er öffnete die Wagentür nur so weit, daß die Innenbeleuchtung anging. Was ich sah, machte mich sprachlos. Es war Ephraim, jener Mann, der ständig versucht hatte, mich zu feuern. Neben ihm saß ein Offizier in Uniform, den ich sofort erkannte. Es war ein Panzerbrigadegeneral. Ich hatte immer viel von ihm gehalten und mit ihm öfters bei gemeinsamen Übungen von Panzer- und Marineeinheiten zusammengearbeitet.

Ich setzte mich auf den Rücksitz. Der Fahrer schloß die Tür hinter mir und ging zu seinem Wagen zurück.

»Ephraim«, sagte er und reichte mir die Hand. »Ich bin sehr erfreut, dich wiederzusehen.«

Ich war sprachlos, was bei mir nicht sehr häufig vorkommt.

»Na, willst du mir nicht die Hand geben?«

»Nein, ich wüßte nicht, warum. Du bist ein Lügner. Du hast Dinge über mich erzählt, die nicht stimmen, und sie haben dir geglaubt, weil du ein hochrangiger Scheißer bist.«

Der General schwieg und versuchte alle paar Minuten wieder seine Pfeife anzuzünden, die den Wagen mit süßlichem Kirschduft erfüllte. Ephraim war ein schwerer, untersetzter Mann, knapp 1,80 Meter groß. Er hatte eine Halbglatze, und die dünnen Haare waren ordentlich auf eine Seite gekämmt. Er trug eine goldgeränderte Brille, die er immer wieder an ihren Platz schob, wenn sie ihm die Nase herunterrutschte. Seine Stimme war sanft, und er machte insgesamt den Eindruck eines angenehmen Menschen. »Okay, dann komme ich gleich zur Sache, und dann kannst du Fragen stellen, so viele du willst. Bist du zum Denken bereit?«

»Ist das eine Fangfrage? Kann ich das Denken einstellen?«

»Nein, aber nach dem, was du heute durchgemacht hast, könntest du jetzt vielleicht nicht so klar im Kopf sein. Egal.« Er bot mir eine Zigarette an und nahm selbst auch eine. Mit einem freundlichen Lächeln reichte mir der General Feuer.

»Du hast dich nicht selbst rausgeworfen«, fuhr Ephraim fort. »Du bist zum Opfer gemacht worden. Aber sei ehrlich, du wärst sowieso früher oder später in hohem Bogen rausgeflogen. Letztlich ist es besser, daß es jetzt passiert.« Er machte eine Pause und schaute mich über seinen goldenen Brillenrand an. »Bevor wir weitermachen, sollst du wissen, daß weder du noch ich daran etwas ändern können. Ob du uns also helfen willst oder nicht, zurück kannst du nicht.«

»Warte mal, das geht mir zu schnell. Wer hat mich zum Opfer gemacht? Warum? Was zum Teufel meinst du damit, daß ich nicht zurück kann? Wenn du weißt, daß ich reingelegt worden bin, dann könntest du die Sache klarstellen, und ich will verdammt noch mal, daß du das tust. Kannst du dir überhaupt vorstellen, was es für mich bedeutet, Mossad-Agent zu sein? Wer bist du denn überhaupt, irgendein verdammter Gottvater?«

»Hör auf mit dem Scheiß, Victor. Du willst doch nur das Leben, das der Job mit sich bringt. Du willst deinen Pimmel nicht rosten lassen und ein feines Leben führen wie wir alle, und das ist auch in Ordnung.«

»Und warum soll es für euch alle okay sein, und mich wirft man raus?«

»Du bist nicht deswegen draußen.« Die beiden Männer tauschten einen Blick aus. Ephraim fuhr fort: »Es gibt Leute, die glauben, der Mossad ist zu ihrem Nutzen da. Wir müssen sie stoppen, bevor es zu spät ist.«

»Zu spät? Zu spät wofür?«

»Sie werden uns in den Krieg treiben, wie sie es schon im Libanon getan haben.«

Es war kein Geheimnis, daß die Beziehung, die der rechte Flügel im Mossad zu Bashir Gemayel, dem charismatischen Playboy-Führer der christlichen Milizen und gewählten Präsidenten des Libanon, aufgebaut hatte, sich zu einer echten »Liebesaffäre« ausgewachsen hatte. In dem Meer von Haß, das Israel auf allen Seiten umgab, hatte der Mossad anscheinend in den christlichen Meuchelmördern im Libanon einen Alliierten gefunden. Doch dieser Haß wurde vom Mossad kräftig geschürt, um den Status quo aufrechtzuerhalten, so daß Israel gezwungen war, eine starke Militärmaschinerie zu unterhalten, statt sich dem Frieden zuzuwenden.

»Einen Moment mal. Was hat das alles mit mir zu tun? Ich bin aus dem Rennen, wie dieser miese Kerl Arbel sagte.«

»Glaub nicht alles, was du hörst oder siehst. Es gibt eine Menge, wovon du nichts weißt. Du mußt mir vertrauen.«

»Dir vertrauen? Was hab' ich denn mit dir zu schaffen? Was ich von dir weiß, das gefällt mir wirklich gar nicht. Du hast Lügen über mich verbreitet, und du warst wahrscheinlich die treibende Kraft hinter meinem Rauswurf aus dem Moss ...«

Plötzlich dämmerte es mir: Er stand hinter meinem Rauswurf. Er wollte mich für sich haben, für etwas, was ich außerhalb des Systems für ihn tun sollte. Ich hatte schon von solchen Fällen in anderen Geheimdiensten gehört. Wenn es ein Problem im System gibt, läßt man einen Mann rauswerfen und benutzt ihn dann selbst – er ist gut trainiert, kennt das Geschäft und bleibt doch außen vor.

»Versteh doch, ich weiß, wie du fühlst, aber du mußt mir vertrauen, deshalb habe ich den General mitgebracht. Du kennst ihn doch, oder?«

Ich betrachtete das derbe Gesicht, das mich vom Vordersitz aus anstarrte. Seine Augen durchbohrten mich. Ich nickte.

»Fein, und jetzt hör gut zu. Wir haben nicht viel Zeit.«

»Warum, weshalb die Eile?«

»Deine Freunde sind sich deiner nicht recht sicher. Manche glauben, du könntest zurückkommen, andere meinen, du könntest Lärm schlagen mit all dem, was du weißt.«

»Was willst du damit sagen?«

»Sie wollen dich aus dem Weg räumen. Du verstehst, sie wollen dich tot sehen. Du wärst nicht der erste.«

»Was also, wollen sie mich erschießen? Oder überfahren?«

»Nein, sie haben dich zur Reserve einberufen und dich zum Verbindungsoffizier der südlibanesischen Armee ernannt. Wie lange, glaubst du, wirst du im Südlibanon überleben?«

»Dort kennen sie mich als Mossad-Mann«, sagte ich bitter. »Wahrscheinlich ein paar Stunden. Das wäre eine hübsche Art, mich loszuwerden. Es gibt nur einen Haken an der Geschichte.«

»Wirklich?« lächelte Ephraim.

»Ja, laut Vorschrift kann ich erst nach einem Jahr Pause zur

Reserve einberufen werden. Und dann darf ich nur in sogenannten sicheren Zonen eingesetzt werden.«

»Du hast Freunde in der Marine, nicht wahr?«

»Ja.«

»Warum rufst du nicht einen von ihnen an und schaust, ob du einberufen bist oder nicht. Da wirst du erfahren, daß die Papiere schon unterwegs sind. Wenn du nicht in einem oder zwei Tagen außer Landes bist, dann bist du ein toter Mann.«

Ich begann zusammenzusinken. Bis zu diesem Punkt war es mir so vorgekommen, als ob wir über jemand anders gesprochen hätten, über eine hypothetische Situation. Aber so war es nicht. Wir hatten über mich und meine Entlassung gesprochen. Ich verspürte keine Angst. Ich war nur angespannt, meine Muskeln im Nacken versteiften sich. Ich starrte durch das Rückfenster in die dunkle Nacht hinaus. Vor meinem geistigen Auge konnte ich mich schon in einem Graben an der Straße nach Marj Uyun liegen sehen.

»Was kann ich tun?« Ich war ganz ruhig. »Wenn die Papiere unterwegs sind, wird mir die Armee keine Freistellung geben. Ohne dieses verdammte Papier und die Computer-Bestätigung darf ich das Land nicht verlassen. Ich wäre euch dankbar, wenn ihr mich jetzt nach Hause fahren könntet, damit ich die kurze Zeit, die ich noch habe, mit meiner Familie verbringen kann.«

»Glaubst du wirklich, wir würden in so einer Nacht in einem Wagen sitzen und auf dich warten, nur um dir zu sagen, was passieren wird, ohne irgendeine Lösung zu haben?«

Ich lächelte. »Ich höre.«

»Wenn du zu Hause bist, sagst du deiner Frau, daß dich der Mossad rausgeworfen hat. Dann wirst du ihr sagen, daß du gerade ein paar Freunde getroffen hast, die dir geraten haben, das Land so schnell wie möglich zu verlassen.«

»Und wie komme ich an Geld?«

»Du kannst die kleine Scheißkarre verkaufen.«

»Was bekommt man für so eine Scheißkarre?«

»Um außer Landes zu kommen, brauchst du etwa fünf Riesen.«

»Der Wagen ist höchstens zwei wert.«

»Häng ein Schild dran, und du wirst ihn für sechs verkaufen. Glaub mir, du wirst ihn verkaufen. Dann holst du dir ein Ticket bei der Tower Air nach London. Du wirst am Flughafen Gatwick ankommen. Dann steigst du im Skyway Hotel ab, und dort werde ich dich kontaktieren.«

»Warum machst du das? Was hast du davon? Was willst du von mir?«

»Du hast mein Angebot. Ich rate dir, es anzunehmen. Den Rest erzähl' ich dir, wenn wir uns in London treffen, das heißt, falls du dort hinkommst.« Er stieg aus dem Wagen und ging auf die Fahrerseite.

»Tu, was er sagt, Victor«, meinte der General mit rauher Stimme. »Vertrau ihm, es wird rundherum gut sein.«

»Was ist mit der Freistellung vom Militär?«

Ohne sich umzudrehen, händigte mir Ephraim ein kleines Kuvert aus. »Die Papiere sind in Ordnung und im Computer registriert. Sie werden in zweiundsiebzig Stunden gelöscht, und dich wird es auch nicht mehr geben, wenn du nicht vorher auf dem Weg nach London bist.«

Kapitel 7

Ich ging stumm zu dem schwarzen Lancia zurück und stieg ein. Ich kümmerte mich nicht um die beiden Männer auf dem Vordersitz und zündete mir eine Zigarette an. Ich spürte, wie meine Schläfen pochten. Eines wußte ich: Falls ich mich dazu entscheiden sollte, mich Ephraim und seinen Leuten anzuschließen – es war mir klar, daß mehr Personen beteiligt waren als Ephraim und der General –, dann müßte ich wie auch immer durchhalten bis zum Ende. Wenn du im Recht bist, kannst du leben, wenn nicht, dann bist du tot.

Wenn es stimmte, was Ephraim sagte, und ich zweifelte nicht daran, dann war absehbar, daß nicht einmal seine Hilfe mich aus dem Dreck ziehen könnte. Er war der Kopf einer mächtigen Clique im Mossad, aber er war offenbar nicht der Stärkste, sonst würde ich nicht abhauen müssen. Und es bestand auch die Möglichkeit, daß es eine Falle war, damit ich renne und sie mich verhaften können.

Der Wagen hielt einen Block von meiner Wohnung entfernt. Der Fahrer sagte: »Endstation.« Er wollte nicht in der Nähe meines Hauses gesehen werden, falls es jetzt unter Beobachtung stand. Ich stieg aus, steckte die Hände in die Tasche und ging langsam nach Hause. Was sollte ich denn jetzt Bella erzählen? »Liebling, sie haben mich aus dem Mossad rausgeworfen, und nun wollen sie mich umbringen, deshalb fahre ich jetzt nach England.«?

Ich stand aufgewühlt vor dem Sprechgerät. Was zum Teufel sollte ich jemandem sagen, den ich liebte, den ich aber immer von allem ferngehalten hatte? Meine Entschuldigung war stets, daß ich sie schützen wollte; völliger Quatsch – es war so nur einfacher für mich gewesen, bis jetzt jedenfalls.

Da stand ich nun und wollte mir wieder eine neue Geschichte ausdenken, statt die Wahrheit zu sagen. Ich begann zu fürchten, daß in mir gar keine Wahrheit mehr übriggeblieben war. Vielleicht wäre es am besten, hochzugehen und gar nichts zu sagen, nichts zu tun und zu warten, bis die Einberufung käme und alles lösen würde. Ich würde dem Ruf meines Landes folgen, die Uniform anziehen und dort hingehen, wohin sie mich schickten. Bis zum Wochenende wäre alles vorbei. Ein ehrenvolles militärisches Begräbnis – es wäre sogar denkbar, daß der Premierminister dabei wäre, ich war schließlich Oberst. Es wäre ganz nach seinem Geschmack, er könnte reden, und niemand würde widersprechen.

Warum soll man sich die ganze Mühe machen und versuchen, am Leben zu bleiben? Was hatte das für einen Sinn? Dieses Begräbnis wäre vielleicht das Beste, was mir passieren konnte. Ich würde endlich mal gehorsam sein, und zwar auf Dauer.

Aber ich war nicht der Typ, mich hinzulegen und den toten Mann zu spielen. Wenn es eine Chance gäbe durchzukommen, dann würde ich sie ergreifen, egal wie gering sie war. Da stand ich also, die Zigarette war fast aufgeraucht, und ich hatte immer noch keine Idee, was ich Bella erzählen sollte.

Ich hoffte nur, daß sie mich nicht verlassen würde. Ich warf den Zigarettenstummel in eine Pfütze und lief die Treppen hoch. Ich klopfte an die Tür, und Bella öffnete, nachdem sie durch den Spion geschaut hatte. Sie ging voraus ins Wohnzimmer. Sie hatte ein weißes Kleid an, und ihr schwarzes Haar glänzte. Ihr frischer, sauberer Geruch gab mir noch mehr das Gefühl, ein schleimiges Monster zu sein.

Auf ihrem schönen Gesicht lag kein Lächeln. Es schien, als hätte sie schon eine ganze Weile nicht mehr gelächelt.

Sie saß auf dem Sofa, zog die Beine heran und kreuzte die Arme über der Brust. Ich fühlte mich unwohl und wußte doch, daß dies der Ort war, wo ich hingehörte. Alles, was mir teuer war, befand sich in diesem hübschen kleinen Appartement.

Ich erinnerte mich an das erste Mal, als sie mir aufgefallen war. Ich war sechzehn, und sie kam mir mit einem guten Freund von mir entgegen. Sie hatte einen dunkelblauen Sweater mit weißen Querstreifen an und trug ein weißes Band in ihrem welligen schwarzen Haar. Bevor sie nur ein Wort sagte, hatte ich mich schon in sie verliebt. Nun quälten mich Gewissensbisse wegen des Kummers, den ich ihr bereitet hatte. Ich wußte, daß sie mich durchschaute.

»Worum ging es denn nun?« fragte sie mit einem ironischen Ton in der Stimme, als ob sie sagen wollte: »Warum erzählst du mir nicht mal eine andere Geschichte?«

Ich setzte mich ihr gegenüber. Ich hatte meinen Entschluß gefaßt.

»Sie haben mich gefeuert.« Ich spürte einen Kloß im Hals, als ich sagte: »Ich gehöre nicht mehr zum Büro.«

Sie starrte mich an, wußte nicht, wie sie es aufnehmen sollte. Sie nahm die Beine herunter und beugte sich vor: »Sie haben dich rausgeworfen? Warum sind sie dann gekommen und haben mit dir unten geredet?«

»Es kam jemand und sagte mir, daß es eine gute Idee wäre, das Land zu verlassen.«

Sie kam auf die Beine und fuhr sich mit einer Hand durch das Haar, als ob sie eine Lösung für ein Problem finden wollte, das zu beseitigen plötzlich an ihr lag. »Wovon redest du? Weggehen? Wohin, warum, wann?«

Ich stand auf und setzte mich zu ihr. Ich nahm sie in die Arme. Es war etwas Strahlendes an ihr, was den dumpfen Schmerz in der Brust milderte. Sie riß mich aus der melancholischen Starre, in der ich so lange verharrt hatte. »Beruhige dich, es wird schon wieder werden.«

Sie stieß mich von sich. »Wohin wirst du gehen? Was ist mit uns? Ich hab' dir gesagt, daß das passieren wird. O diese sogenannten guten Freunde von dir, Yosy und Haim und all die anderen. Was werden sie für dich tun, wenn du bleibst?«

»Ich weiß es nicht. Du weißt, was sie tun können.«

Bella wußte über meine politischen Auffassungen Bescheid; es war sogar so, daß sie für mich eine Art Leitstern war, wenn ich mich gelegentlich unter dem Druck der Kollegen nach rechts zu orientieren begann. Da ich ihr jedoch nicht zeigen wollte, wie sehr sie recht hatte in der Beurteilung meiner »Freunde« vom Mossad, enthielt ich ihr die meisten Details der politischen Grabenkämpfe im Büro vor.

Sie ließ sich auf das Sofa fallen. »Wohin wirst du gehen?«

»Ich dachte daran, nach England zu fliegen und von dort in die Vereinigten Staaten. Ich werde eine Weile bei meinem Vater bleiben, und dann werden wir sehen.«

»Warum gerade nach England?«

»Das wäre der billigste Flug. Und dort könnte ich einen Charterflug in die Staaten bekommen.«

»Und wann wirst du fliegen?«

Ich setzte mich neben sie auf das Sofa und zog sie an mich.

»Übermorgen.«

Sie legte den Kopf an meine Brust und weinte. Ich wollte ihr Gesicht hochheben, um sie zu küssen, aber sie ließ es nicht zu.

»Ich liebe dich, Bella«, sagte ich, und der Kloß in meinem Hals wurde immer dicker. Ich drückte sie ganz fest an mich. Ich wollte sie jetzt am liebsten nicht mehr loslassen. Ich wußte, daß die Wirklichkeit uns auseinanderreißen würde, und ich hatte keine Ahnung, für wie lange. In meinem Hinterkopf war ich mir nicht einmal sicher, ob ich sie je wiedersehen würde. Ich mochte gar nicht daran denken, was Ephraim für mich auf Lager hatte. Wäre es etwas total Schreckliches, hätte er es gesagt und mir die Chance gegeben, freiwillig mitzumachen.

Wir saßen sehr lange auf dem Sofa und hielten uns in den Armen. Ich wußte, daß sie mich auf eine Weise liebte, die ich gar nicht verdiente, und ich liebte sie über alles. Wir hatten zwei wunderschöne Töchter, die jetzt hoffentlich schliefen. Das Appartement, in dem wir wohnten, war gemietet, und außer dem Auto und ein paar Möbeln besaßen wir nicht viel. Das Mossad-Gehalt war gut, erlaubte aber keinen großen Luxus. Der war für die Einsatzoffiziere draußen reserviert, nicht für die Familien.

Freitag, den 28. März 1986

Ich stand früh auf und duschte, bevor meine beiden Töchter auf waren. Ich wollte sie mit einem Kuß wecken und ihnen zeigen, wieviel sie mir bedeuteten. Ich befand mich in einem Geisteszustand wie ein Mann, der bald sterben muß und diese Tatsache hingenommen hat.

Weniger als eine Stunde nachdem ich das Schild »Zu verkaufen« am Wagen angebracht und ihn in der Kurve gegenüber dem Haus abgestellt hatte, klingelte das Telefon.

»Ich rufe wegen des Wagens an.« Es klang nach der Stimme eines jungen Mannes.

»Was möchten Sie wissen?«

»Wieviel soll er kosten?«

»Sechstausend Amerikanische«, sagte ich und verkniff mir das Lachen.

»Kann ich kommen und ihn probefahren?«

»Sicher, wann paßt es Ihnen? Ich habe viel zu erledigen ...«

»In zwanzig Minuten.«

»Großartig, wir treffen uns am Auto.«

»Mein Name ist Boaz, und Sie ...?«

»Victor, ich heiße Victor.«

»Bis dann.« Ich war sicher, daß es jemand von Ephraims Leuten war, der den Karren kaufen und mir das Geld geben würde, damit ich fliegen konnte. Dieser ganze Zirkus mußte deswegen aufgeführt werden, weil die Telefone der Mossad-Offiziere häufig vom Mossad-Sicherheitsdienst abgehört wurden. Ich wußte, daß sie auch über den Preis lachen würden, falls sie mithörten, aber wahrscheinlich würden sie denken, daß ich einen gutgläubigen Trottel gefunden hätte.

Um die Mittagszeit hatte ich schon meine Tickets besorgt und stopfte zu Hause eine gekürzte Fassung meines Tagebuchs und Fotos von fast allen Einsatzoffizieren des Mossad in ein Geheimfach, das ich in meinen Koffer eingebaut hatte. Ich mußte perfekt sein. Ich durfte damit nicht erwischt werden. Die Fotos hatte ich behalten, nachdem ich sie für eine Collage anläßlich der Abschlußfeier unseres Offizierskurses gebraucht hatte. Das sollte eine Art Versicherung für mich sein. Falls sich herausstellen sollte, daß mit Ephraim etwas nicht stimmte, oder falls jemand irgendwann versuchen würde, meine Familie daran zu hindern, zu mir zu kommen, würde der Mossad innerhalb eines Tages sämtliche Einsatzoffiziere verlieren, so daß er gezwungen wäre, für lange Zeit sämtliche Operationen einzustellen.

Es war mehr explosives Material in diesem Koffer verstaut, als den Mossad jemals auf einen Schlag getroffen hatte.

Mein Flug ging Sonntag mittag, übermorgen. Bella und ich beschlossen, es den Kindern erst am Morgen meines Fluges zu sagen. Sie würde sie zu Hause behalten, bis sie sicher war, daß das Flugzeug abgehoben hatte. Die Nachricht durfte vorher nicht herumgehen. Viele meiner früheren Kameraden lebten im selben Viertel, und ich war mir nicht sicher, ob nicht jemand versuchen würde, mich aufzuhalten, wenn er könnte.

Sonntag, den 30. März 1986

Ich stieg am Flughafen aus dem Taxi. Ich fuhr mir mit der Zunge über die Lippen und schmeckte Bellas Parfüm, das vom Kuß auf ihr Ohrläppchen haftengeblieben war. Die Mädchen waren traurig gewesen, mich wieder fahren zu sehen, aber für sie war es nicht anders als all die anderen Male, wenn ich gepackt hatte und auf Dienstreise gegangen war. Das war mir ein Trost.

Ich hatte zwei Koffer dabei und einen Kofferboy. Ich ging zum Schalter der Tower Air am Ostende des Ben-Gurion-Flughafens. Der Flug sollte um 14 Uhr gehen, und jetzt war es erst 11.30 Uhr. Es war üblich auf israelischen Flughäfen, von den Fluggästen zu verlangen, zwei oder drei Stunden vor dem Abflug zu kommen. Die meisten Passagiere hatten ihr Gepäck schon am Abend zuvor zu einem Spezialschalter beim Nordbahnhof von Tel Aviv geschickt. Aber ich konnte mein Gepäck nicht irgendwo über Nacht lassen mit all den Papieren, die ich darin versteckt hatte, und ich wollte auch niemandem die Gelegenheit geben, mich reinzulegen.

Das Bodenpersonal von Tower Air war noch nicht da; es standen nur fünf Personen in der Warteschlange, um ihr Gepäck aufzugeben und ihre Bordkarte abzuholen. Eigentlich waren es zwei Warteschlangen, und ich war in einer der erste. Ich saß auf dem Stahltisch, der von den Sicherheitsbeamten benutzt wurde, um das Gepäck durchzusehen. Normalerweise fühlte ich mich auf diesem Flughafen sehr wohl.

Ich kannte die meisten der Sicherheitsbeamten, und die meisten kannten mich. Ich hatte jede Menge Leute in das Land rein- und rausgebracht, von denen die meisten behaupten konnten, daß sie nie in Israel gewesen wären. Und außer durch ein paar Fotos, die in den Mossad-Archiven lagerten, konnte ihnen niemand das Gegenteil beweisen. Das Gefühl, das ich an jenem Tag hatte, war seltsam. Hier stand ich an einem Ort, wo ich noch vor ein paar Tagen wie ein Gockel herumgelaufen wäre, wie ein arroganter Snob, der in der Lage war, sich alles mit einem Fingerschnippen erledigen zu lassen.

Heute war es allerdings anders. Ich befand mich bereits auf der Flucht, und obwohl niemand sichtbar hinter mir her war, wußte ich doch, daß es ein Rennen gegen die Zeit war. Es stellte sich heraus, daß ich außerordentliches Glück gehabt hatte. Anfang des Monats hatte ich mir für einen Job einen richtigen Paß besorgen müssen. Da ich zwei Staatsbürgerschaften habe, hatte ich auch einen neuen kanadischen Paß beantragt und ihn eine Woche später erhalten. Dieser glückliche Umstand erlaubte mir, das Land schnellstmöglich zu verlassen.

Allmählich fühlte ich mich sehr angespannt und schaute mir die andere Schlange an, wo ein schwerer, blonder und bärtiger Mann als erster wartete und nervös auf seinen schweinsledernen Diplomatenkoffer klopfte.

Das Gesicht des Sicherheitsoffiziers strahlte, als er auf mich zukam. »Hallo, wie geht es Ihnen?«

Ich hatte das Gefühl, daß er noch nichts wußte – den Sicherheitsdienst am Flughafen zu informieren stand wohl nicht weit oben auf ihrer Prioritätenliste.

»Mir geht es gut. Und Ihnen?«

»Gut, gut.« Er machte eine Pause. »Sind Sie dienstlich oder zum Vergnügen unterwegs.«

»Ein bißchen von beidem, schätze ich. Warum fragen Sie?«

»Ich wollte Sie um einen Gefallen bitten.« Das hörte sich komisch an.

»Was kann ich für Sie tun?« Ich bemühte mich sehr, weiterhin zu lächeln. Allerdings war ich auch dankbar für die kleine Unterhaltung, weil dadurch der Abgrund von Selbstzweifeln und Angst überbrückt wurde. Ich wußte, daß ich für ihn keine Show abziehen mußte. Und er wußte, daß ich mich nicht verweigern konnte, auch wenn ich nicht begeistert war.

Er beugte sich näher zu mir und sagte mit leiser Stimme. »Wir haben hier ein paar neue Leute bekommen, einen Typen und eine Frau.« Er blinzelte mir zu. »Sie ist nicht schlecht, Sie werden schon sehen.« Er kam noch näher. »Und Sie werden es nicht glauben, wenn Sie sie sehen. Sie sieht wie ein anständiges Mädchen aus, aber ich habe von Freunden in der Sicherheitsausbildung gehört, daß sie wild herumbumst.«

»Sie wollen also, daß ich sie mal anteste, oder wie?« Ich spürte einen starken Widerwillen gegen diesen Mann und wünschte, daß er schnellstmöglich zur Hölle führe. Andererseits konnte ich nichts an der Tatsache ändern, daß ich einen Stoß topgeheimer Mossad-Dokumente bei mir trug, die mit mehreren ausländischen Geheimdiensten zu tun hatten, eine Menge Fotos von Mossad-Offizieren und eine vollständige Liste von zweitausend *Sayanim* in England, Frankreich und den USA. Der Inhalt des Koffers, auf den er sich lehnte, konnte mir ein Lebenslänglich in einem finsteren Kerker einbringen.

Er lachte. Offenbar fand er meine Worte amüsant und bemerkte nicht den beleidigenden Ton. »Nein, das kann ich selbst erledigen. Wahrscheinlich schon sehr bald. Ich möchte, daß Sie den Paß mit dem Clown da drüben tauschen.« Er deutete mit dem Kopf in Richtung des großen Kerls in der anderen Schlange. »Und dann werden wir sehen, ob die beiden merken, was genau geschehen ist, oder ob sie überhaupt etwas bemerken.«

»Haben Sie mit ihm darüber gesprochen?«

»Meinen Sie, er sagt nein?«

Ich schaute mir den Mann an. »Nein, das glaub' ich nicht. Natürlich mach' ich mit.« Als er schon zu dem anderen gehen wollte, hielt ich ihn an der Schulter fest. Er lächelte: »Was ist?«

»Wenn ich es mache, können Sie mich dann durchschleusen, als ob ich dienstlich hier wäre?« Ich wollte, daß er mich mit seinem Ausweis sicher durch alle Kontrollen brachte.

»Klar, Kumpel, mach' ich. Kein Problem.«

Ich grinste und spürte, wie das Blut aus meinem Gesicht wich und sich ein eiskaltes Gefühl in meiner Brust festsetzte.

Dieses Wechselbad der Gefühle auszuhalten war uns im Mossad antrainiert worden, da ein Offizier immer persönliche Gefühle hat, die ihm bei der Ausübung seines Jobs in die Quere kommen können. Man lernt, wie man neue Gefühle in sich erzeugt, die die fehlenden kompensieren.

Weniger als eine Minute nachdem mir der Sicherheitsoffizier den Paß des Fettwanstes und ihm den meinigen ausgehändigt hatte, kam die neue Mannschaft. Ich warf einen schnellen Blick auf den Paß, den er mir gegeben hatte. Es war ein amerikanischer Paß mit einem Porträtfoto des Mannes neben mir, auf dem er noch keinen Bart trug. Das könnte die Neuen stutzig machen. Ich las den Namen und prägte ihn mir ein. Das alles war sehr amateurhaft; mein richtiger Name stand auf meinem Koffer und auch auf meinem Ticket. Sie mußten schon sehr blöd sein, wenn sie nichts merkten – es sei denn, etwas anderes steckte dahinter.

»Ihren Paß bitte«, sagte die Frau. Ihr Verhalten war freundlich und ziemlich professionell für jemanden, der zum ersten Mal den Job machte. Sie war tatsächlich sehr hübsch, was die Ursache für die Gerüchte sein mochte, die der Sicherheitsoffizier über sie verbreitete, wahrscheinlich aus purem Neid. Ich konnte nicht glauben, daß es mit dem schlechten Ruf etwas auf sich hatte. Ich trat einen Schritt vor und reichte ihr meinen Paß. Ich lächelte sie an. Ihr Ausdruck veränderte sich nicht, als sie ihn entgegennahm.

Aus dem Augenwinkel heraus erblickte ich Ephraim, der in gut zehn Meter Entfernung an einem Schalter lehnte. Er beobachtete mich. Ich konnte seinen Gesichtsausdruck nicht erkennen. War dies alles ein abgekartetes Spiel, um mich in den Schlamassel zu bringen? War die Libanon-Geschichte nur erfunden, damit ich abhaute und bei dieser dämlichen Geschichte auf dem Flughafen erwischt wurde? Ich konnte mich schon hören, wie ich vor Gericht zu erklären versuchte, daß ein Sicherheitsoffizier mich gebeten hätte, bei einer Übung behilflich zu sein, und es gäbe gar keinen Offizier, der meine Story bezeugen könnte.

Sie nahm den Paß, und ich sah, daß der Dicke dem anderen Offizier meinen Paß gab.

»Ihr Name?« fragte sie.

»Robert Friedman.«

Sie schlug den Paß zu und legte ihn vor sich auf den Tisch. »Können Sie bitte Ihr Gepäck auf den Tisch legen?«

»Natürlich.« Ich drehte mich nach meinem Gepäck um, als ich den anderen Offizier den Dicken anschreien hörte: »Keine Bewegung, heben Sie die Hände über den Kopf!« Er zog seine Pistole, und innerhalb von Sekunden waren mehrere Polizisten zur Stelle.

»Was ist los? Was ist passiert?« fragte der erste, der ankam, mit der Pistole in der Hand.

»Dieser Mann reist mit einem falschen Paß.« Er zeigte auf den Dicken, der fieberhaft nach dem Sicherheitsoffizier Ausschau hielt. Sein Gesicht war schweißgebadet.

»Das ist ein großes Versehen. Bitte nicht schießen. Das ist nur ein Spiel, fragt ihn.« Er wies auf mich, und im selben Moment tauchte der Offizier wieder auf. »Alles ruhig bleiben. David, steck deine Knarre weg.« Er wandte sich an die Polizisten. »Es ist alles unter Kontrolle, das war nur eine Übung. Sie«, und er wandte sich an den

Mann, dessen Paß ich bekommen hatte, »Sie können Ihre Hände wieder herunternehmen. Es ist alles vorbei. Gute Arbeit, David.« Er drehte sich zu dem Mädchen um. »Nun, Sarah, würdest du vielleicht noch mal einen Blick auf den Paß werfen?«

Sie riß die Augen weit auf, als sie merkte, daß sie etwas falsch gemacht hatte. Sie nahm langsam den Paß zur Hand, schaute das Foto an und dann mich. In dem Augenblick wußte ich, daß ich bei ihr absolut verschissen hatte. Sie sagte kein Wort.

Der Offizier gab mir den Paß zurück und dem großen Dicken seinen. Dann sagte er zu Sarah: »Ich möchte dich nach der Arbeit in meinem Büro sprechen. Du weißt, wo es ist?«

Sie nickte; sie schien dem Weinen nahe zu sein, beherrschte sich aber. Erst als wir uns abgewandt hatten, wischte sie sich mit dem Ärmel ihres dunkelblauen Sweaters über die Augen.

Der Offizier hielt sein Versprechen und schleuste mich, als ich meine Bordkarte bekommen hatte, durch alle Kontrollen. Mein Paß wurde gestempelt, und ich mußte nicht den Bodycheck über mich ergehen lassen wie alle anderen. Wir tranken zusammen eine Tasse Kaffee in der Abflughalle im zweiten Stock. Nachdem ich mich noch mit einer Packung Zigaretten und dem *Time*-Magazin versorgt hatte, brach er auf.

»Einen angenehmen Flug, und danke für die Hilfe.«

»Keine Ursache.« Mittlerweile waren auch die anderen Passagiere eingetroffen und machten es sich bequem, um die zweistündige Wartezeit zu überbrücken.

Ich fühlte mich etwas erleichtert. Aber es würde erst vorbei sein, wenn ich wirklich an Bord und über dem Mittelmeer war. Der Zeitpunkt rückte schnell näher. Ephraim saß am anderen Ende der Lounge und las Zeitung. Zu dem Zeitpunkt kam er mir eher wie eine Henne vor, die über ihre Küken wacht. Im Augenblick gab mir seine Anwesenheit ein Gefühl von Sicherheit.

Ich rief Bella vom Münztelefon beim Duty-free-Shop an. Ich konnte am Ton ihrer Stimme hören, wie sie die Tränen zurückhielt. Das war schlimmer, als wenn sie geweint hätte, aber das war nicht ihre Art. Wir hatten uns so viel zu sagen, aber dies war nicht der richtige Moment, zumal wir wahrscheinlich nicht allein in der Leitung waren. Ich wußte, daß sie keine Spur hatten, solange wir nicht sagten, von woher ich anrief, und so redeten wir, als ob ich bloß auf dem Weg nach Eilat wäre. Ich hätte sie zu gerne noch einmal in den Arm genommen.

»Ich ruf' dich an, wenn ich angekommen bin, okay?«

»Aber sofort. Ich warte auf deinen Anruf.«

»Ich liebe dich.«

»Ich liebe dich auch«, sagte sie. »Paß auf dich auf, und zieh dich anständig an, damit du nicht albern aussiehst.«

Ich kicherte. »Okay, tu' ich. Keine Sorge, ich werd' dich anrufen.«

»Mach's gut!«

Ich wartete, bis sie aufgehängt hatte. Warum eine so wunderbare Frau mich liebte, das entzog sich meiner Vorstellungskraft. Wenn ich auf unser Leben zurückschaute, dann hatte ich wirklich nicht viel für sie getan. Immer war ich mit anderen Sachen beschäftigt gewesen, die soviel wichtiger erschienen. Sie hatten mit der Sicherheit unseres Landes zu tun. Was für ein Quatsch. Und ich habe ihn nicht nur ihr aufgetischt, sondern sogar daran geglaubt.

Zwei Polizeioffiziere kamen in die Cafeteria, in der ich saß. Ich konnte spüren, wie mein Blutdruck stieg. Hatte mich jemand bemerkt und jemand anderem Bescheid gegeben? Waren sie hier, um mich aufzuhalten? Ich roch schon das Desinfektionsmittel, das in israelischen Gefängnissen verwendet wird; ich kannte es, da ich als Teil des Trainings einige Zeit in einer Zelle zugebracht hatte. Und dann noch einmal beim Militär, als ich ohne Kopfbedeckung erwischt wurde und zehn Tage im Loch verbringen mußte. Ich konnte das Rasseln der Schlüssel und das metallene Geräusch beim Zuschlagen der Türen hören. Die beiden Polizisten bestellten Kaffee. Ephraim war ebenfalls angespannt, als er ihnen mit den Blicken folgte. Ich wußte, daß er nervös war und mich gerne schon außer Landes gesehen hätte.

Die erste Ankündigung des Fluges bekam ich nicht mit, aber bei der zweiten stellte ich mich rasch in die Schlange, die sich Richtung Ausgang bewegte.

Innerhalb von zwanzig Minuten waren wir an Bord und rollten zum Start. Ich schloß die Augen. Ich wollte nicht die Piste sehen und mir über jedes Auto Gedanken machen, das dort entlangfuhr, und fürchten, daß es gekommen wäre, um das Flugzeug aufzuhalten. Die Person neben mir schien von dem Blick durch das Fenster ganz gefangen zu sein. Die Person rechts neben mir las einen Zeitungsartikel über die Schweizer, die den Vorschlag ihrer Regierung, der UNO beizutreten, abgelehnt hatten. Niemand kümmerte sich um mich, und so sollte es auch bleiben. Im allgemeinen bin ich ein gesprächiger Mensch, aber in Flugzeugen, Zügen und Bussen bin ich lieber für mich allein.

Als ich den Himmel durch das Fenster sah, am Kopf meines Nachbarn vorbei, war es, als würde ich in das Paradies schauen. Ich war frei, jenseits ihres Zugriffs.

Kapitel 8

Montag, den 31. März 1986
Gatwick, England

Vierundzwanzig Stunden waren vergangen, und immer noch kein Wort von Ephraim. Seine Auflage, nicht zu Hause anzurufen, bevor ich nicht mit ihm gesprochen hatte, machte mir das Leben schwer. Ich hatte mit Bella seit meinem Anruf vom Ben-Gurion-Flughafen nicht mehr telefoniert. Mittlerweile mußte sie aus Sorge um mich völlig verzweifelt sein. Ephraim hatte den Verdacht, daß mein Apparat zu Hause abgehört wurde (und daran gab es kaum einen Zweifel), und dann würden sie erfahren, daß ich auf meinem Weg in die Staaten einen längeren Zwischenaufenthalt in England einlegte. Würde etwas schieflaufen, könnte die Tatsache, daß Ephraim auch nach England geflogen war, für ihn unangenehm werden.

Ich saß vor dem Fernseher, um die Zeit totzuschlagen, aber ich konnte mich kaum konzentrieren. Um halb elf Uhr morgens beschloß ich, in die Stadt zu gehen, um mich abzulenken. Ich mußte mich entspannen, herumlaufen, etwas essen. Wenn Ephraim inzwischen käme, würde er eben warten müssen.

Ich nahm den Zug in die Stadt. In fünfunddreißig Minuten war ich an der Victoria Station. Von dort fuhr ich mit der U-Bahn zum Piccadilly Circus; am Green Park mußte ich umsteigen. Ich wanderte ziellos durch die Straßen und kam schließlich wieder zur U-Bahn. Ich aß ein paar Hamburger im Wimpy, der britischen Antwort auf McDonald's. Dann fuhr ich wieder zurück ins Hotel.

Im Fahrstuhl roch ich schon den süßen Duft von Tabak mit Kirscharoma. Je näher ich meinem Zimmer am Ende des grünen Korridors kam, um so stärker wurde er. Nur der Geruch der frisch gestrichenen Wände war ebenso intensiv.

Ich stand vor der Tür und horchte: Ephraim und der General. Aber es war eher der Geruch des Tabaks als der Klang ihrer Stimmen, woran ich sie erkannte.

Ich öffnete die Tür. Sie starrten mich völlig überrascht an.

»Warum seid ihr so entgeistert, mich zu sehen?« fragte ich. »Wen habt ihr denn erwartet?«

»Ich hatte dich gebeten, im Hotel auf mich zu warten.« Ephraims Stimme klang barsch.

»Ich arbeite nicht für dich, mein Freund. Ich bin hier, um dir einen Gefallen zu tun.«

»Ich habe dir das Leben gerettet, weißt du das noch? Oder muß ich dich an den Libanon erinnern?«

Es stimmte, daß er mich aus Israel herausgebracht hatte, bevor ich in den Libanon und in den sicheren Tod geschickt werden konnte. Und ohne Zweifel würde er mich daran auch in Zukunft immer wieder erinnern.

Ich warf meinen Mantel aufs Bett und setzte mich auf die Kante. »Du hast mich nur irgendwo rausgeholt, wo du mich zuerst reingebracht hast, und wahrscheinlich nur, um mich in eine andere Sache reinzuziehen.« Ich grinste ihn an. »Erst einmal bin ich hier, um euch zuzuhören, und dann werd' ich mich entschließen, für wen ich arbeite. Ich schlage dir also vor, es auszuspucken. Oder du kannst verschwinden.«

»Schau mal, Victor, du ...« begann Ephraim. Der General legte ihm eine Hand auf die Schulter. »Der Mann hat recht, warum sollten wir ein Spiel mit ihm treiben? Wir wissen, was wir wollen und warum wir es wollen. Du hast einen Job für ihn, also sag es ihm, und setz ihn ins Bild.«

Ich konnte hören, wie aus dem General die Tradition des israelischen Militärs sprach: Ein informierter Soldat ist ein guter Soldat.

»Hör auf deinen Freund«, sagte ich. »Er hat recht. Wenn nicht, dann bin ich hier bald verschwunden und auf dem Weg in die Vereinigten Staaten.«

Ephraim starrte mich eine Minute lang an. Dann lehnte er sich zurück und blickte zum General, der gerade dabei war, seine Pfeife wieder anzuzünden. »Dann fangen wir also ganz von vorne an.«

»Eine Minute noch«, sagte der General und holte eine große Thermoskanne aus einer braunen Ledertasche zu seinen Füßen hervor. »Hol die Gläser aus dem Bad. Ich brauche einen Kaffee.«

»Ich könnte auch einen gebrauchen«, sagte ich und holte rasch die Gläser. Wir bedienten uns.

»Ich höre«, sagte ich und setzte mich auf dem Bett zurecht.

»Das alles hat 1982 angefangen. Du warst damals noch bei der Marine. Du weißt wahrscheinlich, daß wir uns alle auf den Krieg im Libanon vorbereiteten. Damals hieß die Operation noch Zedern des Libanon, und wir vom Mossad hatten eine enge Beziehung zu Bashir Gemayels Falange-Partei. Unser Mann, der direkt mit Gemayel zu tun hatte, war Nevot. Er richtete alles so ein, daß Israel in den Krieg hineingezogen werden mußte. Er und andere vom rechten Mossad-Flügel nannten ihn den besten Krieg, den wir je bekommen könnten. Man sah in Israel die Polizei des Nahen Ostens. Premierminister Begin liebte die Vorstellung, als jemand zu erscheinen, der die Christen vor den wilden Moslems rettete, was gut zu seiner rechten Kolonialideologie paßte. Ariel Sharon, der Verteidigungsminister, war voll dafür.«

Er machte eine Pause, um seinen heißen Kaffee zu schlürfen. Dann zog er an der Zigarette und blies den Rauch beim Sprechen aus. »Hofi, der damalige Mossad-Chef, war dagegen, weil er meinte, daß die Falange der Christen im Libanon kein verläßlicher Verbündeter sei. Der militärische Geheimdienst war mit ihm einer Meinung. Aber Hofi, der damals seit fast acht Jahren beim Büro war, stand kurz vor dem Abschied.

Viele Leute im Mossad hofften damals, daß diesmal ein Insider das Rennen machen würde. Wie du weißt, wurde bis dahin immer jemand von draußen in das Amt gehievt.«

Ich wußte, daß das die einzige Methode für die Außenwelt war, um irgendeine Kontrolle über den Mossad zu haben. Ein neuer Chef von außerhalb, das heißt ein Militär, bot die Möglichkeit, das Haus zu säubern.

»Viele hofften, daß ein Ex-Mossad-Offizier reinkommen würde, jemand wie David Kimche, der damals Leiter des Auswärtigen Amtes und vorher Abteilungsleiter im Mossad gewesen war, bevor er mit Hofi zusammenrasselte. Dann gab es noch Refael Eitan, den Begin bewunderte, von dem er aber meinte, daß er Ariel Sharon zu nahe stand. Begin fürchtete, daß Sharon zuviel Macht gewinnen würde, wenn sein Freund Mossad-Chef wäre. Begin beschloß, sich an die Tradition zu halten und einem von draußen den Job zu geben.« Ephraim machte eine Pause. Als er wieder zu reden begann, klang seine Stimme anders, wütender, ruheloser.

»Kurz vor dem Ausbruch des Krieges, als Hofi schon halb aus dem Mossad raus war, gelang es dem rechten Mossad-Flügel, seine Leute umzuplazieren und in Machtpositionen zu bringen.

Wir alle im Mossad hatten es wirklich satt, jedesmal, wenn ein neuer Boß kam, unsere Zukunftspläne über den Haufen geworfen zu sehen. Aber die Clique vom rechten Mossad-Flügel gab nicht mehr her, was sie einmal in Händen hielt. Es war ein Staatsstreich, mit dem einzigen Unterschied, daß es gar keinen Staat gab, den man übernehmen konnte.

General Yekutiel Adam oder Kuti, wie ihn seine Freunde nannten, wurde zum Mossad-Chef ernannt und sollte sein Amt irgendwann Ende Juni 1982 antreten. Der Krieg im Libanon begann am 6. Juni, und am zweiten Kriegstag hatte Kuti einen Zusammenstoß mit Sharon wegen eines Angriffs auf die syrischen Flugabwehrraketen in der Bekaa-Ebene. Kuti glaubte und sagte es auch deutlich, daß das zu einem echten Krieg mit Syrien führen könnte. Er sprach sich gegen den Plan aus, an dem der Mossad so hart mit den Libanesen in den voraufgegangenen Jahren gearbeitet hatte. Der Führungsclique im Mossad wurde klar, was auf sie zukam, wenn dieser Mann der neue Chef würde. Irgend jemand beschloß, daß das nicht geschehen dürfte.«

»Kuti war mein bester Freund«, zischte der General wütend.

»Er hatte Freunde im Mossad«, fuhr Ephraim fort, »Leute, die Arbeitspapiere vorbereiteten, um die Situation zu analysieren, damit er drastisch durchgreifen konnte, wenn er das Amt übernahm. Es sollte nicht länger das Leben junger Soldaten geopfert werden, wie sie damals als Kanonenfutter für den Traum der Rechten und ihrer Clique von einem vom Mossad geführten Staat im Libanon verheizt wurden. Mit ihrer Philosophie des ›Gleichgewichts der Schwäche‹ meinten sie, die Macht hinter Gemayels Marionetten-Regime darstellen zu können, wobei sie vergaßen, was jedes Kind im Libanon wußte – daß jeder den Libanon schlucken, aber niemand ihn verdauen konnte.

Es war klar, daß die Herrschaft der Führungsclique von einem abrupten Ende bedroht war. Würde Kuti erst einmal die Kontrolle übernehmen, würde er der Regierung und Sharon eine ehrliche Einschätzung der Lage vermitteln, und Sharon wollte sicherlich nicht der erste israelische Verteidigungsminister sein, der einen

Krieg verlor.« Ephraim machte wieder eine Pause und schlürfte seinen Kaffee. »Die Gelegenheit kam am 10. Juni. Die Armee war in die Vororte von Beirut eingedrungen, und es gab eine Waffenruhe. Kuti, der designierte Mossad-Chef, der aber den Dienst noch nicht angetreten hatte, wollte einen Abschiedsbesuch bei seinen Truppen im Libanon machen. Dem Mossad oblag es, ihn zu organisieren.«

»Wieso dem Mossad und nicht der IDF?[1]« fragte ich.

»Weil er schon in den Verantwortungsbereich der Mossad-Sicherheit und nicht in den des Militärs fiel.«

»Wären wir für seine Sicherheit verantwortlich gewesen«, warf der General ein, »dann wäre er heute noch am Leben.«

»Sie planten den Besuch für den folgenden Tag.« Ephraim sprach mit leiser Stimme. »Als er vor Ort eintraf, wurde er aus dem Hinterhalt getötet. Der Angreifer, ein vierzehnjähriger Junge, wurde von den Leibwächtern auf der Stelle erschossen.«

»Du bist verrückt.« Ich war aufgesprungen. »Das ist verrückt, ich weiß, daß es ein Unfall war.« Ich konnte nicht glauben, was er unterstellte. Es wäre einfach zu teuflisch.

Er schaute mir direkt in die Augen und sagte mit leiser, rauher Stimme: »Sie fanden ein Foto von Kuti bei dem Burschen. Wer sonst konnte wissen, daß Kuti dort war, außer den Leuten, die seine kleine Reise vorbereitet hatten? Sie haben ihn umgebracht, daran habe ich nicht den geringsten Zweifel.«

»Und dann wartest du vier Jahre, um gerade mir davon zu erzählen?«

»Nein, du bist der letzte Schritt, den wir unternehmen. Du kannst dir vorstellen, daß von innen heraus gegen den Mossad zu arbeiten nicht gerade die einfachste Sache der Welt ist.«

»Und niemand hat gefragt, wie das Foto von Kuti in die Tasche des Jungen gekommen ist?«

»Das war eine Information, die dem Untersuchungskomitee verheimlicht wurde – eine Information, die ohne den Schatten eines Zweifels beweist, daß es kein Zufall, sondern wirklich ein berechneter Mord war.«

Ich setzte mich wieder aufs Bett. Ich spürte kalten Schweiß auf der Stirn. Was Ephraim erzählte, war nicht zu glauben. Die Spitzen

[1] Israeli Defense Force, die israelische Armee.

des Mossad hätten konspiriert, um den neuernannten Chef umzubringen? Das war zuviel.

»Du bist verrückt.«

»Er ist nicht verrückt«, sagte der General. »Ich weiß es, weil er nicht der einzige ist, der es mir gesagt hat. Ich fand noch mehr darüber heraus, als ich Anfang 1985 einen gefangenen Hisbollah-Kämpfer im Südlibanon verhörte. Er erzählte, wie er, als er in Nabih Berris Amalmilizen war, zusammen mit einem Kind die Mission erhielt, einen israelischen General zu töten. Und ich sage dir, der Mann hat nicht gelogen.«

»Wie willst du das wissen?«

»Weil er wußte, daß er sterben mußte und es lediglich darum ging, ob es die ganze Nacht dauern würde oder nur ein paar Minuten. Und er dachte, daß ich ohnehin darüber Bescheid wüßte.«

Ich starrte den General ein paar Sekunden an und wandte mich dann an Ephraim. »Und wie kommt es, daß ihr nicht zum Premierminister gegangen seid?«

»Um was zu sagen: ›Herr Premierminister, die Mossad-Führung, mein Boß und einige seiner Günstlinge, haben gerade den Mossad gekidnappt und den designierten Chef getötet.‹? Und was glaubst du, was er gesagt hätte: ›Danke, daß du mir davon erzählt hast. Ich werde den Bastard anrufen und ihn feuern.‹? Außerdem herrschte Krieg zu der Zeit. Und innerhalb von einem oder zwei Tagen, maximal, hätte ich selbst einen Unfall gehabt.«

»Wie soll ich wissen, daß nicht ihr mich aufwiegelt und ihr diejenigen seid, die einen Staatsstreich wollt?«

»Du mußt mir glauben. Wir können es nicht machen ohne jemanden von außen.«

»Ich bin ganz Ohr.«

»Ich denke, es wäre an der Zeit, etwas zu essen«, sagte Ephraim.

Ich war nicht hungrig, und es wäre mir lieber gewesen, wenn er weitererzählt hätte, aber ich entschied, daß es diesmal nach seiner Nase gehen sollte.

»Das Hotel hat ein Restaurant«, sagte ich. »Ich hoffe nur, daß das Mittagessen besser ist als das Frühstück.«

Die beiden lachten. »Nein«, sagte Ephraim. »Ich glaube nicht, daß wir zusammen zum Essen ausgehen können. Es gibt immer die

Chance, daß uns jemand sieht, und das können wir uns nicht leisten. Ramy wird uns etwas von draußen holen.« Er wandte sich an ihn. »Willst du das tun?«

»Ich bin schon unterwegs«, sagte der General langsam, die Pfeife im Mundwinkel. Er zog seinen Mantel an. Es entging mir nicht, wie wenig beeindruckend er in Zivil aussah.

»Was möchtet ihr denn haben?« Er grinste. Offensichtlich fühlte er sich etwas unwohl in seiner Rolle als Dienstbursche.

»Ist mir eigentlich egal«, sagte Ephraim, »wenn es nur genug ist. Ich verhungere. O ja«, er reichte dem General die Thermoskanne, »und Kaffee bitte, wenn es dir nichts ausmacht.«

»Und du?«

»Das gleiche«, antwortete ich.

Der General verließ den Raum, immer noch ein wenig irritiert.

»Du hast mein Leben verpfuscht«, sagte ich zu Ephraim.

»Das stimmt nicht. Ich habe dich lediglich aus einer besonders ausgewählten Gruppe von Menschen herausgepickt, bevor du dich selbst zerstört hättest. Und du bist der Richtige für den Job.«

»Aber du hast mich nie gefragt. Woher weißt du, ob ich nicht lieber auf der anderen Seite der Barrikade gestanden und Leute wie dich bekämpft hätte, die ständig die Kontrolle über den Mossad in die Hände von Amateuren legen wollen, statt ihn den Profis zu überlassen, die von der Pike auf gelernt haben?« Ich hielt inne und schaute in Ephraims Gesicht, das mit seiner blassen, ledrigen Haut beinahe einem Totenschädel glich.

»Ich habe dein psychologisches Profil, denk dran. Ich kenne dich wahrscheinlich besser als du dich selbst, Victor. Du paßt nicht in das Muster.«

»Das psychologische Profil des Mossad über mich stinkt. Es ist nicht das Papier wert, auf dem es geschrieben wurde.«

»Wenn du dich von der Psychologie her als Fehler herausstellen solltest, würde ich zu Phase zwei übergehen.«

»Und die wäre?«

»Das kann ich dir jetzt noch nicht sagen. Aber ich will dir eine kleine Geschichte erzählen, bevor unser Freund, der General, zurückkommt.«

»Warum? Hast du auch vor ihm Geheimnisse?« Ich gab mir alle Mühe, so sarkastisch wie möglich zu sein.

»Ja. Ich habe wohl wirklich mehr Geheimnisse vor ihm als vor dir. Er ist kein Insider, und es gibt eine Menge Dinge, die er nicht versteht. Ich möchte den Mossad nicht zerstören, was er nur zu gerne täte. Ich möchte den Dienst auf seinen Platz verweisen.«

»Warum?«

»Weil ich glaube, daß unser Land den Mossad braucht, einen starken Mossad mit Zähnen, der mit unseren Gegnern fertig wird. Aber dann braucht das Land vor allem einen Zügel, damit der Mossad unter Kontrolle gehalten werden kann.«

»Du wolltest mir eine kurze Geschichte erzählen.«

»1982, vor dem Krieg im Libanon, hatten wir einen Mann, der den Boden für eine Art Dialog vorbereiten sollte. Er gehörte zu meiner Clique. Ich war damals aber noch nicht der Spitzenmann der Clique. Wir hatten den Segen von Hofi und einigen Leuten vom Außenministerium, die auf einen Durchbruch warteten. Wir hatten den Palästinensern mit dem, was wir im Libanon tun könnten, einen solchen Schrecken eingejagt, daß sie zu Gesprächen bereit waren.«

»Ihr wolltet also eine Brücke schlagen?«

»Ja, aber nicht zu den Christen, sondern zu den Palästinensern. Wir schickten einen unserer besten Männer vor. Er hieß Yakov Barsimantov. Er war in Paris stationiert, wo er als Verbindungsmann arbeitete.«

»Er konnte keinen Kontakt zu irgendeinem Palästinenser herstellen oder ihr Vertrauen gewinnen. Wenn er zur Verbindungsabteilung gehörte, dann wußten sie, daß er ein Mossad-Mann war«, warf ich ein.

»Er verhandelte nicht direkt mit ihnen. Wir hatten einen amerikanischen Unterhändler, der sich freiwillig bereit erklärt hatte, die Dinge in Bewegung zu bringen. Barsimantov stellte es ihm als wagemutiges Unternehmen dar, auf einer Cocktailparty im französischen Außenministerium.«

»Und er war einverstanden?«

»Er ergriff begierig die Gelegenheit. Dabei war er selbst nicht in der günstigsten Position, um mit den Palästinensern zu sprechen. Es widersprach den Bestimmungen des State Department. Aber er tat es trotzdem.«

»Warum habt ihr nicht irgendeinen anderen Kontakt gewählt,

wie etwa die Rumänen? Sie waren auf beiden Seiten tätig, und ihr hattet Beziehungen zu ihnen.«

»Sie steckten direkt mit der Führungsclique unter einer Decke. Und die wollte nur die Falange und Bashir Gemayel stärken.«

»Wer war der Amerikaner?«

»Er hieß Charles Robert Ray. Er war Assistent des Militärattachés und ein sehr pflichtbewußter Mann. Er glaubte, daß der Friede im Nahen Osten im strategischen Interesse der Vereinigten Staaten liege.«

»Darüber streiten sich die Militärs.«

Ephraim kicherte. »Richtig. Aber so war es. Irgend jemand im Außenministerium muß nicht dichtgehalten haben, und so wurden beide, sowohl Barsimantov als auch der Amerikaner, erschossen, bevor sie den ersten Kontakt zu den Palästinensern aufnehmen konnten. Wir wissen also genau, daß es nicht die Palästinenser waren.« Er fuhr sich mit den Fingern durch die Haare und dann über das Gesicht. Er erschien plötzlich gealtert und müder als zuvor. »Sie brachten Ray im Januar um, und als dann Yakov einen neuen Kontakt herzustellen versuchte, töteten sie ihn ebenfalls. Yakov war ein guter Mann, und dennoch wurde er am 3. April vor seiner Wohnung von seinen eigenen Leuten wie ein Hund abgeknallt. Unsere eigene Killerbrigade hat ihn umgelegt.«

»Aber der *Kidon* würde keinen Israeli töten.«

»Sie wußten nicht, wer das Opfer war, und später sagte man, daß es ein Versehen gewesen sei. Nachdem sie Yakov getötet hatten, versteckten sie die aus der Tschechoslowakei stammende Waffe in der Wohnung eines libanesischen Revolutionärs und machten auf ihn aufmerksam. Sie gingen so weit, im Namen der Lebanese Armed Revolutionary Faction die Verantwortung für den Mord zu übernehmen, und informierten den französischen Geheimdienst, daß die LARF Teil der prosyrischen SSNP [Syrian Social Nationalist Party] sei.« Er schaute zum Fenster hinaus. »Weißt du, daß sie die Frechheit besaßen, den Mord als die Provokation hinzustellen, auf die sie nur warteten, um den Krieg im Libanon zu beginnen? Wenn es jemals so etwas wie Chuzpe gegeben hat, dann das.«

Am meisten überraschte es mich, daß das, was ich gerade gehört hatte, mich nicht im geringsten überraschte. Ich glaubte ihm, und dennoch war ich drauf und dran zu sagen: »Na und?«

»Okay, du hast mir eine kleine Geschichte erzählt. Aber wie zum Teufel kommst du darauf, daß ich deshalb etwas für dich tun sollte? Ich könnte ebensogut das Fenster da öffnen und rausspringen. Das würde uns eine Menge Kummer und Ärger ersparen.« Ich nahm eine Zigarette und lehnte mich auf dem Bett zurück.

»Du hast alles falsch verstanden. Ich wollte dir nur sagen, daß ich niemanden von drinnen verwenden kann, weil ich keinen Anhaltspunkt habe, wem ich vertrauen kann. Der General ist seit Jahren mein Kumpel, und er war ein enger Freund von Kuti. Er ist also sauber, soweit es mich was angeht. Dich habe ich direkt aus dem Bauch des Mossad geholt, weil du noch nicht angesteckt bist wie die meisten unserer Freunde und weil du nicht auf dem Rücken eines Pferdes von drinnen reingekommen bist, sondern durch den normalen Rekrutierungsprozeß. Du bist reingekommen, weil du ein Patriot bist, und nicht, weil du Karriere machen wolltest.«

»Nun, das wollte ich auch. Ich wollte den Job, das Leben, den Spaß.«

»Wenn du das Leben willst, dann bleib hier. Du bekommst mehr davon, als du vielleicht brauchen kannst.«

»Also was nun? Willst du mir einen Job anbieten?«

»Ganz genau das ist es. Dein Cover bist du selbst. Alles, was du tust, wirst du in eigener Verantwortung tun, ohne Netz und ohne Seil. Ich werde dir eine Anweisung geben und dir helfen, so gut ich kann, aber du wirst auf dich allein gestellt sein.«

»Um was zu tun?«

»Du wirst den Mossad aus dem Geschäft werfen.«

Kapitel 9

Es klopfte. Ephraim stockte. Ich ging zur Tür und schaute durch den Spion. Es war der General. Ich riß die Tür auf, und er kam hereingestürmt, als ob es auf dem Korridor brennen würde. Es machte ihm ganz offensichtlich keinen Spaß, den Dienstboten zu spielen.

In der nächsten Stunde aßen wir zu Mittag. Es wurde wenig gesprochen. Ich versuchte meine Rolle in dem Schema auszumachen, aber ich konnte kein klares Ziel erkennen. Gewiß, er hatte gesagt, daß er den Mossad auf seinen Platz verweisen wolle, aber was bedeutete das?

Ich stellte mir vor, daß er es darauf abgesehen hatte, ihn zuerst zu zerstören, und daß ich dazu beitragen könnte. Ich war mir aber keineswegs sicher, daß der neue Mossad, den er auf den Trümmern des alten errichten wollte, besser sein würde. Hatte er dieselbe Vorstellung von einem saubereren und besseren Mossad wie ich? Und wenn nicht, warum sollte ich mich dann an ihn binden? Ich war jetzt mein eigener Herr, warum sollte es nicht dabei bleiben?

Ich beschloß, Ephraim bis zum Ende zuzuhören und dann zu entscheiden, was ich tun wollte. Ich war kanadischer Bürger mit einem gültigen kanadischen Paß, und er konnte mich in keiner Weise einschüchtern.

Gleichzeitig hatte ich das Gefühl, daß ich allmählich wieder Geschmack am Leben bekam, und das gefiel mir. Ich war wie die Soldaten, für die der Krieg zu schnell zu Ende geht. Sie ziehen dann durch die Welt und versuchen ihren Krieg am Leben zu halten. Es lockt sie, möglichst am Rande des Abgrunds zu balancieren. Gehörte ich nun auch zu ihnen, wollte ich an meine Grenzen stoßen, oder war ich gar nicht so neu in dieser Gesellschaft?

»Was machen wir nun?« fragte der General und wischte sich die Hände ab.

Ephraim erhob sich. »Wir werden bald gehen, und Victor wird morgen fliegen.«

»Tatsächlich?«

»Ja, du wirst nach New York fliegen, und dann wirst du deinen Vater in Nebraska besuchen.«

»Und warum nach New York?«

»Weil wir auf diese Weise erfahren werden, ob jemand hinter dir her ist oder nicht.«

»Bist du da nicht sicher? Was meinst du?« fragte der General besorgt. Das war etwas, was er nicht in Betracht gezogen hatte. Der Kampf gegen den Mossad hatte plötzlich eine ganz andere Dimension für ihn gewonnen.

»Wir sind uns niemals sicher, mein Lieber. Aber es gibt gewisse Möglichkeiten, es herauszufinden.«

»Wie denn?« fragte der General. Ich hatte das Gefühl, daß mir die Antwort nicht gefallen würde.

»Victor wird in New York das PLO-Büro aufsuchen. Wenn im Hauptquartier alle Lichter angehen und alle Glocken läuten, dann wissen wir, daß er beschattet wird.«

»Ich dachte, daß ihr solche Sachen selbst herausfinden könnt.« Der General machte ein ernstes Gesicht.

»Können wir«, sagte Ephraim, »aber wir können nie sicher sein. Es gibt da auch für uns Grenzen. Wenn das Team, das hinter uns her ist, groß genug ist, können wir es nicht entdecken. Und das wollen wir nicht riskieren.«

»Und was ist, wenn jemand im PLO-Büro für den Mossad arbeitet?« fragte ich.

»Dort haben wir niemanden, der für uns arbeitet. Selbst wenn wir jemanden hätten, würde es dauern, bis die Botschaft durchkommt, und dann wärst du längst weg.«

»Okay.« Dennoch versuchte ich, mein Argument zu untermauern. »Und was ist, wenn jemand gleich losrennt und die Information in die Botschaft bringt? Dann ist es aus mit mir, bevor ich die Stadt verlassen kann.«

»Du wirst ihnen nicht sagen, wer du bist. Du wirst einfach hingehen und sagen, daß du ein israelischer Sympathisant seist oder so etwas Ähnliches.«

»Aber wie soll uns das bei unserem Vorhaben weiterhelfen?« Der General saugte heftig an seiner Pfeife. Er hielt seinen Blick auf die Tür geheftet. Ich merkte, daß das nicht sein Spiel war; er wollte seinen Feind sehen und ihn abschätzen. Ein tapferer Mann, zweifellos, aber er hatte irgendwie Angst vor der Dunkelheit.

»Man wird künftig von Victor verlangen, Dinge zu tun, die extrem gefährlich sind. Er wird sie an Orten tun, die weit weniger gastfreundlich sind als New York. Bevor ich ihn an solche Orte schicke, will ich sicher sein. Wenn es ein Problem mit seinem Cover gibt oder wenn ihn jemand im Verdacht hat, daß er nicht koscher ist, dann können wir das jetzt herausfinden, wenn er in den USA ist, denn dort kann der Mossad nicht so leicht operieren. Wenn sie uns jetzt beschatten, werden sie wissen wollen, was als nächstes kommt. Wir werden es ihnen auf dem Tablett reichen. Wenn sie uns auf der Spur sind, werden sie uns verhaften, sobald er im PLO-Büro ist – dich und mich.« Auf der Stirn des Generals erschienen kleine Schweißperlen. Ephraim fuhr fort: »Wenn das geschieht, dann werden wir natürlich Victor nicht kontaktieren. Und für ihn wird es ein Zeichen sein zu verschwinden, wirklich abzutauchen. Aber wenn nichts passiert, dann wissen wir, daß wir sauber sind.«

»Wie soll er verschwinden?« Die Stimme des Generals bebte ein wenig.

»Das sollte für ihn kein Problem sein. Dafür hat er schließlich das wahrscheinlich beste Training der Welt erhalten. Das glauben wir zumindest.«

Der General räusperte sich und fragte: »Was werden sie mit uns machen?«

»Wir sind das doch schon durchgegangen«, sagte Ephraim gelangweilt, »ich dachte, du hättest es verstanden.«

»Ja, ja. Es ist nur, daß ich nicht ...« Er zögerte.

»Was nicht? Willst du aussteigen? Wenn du das vorhast, dann solltest du es jetzt sagen, bevor wir irgend etwas unternehmen. Ab dem heutigen Tag gibt es keinen Weg mehr, um herauszukommen. Wir nähern uns sehr schnell dem Punkt, an dem es kein Zurück mehr gibt. Wenn Victor erst einmal auf dem Weg nach New York ist, dann stehen wir in der Pflicht.«

»Das ist sehr nett von euch.« Ich war ärgerlich. »Ihn willst du aussteigen lassen, aber mich hast du nicht mal gefragt, ob ich an Bord gehen will. Wie zum Teufel soll ich diesen Höllenritt überleben?«

»Nein, du verstehst mich nicht. Ich habe von ihm gesprochen. Wenn er aussteigen möchte, dann kann er das tun, aber wir stehen in der Pflicht. Wenn er jetzt wirklich geht und wir beobachtet werden, dann wird er beseitigt genau wie ich auch und wie sie es mit dir versuchen werden. Er kann jedoch immer noch aussteigen, wenn es sich herausstellt, daß wir sauber sind.«

Der General stand auf und schüttelte den Kopf. Ich hatte das Gefühl, daß er meine Beweggründe zu verstehen begann, daß er besorgt war, die Sache könnte binnen Sekunden unumkehrbar sein. »Ich will nicht aussteigen. Es ist nur, daß es jetzt anfängt, für mich sehr real zu werden. Ich habe dieses Spiel nie zuvor mitgemacht, und ich hatte keine Vorstellung davon, worauf ich mich einlasse. Nicht das, was wir tun wollen, jagt mir eine Gänsehaut ein, sondern das Wie. Ich möchte nur eines wissen: Wenn sie uns kriegen, was, glaubst du, werden sie mit uns machen?«

»Du kannst beruhigt sein, wenn es deine Sorge ist, daß du vor Gericht gestellt wirst – das wird nicht passieren, denn das können sie sich nicht leisten. Sie werden die Angelegenheit hinter verschlossenen Türen regeln. Ein Unfall vielleicht, oder sie stecken uns auf unbegrenzte Zeit in eine Irrenanstalt. Beinahe alles ist denkbar, nur ein öffentlicher Prozeß nicht.«

»Keine vielversprechende Zukunft«, lächelte der General.

»Nun, das gilt nur für den Fall, daß sie uns erwischen, bevor wir mit dem, was wir uns vorgenommen haben, zu Ende sind. Ich glaube, daß wir keinen Fehlschlag erleiden werden; die Kosten für unser Land, von denen für uns mal ganz abgesehen, wären zu groß.«

Einige Minuten lang schwiegen wir alle. Dann stand ich auf und wandte mich an Ephraim. »Ich möchte, daß du noch eine Sache tust, bevor ich mich da hineinstürze.«

»Du steckst doch schon drinnen«, antwortete er.

»Vielleicht, aber ich verspreche dir, daß ich für dich keinen Streich mehr machen werde, wenn du nicht etwas für mich tust.«

»Und das wäre?«

»Du mußt mich, und zwar jetzt«, ich deutete auf das Telefon, »mit jemandem in Kontakt bringen, den ich persönlich aus eurer Clique im Mossad kenne.«

»*Was?*«

»Du hast richtig gehört. Mit jemandem, den ich kenne. Ich will sicher sein, daß du mir keine Falle stellst.«

»Und was ist mit dem General? Ich dachte, du vertraust ihm.«

»Bei allem Respekt, aber wir wissen beide, daß du diesen Mann seit Sonntag zehnmal ausgetrickst haben könntest. Ich möchte jemanden vom Mossad, jemanden, der die Kniffe kennt.«

»Ich kann dir doch nicht einfach jemanden so ausliefern.«

»In dem Fall gehe ich.«

Ephraim machte eine Pause. »Du weißt, daß ich dich nicht gehen lassen kann bei dem, was du weißt.«

»Dann bring mich um, aber wenn du willst, daß ich mit dir arbeite, dann rufst du besser jetzt jemanden an.«

Ephraim starrte mich einige Sekunden lang an. Dann ging er zum Telefon und wählte, nachdem er eine freie Leitung bekommen hatte. »Reuven?« sagte er schließlich und wartete. »Einen Moment bitte.« Er drehte sich zu mir. »Kennst du Reuven Hadary?«

»Ja.«

Er setzte dem Mann am Apparat auseinander, daß ich mich vergewissern wollte, daß es im Mossad noch andere gab, die mit Ephraim zusammenarbeiteten. Reuven, ein Mann, den ich kannte und schätzte, bestätigte es. Ich bestand darauf, Reuvens Nummer zu erhalten. Im Falle eines Mißgeschicks würde ich dort anrufen können und nicht allein von Ephraim abhängig sein. Sie waren einverstanden, und als wir auflegten, war ich wirklich beruhigt. Dies war keine Falle, sondern ein legitimer Versuch, den Mossad zu kippen und Platz für etwas zu schaffen, das, wie wir alle hofften, besser sein würde.

Ich öffnete das Fenster – ich brauchte dringend frische Luft. Nach all den Zigaretten, der Pfeife, dem Fisch und den Fritten roch es unerträglich.

»Noch eine Sache«, sagte ich, »wie viele Leute sind dabei?«

»Etwa zehn. Aber nur wir drei wissen, was wirklich passiert. Oder sollte ich vier sagen? Niemand außerhalb dieses Zimmers, mit Ausnahme von Reuven, weiß von dir, falls es das ist, was du wissen wolltest.«

Ich antwortete nicht. Ich saß am offenen Fenster und starrte auf den grauen Betonkomplex, den dieses Hotel als besten Ausblick zu bieten hatte.

»Du wirst am 2. April in New York ankommen. Von da an bist du auf dich gestellt. Ich will dir kein Hotel empfehlen. Ich will nicht einmal wissen, wo du untergebracht bist.«

Ich nickte, den Blick immer noch zum Fenster hinaus gerichtet.

»Hörst du mir zu?« fragte Ephraim sanft.

Ich nickte.

»Hier ist die Nummer, die du anrufen sollst, wenn du im PLO-Büro gewesen bist.« Er überreichte mir eine Geschäftskarte. »Es gibt dieselbe Nummer auch in New York; es ist eine Bäckerei. Wähl dieselbe Nummer in Tel Aviv, und ich werde am Apparat sein.«

»Und wenn nicht?«

»Ruf dreimal an, alle vier Stunden, niemals vom selben Telefon aus. Nach dem ersten Anruf triff Vorbereitungen zum Verschwinden, nach dem letzten Anruf solltest du weg sein.«

»Was soll ich tun, wenn sie dich erwischen?«

»Versuch einfach, am Leben zu bleiben und nicht in ihre Hände zu geraten. Soviel kann ich dir sagen: Du bist besser dran als wir.«

»Das ist ein schwacher Trost. Und was ist mit meiner Familie?«

»Wenn wir geschnappt werden, dann hast du keine mehr. Oder vielmehr sie haben dich nicht mehr. Für sie wirst du so gut wie tot sein.«

»Muß es so drastisch sein?«

»Nein, ich werde am Apparat sein. Ich werde dich nicht verlieren, mein Junge.«

Ein paar Minuten später gingen beide ohne großes Getue. Mit einem einfachen Händedruck schickten sie mich auf eine Reise, die ich manchmal wünsche nie angetreten zu haben.

Kapitel 10

Mittwoch, den 2. April 1986
New York

Ich kam in New York an und fühlte mich wie ein Wrack. Ich war erschöpft und völlig zu von all den kleinen Rumfläschchen und halbgefüllten Pepsi-Bechern, die ich im Flugzeug getrunken hatte.

Nach endlosen grauen Korridoren stand ich plötzlich in dem riesigen Terminal. Der Geruch von heißen Würstchen mit frischen Brötchen trat an die Stelle des Gestanks von Flugbenzin und abgestandener Luft, und mir lief das Wasser im Mund zusammen. Ich zündete automatisch eine Zigarette an, um meinen Heißhunger zu betäuben. Schließlich durfte er erst außerhalb der bürokratischen Verteidigungslinie der USA, auch als Zoll- und Einwanderungsbehörde bekannt, gestillt werden. Ich konnte kaum die Augen offenhalten, als ich langsam in der Schlange vorankam. Schließlich stand ich einem Offizier der Einwanderungsbehörde gegenüber, der so aussah, als würde er mich am liebsten wieder dorthin zurückschicken, wo ich hergekommen war.

»Den Paß, bitte«, sagte er mit mechanischer Stimme.

Ich legte meinen kanadischen Paß auf den Tisch, da ich von dem Augenblick an, als ich in Gatwick, England, landete, wieder zum Kanadier geworden war. Das blaue Dokument mit dem goldenen kanadischen Wappen gab mir ein Gefühl relativer Sicherheit.

»Geschäftlich oder ...«

»Nur Urlaub. Ich besuche meinen Vater.«

»In Kanada?«

»Nein, er lebt in Nebraska. Er ist Amerikaner.«

»Wie lange wollen Sie bleiben?«

»Weiß ich noch nicht. Warum, gibt es ein Problem?«

Der Mann gab mir den Paß zurück, nachdem er ihn mit einem roten Stempel versehen hatte. »Angenehmen Aufenthalt.« Er winkte mich durch.

Der Zoll war auch kein Problem. Obwohl ich leicht angetrunken war, schien ich bei den Beamten keinen schlechten Eindruck zu machen. Außerdem hatte ich nichts zu verbergen, wenn man die im Geheimfach des Koffers versteckten Dokumente nicht mitrechnete.

Nach einer kurzen Taxifahrt kam ich in einem kleinen Hotel an, das vom Flughafen nicht allzuweit entfernt war. Ich fiel aufs Bett, ohne mich auszukleiden, konnte nur gerade noch meine Schuhe ausziehen und versank in Schlaf.

Donnerstag, den 3. April 1986

Das erste Licht, das durch die Lücke im Vorhang fiel, brachte mich wieder zu Bewußtsein. Ich dachte augenblicklich daran, daß ich beinahe eine Woche lang nicht mit Bella gesprochen hatte. In Anbetracht der Art meines Weggehens und des Zustands, in dem ich sie zurückgelassen hatte, fühlte ich mich wie ein Dreckskerl. Ich erhob mich langsam vom Bett und versuchte meinen Kopf nicht zu abrupt zu bewegen, weil der Schmerz in meiner Stirn schrecklich war. Der Alkohol rächte sich.

Ich schaute mich in dem abgewetzten Spiegel an und merkte, daß ich mich immer noch besser fühlte, als ich aussah. Der Radiowecker auf dem kleinen hölzernen Nachttischschränkchen zeigte sieben Uhr morgens an. Ich versuchte, die Zeit in Israel auszurechnen, konnte mich aber nicht konzentrieren.

Ephraim hatte mir gesagt, daß ich am Dritten nach sechs anrufen könne. Ich mußte unbedingt telefonieren.

Ich zündete mir eine Zigarette an, setzte mich auf die Bettkante und stützte meinen Kopf in die Hände. Ich legte die Zigarette auf den angeschlagenen Glasaschenbecher und bemerkte, daß so manch einer der früheren Bewohner den Aschenbecher verfehlt haben mußte, denn es gab überall auf dem Holz Brandspuren. Manche hatten sogar ihre Kippen auf dem dünnen, abgenutzten Teppich ausgedrückt. Wie war ich nur in dieses Loch gekommen? Als ich dem Taxifahrer gesagt hatte, ich suchte ein nicht zu teures Hotel, hätte ich mich vielleicht genauer ausdrücken sollen. Andererseits war es insofern gut, als mich hier bestimmt niemand suchen würde, es sei denn, sie wären schon auf meiner Spur.

Ich meldete ein R-Gespräch an; wenn sie mithörten, dann war dies etwas, was sie hören sollten. Ephraim hatte gewollt, daß ich es verifizierte. »Sie müssen die Bestätigung haben, daß du in New York bist, wenn wir irgend etwas herausfinden wollen.« Als er es sagte, erschien es mir sinnvoll, aber im Moment begriff ich die Logik nicht. Ich konnte nur mechanisch die Nummer wählen.

Ihre Stimme war für mich wie eine Brise, die die dunkle Wolke von Schmerzen in meinem Kopf auflöste. Ich hätte nur immer ihre Stimme hören wollen. Für mich war es nicht so wichtig, was sie sagte. Ich konnte hören, daß sie müde war, bekümmert auch, weil ich nicht angerufen hatte. Sie klagte nur kurz, und als sie merkte, daß sie keine vollständige Erklärung erhalten würde, fragte sie: »Was also wirst du tun?«

»Ich werde einen Tag in New York bleiben und dann Dad besuchen.«

»Was hast du dort vor?«

»Weiß ich noch nicht. Vielleicht bekomme ich einen Job oder so. Mach dir keine Sorgen, es wird schon alles gut werden.«

»Sie kamen gestern mit dem Einberufungsbefehl für die Reserve.«

»Wer denn?«

»Ein Marineoffizier war dabei. Er übergab ihn mir persönlich.«

»Wirklich? Ich hab' noch nie gehört, daß sie das so machen.«

»Ich hab' ihnen erzählt, daß du im Ausland bist. Sie wollten mir zuerst nicht glauben.«

»Was haben sie gesagt?«

»Sie fragten, wie du hättest gehen können, ohne eine Freistellung von ihnen bekommen zu haben.«

»Ich habe doch die Freistellung von ihnen. Die verdammten Bürokraten, da weiß die Linke nicht, was die Rechte tut.«

»Hast du deinen Vater schon angerufen?«

»Nein, das werd' ich jetzt gleich tun.«

»Hoffentlich ist er zu Hause. Vielleicht ist er nicht in der Stadt oder so. Was machst du dann?«

Ich spürte, daß sie immer weiterreden wollte, wie ich auch. »Mach dir keine Sorgen, es wird alles gut«, log ich. Im Moment sah es gar nicht danach aus.

Plötzlich wollte ich die Unterhaltung beenden. Ich fürchtete, daß ich etwas sagen könnte, was alles für sie noch schwerer machen würde. Damit konnte ich jetzt nicht umgehen. Ich versprach ihr, am nächsten Tag wieder anzurufen.

Nach einer heißen Dusche und dem Frühstück war ich startbereit. Ich rief in der Rezeption an, sagte, daß ich das Zimmer für mehrere Tage mieten wolle, und bestellte ein Taxi.

In weniger als einer halben Stunde war ich am UNO-Hochhaus. Von dort aus ging ich zu Fuß zum PLO-Büro. Ich wußte, daß ich den größten Teil der Strecke mit der U-Bahn fahren und für das letzte Stück ein Taxi nehmen konnte, aber dann würde ich mit großer Wahrscheinlichkeit meine eventuellen Beschatter verlieren. Und dann würden wir glauben, daß wir sauber wären, weil mein Besuch im PLO-Büro nicht gemeldet würde. Doch dieses falsche Gefühl der Sicherheit könnte uns in Zukunft nur noch größere Schwierigkeiten bereiten.

Die Sonne war hervorgekommen, und es schien ein schöner Tag zu werden, für New Yorker Verhältnisse natürlich. Die Luft war immer noch recht kühl, was die Stadt angenehm frisch machte.

Ich wußte, was von mir erwartet wurde, und wollte keinen Fehler begehen. Dies war etwas, was ich tun mußte, und ich wollte es schnell hinter mich bringen. Ich fand das PLO-Büro und ging in ein kleines Café auf der anderen Straßenseite. Ich mußte mir Zeit nehmen. Für den Fall, daß die Bewacher ein wenig zurückgeblieben waren, mußten sie Zeit gewinnen, um mich einzuholen und Stellung zu beziehen, damit sie genau verfolgen konnten, was passierte.

Nach einem zweiten Kaffee und einem sehr guten Croissant ging ich langsam über die Straße. Ich war nervös. Ich hatte schon früher mit Palästinensern zu tun gehabt, aber immer aus einer Position der Stärke heraus, mit der ganzen Maschinerie der Armee oder des Mossad im Rücken. Heute war das anders. Es war möglich, daß ich den Mossad immer noch im Rücken hatte, aber aus ganz anderen Gründen. Und die PLO-Leute, die ich treffen würde, waren in keiner Weise meinem Willen oder meiner Macht unterworfen. Ich war nur mit Selbstvertrauen bewaffnet und mit der Hoffnung, daß alles gutgehen würde.

Im Empfang waren Broschüren und Poster ausgelegt, und die hellen Blau- und Grautöne gaben dem Ganzen eine geschmackvolle

Note. Der vordere Raum war leer; erst nach einigen Minuten trat ein großer, gutgekleideter Mann ein. Seine goldgeränderte Brille war etwas heruntergerutscht, so daß er mich über seine Brillenränder hinweg musterte. Er war etwa 1,80 Meter groß und recht stark gebaut. Sein schwarzer Anzug war maßgeschneidert, und er roch nach einem teuren Rasierwasser. Ich fühlte mich in meinen Jeans und der Lederjacke etwas deplaziert.

»Kann ich Ihnen helfen, mein Herr?« Er hatte eine tiefe, freundliche Stimme ohne jeden Akzent.

»Ich würde gerne mit einem Verantwortlichen sprechen, bitte.«

»Der bin ich. Mein Name ist Yasin. Was kann ich für Sie tun?«

»Gut. Können wir hier offen reden?«

»Das kommt darauf an, was Sie zu sagen haben. Ich bin sicher, daß mehr Leute in diesem Raum zuhören, als anwesend sind«, meinte er lächelnd.

Ich holte meinen israelischen Paß aus der Tasche und reichte ihn ihm. »Ich frage mich, ob Sie mit mir einen Kaffee trinken möchten«, sagte ich. »Hier gegenüber gibt es ein nettes kleines Café.«

Er schien leicht überrascht, als er den Paß durchblätterte. Dann gab er ihn mir lächelnd zurück. »Tatsächlich«, sagte er, »wollte ich gerade gehen. Etwas weiter unten gibt es ein noch hübscheres Plätzchen. Möchten Sie mitkommen?«

»Mit Vergnügen«, lächelte ich in bester Laune. Ich hatte einen Kontakt gemacht, und falls der Mossad mich beobachtete, würde er mich mit einem Mann zusammen sehen, der ihnen bestimmt nicht unbekannt war. Wir würden mit Sicherheit sehr schnell erfahren, was los war.

»Ich hole nur rasch meinen Mantel«, sagte der kräftig gebaute Mann und verschwand am Ende des Korridors. Ich schaute durch das Fenster auf die Straße hinaus. Obwohl sie nicht sehr belebt war, konnte ich nirgends die Spur einer Beschattung entdecken. Ich hatte keinen Zweifel, daß die Amerikaner diesen Ort überwachten – der FBI und wahrscheinlich auch die städtische Polizei –, um jede von hier ausgehende subversive Aktivität kontrollieren und gleichzeitig Angriffe auf das Büro abwehren zu können.

Mich beunruhigte nur, daß sie von mir und dem PLO-Mann ein Foto machen und es an den Mossad schicken könnten. Dann würde ich wirklich im Dreck stecken. Obwohl Ephraim mir erklärt hatte, daß dieser Aspekt der Operation abgesichert sei, wußte ich doch, daß es dafür keine absolute Gewähr geben konnte.

Von nun an gab es kein Zurück mehr für mich, und ich war froh, daß ich diesen Punkt überschritten hatte. Jetzt begann wieder das Leben.

Auf dem Weg zu dem kleinen Restaurant, das einen Block entfernt war, sprachen wir nicht miteinander. Der Raum war schwach beleuchtet und hätte aus einem B-Film mit Bogart sein können. Ich bestellte einen Kaffee, und er auch. Ich hatte den Eindruck, daß er diese Zusammenkunft schnellstmöglich hinter sich bringen wollte.

»Worüber also wollen Sie sprechen?«

»Wie Sie wissen, bin ich Israeli.«

Er nickte. »Was wünschen Sie?«

»Ich wollte Ihnen lediglich eine Warnung zukommen lassen.« Er hob leicht die Augenbrauen, wobei sein Blick härter wurde.

»Nichts Persönliches oder Dringliches, nur eine allgemeine Warnung.«

»In welcher Hinsicht?«

Ephraim hatte mich sehr deutlich darauf hingewiesen, daß ich nicht in die Details gehen, sondern nur die allgemeine Information und ein oder zwei Beispiele geben sollte, damit sie merkten, daß ich kein dahergelaufener Verrückter war.

»Es ist wichtig, daß Sie Ihren Spitzenleuten mitteilen, daß alles, was sie sagen, an jedem einzelnen Telefon, das sie benutzen, abgehört wird. Ich will Ihnen nur ein Beispiel geben. Als Ihre Leute vor dem Krieg im Libanon mit Felitsia Langer[1] sprachen, und zwar bis zur tatsächlichen Invasion, wurde alles aufgezeichnet. Ebenso die Gespräche zwischen Arafat und dem König von Saudi-Arabien während der Belagerung von Beirut sowie die Gespräche Arafats von Tripolis im Libanon mit Damaskus während der syrischen Belagerung von Tripolis. Und heute alle Gespräche, die mit wem auch immer von Tunis aus geführt werden.«

»Das wissen wir. Glauben Sie denn, daß wir Idioten sind? Wer sind Sie überhaupt?«

»Ich kann nur sagen, daß nicht jeder, der gegen Sie ist, auch Ihr

[1] Bekannte israelische Anwältin, die sich für die Rechte der Palästinenser einsetzt.

Feind ist. Es gibt Leute, die glauben, daß wir, auch wenn wir auf verschiedenen Seiten der Barrikaden stehen, in Frieden zusammenleben müssen, oder zumindest nebeneinander.«

»Schauen Sie, wir haben viele Feinde, und die verschiedenen Behörden dieses Landes greifen nach jedem Vorwand, um uns rauswerfen zu können und unsere Sache zu verunglimpfen. Ich muß diese Unterhaltung mit Ihnen aus diesem Grund beenden.«

»Ich verstehe. Nur eines müssen Sie noch wissen, daß Arafat nur in Tunis sicher ist.«

»Ihr Leute seid komisch«, lächelte er. »Ihr wißt mehr über uns als wir selbst; ihr kennt unsere Geschichte, unsere Sitten, unsere alltäglichen Gewohnheiten. Ihr könnt jeden Baum im palästinensischen Wald verorten, aber den Wald seht ihr nicht. Ihr könnt uns als Volk nicht verstehen, ihr versteht überhaupt nichts von uns.«

Es herrschte einige Sekunden Schweigen. Der Mann schaute mir direkt in die Augen, als ob er ein Puzzle lösen oder einen Weg aus einem dunklen Labyrinth finden wollte. »Ich kann Ihnen nur sagen, daß es viele Leute auf unserer Seite der Barrikade gibt, die dasselbe denken. Wir wollen in Frieden leben und ein freies Volk sein. Es gibt auch solche, die meinen, daß dies nur über die Leichen Ihres Volkes erreicht werden kann. Die meisten von uns meinen das nicht, aber wir werden immer zusammenhalten, um nicht von euch abgeschlachtet zu werden. Wir verlangen Respekt und einen Ort, den wir Heimat nennen können. Lassen Sie auch mich Ihnen eine Warnung geben. Es ist nichts Persönliches, aber etwas Dringliches, das sollten Sie mir glauben. Es wird eine Zeit kommen, und sie liegt nicht mehr fern, wo die Straße uns diktieren wird, was wir tun müssen, und die Extremisten werden unseren Platz einnehmen. Und dann werdet ihr nur noch mit eurer Klagemauer sprechen können. Wer immer Sie geschickt hat, sagen Sie ihm, daß es gilt, die Gelegenheit beim Schopfe zu packen.«

Er stand auf und streckte mir über den Tisch hinweg die Hand entgegen, während sein Gesicht immer noch wie eingefroren war. Ich stand auf, schüttelte ihm die Hand und bemerkte, daß ein kleines Lächeln auf sein Gesicht trat. Er nickte. »Sagen Sie ihnen«, fuhr er fort, »wenn sie erfahren wollen, wer wir wirklich sind, dann brauchen sie nur in den Spiegel zu schauen.« Er drehte sich um und ging hinaus.

Kapitel 11

Nachdem mein Gesprächspartner Yasin das Restaurant verlassen hatte, überkam mich eine merkwürdige Empfindung. Ich war zum ersten Mal mit einem PLO-Mann von Angesicht zu Angesicht und auf gleicher Ebene zusammen gewesen und hatte festgestellt, daß er ein netter Mensch war.

Als er draußen am Fenster vorbeiging, schaute ich ihm lange nach und sah ihn schließlich um die Ecke verschwinden.

Ich mußte noch etwa zwei Stunden die Zeit totschlagen, bevor ich den verabredeten Anruf machen konnte. Ephraim hatte berechnet, daß zwei Stunden mehr als genug Zeit wären. Wenn bis dahin im Mossad-Hauptquartier noch nicht die Alarmglocken geschrillt hatten, waren wir sicher.

Dies war ein entscheidender und gefährlicher Moment der Operation. Falls irgend etwas schiefging, würde man das gesamte Programm löschen. Ephraim würde wahrscheinlich in irgendeiner Gefängniszelle vermodern, und ich stünde ganz oben auf der Todesliste des Mossad.

Die Zeit schien stillzustehen. Unter normalen Umständen ist ein Mossad-Offizier, wenn er eine Operation durchgeführt hat, entweder auf dem Weg zum nächsten Job, wobei er sich fast beeilen muß, um rechtzeitig dorthinzugelangen, oder er geht in ein sicheres Haus zurück, wo er seinen Bericht schreibt oder seinem Vorgesetzten eine Schilderung des Vorgefallenen gibt. Mit Ausnahme der kurzen Zeit, in der sich ein Offizier auf dem Weg von oder zu einem Einsatz befindet, ist er kaum jemals allein.

Ich halte nichts vom Schaufensterbummeln. Warten war für mich immer eine Last. Ich hatte niemals die Geduld, die Zeit mit etwas anderem auszufüllen. Ich schlenderte vor mich hin und überlegte, womit ich mich zerstreuen könnte, während die Minuten im Schneckentempo vergingen.

Ich überlegte, meinen Vater in Nebraska anzurufen, aber dann entschied ich mich dagegen. Falls die Sache scheiterte, müßte er nicht auch noch mit hineingezogen werden. Ich würde ihn anrufen, wenn ich wußte, daß ich in Sicherheit war. Ich vertraute Ephraim, daß er das Richtige tun würde, und ich würde das machen, was ...

Meine Gedanken wurden abrupt unterbrochen. Auf der anderen Straßenseite lenkte ein Mann in einem langen schwarzen Mantel meine Aufmerksamkeit auf sich. Er stand bei einer Bude und strich geschäftig Senf auf seinen Hot dog. Ich hatte ihn schon zuvor in dem Restaurant gesehen, wo ich mit dem PLO-Mann gesessen hatte. Er hatte kurz nach uns den Raum betreten und im Hintergrund Platz genommen.

Er vermied auffällig, in meine Richtung zu schauen, woran man deutlich den Amateur erkennt. Ich trat auf dem Bürgersteig ein wenig zurück und stellte mich dichter an die Wand, von wo aus ich ihn beobachtete. Meiner Schätzung nach müßte er mit dem Hot dog schon begonnen haben, falls er ihn nicht nur mit Senf belud, um an der Bude Zeit zu gewinnen. Ich erinnerte mich, daß er nicht allein im Restaurant gewesen war, sondern mit einem zweiten Mann zusammen.

Ich begann, die Straße sorgfältig abzusuchen. Ich hielt nach seinem Partner Ausschau. Der Mann mit dem langem Mantel und dem Hot dog sah aus wie jemand aus dem Nahen Osten. Er könnte alles sein, ein New Yorker Bulle italienischer Abstammung bis hin zu einem syrischen Geheimdienstmann – und ebensogut ein Mossad-Mann.

Ich drehte mich langsam um und suchte weiter ganz beiläufig die Straße ab. Ich bemerkte einen Mann, der am Eingang eines Buchladens stand und eine kleine Tasche in der Hand hielt. Er starrte mich durch die Spiegelung des Schaufensters an. Der Mann stand in weniger als drei Meter Entfernung. Seine Gegenwart traf mich wie ein Schlag; so nahe hatte ich ihn nicht erwartet. Es war der zweite Mann aus dem Restaurant. Daß er so unprofessionell vorging, beleidigte mich auf merkwürdige Weise – er hielt die Spielregeln nicht ein. Ich nahm an, daß die beiden entweder Amateure waren oder einem kleineren Geheimdienst angehörten.

Ich ging in den Buchladen, direkt an ihm vorbei. Ich mußte herausfinden, für wen zum Teufel diese Clowns arbeiteten.

Ich blätterte einige Minuten lang in einem Buch und überlegte mir verschiedene Optionen. Das meiste, wofür ich ausgebildet war, kam in so einer Situation nicht in Frage, wie etwa der Ruf nach

Verstärkung oder eine Überwachungs-Ortungs-Übung[1]. Ich war allein. Ich war weder vor den örtlichen Behörden geschützt noch vor irgend jemandem sonst, der es auf mich abgesehen hatte.

Vom Buchladen aus sah ich, wie der Mann seinen Hot dog in den Abfalleimer warf und über die Straße gerannt kam. Der Mann an der Tür bewegte sich auf die Kreuzung zu, wo er seinen Partner erwartete. Sie sprachen einige Sekunden miteinander, dann zeigte der Langmantel auf die Buchhandlung. Der Mann mit der Tasche zeigte die Straße hinunter und zuckte mit den Schultern. Der Langmantel nickte und kam näher zur Ladentür, während der andere in die Richtung lief, in die er gerade gedeutet hatte.

Nicht zu fassen: Die Dummköpfe dachten sogar nach, allerdings nicht gut genug. Am liebsten wäre ich rausgegangen und hätte mit dem Langmantel gesprochen, ihn zurechtgewiesen und ihn das Ganze nochmals von vorne machen lassen. Es gab etwas in mir, was daraus einen Kick gezogen hätte. Jetzt war allerdings weder die Zeit noch der Ort, so etwas zu tun; denn schließlich wollten sie mich aus dem einen oder anderen Grund mattsetzen. Man braucht kein Genie zu sein, um jemanden zu töten. Ich mußte mich konzentrieren und zu einem Entschluß kommen, denn schließlich hatte ich nicht den ganzen Tag Zeit. Ich hoffte nur, daß die beiden nicht nur exotische Lockvögel waren, auf die ich hereinfallen sollte.

Ich wußte mit Sicherheit, daß sie mich seit dem Betreten des Restaurants beschatteten, wahrscheinlich waren sie mir sogar schon seit Verlassen des PLO-Büros auf der Spur. Plötzlich verging die Zeit rasend schnell. Mir blieb nur noch eine Stunde, bis ich anrufen mußte, und bis dahin hatte ich einiges in Erfahrung zu bringen.

Der Plan kam mir blitzartig. Ich verließ den Buchladen und ging zehn Minuten lang ganz langsam in südliche Richtung und hielt gelegentlich vor einem Schaufenster, um sicherzugehen, daß ich die Spaßvögel nicht verlor. Bei der 47. Straße bog ich schnell ab und verschwand im ersten Geschäft. Es war ein großer Discountladen

[1] Im voraus geplante Aktivität, bei der Leute eines Sicherheitsteams an einer vorher festgelegten Route plaziert werden. Sobald ein Offizier eine Beschattung feststellt, ruft er sein Surveillance-Team herbei, das Position bezieht. Dann läuft der Offizier das Testgebiet ab, wobei die Beschatter verifiziert und identifiziert werden.

für Elektronik. Ich war jetzt außer Sichtweite. Wenn es mehr als die beiden gab, dann hatte meine konstante Bewegung in eine Richtung sie – operativ gesprochen – eingeschläfert und wie in einer Kette hinter mir aufgereiht. Es gab eine kleine Chance, daß einer von ihnen mich überholt hatte, aber die war sehr gering. Eigentlich glaubte ich nicht, daß es mehr als die beiden waren, die ich gesehen hatte. Jetzt war ich für den nächsten Schritt bereit.

Ich wartete, bis der Mann mit der Tasche am Laden vorbeiging und feststellte, daß er mich verloren hatte. Er schaute nach allen Seiten, bis sein Freund mit dem langen Mantel anlangte. Sie starrten in den Elektronikladen, konnten mich aber nicht sehen. Wie ich vorausgesehen hatte, schickte der Langmantel seinen Freund die Straße hinunter, um mich zu suchen, während er in die andere Richtung ging. Ich hatte sie geteilt.

Ich kam aus dem Laden. Der Langmantel drehte mir den Rücken zu, und der andere war gerade in einen Laden gegangen. Ich lief schnell, passierte den Typ mit dem Mantel an der Kreuzung und lief auf der 40. Straße Richtung Westen. Wenn er mich nicht verlieren wollte, mußte er mir allein folgen. Und das tat er auch.

Ich bin nur einmal in meinem Leben zum Fischen gegangen, und das war mit meinem Vater während eines Kurzbesuchs in den USA – damals hatte mein Vater den Fisch gefangen. Aber jetzt hatte ich das Vergnügen zu sehen, wie der Fisch den Köder schnappte, und ich zog die Leine langsam an.

Wir gingen weitere fünf Minuten in eine Richtung. Ich wollte die Distanz zwischen ihm und seinem Partner so groß wie möglich machen. Wir waren beinahe am Port Authority Bus-Terminal, mit seinen zahllosen Sexshops und Peepshows nicht gerade das beste Viertel. Das Terrain eignete sich gut für meine Absicht, und ich bereitete mich auf mein zweites Verschwinden vor.

An der Ecke 7. Avenue und 41. Straße hielt ich abrupt am Fußgängerübergang. Ich wollte sicher sein, daß der Langmantel immer noch hinter mir war. Glücklicherweise war ich etwas zur Seite getreten, sonst wäre der Fisch mit mir zusammengestoßen. Was operativen Schlaf angeht, war dieser Mann geradezu ein Witz. Er war ein Amateur, wie ich nie einen erlebt habe. Aber er wußte, was er wollte.

Selbst die zurückgebliebensten Geheimdienste im Nahen Osten

hatten das Privileg, grundlegende Überwachungstechniken entweder von den Franzosen, den Amerikanern oder den Russen lernen zu können – ganz zu schweigen von denen, die wir zu unserer Zeit ausgebildet hatten. Dieser Typ war ein Privater[1], und er hatte wohl seine Ausbildung durch Fernsehfilme oder billige Taschenbücher erhalten.

Es paßte mir nicht, es mit Amateuren zu tun zu haben; sie sind unberechenbar. Profis wären mir lieber gewesen – zumindest spielt bei ihnen nichts Persönliches mit. Man fühlt sich viel besser, wenn man weiß, daß derjenige, mit dem man es zu tun hat, hinter etwas Bestimmtem her ist und einen in Ruhe läßt, sobald er es bekommen hat. Sollte es deine Liquidierung sein, worauf er aus ist, dann wird sie zumindest schnell und sauber erledigt.

Es wurde grün, und ich überquerte die Straße, mit meinem Beschatter dicht hinter mir. Bei der ersten Querstraße bog ich scharf links ein und dann wieder rechts. Ich stand vor dem Eingang eines Sexshops, wartete, bis mein Schatten an der Ecke aufgetaucht war und mich gesehen hatte, und betrat dann den Laden.

Ich wußte, daß er ein paar Minuten draußen stehenbleiben würde, bevor er hereinkäme. So gewann er Zeit nachzudenken, denn schließlich war er allein.

In einer Vitrine, die auch als Verkaufstisch diente, sah ich eine große Auswahl von merkwürdigen Sex-Utensilien, von seltsamen Nachbildungen des männlichen Geschlechtsorgans bis zu stachligen Kondomen. In der Ecke des Kastens lagen silberne Handschellen. Ich kaufte mehrere Metallmarken und die Handschellen; der Mann gab mir das Wechselgeld raus und wandte sich glücklich wieder seinem Magazin zu. Ich ging nach hinten, wo ein rotes Neonlicht »Filme« ankündigte, und durchquerte einen langen schwach erleuchteten Korridor, an dem zu beiden Seiten wie in einer öffentlichen Badeanstalt kleine Kabinen lagen. Jede Kabine hatte eine Nummer und ein gerahmtes Bild neben der Tür, auf dem eine Szene aus dem drinnen gezeigten Film abgebildet war.

Ich lief so, daß mein Schatten glauben mußte, daß ich mich dort auskannte und daher vielleicht den Hinterausgang benutzen oder drinnen jemanden treffen würde. Er mußte mir also folgen. Ich

[1] Jemand, der nicht von einem professionellen Geheimdienst ausgebildet ist und auch keinem angehört.

betrat die Kabine am Ende des Ganges und verriegelte die Tür. Ich warf eine Metallmarke ein und drückte auf den Startknopf. Die Kabine war nicht größer als eine Toilette, und in der Ecke stand ein kleiner dreibeiniger Stuhl. Die Wände waren schwarz gestrichen, und gegenüber der Tür war in etwa 1,50 Meter Höhe ein Bildschirm in die Wand eingelassen. Es gab keine Knöpfe an dem Gerät, und auch der Ton ließ sich nicht regulieren. Der Film begann mit einem flotten Dreier. Der Mann war sehr gut bestückt, was die beiden Frauen zu beeindrucken schien – ihr Stöhnen war jedenfalls recht laut. Ich schaute mir den kleinen Raum genauer an; ich suchte nach einer Ritze, durch die ich beobachten konnte, was mein Freund vorhatte. Die Sperrholzwand hatte an einer Fuge ein kleines Loch, wo ein Nagel herausgefallen war.

Ich stellte mich auf den Stuhl und blickte hinaus – gerade im rechten Augenblick. Ich sah den Langmantel herumschauen und bis nach hinten durchgehen; als er bemerkte, daß es keinen rückwärtigen Ausgang gab, probierte er die Tür mir gegenüber. Da sie besetzt war, probierte er meine Kabine und ging schließlich in die Kabine schräg gegenüber. Ich konnte sehen, daß er die Tür einen Spalt offenließ, um den Korridor im Auge behalten zu können. Ich mußte zugeben, für einen Anfänger war das nicht dumm.

Ich wartete ein paar Minuten, bis er es sich bequem gemacht hatte. Dann öffnete ich meine Tür, ging hinaus und stellte mich so hin, daß er mich nicht sehen konnte. Ich schloß die Tür hinter mir, in der rechten Faust hatte ich die Metallmarken. Ich war allein im Gang, aber ich mußte mich beeilen – jeden Augenblick konnte jemand den Korridor herunterkommen oder eine Kabine verlassen. Ich ging hinüber, packte den Griff seiner Tür und riß sie auf. Ich merkte, wie er losließ und gleichzeitig die Balance verlor. Es schien, daß er hinter der Tür gehockt und auf den Korridor gestarrt hatte und nun völlig überrascht war.

Es gab keine Möglichkeit, rücksichtsvoll mit ihm umzugehen, denn ich hatte weder eine Knarre noch sonst eine Waffe dabei, um ihm den Ernst der Lage klarmachen zu können. Ich stieg über ihn in die Kabine und schloß die Tür hinter uns. Ich hämmerte ihm meine Faust mit den Metallmarken auf den Schädel, bevor er etwas sagen konnte. Mein schnelles Handeln hatte den gewünschten Überraschungseffekt. Er kniete im Schock vor dem dunklen Bildschirm.

Ich verriegelte die Tür, nahm seinen Arm und drehte ihn ihm auf den Rücken, drückte sein Gesicht gegen den Bildschirm und mein Knie in sein Kreuz. So hatte ich ihn völlig im Griff.

Ich warf eine Metallmarke in den Schlitz unter dem Bildschirm und drückte den roten Knopf. Der Film begann augenblicklich, man konnte aber kaum etwas davon sehen, weil der Kopf meines Freundes das meiste verdeckte. Er bewegte sich nicht. Er hätte auch nicht viel machen können, selbst wenn er gewollt hätte. Das alles war ihm viel zu schnell gegangen. Ich beugte mich an sein Ohr, damit er mich bei dem lauten Stöhnen der Frau mit dem dicken Busen auf dem Bildschirm besser verstehen konnte.

»Wie heißt du?«

Der Mann schwieg. Ich sah, daß er seine Augen in Erwartung eines Schlages fest schloß.

»Du kannst deine Augen ruhig zumachen, Arschloch, aber deine Ohren sind offen. Ich frage dich ein letztes Mal, wie ist dein Name?«

»Marvin.« Seine Stimme zitterte.

»Für wen arbeitest du, Marvin?«

»Für niemanden. Ich arbeite für niemanden.«

»Warum folgst du mir, Marvin?« Ich sprach mit leiser, beinahe freundlicher Stimme.

Er versuchte den Kopf zu drehen, um mich zu sehen, aber ich bog seinen Arm noch höher hinauf, so daß er fast brach; der Mann gab ein Stöhnen von sich.

»Für wen arbeitest du, Marvin?«

»Ich habe dir gesagt, für niemanden. Ich bin Detektiv. Ich bin hinter einem Fall her.«

»Was für einem Fall?«

»Kann ich dir nicht sagen. Das ist geheim. Laß meinen Arm los. Ich habe meine Rechte, das weißt du.«

Es wurde mir klar, daß er dachte, er sei von einem Polizisten geschnappt worden. Ich holte die Handschellen heraus und ließ eine davon um seine Hand hinter dem Rücken zuschnappen. Den freien Teil hielt ich in derselben Hand, mit der ich ihn an den Haaren packte. Wollte er seinen Arm herunternehmen, zog er dadurch sich selbst an den Haaren. Mit meiner freien Hand holte ich einen Kugelschreiber heraus.

»Möchtest du mein Autogramm haben, Marvin?«

»Was?«

»Ob du mein Autogramm möchtest.«

»Was soll ich mit deinem Autogramm?« Er versuchte aufzustehen, woraufhin ich mit dem Knie härter gegen seine Schultern drückte. Jetzt konnte ich den riesigen Schwarzen sehen, der die Frau auf dem kleinen Bildschirm bumste. Ihr Stöhnen wurde lauter. Jemand versuchte die Tür zu öffnen. Ich drückte seine Hand etwas stärker. Ich wollte aber nicht, daß er zu schreien anfing.

»Du brichst meine Hand, Mann, du brichst meine Hand. Laß bitte meine Hand los.«

»Dies ist ein Kugelschreiber, Marvin.« Ich sprach wieder mit monotoner Stimme, als ich ihm die Spitze gegen die Wange drückte. Die Frau mit dem dicken Busen bewegte sich noch schneller. »Ich werde dir den Schreiber langsam in dein Ohr drücken, bis ich dir mein Autogramm in dein Hirn schreiben kann. Denk mal drüber nach, Marvin.«

»Wovon sprichst du?« Panische Angst klang aus seiner Stimme, als er die Spitze in seinem Ohr fühlte. Ich wußte, daß er jetzt dachte, er hätte es mit einem Verrückten zu tun, der Lust daraus zog, ihm Schmerzen zuzufügen. »Was willst du? Was willst du von mir?«

»Du bist mir gefolgt, Marvin, und das habe ich wirklich nicht gerne. Ich möchte wissen, warum und wer dich geschickt hat.« Ich drückte den Stift etwas tiefer, wobei ich seine Hand eisern festhielt. In dem kleinen Raum wurde es heiß, und das machte mich nervös. Ich wollte eine Antwort, obwohl ich mir schon vorstellen konnte, mit wem ich es zu tun hatte.

»Ich habe es doch gesagt.« Seine Stimme war weinerlich. Ich konnte eine Träne über seine Wange rollen sehen, die im Licht des Fernsehers bläulich schimmerte. Die Frau erreichte ihren Höhepunkt, weshalb Marvin nur schwer zu verstehen war.

»Ich sagte dir doch, daß ich Detektiv bin.«

»Und ich will wissen, für wen du arbeitest. Hercule Poirot?« Ich drückte den Kuli tiefer hinein; noch ein paar Millimeter, und ich würde ihn ernsthaft verletzen.

»Laß mich los. Das kannst du nicht machen.«

Ich bewegte den Kuli, und der Mann stieß hart gegen den Bildschirm, als er versuchte, auszuweichen. Das rote Licht flakkerte, und eine Schrift forderte zum Bezahlen auf, was ich auch tat. Die Show mußte weitergehen. »Ich will es dir ganz deutlich sagen, Marvin. Wenn du nicht redest, ziehe ich den Kuli aus deinem anderen Ohr wieder raus, und trotzdem werd' ich von deinem Freund erfahren, was ich wissen will. Wahrscheinlich beantwortet er gerade jetzt meinen Freunden ein paar Fragen.«

Ich merkte, wie er nachdachte. Seine Augen waren vor Entsetzen weit aufgerissen. Jede Hoffnung, daß sein Freund ihn retten könnte, war geschwunden. Ihm wurde klar, daß ich mehr wußte als er. Er versuchte die Situation zu analysieren – doch daran war mir nicht gelegen. Ich mußte etwas tun, damit es schneller ging. Ich ließ den Kuli im Ohr stecken und hieb ihm kräftig eins über den Kopf. Das versetzte ihm, weil es völlig unerwartet kam, einen Schock. Als er sprechen wollte, zog ich ihm noch eins über.

»Ich bin von der JDL, verstehst du? Der Jewish Defense League. Wir beobachten die Büros der palästinensischen Verbrecher. Wir haben dich rauskommen sehen und dachten, daß du für sie arbeitest oder so was. Also wollten wir wissen ...«

»Was wolltet ihr wissen?«

»Wer du bist. Wer du, verdammt noch mal, bist. Wie konnten wir wissen, daß du ein Bulle bist.«

»Wer hat dich geschickt?«

»Der Rabbi. Er sagt uns, was wir tun müssen. Niemand kümmert sich darum, was mit uns passiert. Wir müssen selbst auf uns aufpassen. Die Juden müssen selbst auf sich aufpassen, sonst werden die Gojim sie ausrotten. Bist du Jude?«

»Nein«, antwortete ich.

»Also, dann weißt du auch nicht, daß die Palästinenser den Plan haben, alle Juden auszurotten. Und die amerikanische Regierung macht dabei mit.«

»Wovon zum Teufel redest du? Ich glaube, ich habe dich zu sehr auf den Kopf geschlagen.«

»Wir werden das nicht zulassen! Warte nur ab, dann wirst du sehen! Wir werden sie vorher alle umbringen!« Der Mann begann durchzudrehen. Ich lockerte ein wenig meinen Griff, stand auf und zog ihn am nach hinten gebogenen Arm hoch. Der Kuli steckte noch in seinem Ohr. Es gab nichts im Raum, woran ich ihn festbinden konnte. Und ich konnte ihn nicht bewußtlos zurücklassen, ohne

Gefahr zu laufen, daß er dabei draufging. Er war keine Bedrohung für mich, weshalb sein Tod überhaupt nicht in Betracht kam, ganz zu schweigen von der Sauerei, die es verursachen würde.

Ich zog den Kuli aus seinem Ohr und öffnete seinen Gürtel.

»Was machst du?«

»Ich ziehe dich aus, mein Junge.«

»Wozu?« Seine Stimme war voller Angst. »Was wirst du mit mir tun?«

»Nichts, wenn du dich gut benimmst. Knöpf jetzt deine Hosen auf, und laß sie fallen.«

Seine Hosen rutschten zu Boden. Nach fünf Minuten Gerangel war er splitternackt. Ich wickelte alle seine Sachen in seinen großen Mantel und klemmte mir das Bündel unter den Arm. Er lag auf den Knien mit dem Gesicht zum Bildschirm, seine Hände auf dem Rücken in Handschellen.

»Ich verlasse dich jetzt«, sagte ich und schob mehrere Metallmarken in den Schlitz. »Du hast noch zehn Minuten Unterhaltung, dann kannst du machen, was du willst.«

»Du kannst mich doch nicht so zurücklassen. Nimm bitte nicht alle Kleider mit. Bitte«, bettelte er. Im Raum war es sehr heiß, und trotzdem zitterte er. Ich befürchtete, daß er noch auf den Boden und meine Schuhe scheißen würde. Der Gestank, der jetzt schon von ihm ausging, reichte mir völlig.

»Entweder wir machen es so, oder ich bring' dich um. Du mußt verstehen, daß ich dich nicht mit mir zusammen rausgehen lassen kann. Was möchtest du lieber?«

Keine Antwort. Er schluchzte leise vor sich hin. Ich verließ die Kabine und schlug die Tür hinter mir zu. Ich hörte, wie er stöhnend zu Boden fiel. Ich hatte Mitleid mit dem Kerl. Dies war nicht die beste Umgebung, um splitternackt herumzulaufen. Aber ich wußte, daß ich das mit einem guten Mann nicht gemacht hätte. Ich haßte die JDL-Leute oder, wie sie von vielen genannt wurden, die Judeo-Nazis (irgendwie das größte Paradox unserer Zeit). Ich ging an dem Mann am Schalter vorbei und sagte zu ihm, ohne ihn anzuschauen: »In der Nummer vier ist ein Mann, der die Leute da hinten belästigt.« Der Mann starrte auf den geschlossenen Vorhang, der zu dem Korridor führte. Schon in der Tür sagte ich: »Er ist nackt und will bestraft werden oder so.«

Er stand nicht einmal auf – er durfte wohl seine Kasse unter keinen Umständen verlassen. Er griff lediglich nach dem Telefon. Niemand beachtete mich, als ich mich unter die Menge mischte, die während der Mittagszeit unterwegs war. Ich ließ das Kleiderbündel in die Hände eines Penners fallen, der in einem schmalen Gang zwischen zwei Backsteingebäuden saß. Seine glasigen Augen sahen nicht, was er da bekommen hatte. Langsam begann er das Bündel aufzurollen, und sobald er die Brieftasche fühlte, warf er alles in einen Einkaufswagen und verschwand in dem schmalen Gang.

Ich sprang auf einen Bus und war rechtzeitig am Chrysler Center, um meinen Anruf zu erledigen. In Israel war es Nachmittag; ich kam ohne Schwierigkeiten durch, und Ephraim war beinahe sofort am Apparat. Der Klang seiner Stimme war eine Erleichterung – etwas Vertrautes. Und die Tatsache, daß er am Apparat war, beantwortete alles. Erst in diesem Augenblick merkte ich, wie nervös ich wegen der möglichen Konsequenzen gewesen war, die ein Mißlingen in diesem frühen Stadium unserer Aktion mit sich gebracht hätte.

»Ich nehme an, du hast erledigt, was du zu tun hattest?« fragte er inquisitorisch. Er hatte wohl immer die Möglichkeit vor Augen gehabt, daß er nur deshalb nicht verhaftet worden war, weil ich mich nicht an unseren Plan gehalten hätte, und nicht etwa, weil ich nicht beschattet wurde.

»Hab' ich. Ich war in dem Büro und hab' den Mann getroffen, der dort arbeitet. Wir gingen dann einen Kaffee trinken, und ich überbrachte ihm die Botschaft.«

»Was hat er gesagt?« Obwohl das Telefon, an dem Ephraim sprach, sicher war und ich von einem zufällig gewählten Münztelefon aus sprach, wollten wir nichts aufs Spiel setzen.

»Er war von dem, was ich zu sagen hatte, nicht überrascht. Er wußte das alles, und sein Boß offenbar auch.«

»Hat er sonst etwas gesagt?«

»Daß wir wissen müssen, daß in seiner Firma auch viele Leute so denken wie wir, daß aber die Zeit für Geschäfte bald ablaufen könnte. Er deutete an, daß der Markt dabei mitreden und es zu einer feindlichen Übernahme kommen könnte, und daß wir es mit Leuten zu tun bekämen, die uns vielleicht nicht gefielen.«

»Ich verstehe. So etwas hatte ich erwartet. Zumindest weiß er, daß es auch in unserer Firma Leute gibt, die Geschäfte machen wollen.« Ich spürte durchs Telefon, daß er lächelte. Er war offenbar genauso erleichtert wie ich. »Hast du Probleme gehabt?«

»Na ja, ich hatte einen Besucher, und es stellte sich heraus, daß er ein Mitglied dieser radikalen Gruppe hier war.«

»Von unseren Leuten?«

»So könnte man es nennen. Es waren Meirs Leute.« Ich bezog mich auf ihren Führer, den sogenannten Rabbi Meir Kahane.

»Du machst Witze.«

»Bestimmt nicht. Ich hab' sie abgeschüttelt. Es ist alles in Ordnung. Hat jemand von unseren Leuten was gesehen?«

»Offenbar nicht. Ich hab' herausgefunden, daß der Ort überhaupt nicht beobachtet wird. Und wenn jemand anders es tut, dann erzählt er uns nichts davon. Man sieht ihn als politischen Ort an, der uns nicht wirklich etwas angeht.«

»Ich vermute, das ist es, was diese Spinner von der JDL beobachten.«

»Okay, Victor. Jetzt mach dich unsichtbar. Verschwinde.« Und ganz langsam sagte Ephraim: »Du verstehst, was ich meine?«

»Ja.«

«Wirst du jemanden besuchen?«

»Ja. Ich werd' ihn gleich anrufen und morgen hinfliegen. Wann werd' ich wieder von dir hören oder dich sehen?«

»Hab Geduld. Es wird nicht lange dauern. Ich werd' dich dort anrufen. Denk dran, was ich dir gesagt habe. Du bleibst dort, bis ich dir sage, daß du aufbrechen sollst. Klar?«

»Ja, aber nenn mir eine ungefähre Zeit«, drängte ich. »Wenn ich auf Besuch fahre, brauche ich einen Zeitrahmen.«

»Kann ich dir nicht sagen.«

»Was? Tage, Wochen oder was?«

»Wohl nicht mehr als ein paar Wochen.«

»Das ist verdammt lange.«

»Wir haben verdammt viel zu tun. Ich ruf' dich dort an.«

»Und wenn ich dich anrufe, um zu erfahren, wie es läuft?«

Ephraim kannte die Bedeutung von Lebenszeichen für jemanden, der draußen in der Kälte sitzt. Die Tatsache, daß man irgendwo anrufen kann und nicht einfach sitzt und wartet, macht einen großen Unterschied. »Ruf an und hinterlaß eine Botschaft, wenn ich nicht hier bin. Die Botschaft, die wir verabredet haben.«

»Mach' ich.« Ephraim hatte aufgelegt. Ich war wieder allein in New York. In Israel war es Nacht. Ich fuhr in das Motel zurück. Ich spürte, wie die Taubheit, die durch die Aktivität des Nachmittags über mich gekommen war, allmählich verschwand.

Kapitel 12

Ich rief meinen Vater vom Motel aus an. Er war glücklich, mich zu hören, und überrascht, daß ich in New York war. Er bot mir an, das Flugticket zu bezahlen, damit ich ihn besuchen könnte (mein Vater möchte immer alles bezahlen und setzt sich auch oft genug damit durch). Ich sagte ihm, daß ich das Ticket selbst bezahlen könnte und am folgenden Tag in Omaha ankommen würde.

Ich war nicht sehr begeistert wegen dieses Besuchs. Da ich nicht wußte, wie mein Leben weitergehen sollte, und ihm auch nicht sagen konnte, wie lange ich bleiben würde, war ich in einer dummen Situation. Ich erklärte ihm, daß ich im Auftrag hier sei und auf den Anruf eines Freundes warten müsse, der auch mein Boß sei. Da ich Ex-Offizier der Royal Canadian Air Force und der Israeli Air Force war, wußte er, daß er nicht allzu viele Fragen stellen durfte.

Wenn mein Freund anriefe, wüßte ich, wohin ich als nächstes zu gehen hätte. Ich sagte ihm und seiner Frau Gigi auch, daß mein Freund bald nach Washington komme, und falls mein Besuch bei ihnen irgendwie problematisch sei, könne ich auch in Washington auf ihn warten. Ich merkte, wie ich mich dauernd rechtfertigte, obwohl es dafür keinen Grund gab.

Ich war niemals für längere Zeit mit meinem Vater zusammengewesen. Meine Eltern hatten sich getrennt, als ich fünf Jahre alt war. Dann hatte meine Mutter mich mit nach Israel genommen. Nicht so sehr deshalb, weil sie mich großziehen wollte, sie wollte eher verhindern, daß mein Vater es tat. Letztlich übernahmen dann meine Großeltern mütterlicherseits diese Aufgabe, was ihnen durch die Haltung meiner Mutter sehr erschwert wurde. In deren Haushalt benahm sie sich eher wie eine Schwester als wie eine Mutter. Sie wetteiferte beständig mit mir um die Zuneigung ihrer Eltern.

Es waren meine Großeltern, die in mir die Liebe zu Israel und zur zionistischen Bewegung weckten. Ich bekam von ihnen auch eine kräftige Portion vom jüdischen Glauben mit, wofür ich ihnen bis heute dankbar bin, obwohl sie keineswegs orthodoxe Juden waren.

Weil sie fürchteten, daß mein Vater mich in die Vereinigten Staaten holen würde, wenn er direkten Kontakt zu mir halte, sorgten sie dafür, daß es keine solche Verbindung gab. Jede Beziehung zu ihm wurde unterbunden, bis ich mit siebzehn einen an mich adressierten Brief fand, der in einer Schublade versteckt war, zusammen mit einem Scheck für den Unterhalt. Bis dahin war ich in dem Glauben aufgewachsen, daß er mit mir nichts zu tun haben wollte. Es ist heute schwer, das Ausmaß des Schmerzes zu ermessen, den mir diese Überzeugung über die Jahre verursachte. Ich kann auch nicht die Wut beschreiben, die ich empfand, als ich entdeckte, daß man mich getäuscht hatte und all die Jahre verloren waren.

Jahre später erfuhr ich, daß jeden Monat so ein Brief gekommen war. Als mein Vater feststellte, daß die Schecks eingelöst wurden, ohne daß er eine Antwort erhielt, wuchs in ihm die Überzeugung, daß ich nichts mit ihm zu tun haben wollte. Er konnte sich gar nicht vorstellen, daß mir seine Briefe vorenthalten worden waren.

Kurz nachdem ich den Brief gefunden hatte, rief ich ihn an. Und bevor ich zur Armee eingezogen wurde, besuchte ich ihn. Danach trafen wir uns regelmäßig jeweils für kurze Zeit, waren aber irgendwie nicht in der Lage, die Kluft zu überbrücken, die die Trennung verursacht hatte.

Bei diesem Besuch war mein Gefühl nicht viel anders. Ich spürte, wie enttäuscht er war, daß es ihm nicht gelang, mir nahezukommen. Und auch ich konnte keine Nähe zwischen uns herstellen. Wir waren wie zwei entgegengesetzte Magnetpole. Ich konnte mich nicht mit ihm hinsetzen und ihm die Wahrheit erzählen, so sehr ich es auch wollte und wohl auch hätte tun sollen.

Das ruhige, harmonische Leben, das mein Vater in einem wohlhabenden Viertel von Omaha führte, mit all den äußeren Zeichen einer Erfolgsstory und der Heiterkeit eines Menschen, für den der amerikanische Traum wahr geworden war, verstärkte nur mein Gefühl der Frustration, da ich von meiner Familie getrennt war und nur an einem dünnen Faden über dem Abgrund hing.

Dienstag, den 8. April 1986
Omaha

An der Promenade rief ich Ephraim von einem Münztelefon aus an. Ich war seit einer Woche in der Stadt und hatte nichts von ihm gehört. Ich hatte es so lange wie möglich hinausgezögert, bis es einfach nicht mehr anders ging.

»Ich bin froh, daß du anrufst«, sagte er. »Ich hab' was für dich zu tun.«

»Warum hast du mich dann nicht angerufen?«

»Das wollte ich gerade. Ich möchte, daß du einen Mann in New York anrufst.«

»Kenne ich ihn?«

»Ich glaub', nicht. Er heißt Avraham Bar-Am. Er ist ein Brigadegeneral der Reserve.«

»Einer von deinen Freunden?«

»Keineswegs. Der Hurensohn versucht, Waffen an die Iraner zu verkaufen. Der Mann hat die Namen seiner Kontakte an uns weitergegeben und wartet nun auf die Bestätigung. Er hat sogar einen von ihnen vor einiger Zeit hierhergebracht.«

»Was soll ich tun?«

»Du sollst ihn in New York anrufen und ihm sagen, daß alles genehmigt ist. Vielleicht zeichnet er den Anruf auf, faß dich also kurz.«

Das hörte sich nicht gut an. Es schien mir, als sollte ich weiter für den Mossad die Arbeit machen, anstatt diesen Bastarden das Handwerk zu legen. Ich hatte das deutliche Gefühl, daß Ephraim mich für andere Dinge benutzte, im Sinne von: »Da du nun schon mal da bist...«

Aber er stellte meine Verbindung zum Leben dar. Und er gab den Jahren, die ich für den Mossad hingegeben hatte, wieder einen Sinn. Noch wichtiger war, daß er mich in die Lage versetzte, meinen Wunsch nach Rache zu befriedigen. Ich habe Ephraim nie wirklich mögen oder als Freund betrachten können, mir war immer klar, daß ich ihn ebensosehr benutzte, wie er mich.

»Was meinst du mit: ›Es ist alles genehmigt‹?« fragte ich. Wenn dem so ist, warum ruft ihr den Mann nicht selbst an?«

»Er kennt mich; es ist eine Falle. Das Büro hat das eingefädelt. Ich habe den Kontakt für ihn hergestellt. Heute habe ich erfahren, daß der Kontakt vom FBI umgedreht wurde und jetzt ein Informant ist. Er hat schon vorher für den CIA gearbeitet.«

»Warum warnt ihr also nicht diesen Mann, diesen Avraham?«

»Das wäre für unser Vorhaben nicht günstig.«

»Wieso nicht?«

»Ich möchte, daß sie ihn erwischen. Das wird für das Büro ein empfindlicher Schlag sein. Wenn sie versuchen ihm zu helfen, stehen sie in den Augen der Amerikaner schlecht da, und wenn sie ihn am ausgestreckten Arm verhungern lassen, dann wird er zweifellos singen und sie mit hineinziehen. Und da es auf meinen Anruf ankommt, werde ich ihn hängen lassen.«

»Ich verstehe. Das habe ich wohl auch von dir zu erwarten, wenn es an der Zeit ist.«

»Sei nicht albern. Das ist was anderes. Dem Mann geht es nur ums Geld, und er hat seine Strafe verdient.«

»Okay«, sagte ich.

Es herrschte einen Augenblick Schweigen. Dann sagte Ephraim mit rauher Stimme: »Ruf ihn an, und sag ihm, daß du ein Freund bist und daß die Verbindung klar ist. Er soll wie geplant vorgehen.« Er gab mir die Telefonnummer und weitere Informationen, die ich vielleicht benötigte. »Ich werde dich bald anrufen.«

Ich hängte ein, dachte einige Sekunden nach, was zu tun sei, nahm dann wieder den Hörer ab und wählte.

Es klingelte mehrmals, bevor jemand an den Apparat ging. Es war die Stimme einer Frau. »Ja?«

»Kann ich Avraham sprechen?«

»Wer sind Sie?«

»Ein Freund von ihm.«

»Kann ich Ihren Namen haben?«

»Nein, ich bin einfach ein Freund mit einer Antwort.«

Sie sagte nichts. Nach ein paar Sekunden gab es ein Klicken in der Leitung. »Hallo?«

»Avraham?«

»Ja, mit wem spreche ich?«

»Ich bin ein Freund mit einer Botschaft.«

»Und die wäre?«

Ich wechselte ins Hebräische. »Ich habe eine Botschaft für Sie von Ihren Freunden. Sie sagen, daß die von Ihnen vorgelegten Kontakte gecheckt sind und daß Sie grünes Licht haben.«

»Sind Sie sicher?«

»Ich bin nur der Bote. Es ist nicht der Laden meines Vaters. Machen Sie, was Sie wollen.«

»Danke.«

Ich legte auf. Ich schwitzte. Ich wußte, daß er in eine Falle gehen würde. Ich verspürte das Bedürfnis, ihn noch mal anzurufen und zu sagen, daß alles ein Schwindel sei. Doch dann ließ ich es.

Ich fuhr nach Hause und ging in mein Zimmer. Es war nicht wirklich mein Zimmer; es gehörte meinem Halbbruder Mike, aber er war zur Zeit nicht da. Der Hausmeister hatte seinen freien Tag, und sowohl mein Vater als auch Gigi waren weg. Ich saß da und glotzte auf die tonlosen Bilder des Fernsehers.

Am 23. April 1986 wurden zwölf Leute bei dem Versuch, Waffen in den Iran zu verkaufen, vom FBI in einer Blitzoperation verhaftet. Die Story ging unter in der Aufregung über die Bombardierung Libyens durch die Amerikaner und den Reaktorunfall in Tschernobyl im selben Monat. Ich hörte, daß General Bar-Am sich für nicht schuldig erklärte und die Dokumente vorlegte, die ihn autorisiert hätten, das Geschäft im Namen der israelischen Militärindustrie zu tätigen. Die offizielle Antwort der Israelis war, daß der Mann ein Lügner sei und daß solche Dokumente, wie er sie vorgelegt hatte, unterschiedslos an jeden ausgegeben würden, der mit Waffen handeln wolle. Sie fügten hinzu, daß ihn ein solches Dokument nicht dazu berechtige, die Transaktion zu Ende zu führen, sondern daß er damit nur als Verkaufsvertreter auftreten könne. Kurz und gut, man ließ den Mann am ausgestreckten Arm verhungern. Aber der Mossad wurde dadurch nicht erschüttert, und das Ende des Tunnels war nicht in Sicht.

Ich habe jedoch den Verdacht, daß dies nur ein Teil eines größeren Plans von Ephraim und seiner Clique war. Ich wußte, daß Ephraims Draht zur Macht Amiram Nir war, der Berater des Premierministers in Sachen Terrorismus. Während diese schmutzige Affäre mit Avraham stattfand, reiste Nir mit einer von Reagan signierten Bibel ohne Wissen des Mossad oder des CIA nach Teheran in einer Angelegenheit, die später als Iran-Contra-Affäre bekannt wurde. Den General als Sündenbock zu benutzen, um den amerikanischen Geheimdienst ruhigzustellen, war eine geniale Idee; das lenkte von Nirs geheimen Geschäften ab, und da der CIA der einzige Kontakt des Mossad in dieser Sache war, bedeutete es, daß der Mossad genauso im dunkeln tappte wie der CIA auch.

Die Telefongespräche mit Bella wurden immer bedrückender; sie wollte endlich wissen, wie es weitergehen sollte. Ich konnte sie nicht darüber aufklären, was vor sich ging, und mußte deshalb eine spezielle Geschichte für sie erfinden. Ich erzählte ihr, daß ich weiter nach einem Job suche und einen Plan habe, den ich einem Freund meines Vaters unterbreiten wolle. Der fragliche Freund war der Besitzer einer Reiseagentur, die in Omaha ansässig war.

Ich hatte tatsächlich mit dem Mann gesprochen. Meine Idee war, den Leuten Schutz vor Flugzeugentführungen anzubieten. Ich schlug eine Aufstellung mehrerer Teams vor, die zwischen den größeren Flughäfen pendeln und auf besonderen Routen die Flüge begleiten und sichern sollten. Ich würde die Teams ausbilden und den Flugplan ausarbeiten.

Das hörte sich großartig an, aber ich hatte das deutliche Gefühl, daß der Freund meines Vaters nur scheinbar darauf einging, um meinem Vater einen Gefallen zu tun. Ich glaubte nicht, daß etwas dabei herauskommen würde, aber als Geschichte für Bella kam es mir gelegen, und auch alle anderen konnte ich damit vom wahren Grund meines Besuchs ablenken.

Es gab etwas, das ich nicht in Betracht gezogen hatte, und das war ein Fehler. Ich hatte Bella immer für jemanden gehalten, der nie irgendwelche Informationen über uns weitergeben würde, einfach deshalb, weil sie eine sehr verschlossene Frau war, die glaubte, je weniger irgend jemand über uns wüßte, um so besser für uns. Sie hielt unsere kleine Familie für das Zentrum des Universums, und es war beinahe unmöglich, etwas aus ihr herauszubekommen, wenn sie es nicht sagen wollte, und das war selten genug der Fall. Ich hätte daran denken müssen, daß auch sie durch einen schaurigen dunklen Tunnel lief, und ihr Tunnel war vielleicht noch düsterer und erschreckender. Zumindest hatte ich den Vorteil, daß ich wußte, worum es ging, oder es zumindest zu wissen glaubte. Sie war von mir abgeschnitten und wußte dennoch, daß irgend etwas nicht so war, wie es sein sollte, und daß mehr dahintersteckte, als ich zugab.

Eines Tages rief sie in Omaha an. Gigi, die Frau meines Vaters, war am Apparat. Sie waren immer gut miteinander ausgekommen und fingen eine Unterhaltung an. Bella, die glaubte, jeder in Omaha wüßte, daß ich meinen früheren Job verloren hatte und ich wirklich eine neue Arbeit suchte, äußerte etwas in die Richtung und fragte Gigi, wie die Dinge liefen. Ich hatte Bella nie gesagt, daß sie das nicht fragen solle und daß nicht alle hier über meine Situation Bescheid wüßten. Jedenfalls waren beide Frauen völlig überrascht.

Ich war im Einkaufszentrum gewesen, von wo ich Ephraim angerufen hatte, um ihm mitzuteilen, daß ich es satt habe, und wenn er nicht in Bewegung käme, dann würde ich etwas tun. Ich erreichte Ephraim nicht, aber es gab die Nachricht für mich, daß ich ihn in zwei Tagen in Washington treffen sollte. Er würde mich in einem etwas abseits gelegenen Hotel erwarten, dem Holiday Inn in Silver Spring in Maryland.

Wieder zu Hause, erhielt ich einen Anruf von Bella. Sie war wütend, aber auch besorgt; sie erzählte mir von ihrer Unterhaltung mit Gigi und daß mein Geheimnis gelüftet sei. Sie verlangte eine Erklärung und fing an zu weinen. Die schwache Hoffnung, die ich bezüglich unserer Zukunft in ihr geweckt hatte, war wieder dahin. Ich versuchte es ihr zu erklären, und gleichzeitig überlegte ich, was ich tun sollte. Ich wußte, wenn ich Gigi gegenüberträte, würde sie nicht mehr die angenehme, zuvorkommende Gastgeberin sein. Mein Vater würde wahrscheinlich zornig reagieren, weil ich ihn getäuscht hatte. Er nahm an – und ich hatte ihn in dem Glauben gelassen –, daß ich immer noch für irgend jemanden in Israel arbeitete und auf den Anruf eines Kollegen wartete, der in die Vereinigten Staaten kommen wollte. Dieser Situation wäre ich lieber aus dem Weg gegangen. Und ich konnte nicht viel zur Aufklärung beitragen. Der einzige Trost war die Botschaft, die Ephraim mir hinterlassen hatte: Die Dinge schienen tatsächlich in Bewegung zu kommen.

Ich riß mich zusammen. »Ich kann dir jetzt nichts dazu sagen. Du mußt mir einfach glauben, dieses eine Mal noch, bitte.«

»Aber wie kann ich das? Was soll ich denn tun? Wenn ich nur in Schlaf versinken könnte, bis dies alles vorbei ist, was immer es sein mag.«

»Glaub mir bitte, es wird schon alles wieder werden. Ich reise morgen ab und rufe dich an, wenn ich angekommen bin, okay?«

»Ich weiß, daß dies das Ende ist«, sagte sie mit unendlich trauriger Stimme. »Ich werde dich nie wiedersehen, nicht?«

»Sag doch so was nicht. Wovon redest du denn?« Tief in meinem Innern hatte ich das Gefühl, daß sie recht haben könnte. Die Wahrscheinlichkeit war sehr groß, daß es aus der Sache, in die Ephraim mich hineinziehen wollte, keinen Ausweg mehr gab. Ich wußte von ein paar Leuten, die dem Mossad in die Quere gekommen waren und jetzt in unbekannten Gefängniszellen von Hochsicherheitstrakten eingesperrt waren – lebende Leichen ohne Namen. Und es gab andere, Glücklichere, die von Kugeln durchsiebt oder von einer versteckten Bombe zerrissen worden waren. Ob Bella wohl jemals erfahren würde, wie ich zu Tode gekommen war? Oder würde man sie im Ungewissen lassen, damit sie glaubte, daß ich es vorgezogen hatte zu verschwinden und irgendwo noch lebte?

Dieser Gedanke war unerträglich. Tränen liefen über mein Gesicht, und ich versuchte, meine Stimme zu kontrollieren. »Das ist nicht wahr. Wir werden uns schneller wiedersehen, als du dir vorstellen kannst.« Das muß überzeugend geklungen haben, denn sie wirkte etwas erleichtert.

»Was wirst du denn jetzt tun, da sie über dich Bescheid wissen?«

»Daran kann ich nicht viel ändern. Ich muß mich darauf einstellen und so schnell wie möglich von hier verschwinden.«

Mein Vater kam herein, als ich auflegte. Wir redeten kurz miteinander, und ich sah seinem Gesicht an, daß er nicht richtig wußte, wie er mit dieser Situation umgehen sollte. Einerseits konnte er nicht verstehen, warum ich ihn belogen hatte, und andererseits hatte ich ihn vor seiner Frau bloßgestellt.

Es war uns beiden klar, daß es für alle Beteiligten das Beste wäre, wenn ich möglichst schnell verschwand. Er brachte mich zum Flughafen, sobald ich meine Sachen zusammengepackt hatte. Er drückte mir tausend Dollar in die Hand und sagte mit brüchiger Stimme, was auch passiere, er sei mein Vater und liebe mich. Ich antwortete, daß auch ich ihn liebe. Dann blieb er im Wagen zurück, und ich betrat den Flughafenterminal.

Kapitel 13

Sonntag, den 20. April 1986
Washington, D.C.

Es regnete in Washington, als wir landeten. Ich war ein einsamer Fremder an einem mir unbekannten Ort. Ich nahm am Flughafen ein Taxi zum Holiday Inn in Silver Spring. Mich während einer Operation unter meinem richtigen Namen in einem Hotel einzutragen gab mir ein Gefühl der Nacktheit. Ich war hier, um nicht ganz astreine Dinge zu erledigen, und ich hätte mich viel wohler gefühlt, wenn ich unter einem Pseudonym aufgetreten wäre, das ich abstreifen konnte, wenn es haarig werden sollte.

Meine Cover-Story im Hotel war, daß ich nach einem Platz Ausschau hielt, um ein Restaurant zu bauen. Ich sei Repräsentant einer Gruppe von Investoren, die sich speziell dem Bau von Feinschmeckerrestaurants widmete, sie einrichtete, sie führte, bis sie profitabel waren, und sie dann mit hohem Gewinn veräußerte. Ich sagte, ich würde wahrscheinlich mehrere Tage bleiben, wenn nicht gar Wochen. Da ich nicht genau wußte, welche Aufgabe mir bevorstand, entschloß ich mich, die Zeit in meinem Zimmer zu verbringen, bis auf die Mahlzeiten, die ich im Speisesaal im Erdgeschoß einnahm.

Ich rief Bella an und gab ihr die Nummer des Hotels. Falls jemand zuhörte, würde er keinen Verdacht schöpfen können. Es war nicht ungewöhnlich für jemanden mit meiner Ausbildung und meinem Wissen, sich in Washington auf die Suche nach Arbeit im Sicherheitsbereich zu begeben. Wie viele Leute schließlich konnten hochgestellten Persönlichkeiten ein so hohes Maß an Sicherheit bieten wie ich?

Es war eine Erleichterung, allein zu sein, fast so schön wie das Gefühl der Sicherheit im Haus meines Vaters. Ich mußte nicht mehr den Schein wahren. Ich konnte rauchen, soviel ich wollte, und trinken, bis ich einschlief, was ich auch tat.

Montag, den 21. April 1986

Das Telefon klingelte. Ephraim war dran. »Ich sehe, du bist zeitig eingetroffen«, sagte er, ohne sich mit Höflichkeiten aufzuhalten.

»Ja. Seit wann bist du hier?«

»Ich komme gerade vom Flughafen. Hast du Gesellschaft gehabt?«

»Nein. Alles in Ordnung. Und du?«

»Mir geht es auch gut. Wollen wir zusammen frühstücken? Ich sterbe vor Hunger.«

»Gut. Ich brauch' noch ungefähr zehn Minuten. Wir sehen uns dann unten im Speisesaal.«

Er hängte ein, und ich sprang aus dem Bett. Endlich ging es los. Je schneller ich das tat, was getan werden mußte, um so schneller wäre alles vorbei, und ich könnte mein eigenes Leben führen, sofern noch etwas davon übriggeblieben war. Ich rechnete zwar nicht damit, daß ich dann aus dem Spiel wäre, aber ich wollte eine sichere Basis, von der aus ich operieren konnte, mit meiner Familie an meiner Seite.

Ich ging direkt auf Ephraims Tisch zu, der in der Ecke des Speisesaals stand, neben der Tür, die zur Bar führte.

Er begrüßte mich mit einem breiten Lächeln. Er hatte nur eine Tasse Kaffee vor sich. Als wir uns setzten, kam der Kellner mit unserem Frühstück.

»Ich habe mir erlaubt, für dich mitzubestellen. Ich wollte nicht warten. Wir haben viel zu tun.«

Ich schaute mir meinen Teller mit reichlich Schinken und Eiern an, hob die Arme und sagte: »Kein Problem. Ich sehe, du hast genau das bestellt, was ich wollte.« Ich fand es ein bißchen dunkel in der Ecke, aber der Duft des frischen Kaffees und des Landschinkens weckten einen solchen Appetit in mir, daß ich über mich selbst erstaunt war.

»So, was werden wir denn tun?«

»Nach dem Frühstück gehen wir in mein Zimmer und reden.«

Wir nahmen mehrere große Styroporbecher voll Kaffee mit auf das Zimmer, damit wir den Service nicht zu rufen brauchten. Sein Zimmer lag im sechsten Stock. In der Ecke sah ich eine kleine Reisetasche. »Wo ist dein Gepäck?« fragte ich neugierig, weil ich wußte, daß Ephraim Wert auf gute Kleidung legte und in seiner kleinen Tasche höchstens so viel Platz war, daß er einmal den Anzug wechseln konnte.

»Dort.« Er deutete auf die Tasche. »Ich werde nicht lange bleiben. Ich bin nur hier, um dich zu instruieren, und wenn du auf dem Weg bist, verschwinde ich.«

»Werde ich kein Back-up haben?«

»Du hast mich und deine Ausbildung. Was brauchst du mehr?«

»Wieso hab' ich dich, wenn du wieder in Israel bist?«

»Dazu kommen wir noch. Wenn du begriffen hast, was dein erster Auftrag ist, dann wirst du ...«

»Halt, halt«, unterbrach ich. »Erster Auftrag? Hast du erster Auftrag gesagt?«

»Ja, was hast du denn gedacht? Bumm, und alles ist vorbei?«

»Jetzt halt mir keine Predigt. Ich möchte einen Zeitplan haben.« Ich wußte, daß ich jeden Augenblick aussteigen konnte, aber Ephraim war sich angesichts meines Drangs, endlich loszulegen, sicher, daß ich bleiben würde, und er behielt recht. Ich war wie ein Junkie, der sich jedesmal sagt, daß dies der letzte Schuß sei.

»Was macht das schon für einen Unterschied? Du hast einen Job zu tun, und es wird vorbei sein, wenn der Job getan ist, wann auch immer. Ich habe dir keinen Rosengarten versprochen, als du zu uns gekommen bist.«

»Ich weiß, und darum bitte ich ja auch nicht. Als ich dem Büro beitrat, haben sie Bella einem anstrengenden Sicherheitscheck unterzogen und ihr ein ebenso gutes Zeugnis gegeben wie mir. Uns wurde immer gesagt, daß die Ehefrau Teil des Teams sei und daß wir keine Geheimnisse vor ihr haben sollten.« Als ich redete, nickte mir Ephraim über seine Brillengläser hinweg zu. »Und jetzt meinst du, ich dürfte ihr nicht mal sagen, daß ich immer noch für den Mossad arbeite.« Ich hielt inne. »Arbeite ich immer noch für den Mossad?«

»Nein, du arbeitest nicht für das Büro, du arbeitest für mich. Und zu Bella: Du hast hundertprozentig recht. Aber die Regeln haben sich geändert. Dies ist ein anderes Spiel.«

Er lehnte sich zurück und schob seine Brille zurecht. »Weiß Bella etwas von Dina, von Ruty und all den anderen? Weiß meine Frau von meinen süßen kleinen Sekretärinnen? Nein, sie haben keine

Ahnung. Wissen sie etwas von den Risiken, die wir draußen eingehen? Kommst du vom Job nach Hause und erzählst Bella: ›Stell dir vor, ich bin letzte Nacht in Österreich beinahe umgebracht worden‹, oder: ›Die Chancen stehen nicht schlecht, daß sie mich auf meiner nächsten Reise nach Spanien erwischen‹? Nein, das tust du nicht. Wenn du beim Militär auf Patrouille geschickt wirst und einen Auftrag erhältst, von dem du vielleicht nicht zurückkommst, rufst du dann deine Frau an und erzählst ihr davon? Wir treffen täglich Entscheidungen, die ihr Leben betreffen, ohne sie um Rat zu fragen. Wir sagen zu uns selbst: ›Wenn etwas geschieht, dann werden sie verstehen, daß wir nicht anders handeln konnten.‹ So läuft es doch. Können wir das also jetzt abhaken und zum Geschäftlichen kommen?«

»Ich brauche einen Zeitrahmen«, beharrte ich.

»Drei Wochen, und du kannst gehen«, fauchte er. Es gefiel ihm offenbar gar nicht, daß er mir das sagen mußte.

»Wohin kann ich gehen?«

»Welchen Unterschied macht das? Du wirst bei deiner Frau und deinen Kindern sein. Das verspreche ich dir.«

Eine Welle von Optimismus durchflutete mich, ich fühlte mich wie verjüngt. Erst in einem solchen Moment merkt man, wie schlimm es im eigenen Kopf aussieht.

»Okay. Damit kann ich leben.« Ich mußte mich beherrschen. »Was werden wir in dieser Zeit tun?« Ich grinste.

»Du wirst für ein fremdes Land arbeiten.«

»Arbeiten?«

»Geheimdienst. Als Ex-Mossad-Offizier. Du wirst ihnen anbieten, für sie zu arbeiten, ihnen erzählen, wie wir die Dinge anpacken, die Personalstruktur usw.«

»Du meinst, ich soll mich verkaufen, zum Verräter werden?« Es fiel mir schwer, das Wort auszusprechen.

»Ja, genau das.«

»Und für wen?« Ich hob meine Hand, wie um zu sagen: Laß mich raten. Er antwortete nicht. »Okay. Wer kann es sein? Der NSC? Nein, sie würden mit mir nichts zu tun haben wollen. Der CIA? Das glaube ich nicht. Es muß der FBI sein. Sicher ist es der FBI. Ich könnte für sie hinsichtlich der Al-Abteilung wertvoll sein.«

»Nein. Du wirst mit dem KGB sprechen.« Er stand auf und stellte sich an das große Fenster. Das Glas war feucht. Seit vierundzwanzig Stunden regnete es ununterbrochen.

Ich war völlig überrascht. Es traf mich wie ein Schlag. »Nein, wirklich?« sagte ich und versuchte, die Fassung zu wahren.

Ephraim blieb am Fenster stehen und wandte nur ein wenig den Kopf zur Seite, so daß ich sein Profil sehen konnte. »Ja, der KGB, die Sowjets. Was ist daran so schwer zu verstehen?«

»Ich kapier's einfach nicht. Warum sollte ich das tun? Ich meine, wie kommst du darauf, daß sie mich kaufen wollen?«

»Wenn du es richtig anfängst, dann werden sie es tun. Denk mal nach. Wie könnten sie dich ablehnen? Als jemand, der frisch vom Mossad kommt, bist du ein Trumpf in ihrer Hand. Mit all ihren arabischen Partnern werden sie dich mit Kußhand nehmen.«

»Und was, wenn sie wollen, daß ich nach Moskau fahre oder so was? Vielleicht arbeiten sie wie wir!«

»Dann fährst du eben. Du mußt daran denken, daß du es für Geld tust. Daran mußt du immer denken, sonst werden sie mißtrauisch. Du benutzt deinen richtigen Namen und deine richtige Geschichte zu deiner Sicherheit.«

»Und was ist, wenn sie nur die Informationen aus mir herausholen und mich dann fallenlassen? Ich meine, was haben wir dann gewonnen? Überleg doch. Ich habe keinen Zugang mehr zu irgendwelchen Informationen. Was kann ich ihnen da nützen?«

»Nun, dann sagst du halt, du arbeitest noch für das Büro.«

»Was sagst du da? Ich soll ihnen von dir erzählen?«

»Nein, natürlich nicht. Du erzählst ihnen deine Geschichte, aber statt zu sagen, daß du gefeuert wurdest, sagst du, daß du auf Bewährung bist, damit sie denken, daß es noch einen Weg zurück gibt. Dann werden sie versuchen, dich zu rekrutieren.«

»Ephraim, hör mir mal zu.« Ich wollte den Job machen, wenn es den Mossad über den Haufen würfe, eine Organisation, die so, wie sie war, eine Gefahr für Israel als demokratischen Staat darstellte. Andererseits wollte ich mich nicht mehr blind in irgend etwas hineinstürzen. Wenn ich getötet oder eingesperrt wurde, dann für etwas, hinter dem ich auch stand. »Ich muß wissen, was ich da tue.« Er hörte gut zu. »Du mußt mir vertrauen, Ephraim. Mein Leben ist in deiner Hand, und du sagst, deines sei in meiner. Dann mußt du mich in das Geheimnis einweihen.«

Er dachte darüber nach. Ich stand auf und ging ins Bad. Als ich zurückkam, öffnete Ephraim eine neue Packung Zigaretten. Wir zündeten uns jeder eine an.

»Okay«, sagte er schließlich und legte das rauchende Zündholz in den überquellenden Aschenbecher. »Okay, dann machen wir es also so, wie du willst.«

»Danke dir.« Ich beobachtete genau seinen Gesichtsausdruck, während er sprach. Es war durchaus möglich, daß er vorausgesehen hatte, daß ich so reagieren würde, und eine Story vorbereitet hatte, um mich zufriedenzustellen. Wenn das der Fall war, konnte ich nicht viel daran ändern, aber zumindest würde er sich eine gute Story einfallen lassen müssen. Das erhob mich in meinen Augen von einem Roboter zu einem menschlichen Wesen; inwieweit es verwundbar war, blieb abzuwarten.

»Ich will offen mit dir reden«, begann er – wenn Leute so etwas sagen, fühlte ich mich nie besonders wohl, aber ich hielt mich mit meinem Urteil zurück –, »dieser Job ist nicht so schwer, wie du glaubst. Das einzige Hindernis ist die Beobachtungsstation des FBI, die die sowjetische Botschaft überwacht. Sie werden dich fotografieren und dann das Foto prüfen lassen. Sie werden dein Foto mit denen in ihren Registern vergleichen, und wenn sie nichts finden, werden sie es elektronisch speichern.« Er zuckte mit den Schultern. »Nichts Besonderes. Wenn es eine arabische Botschaft wäre, würden sie vielleicht das Foto zu uns schicken; ich meine die Leute, die wir dort haben, würden es tun, nicht offiziell natürlich.«

»Es wäre also keine Verkleidung oder so was nötig?«

»Nein, nein, du gehst einfach so rein. Vergiß nicht, daß die Sowjets dich auch sehen, und verschwende keine Zeit mit langen Vorbereitungen. Du kommst hin und gehst rein.«

»Na, das würde ich wahrscheinlich ohnehin tun.«

»Gut. Jetzt zur Frage nach dem Warum. Ich weiß von einem Freund beim FBI, daß sie bei den Sowjets Informationen gefunden haben, die die Leute vom FBI an uns weitergegeben hatten. Mein Freund war sicher, daß die Amerikaner die Informationen nur an uns gegeben hatten. Wir seien die einzig mögliche Quelle der Sowjets.«

»Ein Maulwurf im Mossad?« Ich konnte es kaum glauben; das hätte ich nie für möglich gehalten.

»Tja, so sieht es aus. Und wenn wir ihn auffliegen lassen könnten, dann würde der Skandal den Mossad-Boß zum Rücktritt zwingen.«

»Okay. Aber auf welche Weise soll meine Tätigkeit bei ihnen dazu beitragen? Wir erreichen damit nur, daß sie noch mehr Informationen von uns erhalten. Du erwartest doch nicht, daß sie mir erzählen, daß sie einen Maulwurf haben, und wer es ist?«

»Wenn du mit einer guten Story zu ihnen kommst und deine Rolle gut spielst, werden sie verifizieren wollen, ob du beim Mossad rausgeflogen bist oder nur auf Bewährung draußen bist, wie du ihnen erzählt hast.« Ephraim begann sich zu ereifern; so hatte ich ihn noch nie gesehen. Er wurde ganz rot im Gesicht. »Du verstehst. Wenn sie glauben, daß du immer noch im Mossad bist, dann bist du für sie ein sehr wertvoller Kandidat.«

»Aber du sagtest, sie hätten schon jemanden im System.«

»Und was ist so falsch daran, zwei zu haben? Auf diese Weise können sie das Risiko streuen. Wir wissen außerdem nicht, wie viele sie haben. Wir gehen davon aus, daß es nur einer ist. Und ich bezweifle sehr, daß es sich um einen Einsatzoffizier handelt. Ich glaube eher, daß es eine Schreibkraft oder so ist.« Er machte eine Pause und drückte seine Zigarette aus. »Ein wirklicher, lebendiger Einsatzoffizier, das wird der Fang des Jahres für sie sein.«

»Und wie wollen sie es verifizieren?«

»Sie werden ihren Maulwurf fragen.« Er war mit sich selbst zufrieden. Ich konnte beinahe hören, daß er schnurrte wie eine Katze. Plötzlich fügte sich alles zu einem Bild.

»Ich werde also der Köder sein?«

Er nickte. »Macht dir das was aus? Ich dachte, du wolltest es genau wissen?«

»Was erwartest du als Antwort? Daß ich hingerissen bin?«

»Also, was nun?«

»Ich werde es machen. Was ist noch zu tun?« Ich beugte mich zu ihm rüber und sagte mit leiser Stimme. »Aber eins sollst du wissen. Wenn du mir nicht die Wahrheit sagst, Ephraim, sondern dein Spiel mit mir treibst, dann solltest du es dir zweimal überlegen und mich vielleicht lieber außen vor lassen. Denn wenn du nicht hundertprozentig an meiner Seite stehst, dann werde ich dich umbringen, das schwör' ich dir, und wenn ich mich mit bloßen Händen nach Israel durchgraben muß.«

Auf seinem Gesicht lag ein sanftes Lächeln, als ob sich ein Fenster geöffnet und hinter der Fassade ein Mensch aufgetaucht wäre. Ich hatte das Gefühl, dies sei die Seite an ihm, die seine Familie und Freunde kannten. »Ich würde niemals etwas tun, was dir schaden könnte. Ich weiß, daß das, was ich verlange, schwer ist. Und ich kann mir nur in etwa vorstellen, was du durchmachst. Aber dies ist kein Spiel, und ich schaukele nicht irgend etwas. Es ist blutiger Ernst, und wir verlieren nur Zeit. Ich will noch nicht den Startschuß geben, aber bei diesem Rennen geht es um mehr als nur um dich und mich. Wenn wir verlieren, dann ist alles verloren, und wenn wir gewinnen, dann werden wir vielleicht die Früchte unseres Sieges nicht selbst ernten können, das weißt du.«

»Das habe ich mir schon gedacht.« Ich war mir meiner Gefühle nicht recht sicher. Einerseits hatte er mich mit diesem Ausbruch für sich gewonnen, mit Haut und Haaren. Andererseits hatte ich Angst, ein Idiot zu sein. Ich wußte, daß ich eine ebenso gute Show abziehen konnte wie er. Ich entschloß mich aber, ihm zu glauben. Ich mußte lachen. Ich spürte, wie sich der Nebel in meinem Kopf lichtete. Jetzt wußte ich, worum es ging, und deshalb konnte ich mitspielen. Eine klare Direktive ist immer leichter auszuführen als eine vage Instruktion, die man selbst konkretisieren muß.

Kapitel 14

Der Plan war einfach. Ich würde zur sowjetischen Botschaft gehen und einen Kontakt mit dem dortigen KGB-Vertreter machen. Wir wissen im allgemeinen, was passiert, wenn jemand in eine Botschaft kommt, um seine Dienste anzubieten. Schließlich geschieht so etwas fast täglich in irgendeiner israelischen Botschaft. Wir mußten davon ausgehen, daß es den Sowjets nicht viel anders erging.

»Ich werde es wagen«, sagte ich. »Was zum Teufel kann passieren? Im schlimmsten Fall behalten sie mich dort und versuchen, mich per Schiff in einer Kiste oder so nach Rußland zu transportieren.« Wir lachten beide. Diese Methode war vom Mossad mehrmals angewandt worden, um Leute zurück nach Israel zu schaffen.

»Wann soll ich hingehen?«

»Ich muß erst wieder in Israel sein, bevor du aktiv wirst. Ich habe zwar jemanden im Archiv sitzen, der mir Bericht erstatten soll, bevor er irgendeine Anfrage nach bestimmten Daten beantwortet. Dennoch wäre es mir lieber, selbst anwesend zu sein.«

»Warum? Wenn du ein Cover hast, wäre es dann nicht besser, du würdest hierbleiben, falls etwas schiefgeht?«

»Und was passiert, wenn die Anfrage aus einer unerwarteten Ecke kommt? Wenn unser Maulwurf am Ende doch ein Offizier ist? Außerdem ist der Grund für meinen Besuch hier fast erledigt.« Er lächelte. »Ich bin hier, um sicherzustellen, daß wir den Auftrag für den Mazlat[1] bekommen. Und ich bin hier, um zu garantieren, daß der richtige Mann das Geld kriegt und der andere so eingeschüchtert wird, daß er tut, was er tun muß.« Dies bezog sich auf eine Operation, die vom Mossad von Israel aus gelenkt wurde. Dabei wurde ein falscher israelischer Luftwaffenoffizier benutzt, der mit jemandem im Büro der amerikanischen Marine unter einer Decke steckte.

Ephraim zündete sich eine neue Zigarette an. Vom Qualm war die Luft im Zimmer zum Schneiden.

[1] Unbemanntes ferngesteuertes Flugzeug; siehe Kapitel 2.

Ich nickte. Ich kannte den Mazlat-Deal, und ich wußte auch, daß wir von drinnen eine gewisse Hilfe erhielten. Es wäre mir lieber gewesen, wenn Ephraim geblieben wäre. Aber ich konnte auch ohne ihn zurechtkommen.

»Wann wirst du also fliegen?«

»Ich hau' ab, nachdem ich dich zum Essen eingeladen habe.«

»Wohin sollen wir gehen?«

Ephraim griff zum Telefonhörer. Er wandte sich an mich und fragte: »Was hättest du gerne?«

»Nicht den verdammten Zimmerservice«, jammerte ich.

»Aber mehr Zeit hab' ich nicht.«

»Na gut«, brummte ich, »für mich einen Hamburger. Oder nein, lieber ein Club-Sandwich.«

Wir waren erst zur Hälfte fertig, als er auf seine Uhr schaute. »Ich muß los. Ich habe eine Verabredung mit einem sehr gierigen jungen Mann.«

»Ich werde die Sache übermorgen erledigen«, sagte ich. »Das müßte dir genug Zeit geben, alles zu regeln und bereit zu sein.«

»Gut. Und paß auf dich auf. Dies ist keine Übung in der Akademie, wie du weißt.« Ich spürte echte Besorgnis in seiner Stimme.

»Mach dir keine Sorgen. Kümmere du dich darum, daß bei dir alles richtig läuft. Noch was. Wie komme ich an Geld? Ich bin bald am Ende.«

»Wir kümmern uns darum.« Er reichte mir einen Umschlag. »Hier ist etwas, um dich erst mal über die Runden zu bringen. Wir werden uns später noch was einfallen lassen. Laß uns dies erst einmal hinter uns haben.«

Ich nickte und ging mit meinem Sandwich in der Hand zur Tür. Ich hielt einen Moment inne, fragte mich, ob ich etwas vergessen hatte. Aber mir fiel nichts ein. Ich öffnete die Tür und ging. Ich war wieder allein.

In Washington hatte ich nicht viel zu tun. Ich kannte dort keinen Menschen. Das war die schlimmste Art von Operation, die man sich vorstellen konnte. Mein Cover war meine wirkliche Identität, und ich hatte außerdem kein gut gepolstertes Ausgabenkonto. Ephraim hatte mir nur 500 Dollar ausgehändigt, was kaum für das Hotel ausreichte. Ich fühlte mich wieder ziemlich down; das

Ganze ähnelte mehr einem *Partach*, wie wir in Israel für Reinfall sagen.

Ich versuchte, wie ein Kämpfer im Feindesland aufzutreten, der von seinem Land und seiner Familie völlig abgeschnitten ist. Aber ich war schlimmer dran als jeder Kämpfer. Der Job eines Kämpfers ist eindeutig und klar umrissen; er weiß, wofür er arbeitet und gegen wen er kämpft. Außerdem hat er keine finanziellen Probleme, und die Angelegenheiten seiner Familie sind, soweit er weiß, in guten Händen. Daß die Leute, die sich angeblich um seine Familie in Israel kümmern, alles versuchen, um seine Frau ins Bett zu kriegen, sofern sie auch nur einigermaßen attraktiv ist, macht ihm nichts aus, weil er nichts davon weiß und es wahrscheinlich nie erfahren wird.

Um die Zeit totzuschlagen, lief ich durch die Straßen und kam immer wieder an einen großen Platz, wo Yuppies und Penner auf hölzernen Bänken beisammensaßen. Die Yuppies schöpften etwas frische Luft und mampften ihr Sandwich, die Obdachlosen sahen ihnen dabei zu und hofften, daß für sie etwas übrigbliebe, was sie sich aus dem Papierkorb fischen könnten.

Ich hatte das dringende Bedürfnis, bei der sowjetischen Botschaft vorbeizugehen, nur um zu sehen, wo sie liegt und wie man hinkommt. Aber ich wußte, daß ich damit nur jeden Beobachter vor Ort auf mich aufmerksam machen würde. Es war besser, erst in letzter Minute zu Fuß hinzugehen und geradewegs hineinzumarschieren.

Ich nahm die U-Bahn nach Silver Spring zurück zum Hotel. Aber ich merkte, daß ich zu ruhelos war, um einfach im Zimmer zu sitzen und fernzusehen. Morgen mußte ich die Sache erledigen, ich wünschte, ich hätte sie schon hinter mir.

Am Abend sah es im Zentrum ganz anders aus. Die Männer trugen immer noch ihre Anzüge und Krawatten, obwohl die meisten ein wenig den Kragen gelockert hatten. Aber die Frauen hatten sich verändert und eine richtige Metamorphose durchgemacht. Sie waren schlank und sexy und bewegten sich wie Wildkatzen, und die Bars (besser bekannt als Fleischmärkte) waren überfüllt.

Ich ging an einigen vorbei, setzte mich und unterhielt mich eine Weile. Aber ich war zu gereizt, um irgend etwas anzufangen. Um elf meinte ich, es sei an der Zeit, zu Bett zu gehen.

Mittwoch, den 23. April 1986

Ich stand früh auf, und als ich angezogen war und meine dritte Zigarette rauchte, hatte ich schon meinen üblichen Durchhänger.

Der Himmel war bewölkt, und es nieselte. Das Wetter hätte nicht besser sein können. Ich trug bequeme Hosen, ein einfaches Hemd und einen gelben Pullover. Darüber zog ich eine graue Windjacke mit Kapuze. Ich wollte die Kapuze überziehen, wenn ich in die Botschaft ging; auf die Weise konnte kein Beobachter richtig sehen, wer ich war, und auch nicht mein Gesicht fotografieren.

Um elf war ich vor der Botschaft. Das Wetter hatte aufgeklart, aber es gab immer noch Grund genug für die Kapuze. Das Gittertor war offen, und die Überwachungskameras bewegten sich nicht in meine Richtung. Ich lief schnell die Marmorstufen hoch und betrat den Haupteingang.

Drinnen in der Halle gab es nur mich und eine wenig beeindrukkende Blondine an einem Schalter. Sie schaute mich lächelnd an, als ich auf sie zukam.

»Kann ich Ihnen helfen, mein Herr?« fragte sie mit einem schweren russischen Akzent. Ich wußte, daß die Sowjets nach Möglichkeit sowjetische Bürger in ihren Botschaften beschäftigten.

Ich war ziemlich sicher, daß die Halle, da sie so leicht zugänglich war, von den Amerikanern verwanzt worden war. »Ich hätte gerne einige Broschüren über die Sowjetunion«, sagte ich.

»Was für Broschüren?«

»Was immer Sie haben.«

Ihr Lächeln wurde etwas schmaler. »Einen Augenblick, bitte.« Sie verschwand hinter einer kleinen Wand. Ich sah auf dem Schalter einen Notizblock und einen Kuli an einer Schnur liegen. Ich kritzelte auf das Papier: »Ich möchte den Geheimdienst sprechen.« Als sie zurückkam, überreichte sie mir ein dünnes Büchlein, das direkt aus einer Druckerei der fünfziger Jahre zu kommen schien. Wenn das eine Reisebroschüre war, dann machte sie nicht gerade Appetit auf die Sowjetunion. Ich schob ihr den Notizblock zu. »Danke, ist das alles, was Sie haben?«

Ihr Lächeln war ganz verschwunden, als sie mich wieder anschaute. »Warum setzen Sie sich nicht? Ich schaue einmal, ob wir noch etwas haben.«

»Ich danke Ihnen.« Ich drehte mich um und setzte mich auf eine Holzbank unter einem Plakat mit dem Lenin-Mausoleum bei Nacht. Die Frau verschwand wieder hinter der kleinen Wand. Als sie nach einigen Minuten zurückkam, setzte sie sich, ohne mich zu beachten, auf ihren Stuhl. Ich konnte nicht sehen, was sie hinter ihrem Schalter tat, aber es nahm ihre ganze Aufmerksamkeit in Anspruch.

Ich mußte geduldig warten; zumindest hatte sie mich nicht aufgefordert zu verschwinden. Ich hoffte, daß sie die Notiz nicht mißverstanden und nach der Polizei gerufen hatte. Nun ja, für den Fall hatte ich eine Story, die ich allerdings nicht gerne benutzen wollte.

Nach etwa fünfzehn Minuten kam ein gutgekleideter, solide aussehender Mann durch die Tür hinter der Empfangsdame herein. Er beugte sich zu der Frau, sprach mit ihr und verschwand wieder. Sie stand auf, lächelte mir zu und winkte mich zu sich. Ich ging schnell rüber und beugte mich über den Schalter. »Ja?«

»Wir brauchen Ihren Paß zur Identifizierung, wenn Sie weitere Informationen möchten.«

Ohne zu zögern, zog ich meinen israelischen Paß hervor und reichte ihn ihr. »Hier.«

»Danke.« Sie stand auf. »Setzen Sie sich bitte.« Sie nickte in Richtung der Bank. Ich war doch etwas nervös geworden und trommelte auf die Seitenlehne. Die Frau kam gleich wieder, und ein paar Minuten später trat der Mann ein, der mich zu sich winkte. Als ich am Schalter war, hob er die Klappe und ließ mich eintreten. Dann gab er mir ein Zeichen, ihm zu folgen. Kein Wort wurde gesprochen.

Wir kamen in einen schmalen Gang und stiegen einige Treppen hoch. Der Teppich war zerschlissen und das Geländer etwas locker. Unsere Schritte auf dem knarrenden Holzfußboden waren deutlich zu hören – in der Botschaft einer Weltmacht hätte man etwas anderes erwartet.

Ich wurde in einen kleinen hellen Raum mit einem großen Spiegel an der Wand geschoben. Ich spürte, daß ich nicht nervös war; ich war sogar sehr ruhig und vergnügt. Bis jetzt hatte ich mich gut gehalten.

Endlich lächelte mir mein Gastgeber zu und deutete auf einen

Holzstuhl vor einem Holztisch, der dem Spiegel gegenüberstand. »Würden Sie sich bitte setzen, Herr Ostrovsky?«

»Danke.«

»Was führt Sie also zu uns? Gibt es eine Bedrohung unserer Sicherheit?«

Es zeigte sich, daß ihr Vorgehen beinahe identisch mit der Routine in unseren Botschaften war. »Nein, keine Bedrohung.«

»Worum geht es also?«

»Ich möchte für Ihre Leute arbeiten.«

Der Mann setzte sich langsam und lehnte sich in seinem Stuhl zurück. Sein Lächeln war freundlich und entgegenkommend.

»Und wen genau meinen Sie mit ›Ihre Leute‹?«

»Den KGB. Ich möchte für den KGB arbeiten.«

»In welcher Eigenschaft?« Der Mann wahrte ausgezeichnet die Fassung. Er war wahrscheinlich der erste Puffer, da sie es bestimmt täglich mit etlichen Geheimdienst-Verrückten zu tun hatten.

»Nun, da müssen Sie mir helfen. Ich kann Ihnen nur sagen, woher ich komme. Wohin ich gehen werde, das werden wir zusammen planen müssen.«

»Ich sehe, daß Sie Israeli sind, Herr Ostrovsky.«

»Ich bin Mitglied des Mossad.« Ich machte eine Pause. »Haben Sie vom Mossad gehört?«

Sein Lächeln wurde zu einem breiten Grinsen. »Das habe ich. Woher soll ich wissen, daß Sie das nicht nur erfinden? Die Welt ist voller, wie soll ich sagen, merkwürdiger Leute.« Das Englisch des Mannes war ausgezeichnet, er hatte nur einen sehr starken Akzent. Ich mußte mich konzentrieren, um alles mitzukriegen, denn er sprach sehr schnell.

Nun kam der Teil, auf den ich mich mit Ephraim vorbereitet hatte, und ich war bereit. »Nun, ich kann Ihnen nicht unbedingt viele Dokumente zeigen, wie Sie sich denken können. Aber ich kann es Ihnen wahrscheinlich auch beweisen, indem ich Ihnen ein paar Details über die Operationsmethoden erzähle – ohne natürlich zuviel zu verraten, schließlich möchte ich dafür später gerne bezahlt werden.« Ich lächelte ihn an.

»Ich verstehe.«

»Sind Sie Entscheidungsbefugter, oder soll ich direkt in den Spiegel sprechen?« fragte ich mit leiser Ironie. Der Mann lächelte.

Es gab ein unausgesprochenes Einverständnis zwischen uns, als ob wir einer Sekte angehörten, die dieselben merkwürdigen Rituale hat. Und obwohl wir auf verschiedenen Seiten der Barrikaden standen, waren wir irgendwie miteinander verbunden.

»Nein, ich treffe keine Entscheidungen. Aber ich nehme die Informationen von Ihnen entgegen, und dann werden wir sehen.«

Wir sprachen beinahe eine volle Stunde miteinander. Er machte sich kurze Notizen auf einem gelben Notizblock. »Ich bin gleich wieder hier«, sagte er, als er aufstand. »Kann ich Ihnen vielleicht etwas zu essen oder zu trinken kommen lassen?«

»Kaffee, einfach Kaffee, wenn es Ihnen keine Umstände macht.«

»Keineswegs.« Er nickte und ging zur Tür.

»Noch etwas.«

Er hielt inne und wandte sich zu mir. »Was?«

»Erwähnen Sie bitte nicht meinen Namen in Ihrer Berichterstattung nach Moskau.«

»Ich verstehe nicht.«

»Der Mossad hat schon vor langer Zeit Ihren Botschaftskode geknackt und zieht regelmäßig mit, wenn Sie ihn ändern. Wenn Sie also nichts dagegen haben, wäre ich Ihnen sehr verbunden, wenn Sie meinen Namen nicht im Funkverkehr benutzten.«

»Was Sie da sagen, ist unmöglich«, erklärte er mit trotzig erhobenem Kinn.

»Ben Gurion, der erste Premierminister Israels, hat einmal gesagt ›Das Schwierigste wird sofort gemacht, das Unmögliche dauert etwas länger.‹«

»Ich will sehen, was ich tun kann.« Er schien recht unglücklich zu sein, als er den Raum verließ.

Einige Minuten später kam die Empfangsdame mit einer Tasse Kaffee, Sahnekanne und Zuckerdose herein. Zuerst war ich mir nicht sicher, ob ich den Kaffee trinken sollte, schließlich konnte er präpariert sein, aber dann wurde mir klar, daß ich an dem Ort sowieso keine Chancen hatte, wenn sie mich außer Gefecht setzen wollten. Meine einzige Sorge war, daß der Mann, mit dem ich gesprochen hatte (oder der Mann hinter dem Spiegel), für den Mossad arbeitete oder den CIA oder den FBI oder für alle zusammen. Und daß er, gleich nachdem ich das Gebäude verlassen hatte, zum Feind überlaufen würde. Aber das war das Risiko, das man in diesem

Geschäft eingehen mußte. Ich fragte mich auch, ob ich eigentlich noch im Geschäft war oder nur von draußen benutzt wurde.

Ich gab ein paar Tropfen Sahne in den Kaffee, hob die Tasse und prostete dem Spiegel zu. Ich war mir sicher, daß ich jemanden dahinter zum Lächeln brachte oder dazu, sich unwohl zu fühlen.

Als mein Freund zurückkam, stellte er eine Reihe von Fragen.

»Ist der Kaffee gut?« erkundigte er sich und spielte den zuvorkommenden Gastgeber.

»Überraschend gut.«

»Wieso überraschend?«

»Ich hätte erwartet, daß der Tee gut wäre, aber der Kaffee – das finde ich eine nette Überraschung.«

»Sehr gut.« Er setzte sich. »Es dauert nicht lange.«

Ich zündete eine Zigarette an und bot ihm auch eine an.

»Danke.« Er nahm die Zigarette. »Amerikaner bieten einem nie eine an.«

»Das liegt daran, daß sie immer welche haben können, wenn sie wollen.«

Er nickte lächelnd. »Meine Freunde würden gerne wissen, ob Sie immer noch beim Mossad angestellt sind oder ob Sie jetzt selbständig arbeiten.«

»Ich arbeite selbständig als Angestellter des Mossad. Was meinen Sie mit ›Freunden‹? Wird die Sache vor einem verdammten Komitee oder so verhandelt?« Ich spielte eine Rolle, die ich sehr gut aus Kontakten mit Mossad-Agenten kannte. Niemand möchte, daß sein Name oder das, womit er beschäftigt ist, publik wird, und sogar eine Gruppe von mehreren Leuten stellt schon eine gewisse Öffentlichkeit dar.

»Nein, nein. Das ist nur eine Floskel. Es geht nur um meinen Boß und mich.« Er schaute zum Spiegel und meinte: »Er prostet Ihnen auch zu.«

»Okay, also ich bin auf Bewährung. Die verdammten Arschlöcher glauben, sie wären der liebe Gott. Ich habe einen kleinen Fehler gemacht, und sie haben den Bannstrahl geschleudert. Ich will Ihnen sagen, ich werde diesen Bastarden zeigen, woher der Wind weht.«

»Wie lange ist die Bewährungszeit?«

»Sechs Monate. Auf diese Weise werde ich dieses Jahr nicht

rotieren können und muß weitere drei Jahre im Hauptquartier sitzen, bevor ich wieder ins Ausland kann.«

»Und was machen Sie in Amerika?«

»Ich besuche meinen Vater und versuche, von einem fremden Dienst angeheuert zu werden.«

Das schien ihn zu amüsieren. »Und was erwarten Sie dafür?«

»Was würden Sie denn zahlen?«

»Das hängt davon ab, was Sie einbringen. Natürlich nur, wenn wir uns zu einem Deal entschließen.«

»Ich will ganz ehrlich zu Ihnen sein. Sie haben ja keinen guten Ruf, was die Bezahlung angeht, aber man sagt, daß Sie für die Ihren sorgen. Ich will sagen, daß ich nicht gerne für jemanden arbeiten würde, der nichts zu bieten hat, wenn mal was schiefläuft.«

»Das ist ein sehr gesunder Standpunkt.« Er nickte mir und dem Spiegel zu. Es schien, daß ich genau die richtigen Antworten fand. Die Unterhaltung zog sich noch etwa eine Stunde hin, wobei ich den tatsächlichen Grund kennenlernte, weshalb die Amerikaner ihm keine Zigaretten anboten. Er rauchte beinahe alle meine Zigaretten auf, ohne mir auch nur eine von seinen anzubieten, die er sichtbar in seiner Hemdtasche hatte. Er war der typische Schnorrer.

»Okay, mein Freund«, sagte er, »noch etwas. Wir wissen, daß Ihr Verein alle seine Leute alle sechs Monate einem Test mit dem Lügendetektor unterwirft.«

Ich nickte zustimmend. Der Bastard kannte sich aus. Ephraim war sich nicht sicher gewesen, ob das Thema zur Sprache kommen würde. »Machen Sie sich keine Sorgen. Ich habe mir das schon überlegt, bevor ich hierhergekommen bin.«

»Und was ist Ihre Lösung?«

»Sie stellen Routinefragen. Man muß nur aufpassen, daß man nicht lügt. Wenn sie mich also fragen, ob ich einen Kontakt mit einem Feindagenten gemacht habe, dann werde ich ja sagen.«

»Und?« Er runzelte die Stirn.

»Danach werden Sie eine Erklärung verlangen. Ich werde ihnen von der Broschüre erzählen. Man muß ständig für den Mossad Broschüren mitbringen, von so vielen Orten wie möglich. Sie werden dann in die Bibliothek gestellt, wo die Offiziere sich ihre Cover-Storys zusammenbasteln. Ich habe den Namen Ihres Landes schon vor ein paar Wochen auf meine Liste gesetzt.«

Der Mann war sichtlich amüsiert über diese Lösung. Ich hingegen war glücklich, daß er mir diese Geschichte abgenommen hatte, weil ich mir nicht sicher gewesen war, ob dieser Trick funktionierte. Mir war aber auch klar, daß es sie nicht groß kümmerte, falls er nicht funktionierte; solange ich zufrieden war und das Risiko auf mich nahm, würden sie ihren Pelz nicht naß machen.

»Wir werden darüber nachdenken und Sie in Ihrem Hotel kontaktieren. Wie lange werden Sie dort bleiben?«

»Nicht lange, hoffe ich. Sobald ich Ihre Antwort bekommen habe, verschwinde ich. Wenn Sie nicht innerhalb von drei Tagen anrufen, dann weiß ich, daß es keinen Deal geben wird.«

»Hier.« Er kritzelte eine Nummer auf ein kleines Stück Papier. »Bevor Sie abreisen, rufen Sie mich bitte an. Wir wollen Sie nicht verlieren, nur weil es technische Probleme mit der Kommunikation gibt.«

»Danke.« Ich nahm das Papier und folgte ihm die Treppe hinunter. Bevor er mich hinausließ, überreichte er mir einen Stoß Broschüren. »Vergessen Sie nicht den Grund Ihres Besuches.«

»Nochmals vielen Dank.« Ich nahm die Broschüren und ging in den Regen hinaus, wobei ich mir die Kapuze tief über die Augen zog. Ich war froh, draußen zu sein. Die frische Luft war ein Segen. Nachdem ich um die Ecke war, begann ich mit einem Testlauf. Ich wollte sehen, ob ich beschattet wurde. Man kann niemals vorsichtig genug sein.

Ich war sehr hungrig. Als ich merkte, daß niemand hinter mir her war, machte ich am Dupont Circle Halt. Die U-Bahn-Station in Silver Spring war beinahe leer. Ich nahm das letzte aus einer ganzen Reihe von Münztelefonen und meldete ein R-Gespräch an. Ephraim war beinahe sofort am Apparat.

»Na, mein Junge, was hast du zu sagen?«

»Ich hab' meinen Onkel aus der alten Heimat besucht.« Ich mußte nicht kodiert sprechen, weil die Leitung per Zufall gewählt und daher sauber war, selbst wenn ich verfolgt wurde, und seine Leitung war auch sicher – dafür hatte er zu sorgen. Aber es war eine Gewohnheitssache.

»Wie ist es gelaufen?«

»Wenn sie keine Möglichkeit haben, bei deiner Seite nachzuchecken, dann bin ich sicher ihr nächster Philby.«

»So gut war's?«

»Womit hast du gerechnet?«

»Dann müssen wir jetzt mal abwarten, was als nächstes passiert. Ich hab' ein gutes Gefühl.«

»Ich werde ins Hotel zurückgehen. Ich möchte nicht, daß sie anrufen, und ich bin nicht da.«

»Gut, aber du solltest nicht ständig neben dem Telefon sitzen. Wenn du deine Rolle so gespielt hast, wie besprochen, dann erwarten sie einen amüsiersüchtigen Typ, nicht jemanden, der die meiste Zeit mit seinem Job zubringt. Geh aus und amüsier dich. Das bist du schließlich deinem Ruf schuldig. Wir haben auch nach diesem Job noch einiges für dich zu tun.«

»Mit den paar Dollars, die ich habe, ist es nicht leicht, den Playboy zu spielen.«

»Klar. Du bekommst bald Geld. Brauch das auf, was du hast, um dein Image aufzubauen.«

»Wann sehen wir uns?«

»Wenn diese kleine Episode vorbei ist, komm' ich rüber.«

»Was wirst du tun, wenn du das findest, wonach wir gesucht haben?«

»Das ist ein Problem für sich. Ich kann nicht einfach hereintanzen und jemanden anklagen. Ich muß jemanden, den ich im *Shaback* kenne, manipulieren und auf die Spur setzen, ohne allzuviel preiszugeben. Aber mach dir darüber keine Sorgen. Wenn er hier ist, werden wir ihn festnageln, und du bekommst einen Punkt gutgeschrieben.«

»Jaja«, antwortete ich, »dieser Punkt wird mir sicherlich von Nutzen sein.«

»Er wird dir sehr viel einbringen, wenn du erst mal aus der Kälte zurückkommst.«

Es herrschte kurzes Schweigen. Ich war ganz aufgewühlt. Ich hatte mir immer vorgestellt, daß ich nach Erledigung meines Auftrags in Vergessenheit geraten und mit Bella und den Kindern irgendwo in Kanada leben würde, um das eine oder andere zu tun. Aber aus der Kälte zurückkommen, davon war noch nie die Rede gewesen. Und jetzt sprach Ephraim davon, als ob es für ihn eine feststehende Tatsache wäre. »Von einer Rückkehr hast du noch nie was gesagt.«

»Was hast du denn gedacht?«

»Weiß nicht. Um ehrlich zu sein, ich hab' gar nicht darüber nachgedacht.«

»Mach deinen Job, mein Junge, und wir sprechen später darüber. Dieser Anruf dauert zu lange für mein System. Ich ruf' dich an, wenn irgend etwas passiert. Du rufst mich auch an, wenn es was Neues gibt.«

Er hängte auf. Ich blieb ein paar Minuten stehen und versuchte zu begreifen, was er gerade gesagt hatte. Es würde einen Weg zurück in das normale Leben geben. Plötzlich sah nicht mehr alles so düster aus, wie ich gedacht hatte.

Ich war in sehr guter Laune, als ich den Bahnhof verließ. Ich beschloß, mir einen angenehmen Abend zu genehmigen. Schließlich gehörte es zum Job, wie Ephraim gesagt hatte.

Kapitel 15

Ich war bester Stimmung, als ich im Hotel ankam. Es erstaunte mich, daß ich ein emotionales Hoch hatte, da ich doch am Rand des Abgrunds entlanglief. Es war wohl das alte Gefühl von Macht, das ich so lange nicht gehabt hatte. Nur meine Zweifel bereiteten mir Bauchschmerzen. Ich war von Natur aus Pessimist, obgleich ich ein Leben führte und Risiken auf mich nahm, als wäre ich der größte Optimist. Ich hätte gerne gewußt, was in der sowjetischen Botschaft vor sich ging.

Ich war mir ziemlich sicher, daß sie eine Nachricht mit allen gewonnenen Erkenntnissen nach Moskau geschickt und um Instruktionen gebeten hatten.

Nachdem ich eine Weile in der Hotelbar gesessen hatte, beschloß ich, dazubleiben und nicht in die Stadt zu gehen. Es war mein erster Abend im Hotel, und ich war überrascht, wie schnell es voll wurde. Hier war es interessanter als in der Stadt. Ich saß an einem Tisch für fünf Personen, und es dauerte nicht lange, bis mir ein paar Leute Gesellschaft leisteten. Ich schloß Freundschaft mit ihnen; es waren ganz normale, gewöhnliche Leute, wie man sie in jeder amerikanischen Stadt findet, ehrlich, fair und sehr verletzlich. Dem einen gehörte ein Malerbetrieb, und der andere war ein etwas sonderbarer Typ, der einen Teilzeitjob in der städtischen Gartenbauabteilung hatte. Er war seit kurzem geschieden und stand ziemlich unter Druck.

Der Malermeister, ein großer, beleibter Mann, war freundlich und spielte den Beschützer seines sonderbaren Freundes. Die meiste Zeit verbrachte er damit, allen, die es hören wollten, zu erzählen, wieviel Geld er am Tag verdient hatte, ohne sich sonderlich anzustrengen. Als er aber beschrieb, was er alles gemacht hatte, da war ich der Meinung, daß er sich jeden Pfennig sauer verdient hatte. Nachdem er damit fertig war, fing er an zu erzählen, was er am nächsten Tag vorhatte. Diese einfachen, grundehrlichen Leute hatten für mich etwas Erfrischendes. Ich beneidete sie um ihr unkompliziertes Leben und um die Tatsache, daß sie mit einiger Sicherheit die Zukunft planen konnten. Ich mußte mich immer wieder fragen, was sie sagen würden, wenn sie wüßten, wer ich wirklich war und was ich vorhatte.

In den nächsten vier Tagen passierte nichts. Ich begann, unruhig zu werden und rief Ephraim an. Er war nicht zu Hause, und der Anrufbeantworter zeichnete das Gespräch nicht auf. Am fünften Tag war der Apparat tot. Das konnte nur bedeuten, daß es Probleme gab. Waren sie Ephraim im Hauptquartier auf die Spur gekommen?

In so einer Situation richtig zu reagieren ist sehr schwer. Man könnte meinen, man sei in einer relativ sicheren Situation an einem angenehmen Ort. Ohne zu wissen, ob eine echte Gefahr besteht oder nur ein Versehen oder mechanisches Problem vorliegt, muß man plötzlich alles hinter sich lassen. Die Chancen, daß es sich nur um ein Versehen handelt, stehen fifty-fifty. Der Preis aber, den man dafür zahlen muß, daß man auf ein echtes Problem nicht reagiert, ist sehr hoch.

An jenem Morgen hatte ich meine Hotelrechnung bezahlt und festgestellt, daß ich nur noch fünfzig Dollar hatte. Das machte mir nun echte Sorgen. Eine Sache war es, abgeschnitten zu sein, eine viel schlimmere, in dem Moment völlig pleite dazustehen.

In diesem Augenblick zog ich zum ersten Mal die Möglichkeit in Betracht, daß das Wagnis sich nicht gelohnt haben könnte. Obwohl es bei Bella, die ich ebenfalls anrief, nichts Neues gab, was mich einigermaßen beruhigte, stand für mich doch außer Zweifel, daß sie es mir nicht gerade auf die Nase binden würde, falls der Mossad von meinem Besuch bei der sowjetischen Botschaft erfahren hatte. Ich konnte es vor mir sehen: Ephraim, der seine eigenen Kohlen aus dem Feuer holen wollte, schwenkte rasch um und erörterte Möglichkeiten, wie man mich wieder reinholen könnte. Wenn ich mir Sorgen machen mußte, dann seinetwegen.

Falls sie zu jenem Zeitpunkt herausgefunden hatten, daß ich einen Kontakt mit dem KGB gemacht hatte, würden sie alles daransetzen, mit mir zu sprechen, um das Ausmaß des Schadens zu ermessen, den ich angerichtet hatte. Das wäre die normale Prozedur, die Schadensbegrenzung genannt wird. Wenn es andererseits nur von Ephraim abhing – er würde mich gerne beseitigt wissen.

Das war nur natürlich und sehr verständlich; ich wußte, daß ich genauso handeln würde. Ich wollte sehen, was in dem Hotel eventuell passieren würde, aber nicht unbedingt dabeisein.

Vom Hotel aus auf der anderen Straßenseite gab es ein Bürogebäude mit einem kleinen Platz davor. Weil ich wußte, daß der Mossad Zugang zu den Gästelisten fast aller Hotelketten der Welt hatte, zweifelte ich nicht daran, daß man meinen exakten Aufenthaltsort innerhalb weniger Stunden mit ein paar Telefonanrufen herausfinden würde. Ich richtete mich darauf ein, die Tage im Hotel und die Nächte auf einer Bank am Rand des kleinen Platzes zu verbringen, von wo aus ich das Hotel überblicken konnte. Wenn sie mich holen wollten, dann nachts – und das wollte ich lieber aus sicherer Entfernung beobachten.

Wegen des Kommunikationsausfalls mußte ich in Erwägung ziehen, daß Ephraim nur eine Falle zu stellen versuchte, wenn er wieder Kontakt mit mir aufnahm. Ich merkte, daß ich paranoid wurde, aber aus gutem Grund. Ich versuchte wieder bei Ephraim anzurufen, doch der Apparat war immer noch tot. Wenn ich bis morgen keine Klarheit hatte, gab es nur zwei Alternativen für mich: Ich konnte für eine Weile verschwinden und abwarten, was passierte. Oder ich konnte meinen Freund Rolly anrufen, den Verbindungsmann des Mossad zum CIA, der in der israelischen Botschaft hier in Washington stationiert war. Ich könnte mich mit ihm treffen und ihm alles offenbaren. Ich hatte mir die Sache schon im Kopf zurechtgelegt; ich wollte einen Journalisten mitnehmen, damit ich nicht einfach verschwinden würde.

Aber soweit war es noch nicht. Erst einmal mußte ich bei Dunkelheit das Hotel verlassen. Tagsüber war ich in den Laden der Heilsarmee gegangen und hatte mir einen langen abgerissenen Mantel gekauft, den ich in eine Einkaufstüte stopfte. Ferner stellte ich einen Einkaufswagen am Rand des Parkplatzes neben dem Hintereingang des Hotels ab. Ich rasierte mich nicht, und ich hatte auch eine Flasche Rum als Schlaftrunk in meiner Einkaufstüte. Als es dunkel wurde, fuhr ich mit dem Fahrstuhl in die Tiefgarage und zog dort den Mantel an. Als ich mit dem Einkaufswagen, den ich mit alter Wäsche beladen hatte, zur Hintertür des Hotels herauskam, war ich nicht von den anderen Obdachlosen zu unterscheiden, die die Straßen bevölkerten, ohne weiter aufzufallen.

Ich setzte mich auf die harte Bank und machte es mir für die Nacht bequem, wobei ich mich mit einem gelegentlichen Schluck aus der Rumflasche wärmte. Es war kalt und einsam. Eine Nacht draußen auf der Straße ist verdammt lang. Ich wollte auf keinen Fall einschlafen, damit ich sehen konnte, ob es nun um das Hotel herum irgendwelche Aktivitäten nach Art eines Mossad-Überfallteams gäbe.

Es geschah nichts, was für mich von Interesse gewesen wäre. Drogen wurden auf der Straße ge- und verkauft, ein Auto wurde keine zwanzig Schritte von mir entfernt gestohlen, und ein Obdachloser wollte mir meine Bank streitig machen.

Um halb fünf war mir klar, daß sie nicht kommen würden oder daß ich sie nicht gesehen hatte, falls sie doch dagewesen waren. Es gab aber immer noch die Möglichkeit, daß sie in meinem Zimmer warteten, weshalb ich nicht hinaufgehen wollte, bevor ich nicht jemanden hatte, der mit mir kommen würde. Ich mußte also noch mindestens vier Stunden warten. Auf der Bank wurde es mir zu kalt. Ich ging ein paar Blocks weiter zur U-Bahn-Station, wo ich den Rest der Nacht an den Kartenautomaten gelehnt auf dem Boden verbrachte. Den Einkaufswagen hatte ich zurückgelassen. Ich war mir sicher, daß er am Morgen nicht mehr dort stehen würde. Um halb acht wachte ich auf. Ich merkte, daß ich einige Stunden geschlafen hatte. Die Fahrgäste rannten an mir vorbei und beachteten mich nicht, als ob ich nicht existierte. Es war, als hätte ich mich selbst um meine Existenz gebracht. Dieses Erlebnis würde ich nicht so bald vergessen; ein solches Schicksal lag ganz auf der Linie der Arbeit, mit der ich es zu tun hatte.

Donnerstag, den 1. Mai 1986

Ich ging langsam zum Hotel zurück. Der Wagen war noch da. Ich stellte ihn an den Hintereingang und ging in die Tiefgarage, um mich wieder in mein eigentliches Ich zurückzuverwandeln. Ich betrat die Lobby, rief über das Haustelefon den Service und bat darum, daß jemand vorbeikomme, weil in meinem Zimmer das Wasser nicht funktioniere. Ich beobachtete, wie ein Handwerker seinen Werkraum verließ. Ich betrat mit ihm zusammen den Fahrstuhl. Ich wartete am Ende des Ganges, bis er bei meinem Zimmer war und anklopfte. Als er keine Antwort erhielt, öffnete er mit einem Nachschlüssel und ging hinein. Ich rannte ihm nach und betrat gleich danach das Zimmer.

»Hatten Sie nicht irgendein Problem?« fragte er leicht verwirrt.

»Ich habe kein Wasser«, sagte ich und wies auf das Bad. Ich schaute mir das Zimmer genau an; es war leer. Der Handwerker probierte die Hähne und sagte mir, daß alles in Ordnung sei. Ich entschuldigte mich, und er ging. Ich mußte dringend duschen. Danach rief ich den Zimmerservice an, weil ich einen Bärenhunger hatte.

Es gab keine Nachricht für mich und keinerlei Anzeichen, daß irgend jemand im Zimmer gewesen war. Ich wollte um elf die Botschaft anrufen und es noch ein einziges Mal bei Ephraim versuchen, beschloß ich. Das üppige Frühstück, das ich bestellte, konnte gut mein letztes sein. Ich öffnete dem Kellner und ging zurück ins Zimmer. Bevor er die Tür schließen konnte, hörte ich ihn mit jemandem hinter sich sprechen: »Entschuldigen Sie, Sie können nicht einfach ...«

Ich drehte mich um und trat leicht zur Seite, bereit, mich in die Ecke zu werfen. Ich rechnete damit, daß gleich eine Kanone in der Tür auftauchte. Statt dessen war da das breite Grinsen von Ephraim. »Ist okay, ist okay«, sagte er zu dem überraschten Kellner. »Der Herr erwartet mich, richtig?« wandte er sich an mich.

»Klar. Möchtest du mit mir frühstücken?«

»Nein, danke. Ich möchte nur einen Kaffee.«

Der Kellner stellte das Tablett auf den Tisch und reichte mir den Quittungszettel. Ich unterschrieb und schob ihn hinaus. Ich drehte mich zu Ephraim um. »Weißt du eigentlich, wie nahe du dran warst, die ganze Geschichte zum Platzen zu bringen? Kannst du dir auch nur vorstellen, was geschehen wäre, wenn es mir gestern gereicht hätte?«

»Ich hatte die Sache nicht mehr in der Hand. Ich konnte dich nicht erreichen.«

»Und was ist mit deinem verdammten Telefon? Wer hat das Telefon abgestellt?«

»Wovon redest du? Das Telefon ist in Ordnung.«

Ich gab ihm den Hörer. »Dann zeig mal.«

»Nicht von hier aus. Wir gehen später raus und rufen von einem Münztelefon aus an.«

»Du rufst jetzt an.« Ich blieb fest, und mein Ton war barsch. Ich war nicht zu Späßen aufgelegt.

Er nahm den Hörer und wählte seine Nummer. Nachdem er ein paar Sekunden gelauscht hatte, schien er in Verwirrung zu geraten. »Du hast recht! Was zum Teufel ist da los?« Er wählte eine andere Nummer und wartete. »Was zum Teufel ist mit der Nummer zwölf los?« fauchte er jemanden am anderen Ende der Leitung an. Er horchte ein paar Sekunden und sagte dann: »Weißt du, daß uns das ein Menschenleben hätte kosten können? Wenn meinem Mann deinetwegen irgend etwas passiert, dann bist du am besten nicht da, wenn ich zurückkomme.«

Ich hörte die Stimme am Telefon, konnte aber kein Wort verstehen. Ich merkte nur, daß der Mann panisch klang. »Nein«, fuhr Ephraim fort, »ich will nicht, daß die Leitung wiederhergestellt wird, ich will eine neue und zwar sofort. Sieh zu, daß sie in einer Stunde steht, dann ruf' ich wieder an.«

Er horchte ins Telefon, nahm dann einen Stift und notierte eine Nummer. Während er noch redete, reichte er mir den Zettel. Als er auflegte, hatte ich mich schon zu Tisch gesetzt, mir einen Toast mit Butter geschmiert und nahm den Deckel von dem Teller mit den Eiern und dem Schinken.

Das einzige, was mich tröstete, war die Tatsache, daß das niemals passiert wäre, wenn es eine Mossad-Operation gewesen wäre und nicht in den Händen irgendeines Würstchens gelegen hätte. Es war nicht die Art des Mossad, irgend etwas auf der technischen oder Hardware-Ebene schiefgehen zu lassen. Ich konnte Ephraim jetzt vertrauen, aber es war komisch, daß ich dieses Vertrauen aus einem Fehler zog.

Er goß sich Kaffee in ein Glas, das ich aus dem Badezimmer geholt hatte.

»Haben die Russen dich angerufen?« fragte er.

»Nein«, fauchte ich. »Und lenk nicht vom Thema ab.« Ich war immer noch wütend über das Telefon-Fiasko.

»Es tut mir leid«, sagte er und versuchte, meinen Blick einzufangen. Ich stierte auf meinen Teller und stippte den Toast in das weiche Ei. »Irgend jemand hat Mist gebaut. So etwas passiert eben.«

Ich schaute ihn an. »Du hättest dafür sorgen müssen, daß es nicht passiert. Wärst du nur ein paar Stunden später hier angekommen, wäre alles vorbei gewesen.«

»Was wolltest du denn tun?«

»Das geht dich nichts an. Ich hätte für mich selbst gesorgt. Was hast du denn gedacht?«

»Wir sitzen in einem Boot«, sagte er. Er sah ein bißchen betreten aus. »Was hattest du denn vor?«

»Was führt dich hierher?« fragte ich, ohne ihm zu antworten.

»Ich bin gerade mit dem Ende einer stinkigen Operation beschäftigt«, sagte er.

Ich wollte nichts sagen, bis er fertig war.

»Es ist der alte trojanische Schnüfflertrick.« Er zündete sich eine Zigarette an.

»Was ist das?« Ich mußte grinsen. Ich hatte noch nie gehört, daß man die Sache so nannte.

»Ich wußte doch, daß dich das hellhörig macht.« Er lächelte. »Shimon hat im Februar dieses Jahres die Operation Trojaner aktiviert.«

Ich nickte. Ich war noch im Mossad gewesen, als der Befehl gegeben wurde. Wegen meiner Erfahrung bei der Marine und der Tatsache, daß ich mit den meisten Marinekommandeuren persönlich bekannt war, nahm ich als Verbindungsmann zur Marine an der Planung teil.

Ein Trojaner war ein besonderer Kommunikationsapparat, der von Marinekommandos tief im Feindesland angebracht wurde. Der Apparat fungierte als Relaisstation für Mitteilungen, die von der Desinformations-Abteilung des Mossad, kurz LAP[1] genannt, ausgesandt wurden, um den Gegner in die Irre zu führen. Die Konserven-Aufnahmen wurden von einem Schiff der israelischen Marine auf dem offenen Meer ausgesendet. Es benutzte eine nicht entschlüsselbare digitale Übertragung, die nur von dem Trojaner empfangen werden konnte. Der Apparat sendete dann die Meldung erneut auf einer anderen Frequenz, die für offizielle Angelegenhei-

[1] LohAma Psicologit; psychologische Kriegsführung.

ten im Feindesland benutzt wurde. Sie wurde dann von amerikanischen Horchstationen in England oder sonstwo aufgefangen.

Die Amerikaner gingen mit Sicherheit davon aus, daß sie eine echte (in diesem Fall libysche) Meldung aufgefangen hätten; von daher der Name Trojaner – in Erinnerung an das Trojanische Pferd aus der Mythologie. Der Inhalt der Botschaften bestätigte nach der Dechiffrierung Informationen anderer Geheimdienstquellen, insbesondere die des Mossad. Der Trojaner selbst mußte so nahe wie möglich an der üblichen Quelle solcher Meldungen plaziert werden, weil die Amerikaner durch ausgeklügelte trigonometrische Berechnungen die Quelle verifizieren konnten.

Zwei Eliteeinheiten der Armee waren für die exakte Plazierung des Apparates zuständig, die Matkal-Aufklärungseinheit und die Flotilla 13, das heißt die Marinekommandos. Bei dieser Operation plazierte die Flotilla 13 einen Trojaner in Tripolis, Libyen.

In der Nacht vom 17. auf den 18. Februar waren zwei israelische Flugkörper-Schnellboote, die »SAAR 4« der Moledet-Klasse, bestückt mit Boden-Boden-Raketen vom Typ Harpoon und Gabriel, dem Anti-Raketen-System »Vulcan Falanx«, 20-mm-Maschinenkanonen und 0.5'-Kanonen, sowie die »Geula« der Hohit-Klasse mit einer Helikopterplattform und Helikoptern sowie der regulären »SAAR-4«-Bewaffnung auf einer scheinbar routinemäßigen Patrouille im Mittelmeer Richtung Sizilien unterwegs. Sie fuhren wie üblich gerade außerhalb der libyschen Territorialgewässer. Die Kriegsschiffe drosselten mitten in der Nacht nördlich von Tripolis ihre Geschwindigkeit auf vier Knoten. Da sie für das Radar sowohl in Tripolis als auch auf der italienischen Insel Lampedusa sichtbar waren, verlangsamten sie ihre Fahrt so lange, bis ein Team von zwölf Kampfschwimmern in vier sogenannte nasse U-Boote, die dicht unter der Wasseroberfläche fuhren, sogenannte »Schweine«, und zwei Schnellboote mit niedriger Silhouette, sogenannte »Vögel« übersetzen konnten. Die »Schweine« konnten jeweils zwei Kampfschwimmer in voller Ausrüstung transportieren. Die »Vögel«, ausgerüstet mit einem 7.62-Kaliber-MG und einer Reihe tragbarer panzerbrechender Raketen, konnten je sechs Kampfschwimmer aufnehmen und die leeren »Schweine« ins Schlepp nehmen. Sie brachten die Kommandos so nahe wie möglich an die Küste heran, wodurch die Distanz, die die »Schweine« zurücklegen mußten, erheblich reduziert wurde. Die »Schweine« waren versenkbar und sehr leise, aber relativ langsam.

Die libysche Küste war dreieinhalb Kilometer entfernt. Im Südwesten glitzerten die Lichter von Tripolis. Acht Kampfschwimmer stiegen in die »Schweine« um und nahmen Kurs auf die Küste. Die »Vögel« blieben an einem festgelegten Treffpunkt zurück, zu »gewalttätigen Aktionen« bereit, sofern es die Situation erforderte. Die acht Kommandos, in ihren Gummինaßanzügen bis an die Zähne bewaffnet, gingen an Land. Die Einheit ließ ihre wie Zigarren geformten Transporter im flachen Wasser abgesenkt zurück und marschierte landeinwärts. Zwei Mann trugen den Trojaner, einen 1,80 Meter langen dunkelgrünen Zylinder von 18 Zentimeter Durchmesser.

Ein grauer Lieferwagen stand am Straßenrand, etwa 30 Meter vom Strand entfernt. Es war die Schnellstraße von Tripolis nach Sabratha und Bengasi. Um diese Zeit gab es kaum Verkehr. Der Fahrer des Wagens schien einen Platten zu reparieren. Als sich das Team näherte, hörte er mit seiner Arbeit auf und öffnete die rückwärtige Tür des Lieferwagens. Er war ein Mossad-Kämpfer. Ohne ein Wort sprangen vier Mann in den Wagen und fuhren Richtung Stadt. Die anderen vier kehrten zum Strand zurück und nahmen bei ihren abgetauchten »Schweinen« eine Verteidigungsstellung ein. Ihre Aufgabe war es, eine Fluchtroute für das andere Team offenzuhalten, falls Probleme auftauchen sollten.

Gleichzeitig war ein israelisches Geschwader südlich von Kreta mit aufgetankten Maschinen einsatzbereit. Es war in der Lage, Bodenkräfte von der Kommandoeinheit fernzuhalten und ihnen einen nicht ganz sauberen Abgang zu sichern. Zu jenem Zeitpunkt war die kleine Einheit in drei Gruppen geteilt, was sie extrem verwundbar machte. Sollte eine Gruppe auf feindliche Kräfte stoßen, war sie angewiesen, mit größter Zurückhaltung zu agieren, bevor der Feind zum Angriff überging.

Der Lieferwagen parkte hinter einem Appartementgebäude an der Al-Jamhuriyh-Straße in Tripolis, keine drei Blocks von der Bab-al-Azizia-Kaserne entfernt, von der man wußte, daß sie Gaddafis Hauptquartier und Residenz war. Die Männer hatten inzwischen Zivil angelegt. Zwei blieben bei dem Wagen zurück, um Schmiere zu stehen, die anderen beiden halfen dem Mossad-Kämpfer, den

Zylinder in den obersten Stock des fünfstöckigen Gebäudes zu schaffen. Der Zylinder war in einen Teppich gewickelt.

In dem Appartement wurde die Kappe des Zylinders geöffnet und eine kleine tellerähnliche Antenne entfaltet, die vor dem Fenster in Nordrichtung angebracht wurde. Der Apparat wurde eingeschaltet, und damit war das Trojanische Pferd an seinem Platz.

Der Mossad-Kämpfer hatte die Wohnung für sechs Monate gemietet und die Miete im voraus bezahlt. Außer für ihn gab es für niemanden einen Grund, das Appartement zu betreten. Wenn es jedoch jemand täte, würde sich der Apparat selbst zerstören, wobei der größte Teil des Obergeschosses mit in die Luft fliegen würde. Die drei Männer gingen hinunter zum Wagen und fuhren zurück zum Strand.

Nachdem er die Leute abgesetzt hatte, fuhr der Kämpfer wieder in die Stadt, um das Trojanische Pferd in den nächsten Wochen zu überwachen. Die Kommandos legten unverzüglich mit ihren »Schweinen« ab, denn sie wollten nicht bei Tagesanbruch in libyschen Gewässern erwischt werden. Sie erreichten die »Vögel« und rasten mit voller Geschwindigkeit zu einem Treffpunkt, wo sie von den Flugkörper-Schnellbooten wieder an Bord genommen wurden.

Bereits Ende März empfingen die Amerikaner Nachrichten, die von dem Trojanischen Pferd ausgestrahlt wurden. Der Apparat war nur zu Tageszeiten mit starkem Funkverkehr aktiviert. Der Mossad sandte eine lange Reihe von terroristischen Befehlen an verschiedene libysche Botschaften in der ganzen Welt (beziehungsweise an die Volksbüros, wie sie von den Libyern genannt werden). Die Nachrichten wurden von den Amerikanern dechiffriert; sie schienen ihnen hinreichende Beweise dafür zu liefern, daß die Libyer hinter terroristischen Aktivitäten in der ganzen Welt steckten, und bestätigten die entsprechenden Berichte des Mossad.

Die Franzosen und Spanier gingen dieser Informationsfülle nicht auf den Leim. Ihnen kam es seltsam vor, daß die Libyer, die in der Vergangenheit bezüglich ihres Funkverkehrs sehr vorsichtig gewesen waren, aus blauem Himmel heraus plötzlich ihre Aktionen ankündigten. Sie fanden es auch verdächtig, daß die Berichte des Mossad in einer Sprache verfaßt waren, die den chiffrierten libyschen Botschaften auf merkwürdige Weise glich. Sie argumentierten, daß für den Fall, daß diese Informationen stimmten, der

Angriff auf die Diskothek La Belle[1] am 5. April in West-Berlin hätte verhindert werden können, weil zwischen der Anweisung und der Durchführung des Anschlags genügend Zeit gewesen sei, um einzugreifen. Und da dies nicht geschehen sei, konnte er nicht auf das Konto der Libyer gehen, und die neuen Informationen seien ihrer Ansicht nach ein Schwindel.

Sie hatten recht. Die Information war ein Schwindel, und der Mossad hatte keinen Anhaltspunkt dafür, wer die Bombe ins La Belle warf, die einen Amerikaner tötete und zahlreiche weitere verwundete. Aber der Mossad war mit so vielen der europäischen Terroristen-Organisationen verbandelt und wußte, daß es in der unheilvollen Atmosphäre in Europa nur eine Sache der Zeit war, bis ein Bombenattentat geschah, bei dem es ein amerikanisches Opfer gab.

Die Mossad-Spitze rechnete fest mit dem amerikanischen Versprechen, einen Vergeltungsschlag gegen jedes Land zu führen, das nachweislich den Terrorismus unterstützte. Das Trojanische Pferd lieferte den Amerikanern den Beweis, den sie brauchten. Der Mossad benutzte auch Gaddafis Psychopathen-Image und seine Erklärungen – die tatsächlich nur für den inneren Gebrauch gedacht waren –, um die richtige Atmosphäre für einen Schlag gegen Libyen zu erzeugen. Es darf nicht verschwiegen werden, daß Gaddafi im Januar die Große Syrte zu libyschem Territorialgewässer erklärt hatte. Die gedachte Linie zwischen dem westlichen und dem östlichen Eckpunkt des Golfes nannte er »Todeslinie«, was ihm nicht gerade ein moderates Image verlieh. Die Amerikaner fielen Hals über Kopf auf die List herein und zogen die etwas widerstrebenden Engländer mit sich.

Die Trojanische Operation konnte als Erfolg verbucht werden. Sie führte zu dem Luftschlag, den Präsident Reagan versprochen hatte. Der amerikanische Angriff hatte für den Mossad ein dreifaches Ergebnis. Er brachte einen Deal zur Entlassung der amerikanischen Geiseln im Libanon zum Scheitern, wodurch die Hisbollah in den Augen des Westens Feind Nummer eins blieb. Er war auch eine Botschaft an die gesamte arabische Welt, der noch einmal verdeut-

[1] Der Anschlag auf diese Diskothek stand angeblich mit den Libyern in Verbindung und war der Auslöser für die Bombardierung Libyens durch die Amerikaner in der Nacht zum 15. April.

licht wurde, wo die Amerikaner im arabisch-israelischen Konflikt standen. Und drittens ging das Büro daraus als großer Held hervor, der die USA mit lebenswichtigen Informationen für den Kampf gegen den Weltterrorismus versorgt hatte.

Nur die Franzosen und die Spanier fielen auf den Mossad-Trick nicht herein. Sie waren entschlossen, sich bei diesem aggressiven Akt nicht auf die Seite der Amerikaner zu stellen und erlaubten den amerikanischen Bombenflugzeugen nicht, auf ihrem Weg zum Angriff auf Libyen ihr Territorium zu überfliegen. Damit zeigten sie deutlich, daß sie mit der Aktion nicht einverstanden waren.

In der Nacht zum 15. April 1986 warfen einhundertsechzig amerikanische Flugzeuge über sechzig Tonnen Bomben über Libyen ab. Die Angreifer bombardierten den internationalen Flughafen von Tripolis, die Bab-al-Azizia-Kaserne, die Marinebasis Sidi Bilal, die Stadt Bengasi und den Militärflughafen Banina außerhalb von Bengasi. Die Flugzeuge kamen aus England und von Flugzeugträgern im Mittelmeer. Aus England waren 24 F-111 aus Lakenheath gestartet, 5 EF-111 aus Upper Heyford und 28 Tankflugzeuge aus Mildenhall und Fairford. Sie wurden unterstützt von 18 A-6 und A-7 Kampf- und Kampfunterstützungsflugzeugen, 6 F/A-18 Jägern, 14 EA-6B elektronischen Störflugzeugen und anderen unterstützenden Systemen. Die Marineflugzeuge kamen von den Flugzeugträgern »Coral Sea« und »America«. Auf libyscher Seite gab es annähernd vierzig zivile Opfer, einschließlich der Adoptivtochter Gaddafis. Auf amerikanischer Seite wurden ein Pilot und sein Waffensystemoffizier getötet, als ihr Flugzeug explodierte. Nach der Bombardierung brach die Hisbollah die Verhandlungen über die Geiseln ab, die sie in Beirut gefangenhielt, und richtete drei von ihnen hin, einschließlich des Amerikaners Peter Kilburn. Andererseits wurden die Franzosen für ihre Nichtbeteiligung an dem Angriff durch die Entlassung eines französischen Journalisten, der in Beirut als Geisel festgehalten wurde, belohnt, wie man später erfuhr. (Wie der Zufall so spielt, hatte eine verirrte Bombe bei dem Luftangriff die französische Botschaft in Tripolis getroffen.)

Dies alles erzählte Ephraim und bestätigte einige Informationen, die mir schon bekannt waren. Dann fuhr er fort: »Nach der Bombardierung von Libyen wird unser Freund Gaddafi für einige Zeit nicht ins Bild kommen. Der Irak und Saddam Hussein sind das nächste Ziel. Wir fangen an, ihn jetzt als den großen Bösewicht aufzubauen. Das wird einige Zeit brauchen, aber am Ende wird es zweifellos wirken.«

»Aber wird Saddam uns gegenüber nicht als moderat angesehen? Als Alliierter Jordaniens und großer Feind des Irans und Syriens?«

»Ja, und deswegen bin ich gegen diese Aktion. Aber das ist die Direktive, und ich muß sie befolgen. Hoffentlich sind wir mit unserer kleinen Operation fertig, bevor etwas Großes geschieht. Schließlich haben wir schon seine Nuklearanlagen zerstört, und wir verdienen sehr gut, indem wir ihm über Südafrika Technologie und Ausrüstung verkaufen.«

»Aber das erklärt immer noch nicht, warum du mit mir Katz und Maus gespielt hast.«

»Ich war unerreichbar in Belgien, wo ich einen irakischen Scheißer instruieren mußte, wie eine Pipeline in Kuweit zerstört werden kann. Wie du dir vorstellen kannst, war ich nicht allein dort, und keiner konnte weg, bevor der Kerl nicht auf den Weg gebracht war.«

»Ein einziger Mann?«

»Ja, einer. Er wird seine Freunde instruieren, wenn er zurückkommt.«

»Und du glaubst, daß er den Job macht?« Das kam mir komisch vor. Es gehörte eigentlich zum Standardverhalten beim Mossad, daß Sabotageakte nur von unseren Leuten ausgeführt wurden und die Einheimischen nur herhalten mußten, wenn etwas schiefging. Ein Team zu schicken, das ein Training aus zweiter Hand erhalten hatte, war Selbstmord.

»Er wird den Job machen.«

»Ich möchte wetten, daß er sich entweder selbst in die Luft jagt oder geschnappt wird.«

»Ich hoffe ja, daß du recht behältst, genau darauf bau' ich auch. Ich glaube, daß er wahrscheinlich geschnappt wird, und bis er soweit ist, daß er alles ausspuckt, werden die Kuweiter überzeugt sein, daß er für die Iraker arbeitet und nur da war, um beim Sturz der königlichen Familie von Kuweit mitzuwirken.«

»Und was zum Teufel wäre damit gewonnen?«

»Agitation, mein Junge, Agitation, was sonst? Und dann sehen wir, was wir daraus machen. Schließlich ist der Krieg zwischen dem

Iran und dem Irak immer noch im Gange, und die Kuweiter zahlen zusammen mit den Saudis den Löwenanteil.«

Ich war Ephraim dankbar, daß er mit mir so detailliert über die Dinge sprach, zu denen ich keine direkte Verbindung mehr hatte. Es gab mir das Gefühl, daß ich immer noch dazugehörte. Innerhalb des Mossad erzählte jeder jedem alles. Hätte Ephraim das nicht gemacht, hätte er mich verloren – das war uns beiden klar.

Ich häufte große Mengen Marmelade auf die restlichen Toasts und spülte sie mit heißem Kaffee hinunter. Mein Hunger war fast gestillt, doch die Kälte der Nacht schien immer noch nicht aus meinen Knochen weichen zu wollen.

»Was ist also aus unserer kleinen Eskapade geworden?« fragte Ephraim. »Du hast gesagt, daß die Russen dich nicht zurückgerufen haben?«

»Nein.«

»Ruf sie jetzt an.«

Ich stand auf und holte den Zettel aus meiner Brieftasche, den mir der Russe gegeben hatte. Ich wählte die Nummer.

»Hallo?« hörte ich eine Stimme mit starkem russischem Akzent.

»Ich habe auf Ihren Anruf gewartet.«

»Spreche ich mit Victor?«

»Ja. Haben Sie etwas für mich?«

»Tut mir leid, aber wir werden nicht mehr mit Ihnen reden. Tut mir leid.« Und er legte auf. Er konnte nicht ahnen, wie glücklich ich darüber war.

»Na?« Ephraim beugte sich zu mir herüber, als könnte er dadurch schneller erfahren, was ich zu sagen hatte. Er hatte sich auch einen Toast genommen.

»Sie wollen mich nicht.«

»Jawohl!« Er sprang auf und schlug mit der Faust auf einen imaginären Gegner ein. »Jawohl! Jetzt haben wir den Bastard.«

»Wer ist es?«

»Ich hab' dir gesagt, daß es nicht von der operativen Seite kommen kann. Wir haben aus dem Büro des Premierministers eine Anfrage nach Informationen über verschiedene Leute bekommen, die im vergangenen Jahr vom Mossad entlassen wurden. Wir schickten vier Akten, eine davon war deine. Durch eine etwas fadenscheinige Geschichte brachte ich jemanden von der Technik dazu, die Akten so zu präparieren, daß wir sehen konnten, wer welche Akte in der Hand gehabt hatte. Das Ergebnis war so, wie ich es erwartet hatte. Nur deine war geöffnet worden. Sie wurde von dem Mann angefordert, der für die Sicherheit im Büro des Premiers verantwortlich ist, ein Typ namens Levinson.«

»Ist er vom *Shaback*?«

»Nein, er ist für die Sicherheit des Büros, die Dokumentation, Telefone und so was zuständig. Sie hätten keinen in einer besseren Position haben können, selbst wenn sie den Chef vom *Shaback* rekrutiert hätten.«

»Und was jetzt?«

»Es wird eine Weile dauern, aber wir werden ihn noch vor Ende des Jahres festnageln. Ich hab' meinem Freund im *Shaback* eine Warnung zukommen lassen. Ich hab' ihm gesagt, daß ich es von einem Verbindungsmann erfahren hätte, er es aber nicht benutzen könne, ohne die Quelle zu zerstören. Er kennt die Situation, und jetzt muß er ihn selbst schnappen.«

»Also haben wir es geschafft«, rief ich. »Wir haben es doch tatsächlich geschafft, oder?«

Er nickte. »Ja, es scheint so.«

Ich war glücklich. Man erwischt nicht alle Tage einen sowjetischen Spion. Und es erschien mir so einfach, wenn ich jetzt daran zurückdachte. Wie ein Spaziergang im Park.

Kapitel 16

Ich zündete eine Zigarette an und setzte mich auf die Bettkante. Es herrschte einige Minuten Stille.

»Okay. Jetzt kommen wir zu deinem nächsten Auftrag«, sagte Ephraim.

»Worum geht es?«

»Du wirst einen kurzen Besuch bei unseren britischen Freunden machen und ihnen deine Dienste anbieten.«

»Die Briten? Sie sind unsere Alliierten. Was zum Teufel brauchst du denn von denen?«

»Nichts Besonderes. Wir wissen nur, daß sie uns verdächtigen, wir hätten etwas mit dem Versuch zu tun, eine Bombe in ein El-Al-Flugzeug zu schmuggeln.«

»Mit dem, der in Heathrow vereitelt wurde?«

»Genau.«

»Aber hat nicht der El-Al-Sicherheitsdienst die Geschichte im letzten Moment verhindert?«

»Genau. Aber es gibt das Gerücht, daß wir dahinterstecken, weil wir ihren Sicherheitsdienst in Verlegenheit bringen und unseren eigenen ins rechte Licht rücken wollten. Und gleichzeitig hätten wir es den Syrern anhängen wollen.«

»Und, stimmt das?«

»Schon möglich. Ich hab' keine Ahnung, aber das Gerücht muß aus der Welt.«

»Ich soll also hingehen und ihnen erzählen, daß wir es nicht waren?« Ich lächelte, weil ich das Ganze amüsant fand.

»Nein. Du wirst ihnen mehr oder weniger dasselbe erzählen, was du den Sowjets gesagt hast, mit dem Unterschied, daß du nicht mehr für uns arbeitest.« Er überreichte mir einen Umschlag.

»Hier sind ein paar Papiere, die du ihnen geben kannst, um zu beweisen, daß du für den Mossad gearbeitet hast.«

»Warum bringen wir sie nicht einfach dazu, daß ihr Mann beim Mossad mich überprüft?« Ich mußte lachen.

»Das ist ein einfacher Job.« Er blieb ernst. »Du mußt das so schnell wie möglich erledigen. Ich bleibe hier, bis du damit durch bist, und dann fliege ich.«

»Weißt du, dieser Job paßt nicht recht zu dem, was du über die Gründe erzählt hast, warum wir dies alles machen.«

»Und die wären?«

»Ich dachte, wir seien darauf aus, den Mossad in die Scheiße zu reiten und einen Wechsel an der Spitze zu erzwingen. Und plötzlich sollen wir seinen Ruf schützen?«

»Wir schlagen zwei Fliegen mit einer Klappe. Einerseits stellen wir den Ruf Israels wieder her, und wir deckeln die syrischen Diplomaten in England. Andererseits bekommst du einen Stein im Brett bei den Briten. Wenn du jetzt nicht bei ihnen als jemand aufkreuzt, der nur Rache nehmen will, wirst du später bei ihnen eine größere Glaubwürdigkeit haben. Wir benutzen diese Glaubwürdigkeit, um das Büro in Verlegenheit zu bringen und die Londoner Station durchzupusten.«

»Muß ich noch lange auf den nächsten Job warten? Ich verliere die Geduld an diesem Scheißort. Ich möchte das Ende des Tunnels sehen oder zumindest so etwas Ähnliches.«

Er lächelte. Ich merkte, daß es ihm nicht leichtfiel – das Lächeln meine ich. Er steckte in einer Welt, die sich jeden Moment veränderte, und er mußte sich anpassen.

»Dein nächster Job ist in der Mache, während wir hier reden. Nachdem du den erledigt hast, wirst du wieder mit Bella und den Kindern zusammensein.«

»Worum geht's denn da?« Ich konnte es kaum abwarten.

»Noch ist es nicht soweit, Victor. Zuerst muß die britische Sache erledigt werden.«

Ich wollte unbedingt mehr aus ihm herausbekommen, aber er lehnte sich einfach in seinen Sessel zurück, und sein rundes Gesicht nahm einen leicht amüsierten Ausdruck an. Ich ließ es dabei bewenden.

Er hielt wohl den Zeitpunkt für ein paar aufmunternde Worte gekommen. Er sagte: »Du hast mich einmal gefragt, warum wir nicht die Angelegenheit an die Medien geben und auf diese Weise den Mossad stürzen.«

Ich nickte.

»Wir können die Organisation nicht von außen einreißen – sie besitzt in Israel zuviel Glaubwürdigkeit. Egal was wir sagen, wir können nicht einmal ihre Oberfläche ankratzen. Der Mossad muß als das dargestellt werden, was er ist: ein inkompetentes, faules, überdimensioniertes, gieriges Monster. Und das kann nur Schritt für Schritt geschehen. Was wir jetzt tun, ist ein Angriff auf den Mossad von den Flanken. Wir werden ihn von allen Seiten schlagen. Wir setzen unsere Existenz gegen die Inkompetenz des Mossad aufs Spiel.«

»Was meinst du mit aufs Spiel setzen?«

»Wenn das Büro so inkompetent ist, wie wir behaupten, dann werden sie nie erfahren, von wem der Schlag gegen sie ausgeht. Wenn sie so gut sind, wie sie jedermann glauben machen wollen, dann«, und er lächelte, »wird es uns erwischen.«

»Was ist mit dem Ruf des Staates? Nicht jeder kann zwischen Israel und seinem Mossad unterscheiden.«

»Das ist richtig, aber wir beschäftigen uns nur mit Geheimdiensten, und sie kennen den Unterschied. Wir wollen im Verlauf unserer Arbeit schließlich nicht auch den Staat zerstören. Wir müssen sehr vorsichtig vorgehen, wie eine Abrißmannschaft, die mitten in der Stadt ein Hochhaus abtragen muß. Man kann dabei das ganze Stadtzentrum zerstören, man kann es aber auch professionell machen. Wenn wir überstürzt handeln, könnte dies dazu führen, daß die Beziehungen zwischen Israel und jedem Land der Welt, das der Mossad übers Ohr haut, abgebrochen werden. Und das wären so gut wie alle Länder, mit denen wir Beziehungen haben, und noch ein paar mehr, mit denen wir vielleicht in Zukunft Beziehungen aufnehmen werden. Unser Ziel ist das Büro und nur das Büro, so wie es jetzt ist.«

Ich schaute ihn entgeistert an. Ich fühlte mich erschöpft. Ich wußte, was mir bevorstand, und ich war froh, daß er sich die Mühe machte, mir die Situation zu erklären. Ich war zum Mossad aus genau dem Grund gegangen: mein Land zu schützen – nicht den Mossad und seine Bosse, sondern mein Land. Und wenn der Mossad zu einer Bedrohung für mein Land wurde, dann war er ein Feind. Aus demselben Grund war ich nach meiner Rückkehr aus Kanada zur Marine gegangen. Ich glaubte, daß man das, was man wirklich liebt, auch verteidigen sollte.

»Es gibt noch etwas.« Seine Stimme war wieder normal, ohne eine Spur von Emotion, wie er sie gerade gezeigt hatte. Er sprach wie ein unbeteiligter Beobachter.

»Ein *Kidon*-Team rennt in New York herum und sucht einen Mann, von dem sie glauben, daß er einen Kontakt mit der PLO gemacht hat.«

Ich merkte, wie mir das Blut gefror. Ich schüttelte den Kopf. »Was sagst du da?«

»Du hast richtig gehört«, erwiderte er in seinem nüchternen Tonfall.

»Du nimmst das ja ruhig auf, schließlich ist es nicht dein Arsch, hinter dem sie her sind.«

»Na ja, wie es im Augenblick steht, sind sie auch nicht hinter deinem her.«

»Hinter wem denn sonst?«

»Offenbar war der PLO-Mann, mit dem du gesprochen hast, doch nicht so klug, wie du gedacht hast, oder er hat sich den Deubel um deine Informationen gekümmert. Jedenfalls hat er die Meldung nach Tunis weitergegeben, und sie wurde von der Einheit 8200[1] aufgefangen.«

»Willst du sagen, daß der Kerl über mich am Telefon gesprochen hat?«

»Ja.«

»Hat er mich identifiziert?«

»Das sag' ich dir doch gerade. Nein, er hat nur eine Beschreibung geliefert, und die war nicht besonders gut. Ich glaube, das Team wird versuchen, ihn zu erwischen, um eine bessere Beschreibung aus ihm rauszuholen.«

»Hat er ihnen gesagt, wer ich bin?«

»Ja, sie haben erfahren, daß er von einem sogenannten israelischen Geheimdienstoffizier gesprochen haben soll, sind sich aber nicht sicher. Du weißt, daß jeder kleine Scheißer sagt, er sei vom Mossad. Ich wette, daß die Hälfte aller Israelis, die in New York leben, das irgendwann schon einmal zu irgend jemandem gesagt

[1] Einheit des militärischen Geheimdienstes, abgekürzt Aman genannt, die dafür zuständig ist, Nachrichten abzufangen, die per Telefon, Telex, Fax oder Funk übertragen werden.

haben. Es ist wie die israelische ›Mayflower‹; jeder war an Bord, als sie an Land ging. Ach ja, und sie haben Kode Weiß[1] ausgerufen.«

Er lächelte, mir aber war plötzlich gar nicht mehr danach. Ich wußte, daß er versuchte, die Sache niedrig zu hängen, aber das *Kidon*-Team würde nicht so schnell aufgeben. Sie hatten nicht den Ruf von Verlierern. »Und was ist mit den Kahane-Leuten, die das PLO-Büro beobachtet haben? Hat das Büro schon mit denen gesprochen?«

»Noch nicht, aber du kannst deinen letzten Dollar verwetten, daß sie das tun werden. Ich will dir keine Angst einjagen, dich andererseits aber auch nicht in falsche Sicherheit wiegen. Ich glaube wirklich nicht, daß du dir darüber allzu viele Gedanken machen mußt. Das *Kidon*-Team wird sein kleines Lied singen und tanzen und dann nach Hause fahren. Es gibt für sie wichtigere Dinge, als einem Phantom hinterherzujagen.«

»Wenn sie eine gute Beschreibung von mir bekommen, dann werden sie ja nicht einem Phantom hinterherjagen. Und was, wenn sie den Kahane-Mann fragen, den ich in der Peepshow zurückgelassen habe, damit er sich bepinkelt?«

Ephraim lächelte. »Der braucht dich schon gar nicht zu kümmern. Der sagt nichts.«

»Wieso nicht? Er konnte mich genau ansehen, und sein Freund auch.«

»Trotzdem, er wird niemandem davon erzählen, nicht das jedenfalls, was wirklich passiert ist. Als sein Freund ihn endlich herausholte, erklärte er, daß er von einer ganzen Horde Palästinenser angegriffen worden und der Besucher im PLO-Büro, also du, ein Palästinenserführer oder so etwas gewesen sei. Dadurch ist er in dem kleinen Kreis von Judeo-Nazis zum Helden geworden, und er brauchte nicht zuzugeben, daß ein einziger Mann ihm das alles angetan hatte, und noch dazu einer, den er doch beschatten sollte.«

»Woher weißt du das alles?«

»Wir haben unsere Leute bei denen. Du glaubst doch nicht etwa, daß wir diese Spinner frei herumlaufen lassen?«

[1] Ein israelischer Geheimdienstoffizier ist übergelaufen; höchste Alarmstufe.

Das war gut zu wissen, aber es beruhigte mich nicht wirklich. Im Gegenteil, je mehr ich darüber nachdachte, um so gereizter wurde ich. »Es sieht so aus, als ob irgend jemand im Büro die Sache ernst nimmt, sonst hätten sie nicht ein *Kidon*-Team in die USA geschickt. Das ist ein schwieriges Gelände. Was haben sie denn in der Hand? Ich meine, wenn ich die Untersuchung leiten würde, dann würde ich erst einmal herausfinden wollen, wo zum Teufel dieser Victor Ostrovsky steckt. Ich bin der letzte Mann, der rausgeflogen ist, und im Handumdrehen taucht jemand, auf den meine Beschreibung paßt, im PLO-Büro in New York auf.«

»Nun ja, etwas Ähnliches denken sie wahrscheinlich auch, aber bevor sie dir etwas anhängen können, müssen sie dich erst einmal finden.«

»Bin ich jetzt also auf der Flucht?«

»Nein, aber sieh dich vor. Triff deine Sicherheitsvorkehrungen, und verfall nicht in Euphorie, nur weil du auf amerikanischem Boden bist. Ich weiß, daß Mousa von der Sicherheit versucht, dich zu erwischen. In seinem Auftrag hat jemand deine Frau angerufen und sie gebeten, dir die Botschaft zu übermitteln, daß du ihn anrufen möchtest. Aber aus dem einen oder anderen Grund hat sie die Nachricht nicht an dich weitergegeben, nehm' ich an.«

»Nein, ich hab' die Botschaft nicht erhalten. Möglicherweise denkt sie, daß er mich zurückhaben möchte, sie will aber, daß ich draußen bleibe. Ich hab' keine Ahnung.«

»Frag sie vor allem nicht. Ihr Telefon wird abgehört. Wenn du etwas weißt, was sie dir nicht erzählt hat, werden sie merken, daß du immer noch Verbindungen hast, und alles wird auffliegen.«

»Wirst du informiert sein, was das *Kidon*-Team tut, oder wirst du erst im nachhinein davon erfahren?«

»Ich werde auf dem laufenden gehalten, wenn du das meinst. Ich werde Vorweginformationen bekommen und dich natürlich warnen, wenn es zu heiß wird.«

Es zeigte sich, daß das kleine Spiel mit den Briten nicht weniger gefährlich war als die sowjetische Übung. Es war sogar wesentlich schwieriger. Wir hatten es mit einem sehr gewieften Geheimdienst zu tun, der gute, wenn nicht sogar ausgezeichnete Verbindungen zum Mossad unterhielt. Daß es dort zunehmend Besorgnis über die üblen Tricks des Mossad gab, war ein guter Ansatzpunkt. Doch zuerst mußten wir dort ein wenig graben.

Ich mußte einen Grund haben, der mich zu ihnen führte, und ich mußte in der Lage sein zu beweisen, daß ich ein Mossad-Mann war. Ephraim gab mir verschiedene Dokumente, die ich benutzen konnte, um sie zu überzeugen, daß ich der war, der zu sein ich vorgab. Eines davon war die Fotokopie eines britischen Passes, den ich bei einer Operation in Europa vor fast einem Jahr benutzt hatte. Ephraim gab ihn mir zusammen mit einem Hintergrundbericht.

Ich sollte auch den Kontakt benutzen, den ich mit dem britischen Vertreter für den Nahen Osten gemacht hatte, der für die Kriegsgräber des inzwischen entschwundenen britischen Weltreichs in jenem Teil der Welt verantwortlich war. Im Büro glaubte man, daß er für den britischen Geheimdienst arbeitete und taktische Daten in der Gegend sammelte. Als kanadischer Filmemacher getarnt, hatte ich ihn während einer Übung kontaktiert und versucht, aus ihm Informationen herauszubekommen. Ephraim war sich sicher, daß der Mann, wenn er für den Geheimdienst arbeitete, dieses Ereignis gemeldet habe und in der Lage sei, mich zu identifizieren.

Wir beschlossen, daß ich zwei Gründe haben sollte, um zu den Briten zu kommen. Der eine sollte Geld sein, der andere Rache. Ich sollte auch darüber besorgt sein, daß die Mossad-Aktivitäten im Vereinigten Königreich zu einer Welle des Antisemitismus führen könnten, falls die Dinge außer Kontrolle gerieten und eine englische Version des Pollard-Falles ans Licht käme, die britische Juden als im Dienste des Mossad stehend bloßstellte. Ein solches Ereignis könnte zweifellos zu einer Wiederbelebung der Geschichte von den »Alten von Zion«[1] führen.

So zu argumentieren wurde mir dadurch erleichtert, daß ich wirklich davon überzeugt war, daß es nur eine Frage der Zeit sei, bis so etwas passierte. Wenn die Behörden sich der Gefahr bewußt und vorbereitet waren, könnte es vielleicht verhindert werden.

Es bestand keine Gefahr, daß der britische Geheimdienst eine solche Information für die Entfesselung einer antijüdischen Kampagne benutzen würde. Da aber Araleh Sherf der neue Chef des

[1] Antisemitische Publikation, die im Rußland des 19. Jahrhunderts entstand. Darin ist davon die Rede, daß eine jüdische Geheimregierung, eben die Alten von Zion, plane, die christliche Gesellschaft zum Einsturz zu bringen.

Tsafririm[1] war, der als Militanter bekannt war und glaubte, daß es Israels von Gott gegebenes Recht sei, die jüdische Diaspora zu benutzen, würde er die Aktivitäten auf diesem Gebiet bis zum äußersten treiben, was irgendwann zum Bruch führen könnte.

»Und was soll ich ihnen sagen, wenn sie mehr über diese Sache wissen wollen? Ich denke, wir können ihnen doch nicht die *Sayanim* auf dem Tablett darreichen.«

»Nein, aber wir können ihnen zeigen, wie sie sie finden können, wenn sie genau hinschauen. Es ist weitaus besser, daß sie die Leute warnen, statt sie zu fangen. Nimm an, sie fassen einen Juden, der in ihrer Militärindustrie arbeitet und Informationen an Israel weitergibt. So ein Fall, der durch alle Instanzen ginge und ausgiebig von den Medien breitgetreten würde, könnte jeden Juden in der westlichen Welt in Verdacht bringen. Und ohne Zweifel würde im Prozeß herauskommen, daß es sich nicht um einen Einzelfall handelt. Dann wird uns nur noch Gott helfen können, aber so, wie wir uns in den vergangenen dreißig Jahren aufgeführt haben, bezweifle ich, ob wir auf ihn zählen können.«

Es war etwa zwei Uhr nachmittags, als ich das Taxi verließ und zur zwei Blocks entfernt gelegenen britischen Botschaft ging. Das hellblaue Glasgebäude war etwas von der Straße zurückgesetzt. Ich stieg zum Haupteingang hoch und wurde in den gläsernen Warteraum eingelassen. Ich mußte meine erste Unterhaltung über das Sprechgerät führen. Ich sagte ihnen, daß ich mit einem Vertreter des britischen Geheimdienstes reden wolle und Informationen hätte, die ihn gewiß interessieren würden.

Ich wartete, schaute mir die ein und aus gehenden Leute an und hoffte, daß ich keinen Bekannten treffen oder von jemandem erkannt würde, den ich selbst nicht kannte. Nach etwa zehn Minuten war ich überzeugt, daß dies der falsche Weg sei. Ich ging hinaus und um den Block, um zu überlegen, wie ich es anpacken sollte. Von einem Münztelefon aus gelang es mir, zu dem Mann durchzukommen, der für Sicherheitsfragen zuständig war.

Es war wenig wahrscheinlich, daß das Telefon verwanzt war. »Ich bin vom Mossad gefeuert worden und möchte mit jemandem

[1] Kodename für eine Abteilung, die jüdische Gemeinden in der Diaspora aktiv unterstützt und organisiert; übersetzt etwa »Morgenbrise«.

vom britischen Geheimdienst sprechen. Ich habe einige Informationen, die Sie interessieren könnten.«

Der Mann am anderen Ende der Leitung zögerte keinen Augenblick. »Sind Sie in Washington?«

»Ja, außerdem gar nicht weit von der Botschaft.«

»Könnten Sie hierherkommen?«

»Sicher.«

»Wie lange dauert es, bis Sie hier sind?«

»Etwa zehn Minuten.« Ich wollte sehen, ob es außerhalb der Botschaft irgendwelche Aktivitäten gäbe, bevor ich hineinging. Ich hatte mich schon vorher gecheckt und wußte, daß ich sauber war. Wenn also danach jemand hinter mir her war, wüßte ich, wo ich den Bewacher eingefangen hatte.

Ich gab dem Mann eine Beschreibung meiner Kleidung und nannte ihm meinen Vornamen. Er sagte, er würde auf mich am Haupteingang warten, und ich solle einen Paß zur Hand haben.

Ich war in zehn Minuten dort. Ich hatte mir noch ein heißes Würstchen an einer Bude bei der Telefonzelle geholt – diese Art Arbeit macht mich immer hungrig. Gewöhnlich verlor ich nur den Appetit, wenn wirklich Gefahr im Verzug war, aber so wie die Dinge lagen, fühlte ich mich gut. Ich trug einen Nadelstreifenanzug und schwarze Schuhe, einen Regenmantel und eine gelbe Krawatte mit schwarzen Punkten – damals die Standard-Yuppie-Krawatte. Paisley wäre meine zweite Wahl gewesen; es schien die erste Wahl des Herrn zu sein, der mich erwartete. Ansonsten waren wir ziemlich gleich angezogen. Er wird sich den Kopf gekratzt haben, als er meine Beschreibung am Telefon hörte. Zweifellos hatte er auch noch irgendwo im Haus einen Regenmantel, der meinem glich. Er lächelte mir zu, während ich den Sicherheitscheck passierte, und streckte mir dann zur Begrüßung die Hand entgegen. Nach den einleitenden Höflichkeiten führte er mich zu einer weiteren Tür, wo er sich hinabbeugen mußte, um seine Karte durch das Schloß zu ziehen, weil die dünne Kette, an der sie hing, viel zu kurz war.

Wir fuhren mit dem Fahrstuhl zu seinem Büro hoch, und dort hing auch der Regenmantel, wie ich es mir gedacht hatte. Er hatte ein paar Blumentöpfe am Fenster stehen, genau wie wir sie im Mossad auch hatten. Offensichtlich hat das Spionage-Spiel etwas an sich, was dazu führt, daß man gerne etwas wachsen sieht.

»Ich konnte noch mit niemandem über Sie reden, aber ich nehme die anfänglichen Informationen von Ihnen entgegen, und dann werden wir entscheiden, was wir als nächstes tun werden. Ist Ihnen das recht?« Er war ein Enddreißiger, sehr englisch aussehend; sein weiches blondes Haar war säuberlich auf eine Seite gekämmt und fiel ihm leicht in die Stirn. Ab und zu strich er es nach hinten. Sein Hemd war am Hals etwas weit. Er nannte sich Edward, und er erschien mir ganz zuvorkommend.

»Möchten Sie eine Tasse Tee oder sonst etwas?«

»Ich hätte gerne einen Kaffee.«

Er steckte den Kopf zur Tür hinaus und gab jemandem gegenüber seine Bitte weiter. Dann holte er einen Notizblock aus der Schreibtischschublade, öffnete den Paß, den ich ihm gegeben hatte, und schrieb meinen Namen und die übrigen Daten ganz oben auf das Blatt. Es juckte mich, Witze über die Einhaltung von Verordnungen und strengen Kodierungsvorschriften zu reißen, wie wir sie bei solchen Gelegenheiten im Mossad immer machten, aber ich hielt mich zurück. Ich hatte keine Ahnung, wer der Mann war und wie er über so etwas dachte. Die Tatsache, daß er in der Frontlinie eines Geheimdienstes stand, bedeutete, daß er nicht zum offensiven, sondern zum Verteidigungsteam gehörte und im Vergleich zum Mossad zweit- oder drittrangig war. Dieser Mann mochte frustriert sein und für diese Art von Humor keinen Sinn haben. Er könnte so etwas sogar als persönliche Beleidigung auffassen.

Tee und Kaffee wurden serviert.

»So, Herr Ostrovsky, worüber möchten Sie denn mit mir sprechen?«

Ich zündete eine Zigarette an, warf das Streichholz in den Aschenbecher, lehnte mich zurück und sagte: »Wie ich schon am Telefon sagte, war ich bis vor ein paar Wochen Mitglied des Mossad, bis ich aus verschiedenen Gründen rausgeworfen wurde.«

Er schrieb alles fleißig mit, ohne mich anzuschauen. »Warum sind Sie gegangen?«

»Man hat mich entlassen wegen mehrerer Scheißgeschichten und wegen meines großen Mauls.«

»Das heißt?«

»Ich gab meinen politischen Überzeugungen Ausdruck, die nicht in eine Organisation passen, die derart nach rechts neigt wie der

Mossad.« Ephraim hatte mir eingeprägt, daß wir es mit einem sehr raffinierten Geheimdienst zu tun hatten, und auch mir war das bekannt. Meine Informationen würde man einer Art psychologischer Analyse unterwerfen, weshalb alle Informationen über mich und meine Meinungen korrekt sein mußten. Meine Cover-Story war meine eigene Geschichte, und das mußte ich im Hinterkopf behalten.

Der Mann zeigte keinerlei Reaktionen, was das Interview sehr anstrengend machte. Er schrieb nur und stellte Fragen. Manchmal hob er die Hand und bat mich, langsamer zu sprechen, damit er mit dem Schreiben nachkäme. Ich haßte so etwas. In Anbetracht der modernen Aufzeichnungstechnik fand ich diese Arbeitsmethode archaisch und ineffektiv. Aber es war sein Büro, und er war der Vertreter der Leute, von denen ich etwas wollte, weshalb ich mich nicht beschweren konnte.

Das Interview dauerte fast drei Stunden. Ich gab ihm nur ein Mossad-Dokument, und zwar die Kopie der ersten Seite eines falschen britischen Passes, die ich von Ephraim erhalten hatte. Außerdem war auf der Fotokopie noch eine Kurzbeschreibung meiner Tarnung drauf. Die Rückseite zeigte einen Kartenausschnitt von London, auf dem meine damalige genaue Adresse eingezeichnet war. Beigefügt waren ein Farbfoto meines Hauses und meiner angeblichen Familie, mit ein paar Worten über jeden. Ein solches Dokument nannten wir ein Tutor-Cover. Es kam normalerweise zusammen mit oder vor dem falschen Paß in das sichere Haus, wo man die letzten Details der Cover-Story durchging, bevor man sich an die Operation machte. Ein solches Dokument wurde als dünnes Cover angesehen, nicht als eines, wie man es brauchte, wenn man unter schwierigen Bedingungen arbeiten mußte. Nichtsdestoweniger war dieses Dokument professionell gemacht, und jeder aus dem Geschäft mußte zu der Überzeugung gelangen, daß sein Besitzer kein Amateur war.

»Ich möchte Ihnen herzlich danken, Herr Ostrovsky, für das, was Sie mir bisher erzählt haben. Ich werde es an die Verantwortlichen weiterreichen. Ich werde Sie wieder kontaktieren, sobald ich weiß, was sie tun wollen.«

Ich wußte, daß das die richtige Prozedur war, und ich hatte ihm daher nur persönliche und nebensächliche Informationen gegeben, damit sie feststellen konnten, wer ich sei. Die Inquisition würde später kommen.

»Und jetzt?«

»Wo kann ich Sie erreichen?«

»Ich werde Sie anrufen. Wann wäre es Ihnen recht?«

Er dachte einen Augenblick nach. »Wie wäre es morgen, ungefähr um diese Zeit?«

Ich stand auf. »Bis morgen also.«

Kapitel 17

Sonntag, den 4. Mai 1986

Ephraim war am frühen Morgen nicht mehr in seinem Zimmer, hatte aber für mich am Empfangstisch eine Nachricht hinterlassen. Er habe zeitig weggehen müssen und werde zum zweiten Frühstück wieder da sein. Unterschrieben hatte er mit David, seinem Kodenamen für normale Nachrichten. Hätte er mit Mark unterschrieben, hätte es Gefahr bedeutet.

Ich wartete in meinem Zimmer auf seinen Anruf, der gegen halb elf kam. Er erwartete mich im Speisesaal. Es zeigte sich, daß er nicht eine Minute Schlaf gefunden hatte; eine Geschichte in Fernost war schiefgelaufen, und er mußte sich darum kümmern. Da er schon früher mit Leuten aus Sri Lanka zu tun gehabt hatte, kontaktierte er ihren Geheimdienst und versuchte, die Leiche eines Mossad-Einsatzoffiziers ausfindig zu machen, der der Regierung helfen sollte, die Führung der Tamil Tigers zu fangen, einer Widerstandsgruppe, die für einen unabhängigen Staat im Norden der Insel kämpfte. Der Einsatzoffizier war in seinem Hotelzimmer in Colombo erschossen worden, während gleichzeitig eine Bombe in einem Jumbo der Lanka Air explodierte.

Das Hauptproblem war nicht, daß der Mann getötet worden war, sondern vielmehr, daß der Mossad sich dort im Schutz der CIA-Station und einer amerikanischen Delegation aufhielt und seine Aktivitäten ohne Wissen seiner amerikanischen Gastgeber entfaltet hatte.

Als wir beim Frühstück zusammensaßen, hatte Ephraim die Angelegenheit bereits in den Griff bekommen. Die Leiche (angeblich Opfer eines Verkehrsunfalls) war in einem Charterflugzeug auf dem Weg nach Australien, wo der befreundete örtliche Geheimdienst behilflich sein würde, sie nach Israel zu verschiffen. Er zündete sich eine Zigarette an und sagte: »Hast du sie um Geld gebeten?«

»Wen?«

»Die Briten?«

Ich starrte ihn an. »Nein, davon war nicht die Rede.«

»Also, das nächste Mal mußt du die Geldfrage gleich am Anfang auf den Tisch bringen.«

»Warum? Wir wissen doch, daß niemand zahlt, bevor die Informationen eingeschätzt worden sind. Man hält mich dort schließlich für einen Profi, der solche Dinge wissen muß.«

»Dennoch mußt du die Frage anschneiden, damit sie nicht denken, du machtest es freiwillig aus Gewissensgründen. Sie sollen denken, daß sie dich am Haken haben, damit sie die Fragen stellen können, an denen ihnen liegt, und nicht nur dasitzen und dir zuhören müssen. Wenn sie meinen, du seist aus ideologischen Gründen da, wie sollen sie dann wissen, ob du etwas vorzubringen hast oder nicht? Du mußt sie glauben machen, daß es wegen des Geldes ist, denn andernfalls werden sie nicht begreifen, weshalb du zu ihnen gekommen bist.«

»Von den Syrern würde ich wahrscheinlich viel mehr erhalten. Dieser Gedanke kommt ihnen doch auch, wenn sie hören, daß es nur um des Geldes willen geschieht.«

»Es gibt eine Reihe von Gründen dafür, daß du nicht zu den Syrern gehst.«

Unsere Diskussion dauerte bis zum Nachmittag, und es reichte mir allmählich. Aber die Zweifel, die vorher noch an mir genagt hatten, waren beinahe verschwunden. Ephraim hatte mich mit neuen Dokumenten für das morgige Treffen versehen. Nach dem Essen zog er sich auf sein Zimmer zurück, das diesmal auf meinem Stockwerk lag.

Ephraim wollte am nächsten Tag bei meinem Anruf bei der Botschaft dabeisein, nur für den Fall, daß sich herausstellte, daß er etwas übersehen hatte.

Ich rief an und wurde gebeten, so schnell wie möglich in die Botschaft zu kommen. Es seien zwei Männer gekommen, um mit mir zu sprechen.

Ephraim war zufrieden. »Wir werden mehrere Fliegen mit einer Klappe schlagen«, sagte er.

»Welche Fliegen?«

»Als erstes werden wir sie wissen lassen, daß der Zwischenfall am Flughafen nicht von uns inszeniert wurde, sondern wirklich ein versuchter Terrorakt war, den wir verhindert haben. Zweitens, indem wir dafür sorgen, daß die Londoner Station unter Druck gerät, werden wir ihren Chef los. Wenn wir die Londoner Station lähmen, wird diese Clique so dumm dastehen, daß man jemanden von außerhalb holt, um reinen Tisch zu machen.«

»Meinst du wirklich?«

»Wir werden dieselbe Technik benutzen, die der rechte Flügel anwandte, um 1982 Kimche loszuwerden: Dreck in den Wind werfen. Du kommst von der Marine und weißt, daß immer etwas hängenbleibt.« Er grinste und steckte sich ein Stück Schokolade in den Mund.

Ich wollte Bella und die Mädchen sehen. Ich wurde diesbezüglich immer ungeduldiger. Es überkam mich plötzlich, wenn ich es überhaupt nicht erwartete. Die Fernsehwerbung für die Telefongesellschaft AT&T machte mir zu schaffen. Sie zeigte sentimentale Bilder von Familien, mal versammelt, mal getrennt, unter dem Slogan: »Die Hände ausstrecken und einander berühren«. Wenn ich diese Anzeige sah, fühlte ich mich so einsam, daß ich den Fernseher nicht mehr einschaltete, wenn ich allein war.

Ich wurde wieder von demselben Mann begrüßt, als ich zum Haupteingang kam. Er trug meinen Schlips vom Vortag und ich die Paisley. Ansonsten hatten wir wieder unsere »Uniform« an.

»Schön, Sie wiederzusehen«, sagte er und beugte sich wieder hinab, um die Tür zu öffnen.

»Könnten die Ihnen nicht eine längere Kette geben?« fragte ich.

»Nein, sie haben es gerne, wenn sie uns recht kurz halten«, kicherte er und hielt mir die Tür auf. Er führte mich zum Fahrstuhl, brachte mich heute aber in ein Büro in einem anderen Flügel, das seinem ähnelte, aber keine Blumen hatte und auch keine Papiere auf dem etwas heruntergekommenen Schreibtisch. Der Mann hinter dem Tisch stand auf, als wir eintraten, und reichte mir lächelnd die Hand. »Ich bin Steve. Schön, daß Sie so schnell kommen konnten.«

Ich schüttelte seine Hand. »Ich bin Dave. Schön, daß ich gerufen wurde.« Und ich erwiderte sein Lächeln.

»Dave? Ich dachte, Ihr Name sei Victor?« Er schaute auf das Papier vor sich.

»Ich scherze nur«, sagte ich und setzte mich. »›Dave‹ war mein ›Steve‹, verstehen Sie?«

»Aha.« Sein Lächeln wurde breiter. »Also Victor?«

»Ja.«

»Können wir Ihnen irgend etwas bringen?« Er setzte sich.

»Ich hätte gerne einen Kaffee.« Ich stellte fest, daß ich nur noch eine Zigarette hatte. »Haben Sie vielleicht einen Zigarettenautomaten im Haus?«

»Ich werde schauen, was ich finden kann«, sagte der junge Mann und ging hinaus.

»Soviel ich weiß, wird heute noch jemand anwesend sein?«

»Ja. Mein Kollege kommt etwas später. Er bringt etwas mit, um es Ihnen zu zeigen und Ihre Meinung zu hören.«

»Behandeln Sie meinen Fall?«

»Wir beide. Warum fragen Sie?«

»Es handelt sich um Geld. Wir müssen noch darüber reden, bevor wir weitermachen.«

»Ich kann Ihnen versichern, daß wir uns für Ihre Hilfe sehr erkenntlich zeigen werden. Die Summe wird allein von dem Wert dessen abhängen, was Sie uns zu sagen haben.«

»Könnten Sie etwas genauer werden?«

»Ich fürchte, nein. Sie verstehen, wir sind nicht diejenigen, die das zu entscheiden haben. Schließlich handelt es sich um ein befreundetes Land, und wir holen normalerweise keine Informationen über Israel ein, da es ein verbündetes Land ist.«

Ich zündete die Zigarette an und sagte durch den Rauch: »Warum können wir nicht das ganze Getue beiseite lassen? Wir sind aus einem bestimmten Grund hier. Sie möchten etwas von mir, wovon Sie sehr wohl wissen, daß ich es habe. Zuerst müssen Sie verifizieren, daß ich der bin, der ich zu sein vorgebe. Und dann wollen Sie sehen, was Sie aus mir herausholen können.«

»Ich würde eher an eine Art Austausch denken ...«

»Ach was, wenn Sie mich auf die Folterbank spannen und die Informationen aus mir herauspeitschen könnten, dann würden Sie es auch tun, das wissen wir beide. Und abgesehen vom Geld gibt es nichts, was ich von Ihnen will. Wenn Sie mich jetzt bezahlten, würde ich gehen, und Sie könnten jene Neutralität wahren, von der Sie reden. Wo möchten Sie also anfangen?«

»Ganz von vorne, denke ich. Welchen Rang und welche Position hatten Sie im Mossad?«

»Ich war Oberst, weil ich meinen Rang vom Militär, wo ich Oberstleutnant war, übernommen hatte. Als ich den Mossad verließ, arbeitete ich im dänischen Ressort und gelegentlich auch für andere Ressorts.«

»Gibt es ein britisches Ressort?«

»Ist der Papst katholisch?«

»Arbeiteten Sie in dem Ressort?«

»Gelegentlich.«

»Gibt es eine geheime Station in London?«

»Ja. In der Botschaft.«

»Wie viele Offiziere gehören ihr an?«

»Vor etwa zwei Monaten waren es fünf. Für den Moment bin ich mir nicht sicher, aber auf keinen Fall mehr als sechs.«

»Wer ist der Chef der Station?«

»Ich kann mir Namen schlecht merken, wissen Sie.« Ich grinste.

»Können Sie ihn auf einem Foto erkennen?«

»Sicher, haben Sie eins?«

»Wir haben Fotos von den meisten Diplomaten. Es ist normal, daß sie uns ein Foto geben, wenn sie ihre Beglaubigung überreichen.«

»Machen wir es kurz. Sie zeigen mir die Fotos, und ich identifiziere sie. Was dann?«

»Warum sind Sie zu uns gekommen? Warum gehen Sie nicht zu den Amerikanern oder den Franzosen? Und wenn es nur das Geld ist, woran Ihnen liegt, warum gehen Sie nicht zu einem arabischen Land? Ich denke, daß die Ihnen wahrscheinlich jede Menge geben würden.«

»Ich mag keine Geschäfte mit Leuten machen, auf deren Grund und Boden ich mich befinde. Sie haben dann zuviel Kontrolle. Außerdem sind Sie ein Verbündeter, so daß ich mein Land nicht eigentlich verrate. Ich verkaufe Ihnen nur Informationen, die Ihnen meiner Ansicht nach zustehen. So heißt es ja auch von Pollard.«

Der junge Mann kam mit Kaffee und einem Päckchen Zigaretten zurück. Er entschuldigte sich, daß sie in der Kantine keine amerikanischen Zigaretten hätten.

Als er gegangen war, konnten Steve und ich entspannter miteinander reden. Einige Minuten später betrat Steves Kollege lächelnd den Raum. Er war etwa so groß wie Steve, gut gebaut und sehr braungebrannt, als ob er gerade von einem Urlaub in der Karibik zurückgekommen war, oder er litt an einer merkwürdigen Hautkrankheit. Sein blondes Haar war beinahe weiß, und er hatte es genauso gekämmt wie der junge Mann, nur daß es bei ihm besser in Form blieb.

Wir setzten unsere Unterhaltung fort. Robert, der Neuankömmling, öffnete einen großen Aktenordner und entnahm ihm mehrere Kartons mit aufgeklebten Fotos. »Könnten Sie sich die einmal anschauen und sagen, ob Sie jemanden erkennen?«

Ich schaute sie kurz an und legte sie auf den Tisch zurück. »Ja, ich kenne die Leute.«

»Können Sie sie uns freundlicherweise bezeichnen?«

»Andersrum, warum sagen Sie mir nicht, wen Sie für den Chef der Station halten?«

»Aber«, sagte Steve, offenbar überrascht, und blickte Robert an, »das wäre sehr unüblich.«

»Sie meinen, daß täglich Mossad-Einsatzoffiziere in Ihr Büro marschiert kommen, und deshalb sind Sie die ganze Nacht mit dem Flugzeug unterwegs gewesen, um mit mir zu reden?«

»Warum sollten wir Ihnen etwas erzählen?« fragte Robert.

»Auf diese Weise können wir das mit der Glaubwürdigkeit abhaken. Wenn ich Ihnen beweisen kann, daß ich weiß, wovon ich rede, wird die Sache für uns leichter.«

»Dieser hier.« Robert zeigte auf ein Foto.

»Ich glaube, das können Sie besser«, sagte ich. »Ich habe den Mann nie in meinem Leben gesehen. Er muß vom Außenministerium oder so etwas sein. Das sieht man an der Krawatte.«

»An der Krawatte? Wollen Sie sagen, daß Mossad-Leute eine spezielle Krawatte tragen?« Er schmunzelte bei dem Gedanken.

»Nein, aber zu Hause im Hauptquartier arbeiten wir nicht mit Krawatte. Wenn wir also ein Foto für einen Paß machen lassen, binden wir die Krawatten im Studio um, und sie haben nur etwa drei verschiedene. Wenn man also weiß, wie die Krawatten aussehen, kann man auch die Mossad-Leute herausfinden.«

Die beiden Engländer lächelten, als hätten sie gerade eben Amerika entdeckt.

»Okay«, murmelte Robert und deutete auf ein anderes Foto. »Wir glauben, daß er es ist.«

»Sie haben recht, das ist Yair.« Ich zog aus meiner Hemdtasche ein Foto, das Ephraim mir kurz vor meinem Aufbruch zur Botschaft gegeben hatte. Ich legte das Foto neben das, auf das er gezeigt hatte. »Hier, sehen Sie?« Es war dasselbe Foto in einer anderen Vergrößerung.

Damit war die Glaubwürdigkeit umgehend hergestellt.

»Woher haben Sie es?«

»Das steht doch jetzt nicht zur Debatte, oder?«

»Wir würden sehr gerne noch mehr davon sehen.« Sein Ton war außerordentlich höflich.

»Das ist im Moment nicht möglich. Ich habe nicht die Absicht, Ihnen die Station auf dem Tablett zu überreichen.«

»Sondern?«

»Ich werde Ihnen sagen, wie Sie selbst die Informationen bekommen können. So ist es eine solide Sache.«

»Okay«, nickte Robert. »Wir wollen die Angelegenheit richtig auf den Weg bringen. Es gibt noch verschiedene Dinge, die wir Sie zunächst gerne fragen würden, bevor wir weitermachen.«

Ich nickte und drückte meine Zigarette aus.

»Zunächst« – er öffnete einen zweiten Ordner, den er aus der Schublade gezogen hatte – »es gibt Gerüchte, daß der Mossad sich nicht an Drittabkommen[1] hält.«

»Nun, wir verändern die Informationen und verkaufen sie dann. Sie werden niemals so weitergegeben, wie sie sind.«

»Ich dachte, Sie arbeiten nicht mehr für sie.«

»Tu' ich auch nicht.«

»Und warum beziehen Sie sich auf sie mit ›wir‹?«

»Gewohnheit. Solange bin ich ja noch nicht draußen. Kann sein, daß ich es in meinem Innern noch nicht wirklich akzeptiert hab' und mir deshalb so etwas passiert.«

»Haben Sie noch Freunde dort?«

»Ja, ich denk' schon.«

»Sind Sie mit jemandem in Kontakt?«

[1] Es gibt ein Gentlemen's-Agreement zwischen befreundeten Geheimdiensten, daß Informationen, die von einem Dienst an den anderen gegeben werden, nicht an Dritte weitergereicht werden dürfen.

»Im Moment nicht, aber ich glaube, ich könnte Kontakte herstellen, wenn ich wollte.«

»Was wissen Sie über den Versuch der Palästinenser, eine Bombe an Bord einer El-Al-Maschine in Heathrow zu schmuggeln?«

»Die Sicherheit hat sie gefunden, nicht wahr?«

»Die El-Al-Sicherheit, nicht die vom Flughafen.«

»Nun, was erwarten Sie? Die El-Al-Sicherheit ist schließlich die beste, oder?«

»Ist es denkbar, daß sie das Ding getürkt haben, damit wir dumm dastehen? Ich meine, würde der Mossad so etwas tun?«

»Eine richtige Bombe in die Nähe eines Flugzeuges bringen? Nie im Leben. Außerdem: Welches Interesse hätten sie daran?«

»Wir müssen alle Dinge von allen Seiten betrachten. Sie sind also sicher, daß sie so etwas nicht tun würden?«

»Ich kann die Leute nicht ausstehen, wie Sie schon bemerkt haben dürften, und Sie können mir glauben, ich wäre der erste, der Ihnen sagen würde, daß sie so etwas getan haben. Aber unglücklicherweise stimmt es nicht. Die Sicherheit ist einfach gut, das ist alles. Sie verlassen sich nicht allzusehr auf Elektronik.«

»Aber sie haben die ausgeklügeltste Technik.«

»Ich habe nicht gesagt, daß sie keine Technologie verwenden, sondern daß sie sich nicht nur darauf verlassen. Nachdem die Technologie das Ihre getan hat, machen sie es noch einmal von Hand. Sie sehen dem Passagier sozusagen ins Auge.« Es war eine merkwürdige Situation; ich saß hier und verkaufte angeblich die größten Geheimnisse meines Landes, und gleichzeitig war ich stolz auf die Erfolge seines Sicherheitsapparats. Die beiden schauten mich mit einiger Besorgnis an.

Die Befragung ging noch ein paar Stunden weiter. Wir gingen detailliert durch, wie der Mossad seine mehr als dreitausend jüdischen Helfer, die *Sayanim*, in England aktiviert, organisiert und rekrutiert, daß er über hundert sichere Häuser in Groß-London hält und die Rekrutierungswünsche von anderen kleineren Stationen in Europa erfüllt.

Die sicheren Häuser schienen sie sehr zu beunruhigen, da sie jede Menge Unordnung in ihr Anti-Terror-System brachten. Auch die Tatsache, daß der Mossad unter ihrer Nase eine so intensive heimliche Rekrutierungsarbeit entfaltete, gefiel ihnen ganz und gar nicht. Ich konnte aus ihrem Ton heraushören, daß sie die Sache nicht in Ordnung fanden und entschlossen waren, dagegen vorzugehen.

»Wenn wir hier ausmisten wollen, wo sollten wir Ihrer Meinung nach anfangen?«

»Zuerst müssen Sie Ihre Politiker davon überzeugen, daß ein Schachzug gegen den Mossad nicht gegen den israelischen Staat gerichtet ist, daß der Mossad ein gefährliches Spielzeug ist, das jedem schadet, der damit in Kontakt kommt.«

»Ich glaube, so weit sind wir schon. Was wir von Ihnen haben wollen, ist die operative Information. Wo liegt die Achillesferse des Systems? Jedes System hat eine, so sehr man sich auch bemüht, sie zu verdecken. Wo liegt die Achillesferse des Mossad, die es uns erlaubt, uns zurückzulehnen und zuzuschauen, was sie machen, und sie zu stoppen, wann wir wollen?

»Welchen Aspekt ihrer Arbeit wollen Sie stoppen?«

»Es ist für uns unannehmbar, daß sie britische Untertanen in ihren Operationen benutzen. Und deshalb eine ganze Minderheit wie die jüdische Gemeinde aufs Korn zu nehmen, das wäre unpassend. Zweitens können wir nicht untätig zuschauen, wie sie Diplomaten rekrutieren, die unter unserem Schutz stehen, und damit unsere Beziehungen zu solchen Ländern aufs Spiel setzen.«

»Nun, Sie müssen sie auf frischer Tat ertappen.«

Robert setzte eine zynische Miene auf. »Ich dachte, das verstünde sich von selbst.«

»Sie müssen die sicheren Häuser beobachten.«

»Darin würde ich mit Ihnen übereinstimmen. Aber wie finden wir die?«

»Sie folgen einem *Bodel*.«

»Was ist ein *Bodel*?«

»Das Wort *Bodel* kommt von *lehavdil*, was ›trennen‹ bedeutet. Der *Bodel* ist ein Separator, eure sogenannte Achillesferse. Er ist derjenige, der Pakete und sonstige Dinge von der Mossad-Station in der Botschaft zu den sicheren Häusern bringt und zurück. Er ist das geheime Mädchen für alles. Gewöhnlich, wenn auch nicht immer, kommt er aus einer militärischen Eliteeinheit. Er ist ein junger Israeli, der ein spezielles Anti-Überwachungstraining erhalten hat, und das ist das beste, was es auf dem Gebiet gibt. Er macht die meisten Gänge zu den sicheren Häusern am Tag und die meisten Abholungen während der Nacht. Er benutzt nur selten die Fahrzeuge der Botschaft, und er hat keinen festgelegten Arbeitsplan.«

»Und das nennen Sie eine Achillesferse?«

»Das ist das, was der Mann tun soll, aber er hält sich nicht immer dran. Die sicheren Häuser sind auch mit israelischen Studenten bemannt, die dafür sorgen, daß die Wohnungen gut mit Nahrungsmitteln und sonstigen Dingen ausgestattet sind, damit sie problemlos aktiviert werden können. Die Studenten leben in einigen dieser Häuser und kommen in anderen Wohnungen vorbei, um die Post zu holen, die Lichter an- und auszumachen und die Telefonate zu führen, damit die Häuser bewohnt aussehen und keinen Verdacht erregen, wenn sie von den Einsatzoffizieren benutzt werden. Sie sind gewöhnlich im selben Alter wie der *Bodel* und pflegen mit ihm auch Umgang. Ich will damit sagen, daß mehrere der Orte, die er von seiner Wohnung aus in seiner Freizeit besucht, eigentlich sichere Häuser sind. Stellt sie unter Beobachtung, und wenn er tagsüber dorthin geht, dann habt ihr ein sicheres Haus. Es gibt ja die Möglichkeit, ihm mit einem sehr großen Team zu folgen, damit er niemals dieselbe Person oder denselben Wagen zweimal sieht. Aber ich weiß nicht, ob Sie das machen können.«

Es war einen Moment still, während sie das alles verdauten. »Das ist eine sehr kitzlige Sache.« Robert kratzte sich am Kopf. Ich war der einzige Raucher im Raum, und dennoch war die Luft zum Schneiden. Es war offensichtlich, daß sich die beiden nicht wohl fühlten.

»Was meinen Sie?« Ich lehnte mich mit einem Grinsen im Stuhl zurück. Ich war sehr zufrieden mit mir. Ich wußte, ich hatte erreicht, was ich erreichen sollte, und es hatte mir Spaß gemacht. Bis jetzt jedenfalls, aber wir waren ja noch nicht fertig.

»Wenn wir also dem Mann folgen und ein sicheres Haus entdekken, was machen wir dann? Ich meine, können Sie sich den Skandal vorstellen, wenn wir mehrere Fälle nach der Art von Pollard aufdecken?«

»Wir werden sofort als antisemitisch verschrien«, bemerkte Steve mit ernstem Gesichtsausdruck.

»Das wird nicht passieren«, erwiderte ich.

»Wieso nicht?« Steve starrte mich zweifelnd an. »Ich meine,

wenn man zum Angeln geht, weiß man nie, was man aus dem Wasser ziehen wird.«

»Die Station benutzt die sicheren Häuser nicht für ihre *Sayanim.* Die treffen sie in ihren Privatwohnungen und unter ganz gewöhnlichen Umständen. Es kommt nur selten zu geheimen Begegnungen, es sei denn natürlich, daß der *Sayan* lebenswichtige Informationen von seinem Arbeitsplatz liefert. Die sicheren Häuser werden nur für Sitzungen mit Einsatzoffizieren benutzt, die niemals die Botschaft aufsuchen. In seltenen Fällen werden sie verwendet, um einen Agenten zu verhören, aber dann werden sie fast immer danach aufgegeben. Die sicheren Häuser, meine ich.«

Es wurde schon dunkel draußen, und wir alle merkten, daß es im Moment nicht mehr viel zu sagen gab. Die Information mußte analysiert werden, und danach würden weitere Fragen auftauchen. Für den Augenblick war nicht mehr viel rauszuholen. Es war an der Zeit, Schluß zu machen.

»Was jetzt?«

Robert zog einen weißen Umschlag aus seiner Tasche und legte ihn vor mich hin. »Dies ist ein kleines Zeichen der Dankbarkeit dafür, daß Sie uns Ihre Zeit geopfert haben. Wir würden gerne bald wieder mit Ihnen reden und weitere Fragen stellen, und natürlich werden wir Sie für die Antworten, die Sie bereits gegeben haben, bezahlen.«

»Könnten Sie genauer werden? Was meinen Sie mit ›wieder‹?«

»In ein paar Tagen vielleicht.«

»Ich weiß nicht, ob ich so lange hier bin. Ich werde Sie anrufen, bevor ich abreise, und Ihnen meine Adresse mitteilen.«

»Wo wohnen Sie jetzt?«

»Ich bin hier und da. Ich rufe Sie morgen an und gebe Ihnen eine Adresse. In Ordnung?«

»Gut. Wir werden morgen nicht hier sein, aber Sie können sie unserem Freund geben. Er wird sie an uns weiterreichen. Er kann unser *Bodel* sein.« Wir lachten alle.

Vor dem Botschaftsgebäude zählte ich das Geld in dem Umschlag und stellte fest, daß die Briten knausrig waren. Auch wenn die 800 Dollar weit mehr waren, als ich im Moment in der Tasche hatte, wußte ich doch, daß ich ihnen eine goldene Schere geliefert hatte, mit der sie die Klauen des Mossad beschneiden konnten. Robert hatte in dem Gespräch fallenlassen, daß sie mir für eine Liste der *Sayanim* Millionen bezahlen würden, aber er lachte dabei und witzelte, daß mich der Mossad wohl kaum in das Hauptquartier zurücklassen würde, damit ich die Liste holte.

Aber ich wußte nun den Wert des Packens mit Fotos von fast allen Mossad-Einsatzoffizieren zu schätzen, den ich in meinem Hotelzimmer versteckt hatte. Darüber wußte nicht einmal Ephraim Bescheid. Und er würde es auch nicht erfahren.

Ich wußte, daß es mir ganz allein gelungen war, die Möglichkeiten des Mossad in England für die absehbare Zukunft zu zerstören. Und so wie ich die Briten kannte, würden sie den Mossad auch nicht wissen lassen, woher die Probleme rührten. Damit erfüllte ich meine Pflicht, und gleichzeitig genoß ich den süßen Geschmack der Rache. Es erschreckte mich, wie sehr ich sie haßte. Ich haßte die Leute, die mich aus den Straßen von Tel Aviv und aus einem Leben gerissen hatten, das glücklich war – trotz der kleinen Alltagsprobleme, mit denen ich wie alle anderen in einem so spannungsreichen und unsicheren Land wie Israel zu kämpfen hatte. Ich haßte sie, weil sie meinen Glauben an den zionistischen Traum erschüttert hatten, dessen Schutz ihnen anvertraut war.

Ephraim lag ohne Licht und bei laufendem Fernseher ohne Ton auf dem Bett. Er war wahrscheinlich vor ein paar Stunden eingeschlafen, denn es hing kein Rauch in der Luft.

Kapitel 18

»Was machst du denn da?« fragte Ephraim, als ich den Hörer aufnahm. Er klang angeschlagen.

»Kaffee bestellen. Die Briten haben keine Ahnung, wie man ihn richtig macht.«

»Meinst du, die Amerikaner können das besser?« fragte er lachend.

»Möchtest du auch etwas zu essen? Ich bestelle mir einen Hamburger. Ich bin am Verhungern.«

»Klar. Bestell ein paar von den Club-Sandwiches. Wie ist es denn gelaufen?«

Ich gab die Bestellung auf und erzählte ihm alles. Es paßte mir gar nicht, die Dinge auf diese Weise abzuhandeln. Das war nicht dasselbe wie im Mossad. Dort war es organisierter; zuerst mußte man einen schriftlichen Bericht anfertigen, danach beantwortete man Fragen. Dies hier erschien mir eher so, als ob ich bloß die persönliche Neugier von jemandem befriedigte. Meine Gefühle für Ephraim schwankten zwischen Respekt und Ablehnung.

»Was sagten sie, als du ihnen das Foto gegeben hast?«

»Ich glaube, ich hab' das richtig gemacht. Ich ließ sie zuerst ihr Bild zeigen, und dann zog ich meines hervor. Ich glaube, das hat alle Zweifel behoben, falls es noch welche gegeben haben sollte.«

»Haben sie die El-Al-Sache zur Sprache gebracht?«

»Sie glauben, der Mossad sei zu solchen Tricks fähig – ganz wie du gesagt hattest.«

»Sie haben recht.«

»Du meinst, wir haben es gemacht?« Ich war überrascht.

»Das hab' ich nicht behauptet. Ich hab' nur gesagt, daß wir dazu fähig sind, und in der Vergangenheit haben wir schon solche Sachen gemacht.«

Ephraim stellte mir seine Fragen mit vollem Mund. Er mochte ein gebildeter Mann sein, aber Tischmanieren hatte er keine. Ich ließ mir mit den Antworten Zeit, weil ich mein Essen genießen wollte.

Als wir gesättigt waren, wußte er alles, was in der Botschaft passiert war. Der Kaffee war inzwischen kalt, und ich hatte wieder einmal keine Zigaretten.

»Hol dir erst mal Zigaretten, und dann sprechen wir über den großen Job, von dem ich dir erzählt habe«, sagte Ephraim.

Ich ging zur Tür. Er rief mir nach: »Du hast eine tolle Arbeit geleistet, Vic. Auch wenn es dir Spaß gemacht hat, was nicht hätte sein sollen, trotzdem hast du tolle Arbeit gemacht.«

Er hatte also bemerkt, daß es mir Spaß gemacht hatte, und ich hatte gedacht, ich hätte ihn überlistet. Ich holte zwei Päckchen Zigaretten und eilte zurück. Nun kam er also, der letzte Job, der diesen Zustand der Vergessenheit beenden sollte, in dem ich mich als Handlanger der Rebellen befand.

Ich hielt rechtzeitig inne, um nicht wieder von Zweifeln überschwemmt zu werden. Nicht daß ich keine Zweifel mehr gehabt hätte, aber ich hatte im Moment schließlich keine große Wahl. Wenn Ephraim mich leimen wollte, dann war jetzt, nach dem, was ich getan hatte, die beste Gelegenheit für ihn.

Als ich zurückkam, hatte sich Ephraims Stimmung verändert. Es war das erste Mal, daß ich Ephraim so erlebte. Bis dahin schien er mir von unerschütterlichem Selbstvertrauen. Aber jetzt war er anders, beunruhigt, unsicher.

»Was ist los mit dir? Hast du dein ruhiges Blut verloren?« Ich versuchte, etwas aus ihm herauszubekommen. Dies war nicht der richtige Zeitpunkt, um unzufrieden zu sein. Er hatte dazu in solch einer Situation kein Recht; das war allein mein Privileg.

»Ich denke nur über den nächsten Schritt nach. Es gibt so viele ungelöste Fragen. Ich glaube, wir schieben es vielleicht eine Weile auf.«

»Was redest du da? Was bedeutet das für meinen Zeitplan?«

»Nur ein kleiner Aufschub; eine Woche, vielleicht zehn Tage.« Seine Stimme drückte leise Zweifel aus. Es war durchaus möglich, daß er mich testen wollte. Vielleicht hoffte er, daß ich es so eilig hatte, die Sache hinter mich zu bringen, daß ich jede Gefahr eingehen würde, damit es nur endlich vorbei sei. Später würde er dann sagen können, er habe die Sache aufschieben wollen und nur nachgegeben, weil ich sie rasch erledigen wollte. Schließlich haben wir unser Training in derselben Schule gehabt, und auch wenn ich im Vergleich zu ihm ein Neuling war, so dachten wir doch ähnlich.

»Nein.« Ich war entschlossen. Ich konnte dasselbe Spiel spielen wie er, wenn es denn ein Spiel war. »Wir machen uns jetzt dran, was auch immer es sein mag, oder ich bin draußen.«

»Schau mal, Vic.« Er sah sehr ernst aus. »Es ist nicht so einfach. Was wir zu tun haben, ist nur Teil eines größeren Plans. Wenn du anfängst, ein Problem zu lösen, das noch gar nicht existiert, dann wird man dich des Doppelspiels verdächtigen, wenn es auftaucht. Und daran dürfte dir an dem Ort, wohin du gehen wirst, nicht gelegen sein.«

»Es wäre besser, wenn du dich etwas deutlicher ausdrücktest, oder du redest bald nur noch mit einer Mauer.«

»Das haben wir doch Jahrtausende lang gemacht.« Er lächelte.

»Und es hat uns viel Gutes gebracht«, grinste ich zurück.

»Laß uns einen Spaziergang machen.«

Sein Angebot überraschte mich. Vorher wollte er nie mit mir zusammen in der Öffentlichkeit gesehen werden – aus gutem Grund. Aber es lag nicht an mir, ihm Fragen zu stellen; er war der Senior, und außerdem war es schon dunkel.

»Wohin gehen wir?«

»Wir machen nur einen kurzen Spaziergang. Geh du zuerst. Ich hole dich ein.«

Ein paar Minuten später lief er neben mir. Wir gingen an der U-Bahn vorbei und betraten eine kleine schmutzige Kaschemme, wo wir uns ganz hinten in eine Box setzten, die gut versteckt hinter einem überladenen Garderobenständer lag.

»Shabtai und sein Metsada-Team haben es geschafft, die jordanische Friedensinitiative zu Fall zu bringen und Peres die Hände zu binden. Der Mann wurde zum Idioten gemacht; für eine lange Zeit wird keiner mehr die Sache anfassen.«

»Soviel hab' ich mir auch schon aus den Nachrichten zusammengereimt.«

»Bis zu diesem Punkt konnte das Ganze immer noch ein faires Spiel genannt werden. Einige Leute meinen, wir sollten mit den Palästinensern Frieden schließen, und andere meinen, wir sollten sie in den Hintern treten, aber was machen die Rechten, um ihr Ziel zu erreichen? Wie du weißt, werden alle Leute, die Frieden wollen, zu Verrätern abgestempelt, während die von der anderen Seite als Patrioten hingestellt werden.«

»Nun, du hast genug Freunde in den Medien. Wenn du ein Image-Problem hast, warum benutzt du sie nicht?«

»Tun wir ja, aber das reicht nicht für das, was sie jetzt vorhaben.« Eine Serviererin mit schmutziger Schürze nahm kaugummikauend unsere Bestellung entgegen. Wir warteten, bis sie uns den Kaffee eingeschenkt und den bestellten Apfelkuchen serviert hatte. Währenddessen unterhielt sie sich mit jemandem im Hintergrund, und zum Schluß schenkte sie uns noch ein gezwungenes Lächeln.

Ich zündete mir eine Zigarette an und schaute erwartungsvoll auf Ephraim. Er sprach leise, so daß ich mich vorbeugen mußte. »Sie wollen das ›Jordanien ist Palästina‹-Ding[1] forcieren. Sie haben dafür politische Unterstützung erhalten und eine Allianz mit rechten Radikalen geschlossen, die für massive Unterstützung aus der Diaspora, vor allem aus Amerika, sorgen soll.«

»Aber diese Idee gibt es doch schon seit einiger Zeit. Ich meine, darüber wurde in der Knesseth schon häufig lautstark diskutiert. Wo liegt da das Besondere? Was haben wir damit zu tun?«

»Solange es auf der politischen Ebene lief, war es in Ordnung, aber jetzt will sich der Mossad kopfüber in diese Scheiße stürzen. Sie haben beschlossen, daß es an der Zeit sei, Jordanien bis zur totalen Anarchie zu destabilisieren.«

»Destabilisieren? Wie denn?«

»Sie wollen das Land mit riesigen Mengen Falschgeld überschwemmen, so daß es zu Mißtrauen auf dem Markt kommt, man will religiöse Fundamentalisten bewaffnen, ähnlich der Hamas und der Moslembruderschaft, um einen Zusammenbruch zu erzwingen. Sie haben vor, führende Persönlichkeiten zu ermorden, die Symbole der Stabilität sind, Krawalle an den Universitäten zu provozieren, um die Regierung zu harten Maßnahmen zu zwingen, damit sie ihre Popularität einbüßt. Du weißt, wovon ich rede.«

[1] Viele rechte israelische Politiker sind sich darüber im klaren, daß das palästinensische Problem nicht verschwindet, nur weil sie es so wollen. Sie merken auch, daß die Palästinenser eine Nation sind, die Ansprüche auf ein eigenes Land stellt. Diese Politiker haben kein Problem damit, diesen Ansprüchen zu entsprechen – sie glauben vielmehr, daß damit alle Probleme gelöst würden. Da sie aber kein Land hergeben wollen, um dieses Ziel zu erreichen, kommen sie zu einer anderen Lösung: Da die Bevölkerung Jordaniens zu 75 Prozent aus Palästinensern besteht, soll Jordanien zu Palästina werden, wodurch das ganze Problem einem anderen Land in die Schuhe geschoben wird.

»Und was soll ich dabei tun?«

»Ich möchte, daß du den Jordaniern davon erzählst, damit sie dagegen vorgehen können, bevor alles außer Kontrolle gerät. Ich weiß, daß sie im Mossad dasselbe für Ägypten planen, um zu beweisen, daß ein Friedensabkommen mit einem arabischen Land nicht das Papier wert ist, auf dem es geschrieben ist. Aber ich stecke da mit drinnen, und wir haben noch Zeit, bevor der Plan durchgeführt wird.«

»Ich hab' davon gehört. Hat der Mossad den ägyptischen Fundamentalisten nicht Waffen über Afghanistan oder so geliefert?«

»Richtig.«

»Aber du hast immer noch nicht gesagt, wie zum Teufel ich den Jordaniern das so erklären soll, daß sie es mir auch glauben. Warum erzählst du ihnen nicht davon? Du hast deine Kanäle zu den Jordaniern.«

»Das reicht nicht. Es wird ein wenig länger dauern müssen. Jedesmal, wenn es den Jordaniern gelingt, eine Sache zu stoppen, kommen unsere Leute mit einer anderen. Du mußt sie dazu bringen, dich zu rekrutieren. Diesmal ist es nicht nur eine kurze Übung, diesmal wird es ernst.«

Ich war sprachlos. Das war viel ernster, als ich mir vorgestellt hatte. Ich würde mir selbst den Galgen errichten. Egal, was schiefgehen würde oder wer immer mich erwischen würde, das Ergebnis würde dasselbe sein.

»Ist das deine Idee? Hast du dir das selbst ausgedacht, oder hast du es mit jemandem diskutiert?«

»Wir haben darüber gesprochen und sind einer Meinung, daß dies die einzige Möglichkeit ist. Ich hab' ihnen nicht gesagt, wen ich einsetzen möchte, um dich nicht zu kompromittieren.«

»Welche Möglichkeit hast du denn sonst noch?«

»Du bist nicht der einzige in dieser Funktion.«

Das war etwas ganz Neues für mich; bisher war ich immer davon ausgegangen, daß ich der einzige sei.

»Wie viele sind wir?«

»Genug, um den Job zu erledigen. Diesmal müssen wir bis zum Ende durchhalten, und die Zeit ist nicht auf unserer Seite. Andererseits kannst du nicht viel tun, bevor du nicht ganz genau weißt, gegen was du vorgehen mußt, aber gleichzeitig bleibt dir nur wenig

Zeit, dort hineinzukommen und eine wirklich echte Chance zu haben, nicht entdeckt zu werden.«

»Was soll ich denn tun?«

Was er mir erzählte, gefiel mir gar nicht. Ich sollte alle Verbindungen abbrechen. Ich sollte einen schnellen Abstieg in die Gosse machen und von dort aus bei meinen neuen »Herren« auftauchen – so würde ich ihnen glaubhafter und annehmbarer erscheinen.

Ephraim wollte mich ohne einen Pfennig auf die Straße schicken. »Du machst den Kontakt, wenn du hungrig bist, und wenn du dich eingehakt hast, rufst du diese Nummer an, und wir treffen uns.«

Nach dem Anruf sollte ich einen Tag warten und dann in das Four Seasons Hotel im Zentrum von Washington, D.C., kommen. Ich hatte den Namen des Gastes, nach dem ich fragen sollte. Ephraim würde mich dort erwarten. Einen anderen Kontakt mit Ephraim würde es nicht geben. Ich sollte mir in den Straßen neue Freunde suchen, damit jemand bei einem Unfall meine Familie anrufen könnte. Ich würde weiterhin meine wirkliche Identität beibehalten und nur einen lockeren Kontakt mit Bella haben. Das war der einzige Punkt, den ich schwierig fand. Ich durfte ihr nichts am Telefon erzählen, weil ihr Apparat mit Sicherheit abgehört wurde. Sie durfte nicht wissen, was vor sich ging. Ich konnte ihr nicht einmal sagen, daß es bald ein Ende hätte.

Ich sollte mit dieser Verwandlung schon am nächsten Tag beginnen, weshalb ich beschloß, eine letzte Nacht in der Stadt zu verbringen, bevor ich mich in die Gosse begab.

Ich fuhr ins Rumors, eine bekannte Bar im Zentrum von Washington. Ich zog mir eine Flasche Tequila und einige große Gläser Coke rein. Es tat mir alles weh vor Angst, so sehr erschreckte mich, was mir bevorstand; gleichzeitig aber schämte ich mich meiner Angst. Ich wollte raus; ich fragte mich, was passierte, wenn ich einfach hinüber zum Busbahnhof ginge, den erstbesten Bus nähme und an der Endstation ausstiege. Es wäre wahrscheinlich für alle die beste Lösung. Ich war wie ein Kropf für meine Familie – völlig überflüssig. Ich hatte ihr nur Sorgen gemacht, soweit ich zurückdenken konnte. Ich merkte, wie ich von Selbstmitleid übermannt wurde, was alles noch schlimmer machte.

Plötzlich nahm ich wahr, daß mich eine Frau angesprochen hatte. Sie fragte mich, ob der Sitz neben mir frei sei. Was als nächstes passierte, habe ich nicht in meinem Kopf gespeichert. Ich kann mich nur erinnern, daß ich bejahte. Einige Zeit später im Taxi auf dem Weg zum Hotel schrillten in meinem Kopf die Alarmglocken. Das ist zu einfach, das ist eine Falle. Sie wird mich kidnappen, mich nach Israel zurückbringen. Es ist nicht möglich, daß ein so hübsches Mädchen sich eines Besoffenen wie mir annahm, ihre Freundin zurückließ und quer durch die Stadt mit mir zum Hotel fuhr. Es sei denn, ich hatte sie mit irgendwelchen Worten, an die ich mich nicht erinnerte, beeindruckt. Ich entschloß mich, das Risiko einzugehen. Wenn sie für den Mossad arbeitete, dann war es ohnehin nur eine Frage der Zeit, daß sie mich erwischen würden, also konnte sie ruhig mitkommen.

Es stellte sich heraus, daß sie nicht für den Mossad arbeitete. Sie war ebenso hungrig nach Zuneigung wie ich, sie gab nicht nur in dieser Nacht, sie zog auch ihr Vergnügen daraus. Ich erinnere mich dunkel, daß ich sie nach unten brachte und ihr ein Taxi zurück in die Stadt besorgte. Gegen Morgen versank ich in Träume und konnte später nicht sagen, was wirklich geschehen war und was ich nur geträumt hatte.

Das sollte mein letztes Frühstück sein, bevor ich auf der Straße landete. Ich war allein und visierte ein Ziel an, von dem ich nicht wußte, wie ich es erreichen sollte. Ich hatte alle meine Sachen in die Koffer gepackt und trug meinen Nadelstreifenanzug. Damit würde ich mich in der Gosse wälzen, und nach ein paar Tagen würde ich wie ein Mann aussehen, der alles verloren hat.

Und da merkte ich, daß ich die Sache falsch anpackte. Ephraim hatte mir eine Aufgabe gestellt und mir gesagt, wie ich sie ausführen sollte. Die von ihm vorgeschlagene Methode würde bei ihm funktionieren, aber nicht bei mir. Wäre es eine reguläre Operation im Mossad gewesen, hätten wir sie diskutiert und nach ein paar Stunden Brainstorming die beste Methode für mich gefunden, die Aufgabe auszuführen. Das war nicht geschehen, und ich war nicht bereit, die Sache so anzupacken. Wäre ich zu einem Vagabunden bestimmt, dann aus einer Verzweiflung heraus, die man mir ansah und die ich nicht vortäuschen konnte.

Ich wählte die direkte Methode, von der ich wußte, daß ich sie beherrschte. Ich steckte meinen israelischen Paß ein und ging zur

U-Bahn. Ich stieg an der Van-Nass-Station aus und lief zum Einkaufszentrum. Ich wollte erst eine Tasse Kaffee trinken und dann anfangen. Zwanzig Minuten später stieg ich vor der jordanischen Botschaft aus dem Taxi, weniger als dreißig Meter von der israelischen Botschaft entfernt. Von der Wache drinnen wurde ich gefragt, wer ich sei und was ich wolle. Ich sagte, daß ich gerne mit dem Geheimdienst sprechen würde. Der Mann bestand darauf zu erfahren, was der genaue Zweck meines Besuches sei.

»Ich muß mit jemandem von der Sicherheit reden«, wiederholte ich, zog meinen Paß hervor und zeigte ihn ihm.

Er wollte ihn an sich nehmen, aber ich steckte ihn wieder ein. »Den kriegt nur der Mann von der Sicherheit.«

Er zögerte einen Augenblick, griff dann zum Telefon und sprach sehr schnell und kurz auf arabisch. Dann wandte er sich zu mir. »Einen Augenblick bitte. Die entsprechende Person kommt schon. Würden Sie bitte durch die Pforte gehen?« Er zeigte auf einen Metall-Detektor, wie sie auch auf Flughäfen zu finden sind. Er stand in der Mitte der Eingangshalle, direkt vor der Treppe, die nach oben führte. Nachdem ich durchgegangen war, wurde ich noch von einem Mann mit einem Handgerät gecheckt. Ein großer, hagerer Mann mit einem dunkelblauen Anzug betrat die Halle. Er blieb ein paar Schritte vor mir stehen. »Was können wir für Sie tun?«

Ich nahm wieder meinen israelischen Paß heraus und reichte ihn ihm. »Es dreht sich eher darum, was ich für Sie tun kann.«

Er öffnete den Paß und blätterte ihn durch, schaute das Foto und dann mich an. Ein Lächeln erschien auf seinem Gesicht, erst zögerte er noch, doch dann wuchs es sich zu einem breiten Grinsen aus. »Macht es Ihnen etwas aus, mir zu folgen?«

»Im Gegenteil.«

Wir gingen die Treppen hoch, und er führte mich in den ruhigen Bürotrakt der Botschaft. Wir betraten einen kleinen Raum mit einem Tisch und mehreren Stühlen. Die Vorhänge waren zugezogen, aber das Zimmer war hell erleuchtet. An der Wand hinter dem Tisch hing ein großes Foto von König Hussein in Militäruniform, der in die Kamera lächelte.

Der Ort war mir fremder als sonst etwas. Selbst in der sowjetischen Botschaft hatte ich mich heimischer gefühlt. Der große, für dieses Büro viel zu elegant gekleidete Mann setzte sich unter das Porträt des Königs und wies auf den Stuhl gegenüber. »Möchten Sie etwas zu trinken oder zu essen?«

»Ein Kaffee wäre großartig«, lächelte ich zurück.

Er gab der Wache, die uns in das Zimmer begleitet hatte, Anweisungen. Dann legte er meinen Paß vor mich auf den Tisch. »Was führt Sie zu uns?« Er warf nochmals einen Blick auf den Paß. »Herr Os...rovvasky?«

»Ostrovsky«, korrigierte ich ihn. »Man könnte sagen, daß mich Habgier hierherführt, und auch eine Portion Rachegefühle.«

»Rache, das ist ein nettes Wort. Und an wem wollen Sie sich rächen?«

»An meinem früheren Arbeitgeber.«

»Und wer war das?«

»Der Mossad.«

Ich konnte sehen, wie sich in Sekundenschnelle seine gesunde braune Gesichtsfarbe schmutziggrau verfärbte. War ich durch Zufall auf einen Maulwurf gestoßen, den der Mossad in Jordanien hatte? Es war immerhin eine Möglichkeit, wenn auch eine sehr abwegige. Ephraim hatte nicht gesagt, daß es keinen gebe, sondern nur, daß es nicht wahrscheinlich sei. Ich würde nicht mehr lange leben, wenn es so war. Er stand auf und ging zur Tür. »Ich bin in einer Minute wieder hier«, sagte er mit leichtem Zittern in der Stimme. Ich hatte offenbar Eindruck auf den Mann gemacht. Wenn er wirklich ein Maulwurf war und besorgt, daß ich ein Mossad-Deserteur sei, der ihn entlarven wollte, dann würde er schnell zur israelischen Botschaft rüberlaufen. Das würde ich wahrscheinlich vom Fenster aus sehen können, wenn ich die Vorhänge beiseite schob.

Ich stand auf und schaute hinaus, aber es war niemand zu sehen. Dann erschien die Wache mit dem Kaffee und stellte ihn auf den Tisch und daneben eine große Schale mit Gebäck. Die Kombination von amerikanischen Cookies und traditioneller Kaffeezeremonie brachte mich zum Lächeln. Irgendwie waren die Cookies fehl am Platze, genau wie ich.

Beinahe fünfzehn Minuten später kam der Mann wieder. Er hatte seine Farbe zurückgewonnen und auch sein Lächeln. »Wie können wir wissen, daß Sie der sind, der zu sein Sie vorgeben?«

קאנטרי 4658 1985

רגיל -- 1025 14 יונ 85

אל: משוב -- רגיל

מאת: קאנטרי

סודי -- 4658

סגולים ב'

המוסד הדני (DANISH DEFENCE INTELLIGENCE SERVICE)

1. כללי:

המוסד הדני הינו הזרוע המודיעינית של הצבא הדני.

המוסד כפוף ישירות לרמטכ"ל ולשר ההגנה.

ראש אגף במטה ההגנה.

2. מבנה המוסד:

המוסד מורכב מ-4 יחידות:

א. מנהל.

ב. האזנה (8200).

ג. מחקר.

ד. איסוף.

3. מטלות המוסד:

- סודי -

- 2 -

א. כפני נאט"ו אחראי המוסד:

(1) פולין ומזרח גרמניה.

(2) כיסוי תנועות אניות מזרחיות בים הבלטי

גדולה ובעלת רמה טכנולוגית גבוהה.

ב. לצרכים פנימיים:

(1) מחקר צבאי ומדיני.

(2) איסוף חיובי בתוך גבולות ונמרק.

(3) קשרי חבל.

(4) מתן הערכות לאומיות לממשלה.

ככלל הנושאים המעניינים את המוסד הדני הם בעיקר נושאי

ג. עומדת לקום פונקציה לטיפול בנושאי מז"ת.

אדם אחד, יום אחד בשבוע. כשהכוונה לנסות

דניים הבאים במגע עם אזור המזה"ת.

4. החומר המגיע אלינו הינו בעיקרו בנושאים מזאר"ם.

בתחומי יבשה, ים ואויר. מצטיין בתמונות מטוסים סובייטים.

בעיקר בהתקנות מיוחדות ואנטנות שונות.

סגולים הינו השרות הראשון שהעביר תצלומי

5. לאחרונה ישנה התעוררות רבה ביחסים עם הסגולים

מחקר אויר בהיכל ואיש מחקר ים בפיניציה. באוגוסט

בארץ.

6. אישים מרכזיים:

א. MOGENS TELLING - ראש המוסד משנת

ב. IBB BANGSBORC - ראש יחידת איסוף

לפרוש בג'נואר ב-1986.

Deutsche Übersetzung:

Land 4648 Reprint, Kopie für Land

Regulär – 1024 14. Juni 1985
An: Mashove
Von: Land
GEHEIM – 4648
Purple B – dänischer »Mossad« (Dänischer Militärischer Abwehrdienst, DDIS)

1. Allgemeines
   Der dänische »Mossad« ist der Geheimdienstarm des dänischen Militärs. Er ist dem Armeechef und dem Verteidigungsminister unterstellt. Chef des DDIS ist ein hoher Beamter der Armee.
2. »Mossad«-Struktur
   Der DDIS ist in vier Einheiten zusammengefaßt. A. Verwaltung, B. Abhördienst (8200), C. Forschung, D. Nachrichtensammeln
3. DDIS-Verantwortungsbereiche
   A. Für die NATO:
      (1) Ostdeutschland und Polen abdecken
      (2) Die Schiffsbewegungen des Ostblocks in der Ostsee registrieren; dafür werden sehr leistungsfähige, moderne Geräte verwendet.
   B. Intern:
      (1) Politische und militärische Forschung
      (2) Positives Nachrichtensammeln innerhalb Dänemarks
      (3) Verbindung zu ausländischen Nachrichtendiensten
      (4) Die Regierung mit nationalen Lageeinschätzungen beliefern. (Im allgemeinen gilt das Hauptinteresse des DDIS dem Ostblock.)
   C. Es wird ein neuer Aufgabenbereich vorbereitet, mit dem der Nahe Osten abgedeckt werden soll. Anfangs wird ein Mann einen Tag in der Woche daran arbeiten. Ziel ist, durch dänische Handels- und Geschäftsleute, die Kontakte in Nahost haben, Nachrichtenmaterial zu sammeln, wie wir es auf der PAHA-Konferenz empfohlen haben.
4. Das Material, das wir vom DDIS erhalten, betrifft hauptsächlich den Ostblock, d.h. die sowjetischen Aktivitäten zu Land, zur See und in der Luft. Er ist spezialisiert auf das Fotografieren von sowjetischen Flugzeugen.
   Besonderes Gewicht wird auf den Einbau neuer Antennen in Flugzeugen gelegt.
5. Seit dem Besuch ihres Ressortchefs für Luftwaffenforschung und des Ressortchefs für Marineforschung in Haifa wird der Beziehung zum DDIS größere Aufmerksamkeit geschenkt.
   Im August wird in Israel ein gemeinsames Militärtreffen stattfinden.
6. *Wichtige Persönlichkeiten*
   A. Mogens Telling. Chef dieses Dienstes seit 1976. Besuchte 1980 Israel.
   B. Ib Bangsbore. Chef der Humant-Nachrichtensammlung seit 1982. Er will 1986 aussteigen.

1 Internes Dokument des Mossad aus der Zeit, als ich im Dänemark-Ressort arbeitete.

2 Mein erster Tag in der Armee.

3 Unser Hochzeitsfoto: Bella ganz in Weiß, ich in Uniform. Wir werden von Freunden umringt, die ich von der Militärpolizei kannte. Mit diesen Männern hatte ich auf der Offiziersschule meinen Abschluß gemacht.

4 Dieses Foto wurde 1967 in der Offiziersschule in Mitspeh Ramon im Negev aufgenommen, als ich Offiziersanwärter war.

פיקוד הדרכה • בסיס הדרכה מס' 1 • בית ספר לקצינים

תעודת גמר

מס' אישי 2035913 דרגה טר"ש שם אוסטרובסקי ויקטור חיל חמ"צ

השתתף בקורס קצינים בסיסי מחזור מרץ 68

מתאריך 18 מרץ 68 עד תאריך 27 יוני 68

וסיים אותו בהצלחה

מפקד בית הספר

27.6.68

תאריך

טופס 2520/4

(2/60)

5 Meine Urkunde über den bestandenen Offizierslehrgang in der israelischen Armee. Schwert und Olivenzweig sind das Symbol des israelischen Militärs. Sie stehen auch für den Offiziersrang; jeder Offizier trägt eine solche Nadel am Kragen.

6 Bei der Militärpolizei, 1969.

7 Dieses Foto stammt aus dem Jahr 1969. Es wurde in der Nähe von Nablus aufgenommen, wo ich Spezialeinheiten der Militärpolizei, kurz MAMATS genannt, trainierte. Sie waren zum Schutz von VIPs abgestellt, die sie auf Fahrten durch die besetzten Gebiete begleiteten.

8 Während der Feier, bei der ich den Majorsrang verliehen bekam, traf ich auch Konteradmiral Zéev Almog, der zu diesem Zeitpunkt Befehlshaber der israelischen Marine war.

9 Dieses Bild wurde auf einem amerikanischen Flugzeugträger aufgenommen, der 1981 Haifa besuchte. Ich fungierte damals als Verbindungsmann, wie so oft während meiner Dienstzeit bei der Marine. Mir fiel diese Aufgabe hauptsächlich deshalb zu, weil ich fließend englisch sprach.

10 Yosy fotografierte mich während des Trainings in der Mossad-Akademie, deren Tennisplätze man im Hintergrund erkennt. Ich lege gerade einen neuen Film in meine Kamera ein.

11 Yosy und ich.

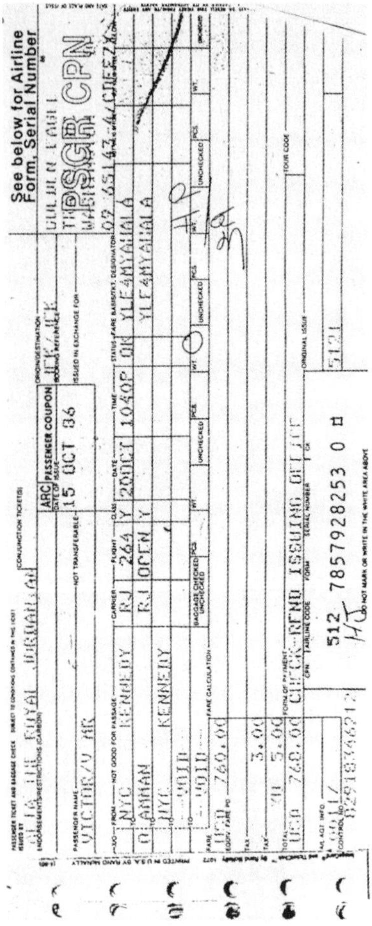

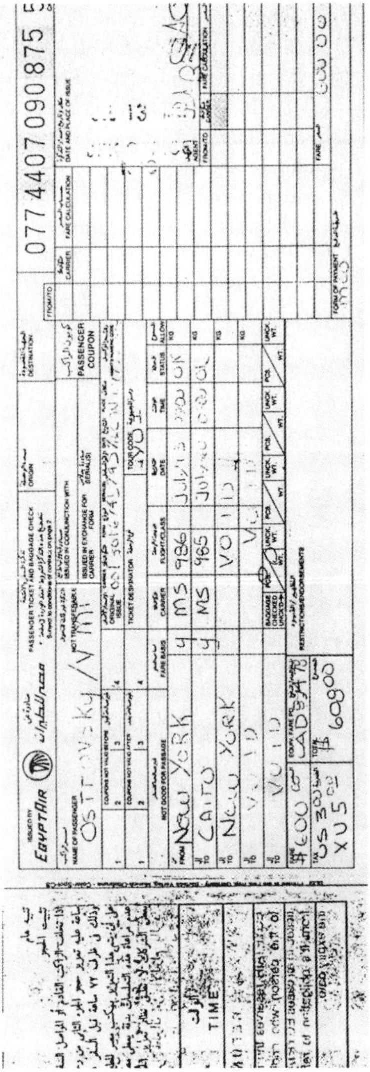

12/13 Die Flugtickets meiner im Auftrag von Ephraim unternommenen Reisen nach Amman und Kairo.

»Ich habe einige Dokumente dabei, die Sie sich ansehen können, und ich bin bereit, jede Frage zu beantworten.«

Wir zündeten uns eine Zigarette an, und die Befragung begann. Ich stellte von Anfang an klar, daß ich nicht die Namen von irgendwelchen Mossad-Agenten in Jordanien oder in irgendeinem anderen arabischen Land kannte. Ich würde ihnen auch keine Namen oder Beschreibungen von Mossad-Einsatzoffizieren geben, mit denen ich zusammengearbeitet hatte. Er war am meisten daran interessiert, etwas über die Mossad-Interventionen in der fundamentalistischen Bewegung Jordaniens herauszufinden sowie über den Einfluß des Mossad auf die Politik in Israel. Er stellte mir eindrücklich vor Augen, daß sie kein Vertrauen in die israelischen Politiker hätten, die behaupteten, daß sie den Frieden wollten – und zwar wegen der Leckagen. Er erklärte mir, daß allen Israelis, mit denen sie sich getroffen hatten, immer wieder klargemacht worden sei, daß sie alles aufs Spiel setzten und ihre Gesprächspartner handlungsunfähig machten, wenn etwas von den Treffen nach draußen dringe und sei es nur, daß sie sich überhaupt getroffen hätten. Und dennoch gab es jedesmal Leckagen. Den einzigen Schluß, den die Jordanier daraus ziehen konnten, war der, daß die Leute, die sie unter großer Gefahr für ihr eigenes Leben trafen, in keinster Weise aufrichtig waren und daß solche Treffen bald der Vergangenheit angehören würden.

Nach mehreren Stunden war der Mann von meiner Identität überzeugt. »Ich werde jetzt meinen Boß rufen. Er hat vielleicht ein paar Fragen.«

Ein angenehmer Herr von Ende Fünfzig kam ins Zimmer. Er trug eine Brille mit Goldrand und einen hellgrauen Anzug. Seine Stirn glänzte, und seine gelichteten Haare waren ordentlich nach hinten gekämmt. Er trug einen schmalen Bart und lächelte freundlich.

Der junge Mann salutierte. »Herr Ostrovsky, Brigadegeneral Zuhir.«

Der Ankömmling streckte den Arm aus. »Ich bin erfreut, Sie kennenzulernen, Victor. Ich hoffe, wir werden eine lange und fruchtbare Beziehung haben.« Der Mann machte einen guten Eindruck; von Anfang an ging er freundschaftlich mit mir um. »Ich hoffe, daß mein Freund Sie gut behandelt hat.«

»Sicher.«

»Ich erfuhr von ihm, daß Sie Mossad-Offizier sind oder eher Ex-Mossad-Offizier?«

»Das ist korrekt.«

»Kennen Sie den Verbindungsoffizier des Mossad in Washington?«

»Ja.«

»Ich kenne ihn auch. Ich habe ihn letztes Jahr zu Weihnachten auf einer Party im Außenministerium kennengelernt.«

»Nun, das kann nicht sein, mein Freund.«

»Wieso?«

»Weil er letztes Jahr zu Weihnachten noch nicht hier war. Er kam erst vor drei Monaten an.«

Der Mann lächelte. Er hatte offensichtlich eine Fangfrage gestellt, die nur sehr wenige Leute korrekt hätten beantworten können. »Nun, da ich weiß, daß Sie Mitglied des Mossad waren, wie kann ich wissen, daß Sie es jetzt nicht mehr sind?«

»Ich nehme an, daß Sie mir einfach vertrauen müssen.«

»Was haben Sie uns zu bieten?«

»Ich könnte helfen, Ihren Geheimdienst ins zwanzigste Jahrhundert zu bringen, und gleichzeitig verhindern, daß Ihrer Wirtschaft und Ihrem König ein paar scheußliche Dinge widerfahren.«

Als das Wort »König« fiel, wurde sein Gesicht ernst. »Was meinen Sie damit? Gibt es eine Gefahr für den König?«

»Ja. Nicht unmittelbar, es gibt nichts, was ich Ihnen im Augenblick sagen könnte. Aber es gibt Leute, die ihn gerne tot sehen würden.«

Es herrschte Stille. Der General dachte nach. Der junge Mann starrte ihn an und wartete darauf, daß er etwas sagte oder etwas unternahm. Die Spannung stieg; selbst die Wache an der Tür machte ein ernstes Gesicht.

»Wären Sie bereit, nach Amman zu fliegen und dort mit jemandem zusammenzutreffen?«

»Nach Amman?« Die Frage kam für mich sehr überraschend. Amman, die Hauptstadt Jordaniens, so nahe bei Israel und doch so weit weg. Wie zum Teufel sollte ich dorthin kommen, und würde ich jemals von dort zurückkehren? Gab es eine Möglichkeit, das zu umgehen? Konnte ich nein sagen und dennoch mein Ziel erreichen? Der General sah, daß ich zögerte.

»Denken Sie darüber nach. Ich werde morgen den ganzen Tag hier sein, und Sie können anrufen und mir sagen, wie Sie sich entschieden haben.«

»Wenn ich ja sage, wann werde ich dann fahren?«

»Ich habe nicht gesagt, daß Sie fahren werden, ich wollte nur wissen, ob Sie damit einverstanden sind. Ich muß darüber mit den richtigen Leuten reden.«

»Werden Sie das Telefon benutzen, um über mich zu reden?«

»Nein. Ich werde den Botschaftskode verwenden.«

»Das sollten Sie nicht tun, wenn Sie mich nicht umbringen wollen. Ihr Kode wurde schon vor langer Zeit geknackt, und Ihre ›sicheren‹ Leitungen sind alles andere als sicher.«

»Was schlagen Sie vor?«

»Benutzen Sie Ihre Diplomatenpost, oder senden Sie einen Boten.«

»Das wird aber länger dauern.«

Ich stand auf. »Ich werde Sie morgen anrufen und Ihnen Antwort geben. Ich sehe eigentlich kein Problem. Ich brauche vielleicht ein paar Garantien.«

»Okay. Bis morgen also.«

»Noch etwas. Würden Sie dafür sorgen, daß meine Geldgier befriedigt wird, wenn sich alles gut anläßt?«

»Keine Sorge. Wir werden Sie nicht hängenlassen, wenn Sie den Ausdruck verzeihen wollen.« Sie lächelten, doch ich konnte mich nicht dazu durchringen. »Wie werden Sie sich nennen, wenn Sie anrufen?« fragte der General.

Ich dachte kurz nach. »Isa. Ich werde sagen, Isa ist am Apparat.«

»Bis bald also, Isa.« Der General lächelte und verließ das Zimmer. Der junge Mann begleitete mich zum Ausgang. »Soll ich Ihnen ein Taxi rufen?«

Direkt vor der jordanischen Botschaft, quer gegenüber der israelischen Botschaft, in ein Taxi zu steigen schien mir keine besonders gute Idee zu sein. »Könnten Sie mich nicht lieber ein Stück mitnehmen?«

Wir gingen zu seinem Wagen hinter dem Haus, und er fuhr mich zur nächsten U-Bahn-Station. Ich gab ihm die Adresse meines Hotels und meine Zimmernummer, für den Fall, daß sie mich auf die Schnelle kontaktieren mußten. Dann stieg ich hastig aus dem

Wagen und verschwand in der U-Bahn. Der Ball war ins Rollen gekommen; ich hatte ihn halb über das Feld geschossen und mußte nun warten, was passierte.

Kapitel 19

Ephraim hätte mir Geld geben sollen, aber aus irgendeinem merkwürdigen Grund hatte er es nicht getan. Wäre es eine normale Mossad-Operation gewesen, hätte er unbegrenzt Geld von einem Bank-*Sayan*[1] haben können. Aber dies war keine normale Operation, und deshalb mußte ich auf Ephraim warten, um die Sache zu regeln, oder ich mußte sehen, daß ich Geld von den Leuten bekam, für die ich arbeiten sollte.

Irgendwie fand ich die Situation etwas lächerlich; einerseits verhandelte ich gleichzeitig mit den Spitzen der Geheimdienste verschiedener Länder, und andererseits hatte ich nicht genug Geld, um mir ein anständiges Essen zu leisten. Es mußte jetzt sehr schnell gehen, oder ich landete wirklich auf der Straße. Nach meiner Schätzung konnte ich meinen Aufenthalt im Hotel noch ein paar Tage hinziehen, aber das wär's dann.

Ich zwang mich zu guter Laune und rief Bella an. Sie wollte wissen, was los sei, was ich machen würde und wie sie zu Geld kommen sollte. Ephraim hatte versprochen, ihr einen Scheck zu schicken, der aussähe, als käme er von mir. Ich mußte ihr erzählen, daß es der Vorschuß für einen Sicherheitsberaterjob sei, den ich für irgendeine Gesellschaft machte. Es gab keinen Grund, weshalb sie unter Geldmangel leiden sollte. Wenn ich für den Mossad gearbeitet hätte, dann wäre sie versorgt gewesen, andernfalls hätte ich einen anderen Job gemacht und für sie gesorgt. Aber in dieser verzwickten Situation mußte Ephraim das übernehmen. Wie sich später herausstellte, ist Ephraim dieser Verpflichtung nie nachgekommen, doch damals ging ich noch vom Gegenteil aus. Ich machte mir ständig Sorgen, wie Bella wohl zurechtkommen würde. Ihr Vater würde ihr helfen, doch ich wußte, daß es ziemlich schlimm

[1] Jüdischer Bankier, der als vertrauenswürdig angesehen wird und einem Mossad-Mann in besonderen Notfällen jederzeit die Bank öffnet und ihn mit Geld ausstattet. Er bekommt es am nächsten Tag zurück, sobald die entsprechende Station es ihrerseits vom Hauptquartier erhalten hat.

stehen mußte, wenn sie ihn um Hilfe bat. Aber daran konnte ich jetzt nicht viel ändern, es brachte mich nur um meinen Schlaf.

Um drei Uhr morgens beschloß ich herauszufinden, ob die Jordanier mir jemanden auf die Fährte gesetzt hatten. Ich zog mich an und verließ das Hotel. Die Straßen waren verlassen, und niemand folgte mir. Wenn sie jemanden auf mich angesetzt hatten, dann war er entweder blind, oder er schlief.

Am nächsten Tag rief ich in der britischen Botschaft an und bat um eine Unterredung mit dem Handlanger. Ich wollte ihn außerhalb der Botschaft treffen und ihm einige Informationen geben. Er bat mich, in etwa einer Stunde noch einmal anzurufen. Als ich es tat, sagte er mir, daß er nicht wegkönne, um mich zu treffen. Er würde mich aber in der Botschaft erwarten, wann immer es mir paßte. Mir wurde klar, daß sie mich als gefährlich ansahen und den Verdacht hatten, daß ich mit jemandem zusammenarbeitete, der ihnen vielleicht etwas tun wollte. Ich konnte zu diesem Zeitpunkt nicht das Risiko eingehen, noch einmal in die Botschaft zu gehen, weshalb ich ihm sagte, ich würde ihm die Information übers Telefon geben.

Es war ein Schnipsel, den Ephraim mir dagelassen hatte, bevor er nach Israel zurückflog. Da damals die terroristischen Anschläge in Europa zunahmen, gab es eine große Nachfrage nach Informationen über terroristische Aktivitäten, und der Mossad war auf dem Gebiet kreativer als andere. Da israelische Ziele für den Mossad als heilig galten, war er bereit, mit so gut wie jedem zusammenzuarbeiten, um Vorweginformationen über Angriffe auf solche Ziele zu erhalten.

Es war damals ein stehender Befehl für das gesamte operative Personal, unter falscher Flagge mit jeder Terroristen-Organisation Kontakt aufzunehmen. Die einzige Einschränkung bestand darin, daß das Treffen in sicherer Umgebung stattfinden mußte, was bedeutete, daß der Einsatzoffizier vom Mossad-Zentrum in Brüssel Erkundigungen über den Grad der Gefährlichkeit besagter Terroristen einziehen und ein Offizier, der für operative Sicherheit zuständig war, für die Sicherheit des Treffens sorgen mußte.

Wenn der Kontakt erst einmal gemacht war, waren die Einsatzoffiziere autorisiert, auf jeden Austausch von Informationen einzugehen, der einen Angriff auf ein israelisches Ziel verhinderte.

Obwohl es die Politik des Mossad war, den Eindruck zu erwecken, als ob ihnen jüdische Ziele ebenso am Herzen lagen wie israelische, war es tatsächlich nicht so. In Wirklichkeit wurde den Offizieren bei zahllosen Gelegenheiten zu verstehen gegeben, daß es nicht zu ihrem Job gehörte, Juden zu schützen; das sei der Job der örtlichen Behörden. Unter keinen Umständen war es jemandem erlaubt, eine Quelle hochgehen zu lassen, um ein jüdisches Ziel zu schützen, wenn die Quelle eines Tages eine Warnung vor einem Angriff auf ein israelisches Ziel bringen konnte.

In manchen Fällen gab es zusätzliche Einschränkungen, etwa wenn man meinte, daß die Terroristen eine Allianz mit anderen Gruppen hatten, die vielleicht israelische Ziele angreifen könnten. Die Beschränkung bedeutete, daß man ihnen kein Zerstörungsmaterial übergab. In solchen Fällen konnte der Austausch nur im logistischen Bereich liegen, hauptsächlich durch Dokumente.

Das alles war mir nicht neu; ich hatte es so gelernt und die Anfragen an mein Ressort auch entsprechend behandelt. In diesem Zusammenhang war mit der französischen Action directe ein Deal vereinbart worden: Für Hinweise auf mögliche Angriffe auf israelische Ziele sollten sie im Austausch eine Reihe ausgezeichneter englischer Blankopässe erhalten. Die Action directe wurde glauben gemacht, daß sie es mit einer südamerikanischen Gruppe zu tun hatte, die die Informationen gegen Waffen aus Israel tauschen wollte.

Ein toter Briefkasten für die Pässe wurde in einer Telefonzelle in Westdeutschland eingerichtet. Wir überließen es den Briten, die Deutschen dazu zu bringen, etwas zu unternehmen. Sie würden wahrscheinlich den Mossad-Mann beschatten und danach die Leute von der Action directe verhaften, wenn sie die Pässe abholten. Ephraim wollte nicht, daß die Action directe glaubte, sie seien von ihrer südamerikanischen Verbindung ausgetrickst worden. Wenn sie das annahmen, würden sie den Boten zu töten versuchen, der tatsächlich ein Mossad-Offizier war. Deshalb warnte Ephraim die Action directe, damit sie nicht glaubten, sie seien in eine Falle gelockt worden, und sich an den Israelis rächten, weil sie sie hatten hochgehen lassen.

Ephraim hoffte, wie übrigens auch ich, daß ein Zwischenfall, auch wenn er dem Mossad nicht gerade den Schlaf raubte, für ihn doch sehr unangenehm wäre. Wir wußten allerdings, daß es ein sehr langer Prozeß sein würde, den Einfluß des Mossad auf die Regierung zu brechen. Selbst die Paß-Geschichte wurde auf einen Monat im voraus geplant; den Terroristen wurde erklärt, daß man Zeit brauche, um alles vorzubereiten, so daß diese Zeit gewannen, um an die Informationen zu gelangen und ihren Beitrag zu dem Deal zu leisten.

Der Engländer war sprachlos, als ich alles erzählt hatte. »Möchten Sie, daß unsere Leute Sie kontaktieren oder so?«

»Ich werde in ein paar Tagen wieder anrufen. Wenn Sie Fragen haben, dann können Sie sie ja an mich weiterleiten. Wenn ich kann, werde ich Ihnen im voraus ankündigen, wann ich komme, obwohl ich wirklich nicht glaube, daß das geht.« Er antwortete nicht. Ich merkte, daß er nicht genau wußte, was er nun tun sollte.

Ich legte auf und rief die Jordanier an. »Kann ich mit Zuhir sprechen bitte? Hier ist Isa.«

»Einen Augenblick bitte, Herr Isa.« Ich merkte der Stimme der Frau an, daß sie wußte, wie wichtig es war. Sekunden später war eine zweite Frauenstimme zu hören. »Herr Isa? Ich bin Lorraine. Der General wird sofort mit Ihnen sprechen.« Es lief viel besser, als ich gedacht hatte. Ich wußte, wenn Mousa, mein Operations-Instrukteur und der derzeitige Sicherheitschef für Europa, mich sehen könnte, würde er sehr stolz auf mich sein. Doch es war wohl besser, daß er mich nicht sah, sonst läge ich bald mit einer Kugel vom Kaliber 22 im Kopf im Leichenschauhaus.

»Hallo, Isa, wie geht es Ihnen?«

»Sehr gut, und Ihnen?«

»Gut. Ich bereite mich auf den Ramadan vor. Sie wissen schon.«

»Natürlich. Ich hoffe, Ihnen fällt das Fasten leicht.«

»Danke. Wie haben Sie sich entschieden?«

»Was soll ich sagen? Ich war schon immer scharf darauf, ein bißchen durch die Welt zu kommen.«

»Soll das ja heißen?«

»Ja.«

»Großartig. Ich werde meinen Leuten Bescheid sagen, und dann treten wir mit Ihnen in Verbindung. Erreichen wir Sie noch am selben Ort?«

»Ja. Nur bin ich mit dem Geld ziemlich am Ende. Wenn ich nicht bald etwas bekomme, muß ich abreisen.«

»Wohin werden Sie fahren?« Diese Frage paßte mir gar nicht, deutete sie doch darauf hin, daß es möglicherweise ein paar Tage dauerte. Erst einmal war ich perplex; ich war verwundert, wie lax man die Angelegenheit behandelte. Vielleicht war ich an einen extrem aggressiven Geheimdienst gewöhnt, der beinahe jede Gelegenheit beim Schopfe ergriff, denn schließlich sah doch wahrscheinlich jeder darin eine Chance fürs persönliche Fortkommen. Der General gehörte nicht zu diesen Typen. Er war ein echter Soldat, er tat, was er für recht hielt, ohne Entscheidungen für andere zu treffen, die nicht seine Untergebenen waren.

Ich war frustriert und machte auch keine Anstrengung, es zu verbergen. Mir wurde auch klar, was Ephraim erreichen wollte, indem er mich ohne finanzielle Mittel in diese Situation brachte: Ich sollte mich ganz auf den Erfolg meiner Mission verlassen. Ich haßte ihn dafür.

»Ich hab' im Moment noch keine Ahnung, aber ich werd' versuchen, meine finanziellen Probleme so schnell wie möglich zu lösen.« Ich sah, daß er nicht verstand, worauf ich hinauswollte. »Ich muß Geld verdienen, um zu leben, und in den USA kann ich nicht arbeiten. Also muß ich nach Kanada fahren und dort etwas zu finden versuchen.«

»Werden Sie mir sagen, wo ich Sie dort finden kann, falls die Antwort auf sich warten läßt?«

»Wenn Sie keine Antwort haben, bevor ich fahre, dann vergessen Sie es einfach.« Ich spürte, wie ich innerlich zu kochen begann. Ich wurde immer erregter, denn nun mußte ich wirklich auf mich aufpassen.

Ich hatte vorher gewußt, in welche Gefahr ich mich begab, aber dann in der Botschaft war ich so auf meinen Auftrag konzentriert, daß ich dem keine Beachtung schenkte. Ich hatte erwartet, daß sie mich mit ausgebreiteten Armen aufnehmen und sofort an die Arbeit setzen würden. Das war nicht geschehen, und nun wurde die Sache schlicht kritisch.

Der Prozeß war jetzt unumkehrbar; die Information war auf dem Weg nach Amman und zum dortigen jordanischen Geheimdienstbüro. Da es zweifellos eine Information von höchster Priorität war, würde sie von den höchsten Beamten behandelt werden, und wenn der Mossad wirklich etwas taugte, dann würde er davon erfahren, entweder von einem rekrutierten Offizier oder von einem Assistenten, der für ihn arbeitete. Daß ein israelischer Spion für Jordanien arbeiten wollte, würde sicherlich dem König gemeldet werden, und dort bei Hof hatte bestimmt auch der Mossad seine Ohren. Bei meinen Informationen würde es für den Mossad von höchster Dringlichkeit sein, mich zu stoppen. Während wir noch sprachen, bereitete sich möglicherweise schon ein Team darauf vor, mich zu ergreifen oder zu eliminieren.

»Rufen Sie mich an, wenn Sie etwas hören. Ich hoffe, ich werde noch hier sein.«

»Werden Sie anrufen, bevor Sie abreisen?«

»Okay.« Ich legte auf und fühlte mich, als hätte man mir allen Wind aus den Segeln genommen.

Der Anruf kam morgens um halb neun. Es war Zuhir. »Sind Sie bereit zu fahren?«

»Wann?«

»Wie wäre es mit morgen nachmittag?«

»In Ordnung.« Ich hatte zur Bedingung gemacht, daß er mich begleiten sollte. Ich spürte, daß er ein ehrenhafter Mann war, und das Versprechen freien Geleits war etwas, was mir persönlich wichtig war. In der kurzen Zeit, die ich ihn kannte, hatte ich den Eindruck gewonnen, daß er eher sterben würde, als sein Wort zu brechen oder seine Ehre zu verlieren.

»Ich werde Sie um zwölf in Ihrem Hotel abholen.«

»Wie lange wird es dauern?«

»Eine Woche? Ist das in Ordnung?«

»Gewiß. Bis morgen.« Ich legte auf und mußte erst einmal verdauen, was ich gerade gehört hatte. Ich war drauf und dran, in ein Land zu reisen, das ich immer als Feind betrachtet hatte, und sollte Gast des Geheimdienstes der anderen Seite sein. Ich war dabei, auf die andere Seite zu wechseln, genau das würde ich tun. Wenn sich das, was ich bisher getan hatte, noch irgendwie erklären ließ, so war das, was ich jetzt tun wollte, völlig unerklärlich. Im Moment, so dachte ich, wußte der Mossad wohl noch nichts von mir. Wenn sie über mich Bescheid wußten, dann konnten sie allerdings auch nicht viel sagen, ohne ihre Quelle zu enttarnen. Doch ich konnte viel mehr preisgeben als jede Quelle, folglich durften sie mich nicht überwechseln lassen. Bis hierher hätten sie meine Aktivitäten noch tolerieren können, aber sie konnten es auf keinen Fall zulassen, daß ich in Amman landete.

Ich bewegte mich jetzt auf einen Abgrund zu, aus dem herauszukommen vielleicht nicht mehr möglich war. Mir blieben vierundzwanzig Stunden, um mich auf die Reise vorzubereiten, aber keine Zeit, um mir ein Cover zuzulegen.

Ich duschte und zog mich schnell an. Ich mußte zu einer Telefonzelle, um Ephraim anzurufen. Es war Samstag, und ich hoffte, ihn zu erreichen. Das Telefon klingelte mehrmals, aber niemand nahm ab. Ich konnte weder vom Hotel aus telefonieren, noch hatte es Zweck, Bella anzurufen, da ich ihr ohnehin nicht erzählen konnte, was los war. Ich beschloß, es später noch einmal zu versuchen. Ich ging ins Hotel zurück und wartete auf dem Zimmer. Die Zeit stand still. Und wenn ich ihn nicht erreichte? Und wenn sie schon auf mich warteten und dies alles nur eine Falle war? Ich konnte nicht klar denken, weil ich zu aufgeregt war. Als würde ich mit verbundenen Augen am Rand eines Vulkans entlanglaufen. Ich konnte die Gefahr fühlen, aber nicht sehen.

Abends um sechs erreichte ich Ephraim. Ich war von der Anspannung ganz erschöpft.

»Was ist los?« Er klang gutgelaunt; irgend etwas war wohl gut für ihn gelaufen.

»Ich bin morgen unterwegs.«

Sekundenlang sagte er nichts und dann mit langsamer und leiser Stimme: »Du meinst das, was ich auch meine?«

»Na klar. Man hat mich heute morgen angerufen. Morgen nachmittag fliege ich.«

»Ich will verdammt sein. Hier weiß keiner was davon, nicht das geringste. Selbst wenn du nicht fährst, ist dies die größte Farce in der Geschichte der Organisation.«

Ich wußte genau, was er meinte; der Mythos, daß der Mossad immer genau darüber Bescheid wisse, was in den arabischen Ländern vor sich geht, war eben doch nichts weiter als ein Mythos. Dabei müßten eigentlich in dem verdammten Mossad alle Alarmglocken schrillen, doch niemand hatte etwas gehört. Ich atmete tief durch; ich konnte gar nicht zeigen, wie erleichtert ich war. »Aber du willst, daß ich fliege?«

»Ja, das heißt, wenn du dich dazu in der Lage fühlst.«

»Und du willst, daß ich nach Plan vorgehe?«

»Ja, so wie wir es geplant haben. Wenn sie dich lassen.«

»Ich rufe dich also an, wenn ich wieder herauskomme.«

»Ich warte auf dich. Wie lange wird es dauern?«

»Der Mann sagte, eine Woche.«

»Denk dran, daß es dort auch andere Leute gibt. Und wenn sie dich in ein Hotel stecken, dann laß dich nirgendwo blicken. Wir haben wohl niemanden in ihrem System, aber wir haben mit Sicherheit Leute in Palästinenserkreisen, und die gibt es überall. Ich kann immer noch nicht glauben, daß wir davon noch nichts gehört haben.« Er lachte. »Was für ein Haufen von Scheißern. Ich frage mich jetzt, wie viele unserer sogenannten Agenten nicht echt sind.«

Ich legte auf und ging ins Hotel zurück.

Es war 11.45 Uhr. Ich wartete in der Hotel-Lobby. Ich hatte dafür gesorgt, daß ich mein Zimmer behalten konnte und eine Rechnung vorbereiten lassen. Um Punkt zwölf fuhr eine Limousine vor, und Zuhirs Assistent, der große, schlanke Mann, kam herein und begrüßte mich.

»Sind Sie fertig?«

»Ja, aber das mit dem Hotel muß noch geregelt werden.«

»Was ist das Problem?«

»Ich habe kein Geld, und ich muß das Zimmer bis zu meiner Rückkehr behalten. Ich habe mit dem General darüber gesprochen.«

Er ging zum Wagen zurück und holte die Kreditkarte des Generals. »Der General hat gesagt, ich soll alles mit seiner Karte begleichen.«

»Sie werden eine Unterschrift wollen.«

»Ich werde für ihn unterzeichnen. Gehen Sie schon zum Wagen.«

Ich ging hinaus. Zuhir saß hinten im Wagen. Er war kaum zu erkennen, nur sein Lachen war deutlich zu sehen. »*Ahalan w'sahalan*, mein Freund«, sagte er und reichte mir die Hand zum Gruß.

»Wie geht es Ihnen?« lächelte ich zurück. Diesen Mann mußte man einfach mögen.

»Wir fliegen zuerst nach New York und von dort nach Amman. Ich habe alle Vorbereitungen getroffen. Am Flughafen werden wir abgeholt. Es wird alles gutgehen.«

»Kennen Sie die Leute, die uns am Flughafen abholen?«

»Es sind alles meine Freunde, Leute, denen man vertrauen kann. Und hier.« Er überreichte mir meine Tickets. Sie steckten in einem Kuvert, das mit der jordanischen Krone in Gold und dem Wort Alia auf englisch und arabisch bedruckt war. Das war nicht unbedingt das, was ich auf dem Flughafen herumzeigen wollte, jedenfalls nicht auf dem Kennedy Airport.

»Würden Sie das bitte für mich aufbewahren?« Ich gab ihm das Kuvert zurück und steckte die Tickets in die Tasche. Er lächelte. »Ihr Spione müßt an alles denken.«

»Klar, wenn wir nicht hängen wollen.«

»Machen Sie sich keine Sorgen, mein Freund. Ich bin bei Ihnen. Niemand wird Sie anrühren.«

Ich lächelte zurück. »Würde es Ihnen etwas ausmachen, mich am Eingang des Sheraton abzusetzen? Das am Flughafen?«

»Gewiß nicht.« Sein rundes Gesicht zeigte einen Schimmer von Vorsicht. Er war etwas verwirrt und versuchte herauszubekommen, was ich damit bezweckte.

»Ich möchte von dort aus ein Taxi zum Flughafen nehmen. Wir wissen schließlich nicht, wem wir dort begegnen werden, und ich möchte nicht gesehen werden, wie ich mit dem ältesten diensthabenden jordanischen Militär in den USA an Bord einer Maschine gehe. Sie werden mir zustimmen, daß das keine gute Idee wäre.«

»Daran hätte ich selbst denken müssen; Sie haben natürlich hundertprozentig recht. Was ist mit dem New Yorker Flughafen? Wie machen wir es da?«

»Wir reisen doch erster Klasse?« Ich nahm meine Tickets und schaute drauf.

»Ja, natürlich«, sagte Zuhir.

»Wir werden uns also in der Alia-Lounge treffen. Wo liegt sie?«

»Alia hat keine Lounge, aber wir werden die von Air France benutzen. Sie haben um die Zeit keinen Flug, wir werden dort also allein sein. Ich meine, zusammen mit den Leuten, die nach Amman fliegen.«

»Dann sehen wir uns also da.« Ich schaute zum Fenster hinaus.

Zuhir wies den Fahrer an, am Sheraton zu halten. Dann sagte sein Assistent etwas auf arabisch, und Zuhir wandte sich an mich. »Wissen Sie, wo die Lounge der Air France liegt?«

»Ich glaub', nicht.«

»Wissen Sie, wo der El-Al-Schalter ist?«

»Ja«, sagte ich etwas zögernd.

»Nun, der Air-France-Schalter liegt auf der einen Seite und die Lounge auf der anderen. Wenn wir also zu unserem Flug gehen, müssen wir am El-Al-Schalter vorbei.« Er schaute seinen Assistenten besorgt an und sagte dann zu mir: »Was schlagen Sie vor?«

»Nichts. Ich treffe Sie in der Lounge, und dann gehen wir zum Flug, wenn es soweit ist. Was können wir sonst tun?«

Der Wagen hielt unter dem großen Vordach des Sheraton, und ich stieg aus. Der Chauffeur holte meinen Koffer aus dem Kofferraum. Ohne mich umzudrehen, ging ich in das Hotel. Ich wartete dort einige Minuten, ging dann wieder hinaus und winkte aus einer Schlange am Ende der Rampe das erste Taxi heran. Meine Freunde vom Mossad hätten es auf keinen Fall so einrichten können, daß das Taxi dort auf mich wartete. Dafür war die Zeit einfach zu kurz. Falls mir jemand folgte, was ich sehr bezweifelte, mußte ihn der Halt im Hotel völlig verwirrt haben. Es erscheint manchmal kindisch, dieses Katz-und-Maus-Spiel, aber wenn es um dein eigenes Leben geht, findest du es nicht mehr komisch. Jeder Zug, den du machst, um deinen Verfolger abzuschütteln, kann ein Segen sein und dir genug Zeit schenken, um dein Leben zu retten. Es hat Momente gegeben, in denen ich sicher war, sauber zu sein, und mich an die Arbeit machte. Gleichwohl behielt ich die Augen offen und stellte schließlich fest, daß ich doch einen Schatten hatte, den ich nicht identifiziert hatte.

Die Fahrt mit dem Taxi dauerte nur fünfzehn Minuten, aber es stellte sich heraus, daß sich das Manöver gelohnt hatte. Als ich mein Ticket und den Paß dem Sicherheitsbeamten am Flughafen gab, spürte ich, wie mich jemand an der Schulter berührte. Ich war sicher, daß es Zuhir oder sein Assistent war, die mir etwas sagen wollten. Ich wollte mich nicht umdrehen und mit ihnen sprechen, da es alle Ablenkungsmanöver, die wir unternommen hatten, zunichte machte.

»Vic.« Nun war auch eine Stimme zu hören. Ich kannte sie, sie stammte aus einer anderen Welt, aus einem anderen Leben. Ich drehte mich um und setzte ein breites Grinsen auf. War das ein Zufall. »Rolly! Wie geht es dir?« Ich stellte meinen Koffer ab und gab ihm die Hand, die er kräftig schüttelte. Er war einmal ein guter Freund von mir gewesen; wir hatten viel Zeit miteinander verbracht und über Gott und die Welt geredet. Ich arbeitete nie mit Rolly zusammen; er war ein Liaison-Mann und ich Einsatzoffizier. Aber wir waren einander oft begegnet, wenn wir im Hauptquartier waren. Er war Verbindungsmann zu den Skandinaviern, als ich im dänischen Ressort arbeitete.

»Ich hab' von deinem Pech gehört. Es tut mir leid.« Seine Stimme klang aufrichtig.

»So ist das Leben. Wie geht es bei dir?« Er war jetzt der Mossad-Verbindungsmann zum CIA, und ich wußte, daß er mir nicht sein Herz ausschütten würde, fragte aber dennoch. Was sollte ich sonst mit ihm reden? Hier stand ich, auf dem Weg nach Jordanien und mit einem Ticket der Königlich Jordanischen Luftfahrtgesellschaft in der Tasche, und wen treffe ich?

»Nichts Neues, nur das Übliche.«

Ich dachte an den Brigadegeneral, der Waffen an die Iraner verkauft hatte. Ich fühlte mich irgendwie schuldig, da ich es gewesen war, der für Ephraim den Anruf beim FBI gemacht hatte. »Wie geht es mit Bar-Am?«

»Mit wem?« Rolly, eine 1,90 Meter lange Bohnenstange, beugte sich vor, um besser zu hören.

»Avraham Bar-Am, der General, den sie verhaftet haben, wegen eines Waffendeals mit den Iranern oder so.«

»Was ist mit ihm?«

»Helft ihr Burschen ihm denn nicht heraus? Schließlich hat er doch für uns gearbeitet.«

»Ich dachte, du wärst nicht mehr mit von der Partie.« Er grinste und zwinkerte mit den Augen, als ob er meinte, vielleicht stimmte es ja gar nicht, was er gehört hatte.

»Ich bin draußen, aber das heißt nicht, daß ich alles über Nacht vergessen kann. Ich habe viel für ihn gearbeitet im Hauptquartier damals. Ich dachte, daß ihr jemanden, den ihr in die Scheiße geritten habt, auch wieder herausholt.«

»Seit wann funktioniert es denn auf diese Weise? Ich hab' nicht gesehen, daß jemand mit vorgezogener Waffe Bar-Am zu dieser Sache gezwungen hätte. Er hat es gemacht, um Profit rauszuschlagen, und hat dafür seine Verbindungen eingesetzt. Es hat nicht so funktioniert, wie er es sich gedacht hatte, und das ist sein Pech.«

»Wie haben sie ihn denn geschnappt?«

»Keine Ahnung. Den einen Tag lief alles gut, und am nächsten kam wie aus heiterem Himmel der FBI, und alles war vorbei. Ich habe den Verdacht, daß es jemand von drinnen war, der den Deal platzen ließ. Er kam wahrscheinlich der Blue Pipeline[1] in die Quere.«

»Das wäre dumm gewesen. Dann hätten die Amerikaner doch denken müssen, daß die eine Hand nicht weiß, was die andere tut.« Ich hoffte, er würde das bestätigen. Schließlich hatten wir unsere kleine Übung vor allem aus dem Grund durchgeführt.

»Keine Frage, daß sie das denken.« Er merkte, daß er schon zuviel geredet hatte, wie ich an seinem Gesicht ablesen konnte – obendrein zu einem Ehemaligen, der vielleicht gar keiner war.

»He, Rolly, ich bin es, Victor. Warum machst du dir Sorgen? Du denkst wohl, daß ich mit dem, was du mir gerade gesagt hast, geradewegs nach Amman fliege oder so!«

Wir mußten beide lachen.

Es gab mehr in der Blue Pipeline als nur Waffen für die Iraner: Damals bildete der Mossad gerade iranische Piloten in Deutschland aus. Der Kontakt war durch den BND hergestellt worden. Nicht durch höhere Beamte, sondern auf Abteilungsleiterebene. Auf diese Weise arbeitete der Mossad gerne; das gab den Zwischenträgern die Möglichkeit, gute Informationen zu liefern und an ihrer Karriere zu arbeiten. Die Chefs blieben außen vor, ihr sogenanntes politisches Gewissen blieb rein.

Die iranische Luftwaffe bestand hauptsächlich aus amerikanischen Kampfflugzeugen vom Typ Phantom, der noch vor wenigen Jahren auch das wichtigste Kampfflugzeug in der israelischen Luftwaffe war. Es war wichtig für die Iraner, ihre Piloten in einer sicheren Umgebung zu trainieren und auch Ersatzteile für ihre

[1] Bezeichnung für die israelischen Waffenverkäufe an die Iraner. Die Waffen wurden einmal aus Versehen in die hellblauen Container der israelischen Schiffahrtslinie ZIM verladen. Für den Transport wurden dänische Schiffe verwendet.

schrumpfende Luftwaffe zu erhalten. Israel sprang gerne ein, wobei es die Deutschen als Strohmänner benutzte, damit die Iraner sich nicht selbst eingestehen mußten, daß sie vom zionistischen Teufel persönlich Hilfe erhielten. Die iranischen Piloten wurden an verschiedenen Orten in Schleswig-Holstein von israelischen Piloten ausgebildet. Auf zwei Flugplätzen erhielten sie Flugunterricht in zwei speziell dafür umgebauten Cessnas, und auf dem dritten Flugplatz wurden sie an fünf Simulatoren, die eigens aus Israel eingeflogen waren, ausgebildet.

Gleichzeitig wurden Ersatzteile für die dezimierte iranische Luftwaffe über Land von italienischen Häfen aus quer durch Deutschland nach Dänemark transportiert, wo sie auf dänische Schiffe verladen wurden. Andere Ersatzteile und Waffen wurden in dem dänischen Hafen direkt von Schiffen, die Israel geleast hatte, auf dänische Schiffe verladen.

Die Verfassungsschutzbehörden in Schleswig-Holstein wußten sehr wohl über diese Aktivitäten Bescheid, sie hatten deswegen aber keine Skrupel, solange es keine terroristischen Aktivitäten in dem Gebiet gab und die Operation Geld in ihre Privattaschen brachte.

»Schau mal dort.« Rolly wies mit dem Kopf.

»Wo?« fragte ich und wandte mich langsam um, um keine Aufmerksamkeit zu erregen. Rolly war im operativen Einsatz niemals gut gewesen. Als Verbindungsmann mußte er es ja auch nicht sein.

»Der dort drüben in der Ecke, der da mit dem großen Kerl steht.«

»Ja?«

»Das ist Zuhir, der jordanische Militärattaché. Ich frage mich, wo der hin will.«

»Willst du, daß ich einen Kontakt für dich mache und es für dich herausfinde?«

»Das würdest du wohl glatt machen, du alter Hundesohn!« Er grinste. »Bleib ihm besser fern. Wir brauchen keinen internationalen Zwischenfall, über den ich dann endlose Berichte schreiben müßte.«

Ich wußte, daß er einen Bericht über dieses Treffen mit mir schreiben mußte, wohin ich seiner Meinung nach unterwegs war und was wir – fast Wort für Wort – miteinander gesprochen hatten. Die Tatsache, daß er Zuhir erkannt hatte und versuchen würde, herauszufinden, wohin er unterwegs war, war für mich nicht gerade ermutigend. Ich versuchte es leicht zu nehmen. »Grüß Mousa von mir.«

»Ich arbeite nicht mit Mousa.«

»Er ist jetzt Chef der Sicherheit in Europa, und du wirst mich in deinem Bericht erwähnen, also kannst du ihm Grüße senden. Glaub mir, er wird sie erhalten. Übrigens, kommst du oder gehst du?«

»Weder, noch. Ich bin hier, um meine Frau abzuholen. Sie kommt von einer Reise nach Israel zurück.«

Ich war als nächster an der Reihe am Schalter. Ich war froh, ihn sagen zu hören: »Da ist sie. Also dann, auf Wiedersehen!«

Ich schüttelte ihm die Hand und gab mein Ticket der Stewardeß hinter dem Schalter. Nachdem ich meine Bordkarte erhalten und den Sicherheitscheck hinter mir hatte, stand ich am Gate und wartete darauf, an Bord zu gehen. Zuhir tat so, als ob er mich nicht kennen würde, wie wir es verabredet hatten, aber ich konnte seinem Gesicht ansehen, daß er sehr neugierig war zu erfahren, wen ich getroffen hatte.

Es war schon dunkel, als ich nach dem kurzen Flug von Washington nach New York die große Halle im Kennedy Airport durchquerte und die Lounge der Air France im zweiten Stock betrat. Der Warteraum der El Al war überfüllt, und ich betete, daß mich niemand aus der Menge erkannte. Ich hoffte nur, daß der El-Al-Flug vor dem Alia-Flug startete, damit ich nicht mit all den Leuten, die nach Jordanien flogen, an den etwa dreihundert Israelis vorbeilaufen mußte, von denen mindestens einer mich garantiert kannte.

Zuhir war gespannt, von meiner Begegnung auf dem Flughafen in Washington zu hören, und fand sie sehr amüsant. »Ausgerechnet hier und jetzt einen Freund zu treffen!« Er begann zu lachen. »Schicksal, das ist es. Und daran können wir nichts ändern. Wir sind in den Händen von Allah und folgen seinem Willen.«

»Ich hoffe nur, daß er heute guter Laune ist. Ich bin noch nicht über den Berg, wie man bei uns sagt.«

»Bei uns sagt man das nicht.« Er lachte wieder, deutlich sehr guter Laune. Er kam schließlich mit einer Trophäe nach Hause, einem israelischen Geheimdienstmann. Ich konnte mir vorstellen, wie er sich fühlte, ich brauchte mir nur auszumalen, wie es andersherum wäre, wenn ich einen Mann wie ihn angeschleppt hätte. Ich würde wahrscheinlich in den Wolken schweben.

Wir blieben mehr als eine Stunde in der Lounge. Endlich war es soweit einzusteigen.

»Wissen Sie«, fragte ich ihn mit leiser Stimme, »ob die El-Al-Maschine schon weg ist?«

»Nein. Sie wird erst in etwa einer Stunde starten.« Er wußte, was ich dachte. »Möchten Sie irgend etwas anderes anziehen oder so?«

»Haben Sie noch eine Kafia?«

Er öffnete seine Diplomatentasche, nahm ein rot-weißes Kopftuch heraus und reichte es mir. »Reicht das?«

Ich wickelte es mir um den Kopf, so daß man mein Gesicht von der Seite nur schwer erkennen konnte. Ich fühlte mich sehr erleichtert. »Danke, so ist es in Ordnung.«

Als wir am israelischen Warterraum vorbeigingen, starrten uns fast alle Passagiere an. Sie konnten nicht alle Tage den Feind aus solcher Nähe sehen. Ich erkannte einen Freund aus Holon in der Menge und war mir sicher, daß auch er mich erkannte. Aber es spielte keine Rolle: Solange er nicht für den Mossad oder den *Shaback* arbeitete, konnte er niemandem davon erzählen. Außerdem wußte er, daß ich irgendeine geheime Arbeit machte, und er würde denken, daß es zu meinem Job gehörte. Ich wußte, daß er nur auf den Tag warten würde, an dem wir uns in Holon auf der Straße träfen. Er würde mir erzählen, daß er mich gesehen habe, wie ich an Bord eines Flugzeugs nach Jordanien gegangen sei, und daß er so schlau gewesen sei, sich nicht bemerkbar zu machen, um mein Cover nicht auffliegen zu lassen.

Wir bestiegen endlich das Flugzeug, das der Alitalia gehörte und von Alia gechartert war. Als das Flugzeug abhob und in der Luft war, wurde mir klar, daß es wirklich kein Zurück mehr gab. Der nächste Stopp war Amman.

Kapitel 20

Dienstag, den 20. Mai 1986
Amman

Gegen Ende des langen Fluges wurde es langsam dunkel. Ich konnte Land sehen, als sich das Flugzeug leicht zur Seite neigte. Es gab mir einen Stich, als wir die Küstenlinie überflogen. Der Pilot gab bekannt, wo wir uns befanden. Ich wußte schon vorher ganz genau, wo wir waren. Das graue Land unter uns, auf das die letzten Sonnenstrahlen fielen, war Syrien.

Es war schon nicht einfach zu verstehen: Hier saß ich, ein Israeli, in der ersten Klasse der Königlich Jordanischen Luftfahrtgesellschaft und überflog Syrien in Begleitung des jordanischen Militärattachés in den USA. Es hätten sich damals sicher viele darum gestritten, wer mich hängen dürfte, wenn sie herausgefunden hätten, was ich zu tun im Begriff war.

Einige Minuten später machte das Flugzeug wieder einen Bogen und flog dann gen Süden Richtung Amman. Wir hatten Israel umflogen. Ich konnte es vom Fenster aus sehen, während die Sonne hinter den Moab-Bergen unterging. Ich war Bella so nahe und dennoch weiter von ihr und den Kindern entfernt denn je. Die Redensart vom Berg der Finsternis gewann eine ganz neue Bedeutung für mich.

Als wir auf dem International Airport Queen Alia südlich von Amman landeten, war es stockdunkel. Sobald das Flugzeug zum Stillstand gekommen war, wurden wir von der Stewardeß, die uns von New York bis jetzt eifrig bedient hatte, und einem Steward von den übrigen Passagieren getrennt.

»Sie sorgen dafür, daß niemand aus dem Flugzeug herauskommt, bevor wir nicht den Flughafen verlassen haben«, erklärte Zuhir und wies in Richtung des Ausgangs. Wir verließen als einzige das Flugzeug. Zuhir schüttelte dem Piloten die Hand, der an der Tür stand und so strahlte, als stünde er dem König persönlich gegenüber. Am Ende der Gangway wurden wir von mehreren Offizieren in Paradeuniform empfangen, die Haltung annahmen und salutierten, sobald sie meinen Begleiter sahen. Es war deutlich, daß die Offiziere nicht nur den Rang des Mannes meinten: Ihre Bewunderung war deutlich zu spüren. Wir wurden schnell durch den kleinen Terminal geschleust. Mein Paß war bei Zuhir, und er wurde nicht gestempelt – das normale Verfahren in diesem Geschäft.

Anschließend wurden wir in einen großen VIP-Raum geleitet, wo wir, vielmehr Zuhir, von einer großen Gruppe uniformierter Offiziere begrüßt wurden, die meisten im Rang eines Obersten, es waren aber auch einige Generäle dabei. Während Zuhir mit ihnen sprach, stand ich etwas im Hintergrund. Ein großer, schlanker, dunkelhaariger Herr mit einem schwarzen Schnurrbart kam freundlich lächelnd auf mich zu. »Es ist mir eine Ehre, Sie kennenzulernen, Isa. Sie müssen mich Albert nennen.«

Ich erwiderte sein Lächeln und reichte ihm die Hand. »Freut mich, Sie kennenzulernen, Albert.«

»Sprechen Sie arabisch, mein Freund?«

»Ich fürchte, nein.«

»In dem Fall hoffe ich, daß Sie mir mein schlechtes Englisch verzeihen und mir erlauben, nach der Bedeutung von Wörtern zu fragen, wenn ich sie nicht verstehe.«

»Kein Problem«, sagte ich. »Aber wie ich höre, brauchen Sie sich für Ihr Englisch nicht zu entschuldigen.«

»Sie sind sehr freundlich«, lächelte er.

Ich wollte das Namensspiel mit diesem Mann an diesem fremden Ort nicht beginnen, bevor ich nicht die Grundregeln etwas besser beherrschte. Ein Lächeln konnte sehr täuschen und eine Menge Zynismus verbergen. Ich behielt Zuhir im Auge. Seine persönliche Garantie für meine Sicherheit und das Vertrauen, das ich in ihn als Ehrenmann setzte, hatten mich dazu veranlaßt, diese Reise zu unternehmen. Ich wollte meinen Beschützer nicht verlieren. Ich vertraute Zuhir hauptsächlich deswegen, weil er zum Militär und nicht zum Geheimdienst gehörte. Wenn er mich aus den Augen verlöre, daran zweifelte ich nicht, würden Dinge geschehen können, die er nicht mehr rückgängig machen konnte, und das System würde ihm dann eine entsprechende Geschichte liefern, um sein Gewissen zu beruhigen. Das sollte mir nicht passieren.

Als ich Zuhirs Blick eingefangen hatte, machte ich ihm sofort ein Zeichen in Richtung Albert, um ihn quasi zu fragen, ob ich dem Mann vertrauen könne. Zuhir nickte lächelnd, verließ die Gruppe der Offiziere und kam herüber. »Dieser Mann wird Sie zum Hotel bringen und für Sie sorgen. Ich kenne ihn, er haftet bei mir persönlich für Ihr Wohlbefinden.« Er legte mir den Arm um die Schulter. »Willkommen in Jordanien.« Er ging danach wieder zu seinen Offizieren zurück.

Albert führte mich aus dem Flughafen hinaus in die warme Nacht. Dort standen mehrere Wagen und daneben etwa zehn Männer in Zivil. Als wir näher kamen, öffnete ein Mann die Tür des zweiten Wagens in der Reihe für uns. Der kleine Konvoi fuhr etwa zwanzig Minuten lang durch eine Gegend, die mich an die Negev-Wüste erinnerte. Der Wagen hielt vor dem Regency Palace Hotel in Amman. Ich konnte von der Stadt nicht viel sehen, als wir hineinkamen, aber es schien mir auch, daß es nicht viel zu sehen gab. Es war keine Stadt im amerikanischen Sinne des Wortes, mit hohen Gebäuden und Neonlichtern, sondern eher ein sehr großes Dorf, wie mir schien. Albert erklärte, daß wenig los sei, weil man sich im Ramadan befinde – allerdings sei es auch sonst keine besonders quirlige Stadt.

Zu meiner großen Überraschung, ja zu meinem Entsetzen wurde ich unter meinem richtigen Namen eingetragen, obwohl ich doch die ganze Zeit »Isa« gewesen war. Mir wurde der Schlüssel zu einem Zimmer im achten Stock ausgehändigt. Albert brachte mich zum Fahrstuhl und sagte, daß er in etwa einer Stunde mit ein paar Leuten wiederkomme, die gerne mit mir reden würden. Er schlug vor, daß ich mich etwas ausruhte, ich könnte aber auch etwas zu essen bestellen. »Ich denke, Sie sollten in Ihrem Zimmer bleiben, bis wir alles geregelt haben.«

»Wie kommt es, daß ich unter meinem richtigen Namen eingetragen wurde?«

»Das weiß ich nicht. Ich habe die Anweisungen nicht gegeben. Der Mann, der sie gab, wird später mit mir kommen. Sie können ihn fragen.« Die Tatsache, daß sie einen Schnitzer gemacht hatten, der mich mein Leben kosten konnte, schien Albert nicht sonderlich zu stören. »Welchen Rang haben Sie?« fragte ich ihn, als er gerade gehen wollte.

Er drehte sich verwirrt um. »Warum möchten Sie das wissen?«

»Es wäre doch einfach nett, voneinander zu wissen, welchen Rang der andere hat.« Das war natürlich Quatsch, aber Leute in militärischen Organisationen denken nun einmal so. Es war ein Schuß ins Blaue.

»Ich bin Hauptmann. Und was sind beziehungsweise waren Sie?« fragte er mit leiser Ironie.

»Oberst.« Seine Augen weiteten sich leicht. Ich wußte, daß es gewirkt hatte; eine kleine Hierarchie war hergestellt. »Noch etwas.«

»Ja?«

»Ich brauche eine Telefonnummer oder so etwas für den Notfall.«

»Entschuldigung. Natürlich.« Er holte ein kleines Stück Papier hervor und kritzelte etwas drauf. »Hier, das ist die Nummer des Hauptquartiers der Sicherheitspolizei. Ich bin in zehn Minuten dort. Sie können nach Albert fragen. Aber ich bin, wie gesagt, in einer Stunde wieder hier.«

Das Zimmer war weitgehend identisch mit dem, das ich gerade in Washington verlassen hatte, mit Ausnahme des Fernsehprogramms. Ich hoffte, das israelische Fernsehen reinzubekommen, aber es klappte nicht. Im Radio konnte ich jedoch die Stimme Israels und alle anderen Sender empfangen, einschließlich der Stimme des Friedens von Aibi Natan. Im Zimmer stand ein Korb mit Früchten, und der Blick auf die Wüste war wundervoll. Die Luft war warm und schmeckte süß. Ich nahm eine Dusche und bestellte eine Mahlzeit, die aus *Humus* und *Kufta* bestand. Ich saß an dem kleinen Tisch, den der Kellner hereingerollt hatte, als es an der Tür klopfte.

Es war etwas über eine Stunde vergangen, seit Albert mich am Fahrstuhl verlassen hatte. Ich stand auf und ging zur Tür. Durch den Spion konnte ich Albert und einen zweiten Mann sehen. Ich öffnete und kehrte ins Zimmer zurück. Albert und drei weitere Männer kamen herein. Zwei hatten offenbar an der Seite gestanden, so daß ich sie nicht hatte sehen können. Wir reichten einander freundlich lächelnd die Hand, und dann setzten sie sich an ein kleines Kaffeetischchen neben der Verandatür. Nach der Vorstellung bestanden alle darauf, daß ich meine Mahlzeit beendete. Ich bot an, daß ich auch für sie Essen bestellen könnte. Sie sagten, daß sie essen würden, sobald ihr Freund Fadllal zu uns stoßen würde.

Sie fragten, ob sie rauchen dürften, und innerhalb von zehn Minuten war der Raum mit dem vertrauten Zigarettenqualm gefüllt. Es schien, als ob alle Marlboro rauchten. Ich blieb bei meinen Camels. Einer der Neuankömmlinge war ein junger Bursche von etwa fünfundzwanzig Jahren, offenbar der Assistent eines schwergewichtigen Mannes in schwarzem Anzug, dem das Lächeln ins Gesicht gebrannt zu sein schien. Der dritte sah wie Alberts älterer Bruder aus, mit silbernem Haar und goldgeränderter Brille. An ihrer Haltung und ihrem Benehmen konnte man erkennen, daß sie Offiziere waren. Ich schob höflich den Rest des Essens beiseite und sagte, daß ich im Flugzeug gegessen habe und nicht hungrig sei. In Wahrheit war ich sehr hungrig, aber ich wollte die Sache in einem freundschaftlichen Verhältnis beginnen und später mit ihnen zusammen essen.

»So, Isa«, begann der schwergewichtige Mann und strich sich über den Schnurrbart. In dem Moment merkte ich, daß wir alle ziemlich die gleichen Schnurrbärte hatten, nur der ältere Mann, der Albert ähnelte, trug einen längeren, englisch aussehenden Schnurrbart, dessen spitze Enden nach oben zeigten.

»Ich habe den Bericht gelesen, den Zuhir geschickt hat«, fuhr der Dicke fort, »ich denke, daß wir über so vieles reden müssen, daß ich gar nicht weiß, wo ich anfangen soll. Was meinen Sie, was sollten wir als erstes tun?«

»Nun.« Ich nahm eine Zigarette. »Ich würde empfehlen, als erstes durchzugehen, was ich nicht für Sie tun kann, damit Sie keine Erwartungen haben, die ich nicht erfüllen kann.«

»Das klingt logisch«, sagte der Spitzbärtige und schaute den Älteren an. »Was könnten wir denn Ihrer Meinung nach von Ihnen wissen wollen, und Sie können uns nicht weiterhelfen?«

Ich konnte sehen, wohin das führte. Das war eine sehr gute Taktik. Eine der größten Gefahren besteht darin, daß man der betreffenden Person bei der Befragung etwas über sich selbst verrät, was sie noch nicht weiß. Sie beherrschten diese Technik gut und enthüllten nichts über sich selbst.

»Zuerst, nehme ich an, würden Sie gerne wissen wollen, ob der Mossad Agenten in Ihrer Mitte hat und wer sie sind.«

»Das ist eine richtige Annahme«, sagte der Jüngste.

»Nun, ich kann Ihnen sagen, daß es Berichten zufolge viele Agenten in Ihrem System gibt, hauptsächlich im operativen Bereich. So wie der Mossad aufgebaut ist, kann ich nichts über sie erfahren, solange sie nicht meine eigenen Agenten sind. Ich kann Ihnen sagen, daß ich nie in der Position war, so daß ich Ihnen da nicht weiterhelfen kann. Ich kann Sie jedoch in der Hinsicht beruhigen, daß Geheimdienst-Offiziere nicht als gute Ziele angesehen und selten vom Mossad anvisiert werden.«

»Und warum ist das so?« murmelte der Schwergewichtige.

»Weil sie gewöhnlich argwöhnisch und auf der Hut sind. Sie sind sich der verwendeten Techniken durchaus bewußt, und wenn man sie rekrutiert hat, dann verfügen sie oft nicht über die Informationen, die für das große Bild wichtig sind. Sie wissen gewöhnlich mehr über den Mossad als über ihr eigenes Land. Mit anderen Worten, das Ergebnis lohnt nicht den Einsatz.«

Es klopfte. Alle drehten sich um, und ich wollte schon aufstehen, als Albert an meiner Stelle ging.

»Sie sagten also ...«, begann der junge Mann, als ob er die Konversation in Gang halten wollte. Ich wandte mich zu ihm um. »Ich sagte, daß ich Ihnen mit Namen nicht dienen kann.«

Ich hörte, wie geöffnet und ein kurzes Gespräch an der Tür geführt wurde, wobei es mir schien, als ob Albert versuchte, eine wütende Stimme zu beruhigen. Ich sah Erstaunen in den Gesichtern der Leute am Tisch. Bevor ich mich umdrehen konnte, fühlte ich, wie etwas Hartes an meinen Kopf gedrückt wurde. Eine starke Hand packte mich am Kragen. Der Mann sagte etwas auf arabisch, was sich wie ein Befehl anhörte. Die Stimme war barsch. Ich konnte spüren, wie das ganze Blut aus der oberen Hälfte meines Körpers floß und mir der kalte Schweiß ausbrach. »Was zum Teufel geht hier vor?« rief ich, ohne aber meine Hände zu bewegen. Es schien mir, daß das Gewehr von kleinem Kaliber war, aber selbst eine 22er Waffe würde aus diesem Abstand mein Hirn in Stücke fetzen. Ich hatte keine Ahnung, was das alles bedeuten sollte, und so genau wollte ich es in dem Moment auch gar nicht wissen. Entweder würde ich es bald erfahren, oder man würde mich erschießen, und dann spielte es auch keine Rolle mehr.

Albert übersetzte und versuchte vergeblich, dieselbe Schärfe in seine Stimme zu legen wie der Mann mit der Waffe. »Er sagt, daß Sie ein Mossad-Agent seien und daß Sie uns austricksen wollten.«

»Es ist kein Geheimnis, daß ich vom Mossad komme.« Ich versuchte das Zittern in meiner Stimme zu beherrschen. Ich merkte, wie sich meine Unterlippe vor Angst versteifte. »Ich meine, wenn ich es nicht wäre, wären wir alle nicht hier.«

»Er sagt, daß Sie hier seien, um uns auszutricksen, er meint, daß er es aus einer guten Quelle habe.«

Das war's also, soweit es mich anging. Entweder bluffte er, oder er hatte wirklich etwas in der Hand, und in dem Fall konnte ich nichts machen. Da ich ja nicht im Auftrag des Mossad hier war, konnte ich auch nicht mit einem politischen Sicherheitsnetz rechnen. Wenn der Mossad mich in die Finger bekäme, würde er wohl dasselbe wie die Jordanier mit mir machen, und niemand würde ein Wort dagegen sagen. Ich steckte die Zigarette, die ich gerade aus der Schachtel genommen und noch nicht angezündet hatte, in den Mund, wandte nur die Augen zu Albert und meinte: »Sagen Sie Ihrem Mann, er soll mich erschießen oder mir die Zigarette anzünden, eins von beidem, aber schnell. Ich muß eine rauchen.«

Alle im Zimmer brachen in Gelächter aus, auch der Gorilla mit der Knarre. Es war Fadllal. Er steckte seine Waffe in den Gürtel und stellte sich vor mich. Er reichte mir die Hand und sagte grinsend: »Es ist mein Job, Sie auf die Probe zu stellen, verstehen Sie? Sie sind mir nicht böse, hoffe ich?«

Ich nahm seine Hand und schüttelte sie kräftig. »Keineswegs. Sie machen Ihren Job, und ich tue meinen.« Er nahm ein Feuerzeug aus seiner Tasche und gab mir Feuer.

»Können wir hier nicht etwas zu essen bekommen?« sagte Fadllal mit lauter Stimme. »Warum bestellt ihr nicht einfach einen Tisch aufs Zimmer?« schlug er Albert vor.

Als Albert zum Telefon ging, um die Bestellung aufzugeben, wandte sich Fadllal wieder an mich: »Morgen werden wir sehen, ob wir Ihnen wirklich vertrauen können. Wir beide werden einen Tagesausflug machen, und dann werden wir es genau wissen.«

»Wohin werden wir fahren?«

»Das werden wir morgen sehen. Jetzt essen wir erst mal was«, er öffnete eine kleine Bar im Zimmer, »und was möchten Sie trinken?«

»Ich möchte einen Tequila, wenn es einen gibt.«

Es gab mehr als genug, und wir nahmen einen Drink, nur der Dicke und sein Assistent lehnten aus religiösen Gründen ab.

»So, Isa, was können wir hinsichtlich der Mossad-Agenten tun, die wir in unseren Reihen haben?«

»Sie können sie aufspüren.« Ephraim war das mehrmals mit mir durchgegangen; wir wollten ihnen nichts geben, was sie sich nicht selbst erarbeiten konnten. Das war das normale Vorgehen, an dem kein Weg vorbeiführte. Aber da es von mir kam, war es, als hörten sie es vom brennenden Busch. Wenn sie dieser Prozedur folgten, dann würden die Agenten bald aus den wenigen Bäumen fallen, die sie in ihrer Wüste hatten, was dann sicherlich eine Neueinschätzung der Mossad-Führung erforderlich machte.

»Nun«, fragte Albert und nippte an seinem Brandy, »wie sollten wir Ihrer Meinung nach da herangehen?«

»Zuerst müssen Sie die Gruppe identifizieren, zu der sie gehören. Ich will damit sagen, daß es verschiedene Typen von Agenten gibt. Der eine ist der Basis-Typ, der einen untergeordneten Job in einem Krankenhaus oder bei der Feuerwehr erledigt. Er kann sogenannte taktische Informationen weitergeben. Wenn ein Krankenhaus zum Beispiel Vorbereitungen für die Aufnahme von Verwundeten trifft, indem es die Bettenzahl erweitert, oder die Feuerwehr Reserven einberuft, dann sind das für uns die ersten Anzeichen dafür, daß das Land in Alarmbereitschaft geht. Um diese Leute zu finden, müssen Sie die nächsten fünf Jahre damit verbringen, Leute zu befragen und auf den Busch zu klopfen. Die Ergebnisse werden gering sein, zumal die meisten Leute gar nicht wissen, was sie tun.«

Sie schauten mich an und nickten; bis hierher hatte ich ihnen nichts Neues gesagt. »Dann gibt es die Agenten auf der zweiten Ebene. Sie kommen aus dem Staatsdienst, ich meine aus dem Außenministerium, es sind Diplomaten usw. Auch sie sind schwer aufzuspüren. An der Spitze finden wir die Militäroffiziere, die wir rekrutiert haben und die für uns arbeiten. Sie sind die wichtigste Gruppe und am leichtesten zu enttarnen.«

»Und wie macht man das?« fragte der schwergewichtige Mann und beugte sich vor; sein Gesicht hatte eine rosa Farbe angenommen. Ich spürte, daß ich ihn am Haken hatte. Ich würde ihm genau sagen, wie man es machen müßte, erinnerte mich aber, was mir

Ephraim immer wieder eingeprägt hatte: Du bist dort, um Geld zu verdienen, verlier das nicht aus den Augen. »Nun ja, ich würde Ihnen schon gerne helfen, aber ich habe da ein kleines Problem.«

»Nämlich?« fragte Albert schnell, bereit, es sofort zu lösen.

»Was springt für mich dabei heraus? Ich bin in guter Absicht hierhergekommen und möchte wissen, was Sie bereit sind zu zahlen.«

Fadllal lächelte. Er legte seine Hand auf seine Waffe. »Das erste, was Sie schon bekommen haben, ist Ihr Leben, mein Freund.«

»Das ist Unsinn, das wissen Sie genau. Ich kam im Schutz von Zuhirs Ehre hierher, und bevor Sie nicht beweisen können, daß ich nicht der bin, der zu sein ich vorgebe, könnte dieses Gespräch auch in Washington stattfinden. Sie sind hier nicht im Vorteil, mein Freund. Also zurück zu meiner Frage.« Ich machte eine Pause und schaute mich um. »Was zahlen Sie?«

»Wieviel wollen Sie?« fragte der Mann, der wie Alberts Bruder aussah.

»Ich will eine runde Summe und dann Gehalt auf ein Jahr, und danach können wir neu verhandeln.«

»Was heißt eine runde Summe?« fragte der junge Mann.

»20000 US-Dollar. Als Taschengeld sozusagen.« Ich wußte, daß ich das Zehnfache hätte verlangen können, aber ich wollte es ihnen leichtmachen. »Und 5000 im Monat.«

»Wollen Sie hier in Jordanien bleiben?«

»Nein, ich werde in einer Woche zurückfliegen, wie wir es vorher abgemacht haben, und die Beschlüsse ausführen, die wir hier treffen.«

»Wenn wir einverstanden sind, was werden Sie als Gegenleistung bringen?« Albert wollte es unter Dach und Fach kriegen, das konnte ich seinen Augen ansehen. Er würde mein Einsatzoffizier sein, und dieser Job würde ihn an die Spitze der Organisation katapultieren. Er wollte mich, und er wollte sichergehen, daß er mich auch bekam.

»Das hängt davon ab, was Sie wollen. Ich kann Ihnen helfen, ein System zu installieren, das jeden daran hindert, Ihre Leute zu rekrutieren. Es hilft Ihnen, die zu fangen, die bereits rekrutiert sind, und garantiert beinahe mit Sicherheit, daß diejenigen, die Sie nicht fangen, von allein gehen. Das könnte der erste Schritt sein.«

»Da ist also noch mehr?« Fadllal schaute mich mit seinen kleinen schwarzen Augen an, als wollte er gerade durch mich hindurchsehen. Der Mann traute mir nicht und wollte derjenige sein, der mich enttarnte. So wie er mich anschaute, war ich beinahe sicher, daß er einen Weg finden würde. Vielleicht schon am nächsten Tag.

»Ja, da ist noch mehr. Sobald Sie Ihre Nachhut gesichert haben, müssen Sie in die Offensive gehen. Ich meine, aktiv Israelis rekrutieren. Zuerst brauchen Sie eine gute militärische Expertise als Basis, und dann steht Ihnen der Himmel offen.«

»Und was ist mit der Rekrutierung von Palästinensern?« fragte der junge Mann.

»Was soll damit sein?«

»Wenn wir Palästinenser rekrutieren wollen, könnten Sie uns dabei helfen?«

Alle Augen waren auf den jungen Mann gerichtet. Er spürte sofort, daß er einen Fehler gemacht hatte. Ich hatte Mitleid mit dem Burschen; er hatte mich auf eines ihrer Probleme aufmerksam gemacht, von dem ich nichts erfahren sollte. Ich wollte ihm da heraushelfen und die Atmosphäre entspannen. »Sehr lustig. Was ist das, eine Fangfrage? Was kommt als nächstes, ziehen Sie wieder die Pistole? Ich und Palästinenser rekrutieren! Brauchen Sie da meine Hilfe? Wofür halten Sie mich?«

Der junge Mann merkte, daß er weich gelandet war, und lächelte. »Man kann nie vorsichtig genug sein, oder?«

Ich wechselte das Thema. »Okay, was meinen Sie, machen wir einen Deal, oder müssen Sie erst mit Ihren Bossen reden?« Ich sah, daß ich beim Dicken einen Nerv getroffen hatte; er war wahrscheinlich ein sehr hoher Offizier, wenn nicht sogar der Spitzenmann des jordanischen Geheimdienstes. Obwohl ich kurze Zeit im jordanischen Ressort gearbeitet hatte, wußte ich fast nichts über den jordanischen Geheimdienst. Das bedauerte ich jetzt.

»12500 Dollar Taschengeld«, sagte der Dicke mit dem eingefrorenem Gesichtsausdruck. Das Dauerlächeln war verschwunden. »3500 monatlich auf sechs Monate, dann verhandeln wir neu. Sie können annehmen oder es bleiben lassen. Wir werden morgen abend darüber reden, wenn Sie dann noch hier sind.« Er stand auf und machte seinem Assistenten ein Zeichen. »Unterdessen, mein Freund Isa, viel Vergnügen in Jordanien, und wenn Sie beschließen sollten, das Angebot nicht anzunehmen, dann wünsche ich Ihnen eine gute Heimreise.«

Ich schüttelte seine Hand, und er ging zur Tür. Der junge Mann tat so, als ob er salutierte, und folgte ihm. »Alberts Bruder« ging kurz darauf. Fadllal stand lächelnd auf: »Ich werde Sie morgen früh um halb sieben abholen. Ziehen Sie sich leger an.« Er zündete sich eine Zigarette an und ließ das beinahe volle Paket auf den Tisch fallen. »Wie ich sehe, haben Sie fast keine Zigaretten mehr. Erlauben Sie mir, Ihnen meine anzubieten.«

»Danke. Kann ich brauchen.« Er ging zur Tür und hielt noch einmal kurz inne. »Verlassen Sie das Hotel nicht, und schließen Sie Ihre Tür ab.«

»Mach' ich«, sagte ich, aber er hörte mich schon nicht mehr. Was hatte dieser Hurensohn morgen für mich auf Lager? Albert hatte sich jetzt in den größeren Sessel gesetzt, in dem vorher der Dicke gesessen hatte. »Wir müssen miteinander reden«, sagte er, und es klang besorgt.

Ich lehnte mich ihm gegenüber im Sessel zurück und öffnete eine neue kleine Tequila-Flasche aus der Minibar. »Was haben Sie auf dem Herzen?« Ich war eigentlich im Moment ganz zufrieden mit mir, weil ich meiner Meinung nach den Umständen entsprechend die Angelegenheit ganz gut gemanagt hatte.

»Ich bin für Sie abgestellt worden. Ich meine, daß ich von jetzt an Ihr ...« er zögerte und suchte nach dem richtigen Wort.

»Einsatzoffizier, *Katsa*, Operateur?«

»Ja, genau.« Er schien erleichtert zu sein, daß ich wußte, worum es ging. »Ich weiß, daß Sie von einem Geheimdienst kommen, der sehr erfahren ist, aber jetzt arbeiten Sie mit mir. Wir werden auf meine Weise zusammenarbeiten und in meinem Tempo. Wir wollen zusammen und nicht gegeneinander arbeiten. Okay?«

»Schauen Sie, Albert, ich mag Sie, und es stimmt, daß ich von einem erfahrenen Geheimdienst komme, aber Sie sind nicht mein Boß, und ich werd' nicht auf Ihre Weise mit Ihnen arbeiten. Ich hab' den Mossad nicht verlassen, um herumkommandiert zu werden. Es gibt Dinge, die ich für Sie tun kann, andere werd' ich nicht tun. Wenn Sie etwas möchten, dann können Sie ganz einfach darum bitten.« Ich hob das Glas. »Auf den König.«

»Das«, sagte er grimmig, »ist hier kein Scherz.«

»Das sollte auch keiner sein. Was macht Ihnen denn solche Sorgen, Albert?«

»Es ist wegen Fadllal. Er traut Ihnen nicht, und ich will nicht, daß er Ihnen was antut. Der Mann ist ein bißchen verrückt; er sieht unter jedem Bett einen Spion.«

»Was schlagen Sie also vor zu tun?«

»Seien Sie einfach vorsichtig, das ist alles. Ich möchte nicht, daß Ihnen etwas passiert und daß ich Zuhir auf den Hals bekomme.« Das psychologische Spiel, das sie spielten, war nicht schlecht – ein bißchen grob, aber keineswegs schlecht. Albert war der gute Bulle und Fadllal der schlechte Bulle. Indem er mir sagte, ich solle vorsichtig sein, machte Albert den schlechten noch schlechter. Um alles noch schlimmer zu machen, zeigte er mir dann, daß mir etwas passieren konnte, auch wenn ich unter Zuhirs Schutz stand – er wußte, daß ich mein Gefühl der Sicherheit aus Zuhirs Beschützerrolle zog. Mir war klar, daß es ein Spiel war, aber es wirkte trotzdem, zumal nach mehreren Tequilas und einem dringenden Bedürfnis nach Schlaf.

»Ich werde vorsichtig sein. Ich denke, daß ich selbst daran das größte Interesse habe.«

»Ich bin im Zimmer nebenan, falls Sie etwas brauchen sollten.« Albert stand auf. »Möchten Sie, daß ich Ihnen helfe, die Dinge aus dem Zimmer zu schaffen?« Er deutete auf den Rolltisch, der mit den Resten unseres Mahls beladen war.

»Lassen Sie nur. Ich mach' das morgen früh. Können Sie dafür sorgen, daß ich, sagen wir, um halb fünf geweckt werde?«

»Natürlich.« Er ging zur Tür.

»Was glauben Sie, wohin wir so früh fahren?«

»Keine Ahnung, aber wohin auch immer, seien Sie auf der Hut vor ihm. Er steckt voller Überraschungen. Ich kenne ihn, er würde glücklich sein, Sie einzubuchten, selbst wenn er wüßte, daß Sie unschuldig sind.«

»Was wollen Sie damit also sagen?«

»Seien Sie vorsichtig.«

»Glauben Sie, Zuhir weiß, was wir morgen machen?«

»Ich denke nicht. Fadllal ist nur dem Chef des Geheimdienstes verantwortlich. Ich sage nur, seien Sie vorsichtig.« Mit dieser ominösen Bemerkung verließ er das Zimmer. Ich war so müde, daß mir die Lider wehtaten, konnte aber dennoch nicht schlafen. Ich war Bella so nahe, daß ich sie beinahe riechen konnte, aber es gab keine Möglichkeit, ihr zu sagen, wo ich war. Und wenn morgen etwas schiefginge und ich wie John Doe im Leichenschauhaus von Amman endete? Sie und die Kinder würden denken, ich sei einfach abgehauen.

Ich begann vor Kummer und Sorgen den Verstand zu verlieren. Schon jetzt stöhnte ich und zerfloß in Selbstmitleid, und dabei hatte ich noch gar nicht mit dem begonnen, weshalb ich hergekommen war. Ich wußte, daß ich morgen nicht funktionieren würde, wenn ich jetzt nicht etwas täte, um den Streß abzubauen. Ich rief die Hotelzentrale an. »Womit kann ich dienen?«

»Ich möchte in die Vereinigten Staaten telefonieren.« Ich gab ihr die Nummer des Holiday Inn in Silver Spring, wo ich noch das Zimmer hatte. Ich war überrascht, wie schnell die Verbindung zustande kam.

»Holiday Inn, Silver Spring.«

»Hier ist Victor Ostrovsky von Zimmer 805.«

»Ja. Was kann ich für Sie tun?«

»Ich erwarte heute einen Anruf von meiner Frau. Würden Sie bitte eine Nachricht an Sie weitergeben?«

»Natürlich, Herr Ostrovsky.«

»Sagen Sie ihr bitte, daß ich an einem Ort bin, von dem aus ich sie nicht anrufen kann, daß ich sie aber anrufen werde, sobald ich zurück bin, in etwa einer Woche.«

»Und wie ist ihr Name?«

»Bella.«

»Okay, Herr Ostrovsky, wird gemacht.«

Danach legte ich mich wieder hin. In dem Moment, als mein Kopf das Kissen berührte, war ich schon eingeschlafen und beinahe ebensoschnell, so schien es mir, hörte ich das Telefon klingeln. Sie lassen mich hier nicht schlafen, dachte ich. Es war der Weckdienst. Zuerst wollte ich mich noch mal umdrehen und ein paar Minuten weiterschlafen. Aber ich wußte, wenn ich das machte, würde ich erst sehr viel später wieder aufwachen. Ich wollte Fadllal nicht warten lassen. Ich schleppte mich unter die Dusche und war schon vor der Zeit angezogen. Ich bestellte Kaffee und einen Toast und war gerade fertig, als es an die Tür klopfte. Ich schaute durch den

Spion. Es war Fadllal, wie erwartet. Er war besonders vergnügt an diesem Morgen und sehr froh, daß ich schon bereit war. Ich bot ihm einen Kaffee an, aber er lehnte ab und meinte, daß er für so etwas keine Zeit habe und daß wir unterwegs oder in Jericho Kaffee bekommen würden.

Ich war mir nicht sicher, ob ich richtig gehört hatte; allenfalls konnte es sich um irgendeine Cafeteria in Amman handeln, die nach der Winterresidenz des Königs in Jericho benannt war.

»Hier.« Er reichte mir einen Paß, einen britischen Paß.

»Was soll ich damit?«

»Der ist für Sie. Sie können Ihren kanadischen Paß nicht benutzen, weil er in Israel ausgestellt wurde.«

»Wohin fahren wir, daß ich einen Paß brauche?«

»Das hab' ich schon gesagt; wir wollen einen Kaffee in Jericho trinken.«

Mein Blut gefror. Wenn er meinte, was er sagte, würden wir ins Westjordanland fahren. Es könnte für mich keinen gefährlicheren Platz auf Erden geben. Ich sollte mit einem falschen britischen Paß in Begleitung eines jordanischen Geheimdienstoffiziers in Israel einreisen und es wieder verlassen. Das war zuviel. »Unter keinen Umständen, mein Freund, bringen Sie mich ins Westjordanland. Dort bin ich ein toter Mann. Ich habe Ihnen erzählt, daß der Mossad mich in den Südlibanon versetzen wollte, um mich zu eliminieren. Und jetzt wollen Sie, daß ich die israelische Grenze überquere, um irgendein Spielchen zu machen? Sie sind verrückt.«

»Ich glaube kein Wort von dem, was Sie sagen. Ich glaube, daß der Mossad Sie geschickt hat, um uns in die Irre zu führen und bei uns alles durcheinanderzubringen, uns auf die Jagd nach Verrätern zu schicken, die es gar nicht gibt. Wenn Sie der sind, der zu sein Sie vorgeben, dann haben Sie nichts zu fürchten; der Paß ist gut, und Sie werden beim Passieren keine Probleme haben. Ich muß Angst haben; wenn Sie für den Mossad arbeiten, dann komme ich nicht mehr zurück.«

»Und was, wenn Sie selbst ein Verräter sind und mich und sich nach Israel zurückbringen?«

Er sagte etwas auf arabisch, und zwei bewaffnete Soldaten kamen ins Zimmer. »Wir gehen. Wenn Sie nicht wollen, dann werde ich denen befehlen, Sie zu erschießen, und es wird eben ein

Unfall gewesen sein. Sie haben die Wahl: Entweder Sie kommen mit, oder Sie sind erledigt.«

»Ich komme, aber das macht trotz allem keinen Sinn. Was zum Teufel meinen Sie, springt dabei für Sie heraus? Ich meine, wenn ich für den Mossad arbeiten würde, dann bräuchte ich nur mit Ihnen den kleinen Ausflug zu unternehmen, und wenn wir zurückkommen, dann hätte ich eine reine Weste.«

Er sagte kein Wort und verließ den Raum. Die Soldaten warteten, daß ich ihm folgte, und schlossen dann die Tür hinter mir. Wir stiegen vor dem Hotel in ein Taxi und wurden zu einer Busstation im Zentrum gefahren. Die Stadt lag noch im Schlaf. Außer einigen Obstverkäufern, die ihre farbenfrohen Auslagen vorbereiteten, war kaum jemand unterwegs. Dem Duft in der Luft nach zu schließen arbeiteten die Bäckereien schon auf Hochtouren und buken das wundervollste Pita-Brot, das weit und breit zu finden war.

Der Bus war beinahe voll, und es schien, als ob ich der einzige Ausländer war. Ich konnte immer noch nicht glauben, was passierte. Es war wie mein schlimmster Alptraum. Ich hoffte, in meinem Hotel in Amman aufzuwachen oder, besser noch, in Washington. Ich würde dann Ephraim anrufen und ihm sagen, er solle es vergessen. Ich wollte nicht den Rest meines Lebens in irgendeiner rattenverseuchten Zelle irgendwo im Negev verbringen, wie ein Zombie heimlich am Leben gehalten. Ich wußte, daß nur dieses Schicksal bevorstand, falls etwas schieflief.

Ich versuchte, mich an meinen Namen zu erinnern, den in dem Paß, den ich in meine Hemdtasche gesteckt hatte. Er fiel mir nicht ein. Ich mußte das Dokument herausnehmen und nochmals nachschauen. Steven Emmens. Wie sollte ich mir nur diesen Namen merken? Ich sprach ihn mir immer wieder vor. Ich würde eine Adresse benutzen, die ich von einem früheren Cover in Erinnerung hatte. Das alles war nichts für mich, sofern er mir nicht eine Falle stellte. Es war durchaus möglich, daß er mich über die Grenze schaffen wollte, bevor ich ihnen zeigte, wie sie reinen Tisch machen könnten, weil er selbst tatsächlich ein Mossad-Agent war. Das alles sah nicht gut aus.

»König-Hussein-Brücke«, verkündete der Fahrer, und der Bus hielt an. Ich wußte, daß es die Allenby-Brücke war; ich hatte eine Zeitlang auf der anderen Seite Dienst getan, als ich Offizier der

Militärpolizei war. Der Gedanke daran ließ mich wieder in kalten Schweiß ausbrechen. Und wenn mich einer der Reserve-Militärpolizisten auf der Brücke erkannte? Und wenn einer von den Mossad-Leuten da war, um sich mit einem Agenten zu treffen, und mich sah?

Beruhige dich, sagte ich zu mir selbst. Nimm noch einmal deine Cover-Geschichte durch, bevor es zu spät ist. Das einzige, was man vor einem Grenzpolizisten oder Soldaten, der die Papiere prüft, nicht machen darf, ist stottern. Ich war auf einem Tagesausflug und wollte einen Händler treffen, dessen Karte ich in der Tasche hatte. Er war Juwelier, und ich war auch in dieser Branche tätig. Er war mir durch seinen Bruder in Amman empfohlen worden. Das war alles.

Ich war nicht der einzige im Bus, der sich nicht wohl fühlte. Jetzt erst schaute ich mir die Leute um mich herum an, die noch vor wenigen Minuten vergnügt miteinander geredet hatten. Ich hatte nicht auf sie geachtet, weil ich mit meinen eigenen Problemen beschäftigt gewesen war. Es herrschte nach all dem Geschnatter plötzlich ein gespanntes Schweigen. Ich konnte beinahe den Herzschlag der Leute fühlen. Wir näherten uns einem Ort, der irgendwie dunkel, erschreckend erschien. Bis jetzt hatte ich die Einreise nach Israel immer mit Sicherheit und Stärke in Verbindung gebracht, niemals mit Furcht. Und jetzt war ich genau von diesem Gefühl umgeben. Man konnte es den Leuten von den Augen ablesen. Ich hatte immer gedacht, daß Haß in diesen Augen lag, denn ich war nie darauf gekommen, daß sie Grund hatten, mich zu fürchten. Als ich Soldat war, wollte ich niemandem ein Leid antun, wollte nur meinen Job machen. Nur wenn jemand böse Absichten hatte, dann hatte er allen Grund, mich zu fürchten.

Ein jordanischer Polizist stieg in den Bus und machte eine kurze Inspektion. Dann geleitete er den Bus zu der schmalen, fünfundvierzig Meter langen Brücke. Wir fuhren langsam, unter den wachsamen Blicken der israelischen Militärpolizisten auf der anderen Seite. Ich konnte auf hebräisch gebrüllte Befehle hören. »Meshulam, untersuch du den Bus, wir checken den hier.«

Was ich hörte, waren keine guten Neuigkeiten für mich. Der Bus hielt, und alle mußten aussteigen. Der Militärpolizist war ein Reservist, der seine dreißig oder vierzig Tage abreißen mußte. Er sah nicht danach aus, als wollte er sich irgendwelche Sporen verdienen. Er wollte nur, daß der Tag vorüberging, damit die Entlassung näherrückte. Ich kannte das Gefühl, denn ich war ja auch dagewesen. Er war höflich und zuvorkommend zu mir und zu den anderen Passagieren. Ein junger regulärer Soldat hänselte ihn. »Warum trägst du ihnen nicht noch ihre Koffer?«

»Warum hältst du nicht dein Maul?« fragte der ältere Soldat. »Es gibt keinen Grund, diese Leute so zu behandeln, wie deine Mutter dich behandelt.«

»Rede nicht so über meine Mutter, du Hurensohn.«

Ein Feldwebel ging vorbei und schrie sie an: »Maul halten, ihr beiden, und an die Arbeit. Der Tag hat gerade angefangen, und schon streitet ihr euch wieder.«

Als ich meinen Paß zeigte, deutete der Feldwebel auf eine kleine Hütte am Ende eines langen Schutzdaches, in dessen Schatten die Zolltische standen. »Dort drüben, bitte.«

Er schickte mich zu der Hütte für ausländische Touristen. Als ich hinüberlief, rief er mir zu: »Sie, Engländer!«

»Was ist?« lächelnd drehte ich mich zu ihm.

»Sie haben kein Gepäck?«

»Nein, ich fahre nur für ein paar Stunden nach Jericho.«

»Und was ist, wenn die Brücke schließt, bevor Sie zurück sind?«

»Dann habe ich Probleme, nicht wahr? Warum? Wird die Brücke heute geschlossen?«

»Das weiß man nie.«

Ich ging zur Hütte. Fadllal wurde einer Körpervisitation unterzogen, wie ich sah, als ich den kleinen Raum betrat. Der junge Soldat drinnen stellte mir ein paar Fragen, auf die ich gut vorbereitet war. Ich war dankbar, daß er dauernd meinen Namen benutzte. Ich bat ihn, den israelischen Stempel nicht in meinen Paß zu drücken, weshalb er ein Blatt Papier stempelte, das er in den Paß legte. Es kam häufig vor, daß Leute, die über die Brücke kamen und denselben Weg zurückwollten, ihren Paß nicht stempeln lassen wollten, denn es könnte Probleme geben. Es hätte seltsam ausgesehen, wenn ich nicht darum gebeten hätte. »Ich wünsche Ihnen einen schönen Aufenthalt in Israel«, sagte der Soldat.

»Ich wußte gar nicht, daß das Westjordanland als Israel betrachtet wird«, hörte ich mich sagen.

»Ich bin israelischer Soldat, und Sie überqueren die Grenze, die ich schütze. Wo zum Teufel glauben Sie zu sein?« lachte er wütend.

»Als wir hier waren, meinte man nicht, daß es zu England gehörte.«

»Sehen Sie?« Er lächelte mit einem mitleidigen Blick. »Wäre es anders gewesen, dann wären Sie vielleicht immer noch hier.«

Ich ging hinaus auf die anderen Seite, wo die Taxis warteten. Das Taxi füllte sich, und wir fuhren los in Richtung Jericho. Fadllal war der letzte Passagier, der einstieg. Von dem Moment an, als wir den Bus bestiegen hatten, vor beinahe drei Stunden, hatten wir nicht ein Wort gewechselt. Jetzt war es halb zehn, und wir fuhren nach Jericho hinein. Das Taxi war heiß, und der Verkehr stockte. Wir fuhren hinter einem langen Militärkonvoi her, der auf Tiefladern Panzer und Schützenpanzer transportierte. Sie waren getarnt, aber es fiel schwer, einen Merkava-Panzer nicht zu erkennen. Sie kehrten wahrscheinlich von einer Übung im Norden zurück.

Fadllal begann eine belanglose Unterhaltung mit mir. Wir machten aus, zusammen in einem Restaurant essen zu gehen, das er vorgeschlagen hatte. Dann sagte er, er würde mich zu dem Laden bringen, den ich suchte. Die Unterhaltung konnte jeden Spitzel oder andere Neugierige mit Verbindungen zu Behörden zufriedenstellen, sofern mir irgend jemand unbegreiflicherweise feindlich gesonnen war. Ich spürte einen ständigen Druck im Bauch; ich wußte, daß es die Angst war. Fadllal brachte mich in ein Restaurant; das voller israelischer Soldaten war. Der Konvoi hatte haltgemacht, und die meisten Soldaten saßen auf der großen offenen Marmorterrasse, die nur von einem Rebstock beschattet wurde, der an einem Drahtgeflecht rankte.

»Was möchten Sie?« fragte Fadllal, als der Kellner kam. »Was immer es gibt, ich werde es probieren.« Fadllal machte die Bestellung auf arabisch.

»Und was jetzt, mein Freund?« fragte ich, weil ich dachte, es wäre an der Zeit, ihn ein bißchen ins Schwitzen zu bringen. Er war also kein Mossad-Agent, sonst hätte er mich schon längst ausgeliefert. Er war so ruhig, als wäre er immer noch im Zentrum von Amman und nicht in den besetzten Gebieten, umgeben von gut bewaffneten feindlichen Soldaten und mit einem Mann, dem er nicht traute.

»Wir essen. Dann bringe ich Sie zu dem Laden, den Sie sehen wollen, danach gehen wir in Jerusalem spazieren und fahren nach Hause.«

»Was wollen Sie damit erreichen?«

»Ein gutes Essen, einen netten Ausflug und einen neuen Freund.«

»Was macht Sie jetzt so sicher, daß ich der bin, der zu sein ich vorgebe? Das heißt, falls wir zurückkommen.«

»Ich bin Abteilungschef im jordanischen Geheimdienst. Ich bin ein zu dicker Fisch, als daß man auf mich verzichtet.« Er senkte nicht einmal die Stimme. Ich machte mir Sorgen, ob nicht einer der Soldaten uns hören würde. Das Essen roch großartig, aber ich konnte kaum etwas zu mir nehmen. Ich konnte immer nur an die kleine Zelle denken, die ich mehrmals gesehen hatte. Der überwältigende Gestank von Desinfektionsmitteln und Urin hatte sich mir dauerhaft eingeprägt. Jedesmal wenn ich Gefahr lief, die Freiheit zu verlieren, kam die Erinnerung daran zurück – und das passierte neuerdings immer häufiger. Auf dem Tresen des Restaurants stand ein Telefon. Ich hätte zu gerne zu Hause angerufen; der Drang war kaum zu kontrollieren. Dann dachte ich daran, Ephraim anzurufen; vielleicht lohnte es sich, Fadllal zu haben? Ich verbannte diese Gedanken aus meinem Kopf; der Mossad, so wie er heute war, war weitaus gefährlicher für den israelischen Staat, als die Jordanier es jemals sein konnten.

Wir liefen anschließend zu dem Juwelierladen, den ich besuchen sollte, um mein Cover zu untermauern. Allmählich entspannte ich mich; im Moment gab es keinen Grund, sich zu fürchten. Das würde später kommen, wenn wir wieder zurück und über die Brücke mußten. Ich mußte daran denken, was passieren würde, wenn man uns erkannte. Ich hatte mir schon einen Plan zurechtgelegt: Ich wollte mich nach Eilat im Süden durchschlagen und von dort auf die jordanische Seite. Das war die einzige Möglichkeit durchzukommen, falls etwas schieflief. Wir sprachen mit dem Händler, der mich für Steven Emmens hielt, zumal sein Bruder mich auf ihn verwiesen hatte. Er zeigte mir mehrere Schmuckstücke, die mich seiner Meinung nach interessieren könnten, und gab mir dann Fotos von denen, an denen ich Interesse gezeigt hatte, und als Geschenk eine kleine goldene Brosche in Erwartung guter Geschäfte. Er ließ uns nicht gehen, bevor wir nicht einen heißen süßen

Tee getrunken und seine selbstgemachten Süßigkeiten probiert hatten. Als wir den Laden verließen, führte mich Fadllal zu einer kleinen Garage ein Stück weiter unten in derselben Straße. In Jericho ist es nirgendwohin sehr weit. Ein junger Mann erwartete uns neben einem Peugeot 404 mit einer Nummer aus Ramallah. »Mein Freund hier wird uns ein Stück fahren.«

Innerhalb weniger Minuten waren wir aus Jericho heraus und auf der Straße nach Ramallah; ich war sie sehr oft gefahren, als ich vor vielen Jahren in der Bekaa-Ebene diente. Die Straße war jetzt in besserem Zustand, aber die Landschaft war dieselbe. Wir fuhren etwa zwanzig Minuten, und Fadllal erklärte mir, daß dies für ihn immer noch Jordanien sei und er sich nicht wirklich im Ausland fühle. »Wir haben hier viele Freunde, die heute noch ebenso loyal dem König gegenüber sind wie vor 1967«, sagte er. »In Wirklichkeit sind sie es heute wahrscheinlich noch mehr als vorher, weil sie für Seine Majestät ihr Leben einsetzen mußten und es immer noch tun.« Fadllal tippte dem Fahrer auf die Schulter, deutete auf eine Straßengabelung und sagte etwas auf arabisch. Er wandte sich zu mir. »Wir machen dort auf einen Kaffee halt und fahren dann zurück. Ich habe genug gesehen; Sie hätten mich zehnmal verraten können, und Sie haben es nicht getan. Ich traue Ihnen. Ich muß hier einen meiner Leute sehen und ihm Geld geben. Ich mache diese Fahrt beinahe jeden Monat einmal, wissen Sie.« Der Mann war sichtlich stolz auf seine Fähigkeit und seinen Mut. Feindesland mit solcher Nonchalance zu betreten. Ich fühlte mich erleichtert. Ich mußte nur noch nach Amman zurückkommen, und der Erfolg meiner Mission war beinahe garantiert. Ich hatte in kurzer Zeit eine höhere Stufe im jordanischen Geheimdienst erreicht, als je ein Israeli bis zum heutigen Tag.

Der Wagen hielt vor einem zweistöckigen Haus in der Stadt Dir Jarir. Am Ende einer kurzen Häuserreihe spielten Kinder auf einem staubigen Feld Fußball neben einer, wie es schien, verlassenen Moschee. Auf der anderen Straßenseite saßen ein paar alte Männer im Schatten einer grünen Pergola am Eingang eines kleinen Ladens. Sie schenkten den Besuchern keine Beachtung und schlürften weiter aus ihren winzigen Kaffeetassen.

Es schien mir, als ob ich durch einen Traum wandelte. Das alles hatte etwas Surrealistisches an sich. Fadllal klopfte an eine Metalltür, und sofort kam unser Gastgeber heraus, der eine lange weiße Galabiya trug und von einem Ohr zum anderen grinste. Nach der ausgiebigen Begrüßung wurden wir in ein großes überladenes Wohnzimmer geschoben. Es hätte der Schauraum eines Ladens mit italienischen Plüschmöbeln sein können. Innerhalb weniger Minuten wurden Kaffee und Süßigkeiten von der Frau des Gastgebers hereingebracht, die das Tablett auf einen dunklen hölzernen Kaffeetisch stellte. Sie lächelte uns freundlich zu und verließ den Raum.

Fadllal gehörte nicht zu denen, die ihre Zeit vertun. Sobald die Frau außer Sichtweite war, nahm er ein großes Bündel amerikanischer Dollarnoten aus seiner Tasche und übergab es dem Gastgeber. Er sagte dann etwas auf arabisch zu ihm und gab mir zu verstehen, daß ich mich bedienen soll. »Wir gehen gleich wieder. Trinken Sie einen Kaffee, und essen Sie etwas. Wir fahren nach Jericho zurück, verbringen dort den Rest des Tages und kehren abends nach Amman zurück, wenn die Wachen an der Brücke gewechselt haben.«

Ich nickte und schlürfte den heißen Kaffee. Plötzlich ertönte ein lautes Krachen von der Haustür her. Fadllal riß die Augen weit auf. Im Gesicht unseres Gastgebers stand das blanke Entsetzen. Irgend etwas stimmte nicht. Innerhalb von Sekunden waren mehrere israelische Soldaten im Zimmer, richteten ihre Waffen auf uns und schrien auf hebräisch den anderen draußen zu: »Wir haben sie. Durchsucht das übrige Haus! Los, los, los!« Überall waren Soldaten. Wir konnten die Schreie der Frauen hören und das Geräusch von zerbrechendem Geschirr.

Einer der Soldaten band uns rasch mit Plastik-Handschellen die Hände auf den Rücken. »Was zum Teufel ist los?« schrie ich auf englisch. »Ich protestiere! Ich bin britischer Bürger und verlange zu wissen, was hier geschieht!«

»Sie sind ganz ruhig«, sagte der Offizier und richtete seine automatische Waffe auf mich. »Bringt ihn herein«, sagte er zu jemandem hinter sich in der Halle. Einer der alten Männer, die auf der anderen Seite der Straße gesessen hatten, wurde hereingebracht. Er stand ein paar Sekunden schweigend und zögernd da. Der Offizier brüllte ihn auf arabisch an. Der alte Mann deutete auf Fadllal und sagte etwas.

Was ich befürchtet hatte, war eingetreten. Es hätte nichts Schlimmeres passieren können. Da gab es keinen Ausweg. Meine einzige Hoffnung war, an meiner Story als britischer Untertan festhalten und bis zum Ende bluffen zu können. Die Soldaten sprachen untereinander hebräisch. »Er ist ein jordanischer Offizier«, sagten sie. »Die anderen sind wahrscheinlich seine Leute. In Ramallah werden wir mehr aus ihnen herausbekommen.« Ich wußte, daß ich etwas tun mußte. Ich würde aus dem Fenster springen und riskieren, erschossen zu werden. Das wäre besser, als vom *Shaback* in Ramallah verhört zu werden.

»Bringt ihn nach unten«, sagte der Offizier und deutete auf Fadllal, »und ihn.« Er zeigte auf unseren Gastgeber. Sie ließen den Fahrer und mich auf dem Boden zurück, von zwei Soldaten bewacht. Sobald die anderen außer Sichtweite waren, begann der Fahrer dem Soldaten etwas auf arabisch zuzuschreien. »Er sagt, er sei ein Stinker[1]. Er will, daß wir den Boß rufen.« Der Soldat, der arabisch sprach, ging zum Fahrer, packte ihn am Kragen, hielt ihm die Waffe an den Hinterkopf und stieß ihn zur Tür. Plötzlich rutschte er aus, und gleichzeitig ging seine Waffe los. Der Knall war ohrenbetäubend, Blut spritzte an die Wände. Der Kopf des Fahrers fehlte zur Hälfte. Der Soldat ließ den Mann los, der wie ein Sack Kartoffeln zu Boden fiel. Der Soldat begann seinen Freund anzuschreien: »Du bist verrückt! Schau, was du gemacht hast! Du bist verrückt!«

»Es war ein Unfall«, schrie der Soldat zurück. »Ein verdammter Unfall.« Er kam zu mir gerannt, packte mich am Kragen und schrie auf hebräisch: »Unfall, nicht? Unfall!« Ich konnte nichts sagen und nickte nur. Der andere Soldat schrie auf hebräisch: »Erschieß ihn, du mußt ihn erschießen. Er ist ein Zeuge, und er wird reden. Erschieß ihn, du Idiot, oder ich tue es.« Er richtete das Gewehr auf mich und kam auf mich zu. Ich konnte hören, wie jemand die Treppe heraufgerannt kam. Dann sah ich, wie der Soldat den Finger am Abzug krümmte. Ich hoffte, es würde schnell vorbei sein. Ich sagte zu mir selbst: »Bella, ich liebe dich, es tut mir leid für alles.« Der Soldat zog den Abzug, und ich hörte am Klicken, daß das Magazin leer war.

Es herrschte einen Moment Stille. Ich hatte die Augen in Erwar-

[1] Umgangssprachlich für Informant.

tung des Todesschusses fest geschlossen. Dann hörte ich das laute Gelächter Fadllals. Blitzschnell wurde mir klar, daß alles nur ein Test war. Aber wie zum Teufel hatte er die Soldaten dazu gebracht, mitzuspielen?

Fadllal kam zu mir und half mir hoch. Er löste meine Handschellen und führte mich hinaus und zum Wagen. Hinter dem Steuer saß ein neuer Fahrer, und wir fuhren los. Fadllal erklärte mir unterwegs alles. Die Soldaten seien Palästinenser von einer Spezialeinheit des jordanischen Geheimdienstes; sie arbeiteten beinahe seit 1968 im Westjordanland. Sie hätten mehrere Lager mit israelischen Uniformen und Waffen und würden bei allen Arten von Aufklärung helfen. Sie arbeiteten im ganzen Land und sprächen sämtlich ausgezeichnet hebräisch. In erster Linie seien sie eine Fünfte Kolonne im Kriegsfall, wie die Deutschen sie im Krieg hinter den feindlichen Linien gehabt hätten. Als sie die Arbeit in den besetzten Gebieten aufnahmen, beschloß man, sie ständig einzusetzen. Sie beobachteten Manöver und brachten reichlich taktische Informationen aus vorderster Front bei.

Der Fahrer war ein echter Verräter und stand seit langem im Verdacht. Fadllal hatte beschlossen, die Eliminierung des Verräters zu benutzen, um mich zu testen. Er hatte jetzt keine Zweifel mehr, daß ich nicht für den Mossad arbeitete.

Das Hinüberwechseln nach Jordanien war für mich der gleiche Streß wie am Morgen. Die Wachen waren andere, aber sie waren genauso sorgfältig, und die Abfertigung schien ewig zu dauern. Auf der anderen Seite bestiegen wir ein Taxi und fuhren nach Tel Nimrim, wo eine hellblaue Limousine mit Air-condition am Straßenrand auf uns wartete. Den Rest der Fahrt nach Amman schlief ich. Fadllal weckte mich, als wir ankamen, und sagte, daß wir alle zusammen im großen Speisesaal in einer Stunde essen würden. Ich sollte mich umziehen und dann herunterkommen.

Sie waren alle da: Zuhir, Albert, Fadllal und der Dicke mit seinem jungen Assistenten. Ich hatte immer noch Kopfschmerzen, und das Geräusch des Schusses im Haus bei Ramallah hallte noch in meinen Ohren wider. Ich hatte keinen Schock, dafür hatte schon das endlose Training im Mossad gesorgt, aber ich konnte diese Erfahrung doch nicht einfach beiseite schieben. Gar nicht zu reden von der jordanischen Einheit, die in jeder Beziehung wie israelische

Soldaten erschienen war. Ich hatte plötzlich neuen Respekt vor den Leuten, die um den Tisch herumsaßen. Die Arroganz war weg, die meine Haltung noch am Morgen bestimmt hatte. Ich saß mit einer sehr fähigen und sehr gefährlichen Gruppe von Leuten zusammen.

Über meinen kleinen Ausflug wurde nicht gesprochen, nur hin und wieder gab es einen kleinen Hinweis darauf – man lächelte. Nach dem Essen brachen alle auf, nur Albert ging mit mir zur Hotelbar. Wir saßen in großen Korbstühlen vor Kupfertischchen. Ich bestellte ein Bier, und Albert nahm noch einen Kaffee; in der Öffentlichkeit trank er keinen Alkohol.

»Ich habe gehört, wie Ihr Tag verlaufen ist«, sagte er schließlich.

»Es war kein Ausflug, das möchte ich einmal festhalten«, sagte ich und zündete mir eine Zigarette an.

Er beugte sich vor und nickte in die andere Richtung der Bar. Mehrere Leute saßen um einen kleinen Tisch, anscheinend in ein Gespräch vertieft. »Wissen Sie, wer der Mann dort drüben ist?«

»Der Große mit dem dicken Schnurrbart kommt mir zwar bekannt vor, aber ich weiß nicht, wer er ist.«

»Habasch, Georges Habasch von der Volksfront für die Befreiung Palästinas. Wollen Sie vorgestellt werden?«

Meine erste Reaktion war, die Gelegenheit beim Schopf zu ergreifen, aber dann sagte ich gegen meinen Instinkt: »Nein, danke, ich würde es vorziehen, von hier wegzugehen.«

»Warum?«

»Wenn er hier ist, gibt es eine große Chance, daß jemand vom Mossad zuschaut. Ich habe zahllose Fotos von PLO- und anderen Palästinenserführern an allen möglichen Orten gesehen. Ich möchte nicht, daß mich jemand auf einem in Amman aufgenommenen Foto identifiziert.« Ohne auf seine Reaktion zu warten, stand ich auf und verließ die Bar. Er holte mich am Fahrstuhl ein, und wir verabredeten uns für den folgenden Morgen. »Ich hole Sie so gegen acht ab.«

»Nein. Ich rufe Sie an. Ich kann hier schlecht einschlafen, und ich muß meinen Schlaf haben. Ich rufe Sie an, wenn ich aufwache.«

Er nickte und kehrte in die Bar zurück. Ich ging hinauf auf mein Zimmer und rief das Hotel in Washington an. Sie hätten die Nachricht an Bella weitergegeben, als sie anrief – so sagten sie jedenfalls. Ich zog mich aus und stand endlos lange unter der heißen Dusche. Ich war müde und wurde das Bild von dem Soldaten, der den Mann in den Hinterkopf schoß, nicht los. Ich hätte heulen mögen, aber es ging nicht. Ich stand einfach da und dachte an alles und nichts. Ich wünschte nur noch, daß alles vorbei und nur noch eine Erinnerung wäre – nichts als eine Erinnerung.

An den folgenden beiden Tagen richteten wir einen Sicherheits-Mechanismus ein, um das Eindringen von Maulwürfen zu verhindern. Er war ähnlich aufgebaut wie beim Mossad. Die Jordanier wollten regelmäßige Tests mit dem Lügendetektor einführen und auch sporadische Checks in den militärischen Einheiten, hauptsächlich in den unteren Rängen, durchführen.

Dann sollte eine systematische Überprüfung des gesamten Personals stattfinden, das in den jordanischen Botschaften rund um den Globus, besonders in Europa, gedient hatte. Beinahe alle vom Mossad rekrutierten Agenten sind Leute, die in Botschaften arbeiten oder im Ausland studieren, vor allem Militärs. Da der Mossad keine Zeit hat, Talente zu fördern in der Hoffnung, daß sie eines Tages in Positionen gelangen, in denen sie Informationen liefern können, sondern lieber auf Leute zurückgreift, die sich schon in einer solchen Position befinden, können die Zielgruppen ziemlich leicht identifiziert werden.

Ich hatte keine Zweifel, daß in kurzer Zeit alle für den Mossad tätigen Agenten auf einen Streich identifiziert werden könnten, sobald das System zum Einsatz kam. Die Umsetzung des Systems würde aber mehrere Monate erfordern. Es würde in dieser Zeit nicht geheimgehalten werden können, so daß der Mossad reichlich Zeit hätte, seine Agenten in Sicherheit zu bringen. Die Jordanier sollten eine Zeitlang nicht publik machen, daß sie solche Agenten enttarnt hatten; sie sollten statt dessen versuchen, so viele Agenten wie möglich umzudrehen und durch sie den Mossad mit falschen Informationen zu füttern. Diejenigen, die weder vom Mossad gerettet noch umgedreht wurden, sollten am Galgen enden.

Ich war mir, wie auch Ephraim, ziemlich sicher, daß die Jordanier ihre neugewonnenen Erkenntnisse mit ihren syrischen und irakischen Partnern teilen würden, die dann auch mit dem Reinemachen beginnen würden. Für die Syrer gab es viel zu tun, doch die Iraker würden vergeblich suchen – der Mossad hatte dort kaum Agenten. Da der Irak als schwieriges Gebiet eingestuft war, stand er nicht weit oben auf der Prioritätenliste des Mossad.

Meine beiden letzten Tage in Amman verbrachten wir damit, einen Plan zur Rekrutierung von Israelis aufzustellen, die den Jordaniern soviel taktische und technologische Informationen wie möglich liefern sollten. Die Jordanier wollten von allen Orten mit Militärbasen Kenntnis haben und wissen, was dort getrieben wurde. Sie wollten ferner alles darüber erfahren, wie im Notfall die Reservisten einberufen wurden, und die Verteilung der Aufklärungs-Spezialeinheiten herausfinden, wenn sie die Grenze überquerten, besonders über die Lage der TRS[1].

Es wurde beschlossen, daß ich in die USA zurückkehren und dann nach Kanada übersiedeln sollte, so wie ich es ursprünglich geplant hatte. Albert sollte seinen Teil zu der Operation in Mexiko beitragen, und wir wollten mehrere von Fadllals Spezialsoldaten bei der Operation benutzen. Ich nannte sie Operation Joshua, weil wir Spione von demselben Ort und in dieselbe Richtung wie Joshua durch das Land senden würden, und ich zweifelte nicht, daß der Erfolg derselbe sein würde. Die Spione würden aus einem Land zurückkehren, das seine eigenen Bewohner frißt: Nichts schien sich geändert zu haben.

In meiner letzten Nacht hörte ich im israelischen Rundfunk, daß Margaret Thatcher zu Besuch in Israel war und daß Ronald Reagan gegen die Blockierung des Verkaufs von Waffen, insbesondere von Kampfflugzeugen, an Saudi-Arabien, durch den Kongreß sein Veto eingelegt hatte.

Und jetzt wußte ich, daß das, was Ephraim beabsichtigte, tatsächlich funktionierte. Wir impften Jordanien gegen die Gefahren, die vom Mossad ausgingen. Selbst wenn wir nicht dazu in der Lage sein sollten, auf lange Sicht Veränderungen in der Organisation selbst herbeizuführen, so würden wir ihr doch die Klauen beschneiden.

[1] Temporary Relay Station = vorübergehende Relais-Station. Es handelt sich um Spezial-Relais-Geräte, die von Flugzeugen abgeworfen werden. Sie werden für spezielle Abhörgeräte eingesetzt, die eine sehr kurze Reichweite haben und von der Dekodierungs-Einheit in Israel nicht abgehört werden können.

Kapitel 21

Der Flug zurück in die USA verlief reibungslos. Wir landeten auf dem New Yorker Kennedy Airport kurz nach sieben Uhr abends. Als erstes rief ich Bella von der VIP-Lounge an, wo ich mit Zuhir auf den Anschlußflug nach Washington wartete.

Die Unterhaltung war kurz. Sie sagte mir, daß sie am nächsten Tag in die USA fliegen wolle, und nichts in der Welt könne sie aufhalten. Das versuchte ich gar nicht erst. Der bloße Gedanke, sie wiederzusehen, war mehr, als ich zu hoffen gewagt hatte. Ich wollte am Telefon nicht zuviel Gefühl zeigen, da Zuhir mich beobachtete. Ich faßte mich kurz. Ich konnte ihr nur sagen, daß ich in New York war, mich auf dem Rückflug nach Washington befand und daß ich sie anrufen würde, sobald ich wieder in meinem Hotel wäre. Nachdem ich aufgelegt hatte, wurde ich von einer Welle von Glück durchflutet. Ich hätte vor Freude Luftsprünge machen und alle küssen mögen, einschließlich Zuhir.

Als wir in Washington ankamen, war es schon zehn vorbei. Zuhir wollte mich am folgenden Tag treffen, um mir die vereinbarte Summe zu überbringen. Dann stellte sich heraus, daß ich damit einen Tag länger auf mein Geld warten mußte, weil Memorial Day war, an dem alle Banken geschlossen hatten. Das konnte mir zwar egal sein, denn ich hatte noch einiges Geld von dem, was Ephraim mir schließlich doch noch geschickt hatte. Aber trotzdem machte ich eine große Sache daraus, damit Zuhir nicht denken sollte, daß ich plötzlich über Geld verfügte, wo ich doch vorher angeblich so blank gewesen war. Ich sagte ihm, daß ich das Hotel am nächsten Morgen wechseln und ihn anrufen würde, um ihm zu sagen, wohin er das Geld bringen solle. Wir verabschiedeten uns im Flugzeug, weil wir nicht gemeinsam den Flughafen verlassen wollten.

Ich kam kurz vor elf Uhr abends im Hotel an und kaufte dort etwas Eßbares zum Mitnehmen. Ich war so hungrig, daß ich den Hamburger mitsamt dem Papier hätte verschlingen können. Nach dem Essen und Duschen rief ich Bella nochmals an, und sie sagte mir, daß sie übermorgen in Washington ankommen würde.

Ich sagte ihr, daß ich den Plan hätte, morgen das Hotel zu wechseln und ich sie am Flughafen abholen würde. Sie versprach mich am nächsten Tag anzurufen, bevor sie zum Flughafen fuhr, und so lange wollte ich im Hotel warten. Nachdem ich aufgelegt hatte, war ich viel zu müde zum Schlafen. Als Bella um vier Uhr früh anrief, schaute ich immer noch fern. Sie war auf dem Weg zum Flughafen; Arik würde sie hinbringen. Das überraschte mich, da Kontakte zwischen Ex-Mossad-Leuten und Aktiven verboten waren. Man brauchte eine Person zwar nicht zu übersehen, wenn man sie auf der Straße traf, aber man durfte es auch nicht zu solch einer Situation kommen lassen, weder mit der betreffenden Person noch mit ihren engeren Familienmitgliedern. Da mußte mehr dahinterstecken. Das Telefon war jedoch nicht geeignet, um nähere Fragen zu stellen.

Ich hatte das ungute Gefühl, daß irgend jemand einen schmutzigen Trick versuchte. Es gab nur einen Mann, an den ich mich wenden konnte, wenn die Dinge so lagen, wie es schien: Uri, mein Freund vom Al. Falls in den USA irgendeine Operation geplant war, mußte er davon wissen, und ich war sicher, daß er mich warnen würde. Er war ein Mann, der schon viel erlebt hatte. Das einzige Problem bestand darin, ihn zu kontaktieren. Er gab weder eine Nummer, unter der man ihn anrufen konnte, noch eine Kontaktadresse. Er war ein *Katsa* im Einsatz. Ich wußte nur, daß er irgendwo in den USA war. Und noch etwas wußte ich über ihn: Er hatte eine Freundin in Chevy Chase, Maryland, was von meinem Hotel nicht allzuweit weg lag. Aber den Kontakt über sie zu machen, war aus zwei Gründen schwierig: Sie arbeitete in einer geheimen Abteilung im Pentagon und war Jüdin, wodurch eine persönliche Beziehung zu ihr eigentlich ein Tabu war. Außerdem war ihr Mann ein prominenter Washingtoner Anwalt und Mitglied im AIPAC (American-Israeli Public Affairs Committee).

Ich fand die Adresse im Telefonbuch und machte mich auf den Weg zu ihrem Haus. Per Telefon brauchte ich es gar nicht zu versuchen; ich wußte, daß ich damit nicht weit käme, weil der Frau eingeprägt worden war, am Telefon mit niemandem außer mit Uri zu sprechen. Ich ließ das Taxi einen Block weiter warten und lief zu Fuß zu dem großen, herrschaftlichen Ziegelbau.

In dem ruhigen Viertel wohnten offenbar reiche Leute. Ich klingelte und wartete unter dem gewaltigen Vordach. Die schwere Holztür öffnete sich, und hinter einer Glastür stand eine sehr elegante blonde Frau, die mit einem Lächeln fragte: »Ja?« Sie war etwa 1,60 Meter groß und zierlich. Ihre braunen Augen strahlten, und sie machte einen fröhlichen Eindruck.

»Ich möchte Sie darum bitten, an Uri eine Nachricht weiterzugeben, wenn das möglich ist.«

Ihr Lächeln verschwand augenblicklich. Sie wollte wissen, wer ich sei und welcher Art meine Beziehung zu Uri wäre. Ein großer, schlanker Mann mit einem ergrauenden Vollbart und Geheimratsecken kam an die Tür, während wir sprachen; es war ihr Mann. Sie sagte ihm, daß ich ein Freund von Uri sei. Er schien zu wissen, wer das war, und fragte, ob ich reinkommen wolle.

Ich hatte bei ihm sofort Respekt gewonnen, einfach nur, weil ich Uris Freund war. Ich willigte ein, kurz einzutreten. Die Frau fühlte sich sichtlich unwohl. Sie war sich nicht sicher, ob ich wußte, daß sie ein Verhältnis mit Uri hatte. Der Mann schien keine Ahnung zu haben, was los war, und der Art nach zu urteilen, wie er redete, würde er wohl auch nichts merken, wenn es vor seiner Nase passierte. Er ließ uns in dem runden Vestibül allein, um einen Anruf zu beantworten. Ich konnte teilweise das geschmackvoll eingerichtete Wohnzimmer durch eine große Flügeltür sehen. Auf einem kleinen Tisch an der Wand unter einem großen vergoldeten Spiegel stand ein Foto des Paares mit Präsident Reagan in der Mitte. Aufgenommen war es wohl bei einem offiziellen Empfang.

Ich lehnte den Drink und die kühle Einladung zum Essen ab, was die Frau zu erleichtern schien. Ich kritzelte meine Telefonnummer auf ein Stück Papier und reichte es ihr. »Ich wäre Ihnen sehr dankbar, wenn Sie dies Uri geben würden.«

Der Ehemann war nicht im Raum, als sie sagte, daß sie nicht wisse, wann sie ihn wiedersehen werde.

»Dann wählen Sie doch seine Notrufnummer«, sagte ich, als ich ging. Ich war froh, wieder draußen zu sein; die Situation war mir sehr peinlich gewesen. Ich konnte Uris Gefühle für sie verstehen, und, nachdem ich den Mann kennengelernt hatte, konnte ich nachvollziehen, wie leicht es für ihn gewesen sein mußte, sie zu bekommen.

Ich wußte, daß sie ihn erreichen konnte. Sie war schließlich ein *Sayan* und kannte eine Notrufnummer. Ich hatte nie die Absicht gehabt, diesen Kontakt zu benutzen, aber ich machte mir Sorgen, daß etwas im Busch war und daß Bella und die Mädchen in Schwierigkeiten geraten könnten. Dagegen mußte ich etwas tun.

Zum ersten Mal war ich Uri 1968/69 begegnet, als ich noch bei der Militärpolizei war. Ich diente im Jordantal in dem Stützpunkt Giftlick, den man später in Arik umbenannte – nach einem Oberst Arik Regev, der von der palästinensischen Guerilla bei einer Verfolgungsjagd getötet wurde. Der Oberst starb zusammen mit einem anderen Offizier namens Gady Manella, mit dem ich am ersten Diensttag einen Zusammenstoß hatte. Gady war ein Hitzkopf, der alles impulsiv anging, ein richtiger israelischer Krieger. Damals fungierte Uri als Geheimdienstoffizier für das Fallschirmjägerbataillon, das in Giftlick stationiert war, und ich war der Kommandant der Militärpolizei in der Basis.

Damals stand es auf der Tagesordnung, Palästinenser zu jagen, die über die Grenze kamen, um Sabotageakte durchzuführen. Meistens wurden die Eindringlinge bei der Verfolgung getötet oder in kurzen Scharmützeln in der Wüste ausgeschaltet, was wir als angenehme Unterbrechung des monotonen Dienstes in jener trostlosen Gegend ansahen. Es gab jedoch auch Fälle, bei denen die Terroristen lebend gefangen wurden; aber selbst dann wurden sie im Radio als tot gemeldet, damit niemand auf ihre Rückkehr hoffte.

Hier trat ich als Militärpolizist in Aktion. Ich mußte die Gefangenen in ein Lager in Nes Ziyyona bringen, eine kleine Stadt südlich von Tel Aviv. Ich hatte immer geglaubt, daß es ein Verhörzentrum des *Shaback* sei. Wir wußten zwar, daß ein Gefangener, der dorthin gebracht wurde, niemals lebendig herauskam, aber die Gehirnwäsche, der wir alle in unserem jungen Leben unterzogen worden waren, ließ uns einfach glauben, daß ihr Leben gegen unseres stand. Ein Zwischending gab es nicht.

Uri klärte mich über das Lager Nes Ziyyona auf. Es war, wie er es nannte, ein Laboratorium für die Kriegführung mit ABC-Waffen. Dort entwickelten unsere Spitzenforscher aus dem Bereich der Epidemiologie verschiedene Todeswaffen. Weil wir so verwundbar seien und nur eine einzige Chance in einem totalen Krieg haben würden, in dem solche Waffen zum Einsatz kämen, dürfte man nichts dem Zufall überlassen, hieß es. Die palästinensischen Eindringlinge kamen den Leuten in dem Laboratorium gerade recht. Sie konnten sich dadurch Gewißheit verschaffen, ob die entwickelten Waffen auch wirkten und wie schnell sie wirkten, um sie eventuell noch zu verbessern. Wenn ich an diese Enthüllungen zurückdenke, erschreckt mich nicht so sehr die Tatsache, daß so etwas durchgeführt wurde, sondern die Gelassenheit und das Verständnis, mit denen ich diese Tatsachen damals akzeptierte.

Jahre später traf ich Uri wieder. Er war zu dem Zeitpunkt im Mossad ein altgedienter *Katsa* in der Al-Abteilung und ich ein Neuling. Er kam von einem Auftrag in Südafrika zurück. Ich arbeitete vorübergehend in einem Ressort der Dardasim-Abteilung als Verbindungsmann und half ihm, eine große Ladung Medikamente nach Südafrika zu verschiffen. Die Sendung wurde von mehreren israelischen Ärzten begleitet, die in Soweto, der Schwarzenstadt vor den Toren Johannesburgs, humanitäre Arbeit leisten sollten. Die Ärzte würden bei der Behandlung von Patienten in einer Klinik helfen, die ein Ableger des Baragwanath-Hospitals in Soweto war, ein paar Blöcke von den Häusern Winnie Mandelas und Bischof Desmond Tutus entfernt. Das Hospital und die Klinik wurden von einem Hospital in Baltimore, Maryland, unterstützt, das ebenfalls dem Mossad als cut-out[1] diente.

»Was ist das für eine humanitäre Hilfe vom Mossad an die Schwarzen in Soweto?« fragte ich ihn. Mir erschien das nicht logisch. Ich sah darin weder einen kurzfristigen politischen Gewinn, worauf der Mossad stets Wert legte, noch irgendeinen ersichtlichen ökonomischen Vorteil.

»Du erinnerst dich an Nes Ziyyona?« Seine Frage ließ mir Schauer über den Rücken laufen. Ich nickte.

»Das ist so ziemlich dasselbe. Wir erforschen und testen für mehrere israelische Pharmahersteller sowohl neue ansteckende Krankheiten als auch neue Medikamente, die in Israel an Menschen nicht ausprobiert werden können. Das wird ihnen die Führung auf dem Weltmarkt bringen, und sie kriegen raus, ob sie auf der richtigen Spur sind, was ihnen Millionen an Forschungsgeldern erspart.«

[1] Eine Person oder Gruppe beziehungsweise Institution, die einen Kontakt verbirgt oder tarnt und somit einen Informations-Puffer bildet.

»Was hältst du denn von alldem?« fragte ich ihn.

»Es ist nicht mein Job, darüber nachzudenken.«

Obwohl er es nicht sagte, wußte ich, daß er nicht bei der Sache war, zumindest hoffte ich es. Die Tatsache, daß man ihn aus den USA wegen der Pollard-Affäre zu einer Ruhepause abgezogen hatte, beförderte nicht gerade seine Karriere. Er war derjenige gewesen, der Pollard 1982 angeworben hatte.

Als sie sich das erste Mal trafen, war Jonathan Pollard ein amerikanischer Jude, der im tiefstem Herzen davon überzeugt war, es gäbe eine heilige Allianz zwischen den Vereinigten Staaten von Amerika und Israel. Er sah keinen Widerspruch zwischen seiner totalen Loyalität zu Amerika und gleichzeitig zu Israel; für ihn war das ein und dasselbe. Diese Ideologie entsprang einem langen Indoktrinierungsprozeß, den viele jüdische Jugendliche durchliefen. Grundlage war die großzügige Hilfe Israels in Form der *Shlichim* oder, wie sie auch genannt wurden, Sendboten Alias, Leute, die in der jüdischen Gemeinde arbeiten, um in den Jugendlichen die Liebe zu Israel zu wecken. In Jonathan Pollards Fall waren sie besonders erfolgreich.

Der junge Mann hatte 1982 in der AIPAC, einer proisraelischen Lobby, gearbeitet, die ein weiteres Glied in der Kette von Organisationen darstellt, die die jüdische Gemeinde an Israel binden, insbesondere an die israelische Rechte. Pollard, der bereits dem amerikanischen Geheimdienst angehörte, hatte freiwillig seine Dienste zum Wohle Israels angeboten. Wie üblich wurde sein Name an die Geheimdienstabteilung in der israelischen Botschaft in Washington weitergeleitet und von dort dem Mossad als potentieller *Sayan* weitergegeben. Nach gründlicher Überprüfung, wobei auch die Verbindung des Mossad zur Anti-Diffamierungs-Liga genutzt wurde, stufte man ihn als geeigneten Kandidaten ein: Er war ein zionistischer Fanatiker und saß auf einem guten Posten im Forschungsbereich des amerikanischen Geheimdienstes; dort hatte er Zugang zu wichtigen Informationen über den Nahen Osten und Afrika. Und er war Jude, so daß er nicht zu einem bezahlten Spion gemacht werden mußte. Er war sogar sehr gut für die Operation Rentier geeignet, worunter man die Wiederherstellung der Verbindungen zwischen den Geheimdiensten Amerikas und Südafrikas verstand. Nicht, daß die beiden keine Verbindungen gehabt hätten, aber diese würden nun vom Mossad kontrolliert werden und sehr viel sicherer und lukrativer sein.

Pollard zögerte keinen Augenblick, als Uri mit Hilfe einer Empfehlung von einem Freund Pollards in Israel mit ihm Kontakt aufgenommen hatte. Der AIPAC wurde mitgeteilt, daß der Mossad an Pollard nicht interessiert sei, und Pollard wies man an, die jüdische Organisation nicht mehr zu kontaktieren. Er war nun ein *Sayan* für den Mossad oder, wie ihm gesagt wurde, für eine Organisation für die Sicherheit Israels.

Pollard erhielt kein Geld für seine Arbeit, da es die erklärte Politik des Mossad ist, jüdische Helfer nicht zu bezahlen. Auf diese Weise könnte nie behauptet werden, daß sie irgend etwas aus einem anderen Grund als aus Liebe und Sorge für Israel täten.

Uri hatte den Südafrikanern Fotos von den sowjetischen »SSC-3«-Waffensystemen geliefert (die der Mossad vom dänischen Geheimdienst erhalten hatte), auf die die Amerikaner damals scharf waren. Dadurch wurde der südafrikanische Geheimdienst für die Amerikaner sehr interessant. Pollard hatte hierbei seinen freundschaftlichen Kontakt zu einer Person genutzt, mit der er zusammen zur Schule gegangen war und die später ein hoher Offizier im südafrikanischen Geheimdienst wurde. Dies alles war Teil der Operation Rentier.

Eine Zeitlang benutzte Uri Pollard, um die unterschiedlichsten Informationen zu erhalten, wobei er ihn nie übermäßig beanspruchte, damit er nicht in Verdacht geriet. In seinen Berichten warnte Uri ständig davor – das muß man im Hinterkopf behalten –, daß er sich nicht sicher sei, ob Pollard ihm immer die Wahrheit sage. Wenn er aus eigenem Antrieb Informationen liefere, sei das gefährlich, weil er sich dadurch in Schwierigkeiten bringen könne. Aber da Pollard sich der Gefahr nicht bewußt war, konnte Uri ihm nicht helfen.

Irgendwann 1984 waren Uri und seine Vorgesetzten sich einig, daß Pollard eine Schwachstelle sei. Ständig versuchte er, mehr als verlangt zu tun, wodurch er unnötige Risiken einging und eher zu einer Belastung denn zu einem Gewinn wurde. Man führte ihn daher von nun an auf einer gesonderten Liste als Schläfer. Pollard wurde informiert, daß er Israel von großem Nutzen gewesen sei und daß der israelische Geheimdienst beschlossen habe, ihm zu seiner eigenen Sicherheit eine Abkühlungsphase zu verordnen. Käme man später zu dem Schluß, daß es für ihn wieder sicher wäre, mit der Arbeit fortzufahren, würde man ihn kontaktieren und aktivieren.

Pollard war nicht begeistert, machte aber laut Uri kein Theater. Man muß in Erinnerung behalten, daß er bis dahin noch nicht einen roten Heller erhalten hatte, sondern alles aus rein ideologischen Gründen gemacht hatte.

Nicht lange nach Pollards Einstufung als ruhendes Mitglied stieß Rafi Eitan auf ihn. Er war zwar kein Mossad-Offizier mehr, aber wie sagt man so schön: einmal ein Mossad-Mann, immer ein Mossad-Mann. Er besaß Zugang zu den Mossad-Akten, sowohl durch seine Vergangenheit als Mossad-Mitglied als auch in seiner Eigenschaft als Berater des Premierministers in Fragen des Terrorismus und als LAKAM-Chef.

Er glaubte, mit der Pollard-Akte auf eine Goldader gestoßen zu sein. Da er nicht an die Mossad-Regeln bezüglich der jüdischen Helfer gebunden war, aktivierte er Pollard mit dem entsprechenden Kode. Er arrangierte unter sogenannten natürlichen Umständen ein Treffen Pollards mit seinem neuen Operateur Avian Sellah. Sellah, ein dekorierter Pilot, der an der Bombardierung der irakischen Nuklearanlage in Osirak teilgenommen hatte, war wie geschaffen für den Job. Er wollte in den Vereinigten Staaten studieren und sollte gleichzeitig für den LAKAM arbeiten. Er mußte Pollard nicht rekrutieren, sondern nur aktivieren, und die Begegnung der beiden wurde von Eitan so organisiert, daß es wie ein Zufall aussah: Sie trafen sich über einen Dritten, einen Verwandten Pollards, der einen Vortrag Sellahs gehört hatte. Sellah wurde deshalb als Operateur gewählt, weil er Spezialist für Targeting (Zielauswahl) war und mit Pollard, dem Experten für Geheimdienstanalyse, fachsimpeln konnte. Die Tatsache, daß Sellah kein ausgebildeter Geheimdienstmann war, trug auch zu Pollards Sturz bei. Dieser wurde jetzt bezahlt und überschlug sich nun vor Aktivitäten.

Der Mossad hatte aus CIA-Quellen erfahren, daß man Pollard auf der Spur war, zog es aber vor, sich nicht einzumischen, weil man hoffte, die Angelegenheit in aller Stille hinter geschlossenen Türen zu regeln und den LAKAM auszuschalten. Um Zeit zu gewinnen, als schon alles drunter und drüber ging, wurde der israelische Botschafter in den USA auf eine Vortragstournee nach Frankreich geschickt und die Geschäftsführung Eliyakim Rubinstein, einem Diplomaten von niedrigerem Rang, übertragen, der keine politischen Entscheidungen treffen konnte. Nachdem alle LAKAM-Leute aus den USA abgehauen waren, blieb Pollard sich selbst überlassen. Er floh in die israelische Botschaft. Die Sicherheitsbeamten baten Rubinstein um Instruktionen, der sich seinerseits an den *Shaback*-Vertreter wandte. Der wiederum fragte den Mossad-Vertreter um Rat, der ohne Rücksprache mit dem Hauptquartier und in der Annahme, es sei alles unverändert, dem *Shaback* sagte, Pollard gehöre nicht zum Mossad und gehe sie nichts an. Der *Shaback* ließ daraufhin verlauten, daß sie nichts von Pollard wollten, und da alle LAKAM-Leute außer Landes und unauffindbar waren, lag der Ball wieder bei Rubinstein, der auch mitgeteilt hatte, daß die Botschaft von FBI-Leuten umzingelt war.

Rubinstein war außerstande, Israel auf einer sicheren Leitung zu erreichen, da alle von der Mossad-Liaison kontrolliert wurden; man behauptete, daß sie nicht funktionierten. Also beschloß Rubinstein, die Initiative zu ergreifen. Er verwies Pollard und seine Frau des Hauses, direkt in die Arme des überraschten FBI. Viel später erfuhr ich von FBI-Leuten, die mit der ganzen Sache zu tun gehabt hatten, daß Pollard von dem Rauswurf genauso überrascht gewesen war wie sie selbst. Man war damals schon soweit, irgendeinen Kompromiß mit Israel auszuhandeln. Später kam auch heraus, daß ein großer Teil der von Pollard gelieferten Informationen an den Ostblock im Austausch gegen die Ausreise von Juden weitergereicht worden war. Diese Umstände und die Tatsache, daß deren Eingeständnis einer Bestätigung der Informationen, die die Sowjets bereits in Händen hielten, gleichkam, waren der Grund, daß Caspar Weinberger, der amerikanische Verteidigungsminister, für Pollard die Höchststrafe forderte, ohne das öffentlich näher erklären zu können.

Auch Uri war damals gezwungen, die USA zu verlassen, da der Mossad befürchtete, daß Pollard seine Mossad-Verbindungen preisgeben würde, um das Strafmaß zu drücken. Aber Pollard war sich bewußt, daß er damit nur vom Regen in die Traufe käme und seine Situation noch sehr verschlimmern würde. Er hielt den Mund. Das Justizministerium fühlte sich nun nicht an seinen Teil der Abmachung gebunden, die es mit Pollard getroffen hatte. Es hatte ihm Strafreduzierung und keine Gefängnisstrafe für seine Frau zugesichert, falls er alle relevanten Fakten in vollem Umfang offenlegen würde.

Inzwischen hatte sich der Staub um die Affäre gelegt, und Uri war wieder in den USA und leitete eine große Zahl verläßlicherer und verschwiegenerer *Sayanim*.

Morgens um zehn hatte ich gepackt und war fertig, als das Telefon klingelte. Es war Uri, und er schäumte vor Wut. Wie ich es wagen könne, seine Agentin zu treffen! Er sagte, ich hätte ihr höllische Angst eingejagt, und sie überlege sich, alles hinzuwerfen. Ich versuchte, ihn zu beruhigen. Dann plötzlich änderte er seinen Ton. Nachdem er all den Ärger losgeworden war, schien er seine Gelassenheit wiedergefunden zu haben.

»Also, Victor, was ist los?«

»Nicht viel, abgesehen davon, daß ich nicht mehr im Büro bin, mich nun allein durchschlage und nach den Sinn des Lebens suche.«

»Und was führt dich hierher?«

»Die ewige Suche.« Ich scherzte, und er wußte es.

»Was kann ich für dich tun? Und was ist daran so schlimm?«

»Nicht schlimm. Ich muß nur wissen, ob etwas für Washington in den nächsten vierundzwanzig Stunden geplant ist.«

»In welcher Hinsicht?«

»Du weißt, was ich meine. Irgend etwas Ungewöhnliches, eine Warnung vielleicht, daß du dich abseits halten sollst oder so.« Es herrschte ein kurzes Schweigen. »Was planst du denn, Mann?«

»Du hast meine Frage nicht beantwortet!«

»Nicht, daß ich wüßte.« Er sprach langsam, als würde er nachdenken. »Wo bist du jetzt?«

»In meinem Hotel. Du hast mich doch gerade angerufen, oder?«

»Hab' ich, aber ich weiß nicht, wo dieses Holiday Inn ist. Können wir uns irgendwo treffen?«

»Wie wäre es mit der Lobby vom Four Seasons in der Stadt?«

»Das ist in Ordnung. Wann?«

»Heute nachmittag um zwei?«

»Bis dann.« Er legte auf.

Ich beglich die Rechnung und verließ das Hotel. Ich nahm ein Taxi zum Sheraton direkt neben dem Flughafen. Ich bekam dort ein Zimmer und ging zurück in die Stadt. Um zwei betrat ich das Four

Seasons. Uri wartete schon auf mich und führte mich in den Speisesaal am anderen Ende. Uri war Ende Vierzig, etwa 1,60 Meter groß und untersetzt. Er hatte silbern glänzende Haare und eine hohe Stirn; in seinem grauen Anzug und mit seiner Hornbrille sah er sehr vornehm aus. Man führte uns an einen guten Tisch, aber Uri wollte lieber in der Ecke sitzen. Sobald wir allein waren, kam er gleich zur Sache: »Was kannst du mir über Ephraim sagen?«

Ich starrte ihn einen Moment an. »Was kannst du mir sagen?«

»Wenn ich dir sage, daß ich in seiner Clique bin, bedeutet dir das was?«

»Bist du's?«

»Ja. Und du bist der herrenlose Besitz, von dem er redet?«

»Kann schon sein, aber ich glaube, daß ich nicht der einzige bin.« Ich beugte mich vor. »Was kannst du mir über Kuti sagen?«

»Dann bist du dieser Besitz«, er lächelte. »Das hätte ich nie erraten. Ja, ich glaube, der Mann ist von unseren Leuten umgebracht worden.«

»Laß uns Ephraim nichts von unserer Unterredung erzählen«, sagte ich. »Ich hätte es lieber, jemanden in der Clique zu kennen, von dem er nichts weiß.«

»Ich hab' damit keine Probleme. Vertraust du ihm nicht?«

»Heute, ja. Aber, wie du weißt, können sich die Dinge ändern.«

Wir sprachen nicht mehr groß darüber. Wir beschlossen, daß die Frau unsere Anlaufstelle sein sollte und daß er ihr sagen würde, daß es eine Methode wäre, sie noch besser abzusichern. Er würde anrufen, um zu erfahren, ob ich für ihn Botschaften hinterlassen hatte, und ich ebenso. Endlich verfügte ich über einen zweiten Rettungsring, jemanden meines Vertrauens, der mir eventuell helfen könnte, am Leben zu bleiben.

Kapitel 22

Dienstag, den 27. Mai 1986
Washington, D.C

Als ich auf die Ankunft von Bella wartete, stand in meiner Nähe ein Mann, der in einem Buch blätterte. Es war der neueste le Carré, der gerade erschienen war. Ich fand den Titel angesichts meiner Situation etwas ironisch: *Ein blendender Spion*. Ich dachte daran, wie sehr ich diese Art Bücher geliebt hatte, bevor ich zum Mossad kam und erfuhr, wie stark sich die eigentliche Spionagewelt von den Phantasievorstellungen der Spionageromane unterscheidet. Die Wirklichkeit war sehr viel gefährlicher und unvorhersehbarer als in jedem Roman. Ich dachte auch immer, daß es beinahe unmöglich wäre, das verwirrende Gespinst des Geheimdienstes zu beschreiben.

Nun tauchte die Menge der Passagiere auf, die aus New York angekommen war, und wenige Minuten später sah ich Bella. Sie war atemberaubend. Ihr Lächeln war das Licht, das ich am Ende des Tunnels gesucht hatte. Ich war so glücklich. Manchmal hatte ich auf dieser bizarren Reise die Hoffnung verloren, sie je wiederzusehen. Und nun war sie da. Ich hielt sie lange in meinen Armen.

Wir wußten beide, daß wir einen Sprung über einen weiten Abgrund gemacht hatten. Sie kannte nicht seine Tiefe, aber sie spürte sie wohl. Auf der Fahrt zum Hotel sprachen wir kaum miteinander. Dann wollte sie wissen, wo ich gesteckt hätte und was los sei. Das konnte ich ihr nicht sagen. Ich mußte sie da raushalten. Ich erzählte ihr, daß ich in Zaire für Leute von dort als Sicherheitsberater gearbeitet habe. Ich sagte ihr, daß ich am folgenden Tag Geld bekäme und daß wir dann nach Kanada fahren würden.

Am nächsten Morgen ging ich hinunter, um mich mit Zuhir zu treffen und das Geld von ihm entgegenzunehmen. Dann ging ich einen Block weiter, um einen Wagen zu kaufen. Es war ein metallicgrauer Pontiac 6000, Baujahr 1985, den ich bar bezahlte. Nachdem ich die Versicherungskarte und die Nummernschilder besorgt hatte, fuhr ich in das Hotel zurück. Am darauffolgenden Tag verließen wir Washington. Die Erinnerungen an diesen Ort waren für mich nicht gerade angenehm.

Wir erlebten so eine Art zweite Flitterwochen. Wir konnten nicht genug voneinander bekommen. Nach dreitägiger Fahrt erreichten wir Ottawa, die wunderschöne Hauptstadt Kanadas. Diese Stadt hatte Bella einmal in einem Fernsehfilm gesehen, und wollte dort gerne leben. Da es an sich bedeutungslos war, welchen Ort wir wählten, blieb es bei Ottawa.

Die ersten Tage verbrachten wir im Holiday Inn in der Queen Street im Zentrum. Dann fanden wir eine Dreizimmerwohnung, ebenfalls im Zentrum, in einem modernen Appartementgebäude, das Kent Towers hieß.

Bella sagte ich, daß ich ab und zu in meiner Eigenschaft als Berater Reisen machen müßte, mich aber in meiner Freizeit dem Zeichnen und Malen widmen wollte, was schon immer mein Traum gewesen war. Ende Juli wohnten wir alle wieder zusammen: Bella, ich und unsere Töchter Sharon, damals siebzehn Jahre alt, und Leeorah, zwölf Jahre alt. Die Mädchen waren von der Veränderung nicht begeistert, es blieb ihnen aber nichts anderes übrig, als sie zu akzeptieren.

Hin und wieder rief ich Ephraim vom Münztelefon auf der Straße gegenüber an, um zu hören, ob alles gut lief und was für mich als nächstes zu tun war. Damals passierte nicht allzuviel. Er wollte, daß ich einen neuen Kontakt mit den Ägyptern machte, aber das schlug ich ab. Ich fühlte mich nicht wohl bei dem Gedanken, für zwei arabische Länder gleichzeitig zu arbeiten. Wir wußten nicht, wie ihre Beziehung zueinander genau aussah, nur so viel, daß sie wohl ziemlich eng zusammenarbeiteten. Aus dem wenigen, was wir von den jordanischen Aktivitäten mitbekamen, konnten wir nur schließen, daß unser Wissen sehr begrenzt war.

Aber da wir noch nicht soweit waren, den israelischen Spionagering für die Jordanier aufzuziehen, wie ich versprochen hatte, konnte ich Ephraim nicht länger hinhalten. Nach seinem Gefühl war es notwendig, den ägyptischen Geheimdienst gegen den Mossad zu impfen. Das mußte geschehen, bevor es zu einem Zwischenfall kam, der die Hilfe des Mossad (hauptsächlich logistischer Art) für die moslemischen Fundamentalisten über Kontakte mit Afghanistan offenlegte. Der Friede mit Ägypten machte der israelischen Rechten sehr zu schaffen. Der Friede selbst, der von den Ägyptern so peinlich genau eingehalten wurde, war schon der lebendige Beweis dafür, daß die Araber Leute sind, mit denen ein Friede möglich ist, daß sie keineswegs das darstellen, was der Mossad und andere Elemente der Rechten uns immer vormachten. Ägypten hat seinen Frieden mit Israel gehalten, obwohl Israel 1982 im Libanon zum Aggressor wurde und trotz der Warnungen des Mossad, daß die Ägypter sich mitten in einer zehnjährigen militärischen Aufbauphase befänden, was 1986/87 zum Krieg mit Israel führen würde (ein Krieg, der nie stattfand). Der Mossad hatte sich in eine Position manövriert, die nach einer Aktion an der ägyptischen Front rief. Die Organisation merkte, daß sie eine neue Bedrohung in der Region schaffen mußte, eine Bedrohung von solchen Ausmaßen, daß jedwede Aktion gerechtfertigt wäre, auf die der Mossad verfiele.

Die rechten Elemente im Mossad (und übrigens im ganzen Land) besaßen ihrer Meinung nach eine gesunde Lebensphilosophie: Sie glaubten, daß Israel damals die stärkste Militärmacht im Nahen Osten war, und tatsächlich war die Militärmacht der sogenannten »Festung Israel« stärker als die aller arabischen Länder zusammengenommen. Der rechte Flügel war und ist immer noch im Glauben, daß diese Stärke aus der Notwendigkeit entsteht, der ständigen Kriegsgefahr, die damals sehr real war, zu begegnen. Würden irgendwelche Friedensangebote gemacht werden, dann setzte ihrer Meinung nach ein Verfallsprozeß der militärischen Mauern dieser ideologischen Festung ein. Das würde die Macht der Militärs reduzieren und möglicherweise den Untergang des Staates Israel mit sich bringen. Ihrer Philosophie zufolge war den arabischen Nachbarn einfach nicht zu trauen, und kein Vertrag könne das ändern.

Die militanten Elemente des moslemischen Fundamentalismus zu unterstützen paßte gut zum Generalplan des Mossad für die Region. Eine von Fundamentalisten beherrschte arabische Welt ließe sich nicht auf Verhandlungen mit dem Westen ein, wodurch Israel wieder zum einzig demokratischen und rationalen Land der Region würde. Und wenn sie die Hamas (palästinensische Fundamentalisten) dazu bringen könnten, die palästinensischen Massen der PLO abspenstig zu machen, dann wäre alles in bester Ordnung.

Die Aktivitäten des Mossad in Ägypten waren umfangreich. Jetzt, wo es eine israelische Botschaft in Kairo gab, riß der Besucherstrom nicht mehr ab. Ägypten wurde als Informationsquelle und auch als Sprungbrett in die übrige arabische Welt benutzt. Es dürfte viel leichter und unverdächtiger sein, einen Ägypter zu haben, den man unter falscher Flagge in Kairo rekrutiert hatte, der niemals aus dem Nahen Osten herausgekommen war und der von dort aus über andere arabische Länder Geheiminformationen sammelte.

Das war an sich ein »legitimer« Teil des Spiels, aber sobald der Mossad begann, die ägyptische Gesellschaft zu unterminieren, indem er die Fundamentalisten, ebenfalls unter falscher Flagge, motivierte und unterstützte, war das etwas ganz anderes. Es ähnelte mehr dem Absägen des Astes, auf dem man sitzt.

Sonntag, den 29. Juni 1986

Bella war für eine Woche nach Israel gefahren, um unsere restliche Habe nach Kanada zu holen. Sie hatte damals Israel in aller Hast verlassen.

Mittags klingelte das Telefon. »Vic?« Ich erkannte die Stimme sofort. Aber ich war überrascht, daß Ephraim mich zu Hause anrief.

»Was ist los?«

»Wie wäre es, wenn wir zusammen essen?«

»Wo bist du?« Ich merkte, wie ich von Kopf bis Fuß in Alarmbereitschaft geriet.

»Ich glaube, wenn du zum Fenster hinausschaust, dann kannst du mich sehen. Ich stehe in der Telefonzelle vor einem Laden, der Canadian Tire heißt.«

Ich schaute auf die Straße hinunter, und da stand er in einem hellblauen Nadelstreifenanzug.

»Wo hast du denn den Anzug her?« wollte ich wissen.

»Willst du runterkommen, oder muß ich hochkommen, um dich zu holen?«

»Weißt du, daß du ganz in der Nähe der israelischen Botschaft bist?« fragte ich.

»Natürlich. Sie liegt nur einen Block weiter. Aber der Verantwortliche für die Sicherheit ist gerade mit den meisten seiner Leute auf einem Schießstand in New York, und unser Verbindungsmann ist in Washington. Die Luft ist rein. Wir können essen, wo du willst.«

In wenigen Minuten war ich unten. Es war ein wundervoller Tag. Wir gingen in den Zwischenstock im Westin Hotel. Wir aßen etwas Leichtes, und nach einem lockeren Geplaudere über den neuesten Tratsch kam er zur Sache. »Du mußt jetzt nach Ägypten. Wir können nicht länger warten.«

Ich hatte tatsächlich schon mit der ägyptischen Botschaft in Washington Kontakt aufgenommen, aber auf Anraten von Ephraim die Einladung, nach Kairo zu kommen, abgelehnt. Es gab zu der Zeit wichtigere Dinge zu tun, speziell die jordanische Angelegenheit und die Information für die Briten, und außerdem hielt Ephraim damals die Zeit noch nicht für gekommen. Die Einladung des damaligen Militärattachés zu einem Besuch war allerdings immer noch gültig.

Nun sollte aber laut Ephraim der Mann, der die Einladung ausgesprochen hatte, abgelöst werden; da wir aber nicht wußten, durch wen er ersetzt würde, nur, daß der gegenwärtige Attaché nicht für den Mossad arbeitete, erschien die Gelegenheit für einen sicheren Besuch in Ägypten günstig.

»Du mußt dort hinfahren und die Verbindungen mit den Fundamentalisten aufdecken. Ich bekomme ab und zu ein paar Informationsbrocken, und ich brauche eine Möglichkeit, sie ihnen aus einer Quelle, der sie vertrauen, zukommen zu lassen.«

»Willst du etwa falsche Informationen in die Welt setzen?« Ich mußte wissen, ob er mich als Instrument zur Desinformation gebrauchen wollte. In diesem Fall konnte er nicht auf mich zählen. Ich hegte keine besonderen Gefühle für die Ägypter, aber es war einfach so, daß ich nicht an die Mossad-Methoden glaubte. Ich glaubte nicht daran, daß man den Teufel mit dem Beelzebub austreiben könne.

Er versicherte, daß dies nicht der Fall sei. Die Informationen, über die er verfügte, würden zur Verhaftung verschiedener Fundamentalisten führen und zur Enthüllung der Nachschublinie von Waffen, die von den Mudschahedin Afghanistans zu den Moslembrüdern in Ägypten verläuft.

»Das ist ein langer Weg, um Waffen zu transportieren«, bemerkte ich.

Aber es stellte sich das Gegenteil heraus. Da ein großer Teil der Waffen der Mudschahedin amerikanischen Ursprungs war, wurden sie direkt aus Israel an die Moslembruderschaft geliefert, wobei man sich der Beduinen-Nomaden in der demilitarisierten Zone im Sinai als Kuriere bediente.

Der Mossad konnte natürlich auch sowjetische Ausrüstung aus den PLO-Lagern liefern, die 1982 im Libanon der PLO abgenommen worden waren. Sobald das Material auf ägyptischen Boden war, wurde es an Zwischenmänner geliefert, die es an die Fundamentalisten weiterreichten.

»Destabilisieren, destabilisieren, destabilisieren«, sagte Ephraim. »Das ist alles, was sie tun, andauernd. Egal, was irgend jemand sagt, sie können nur daran denken, Chaos zu stiften. Sie verstehen nicht, daß der Dschungel, den sie schaffen, eines Tages auch sie verschlingen wird.«

»Bella kommt in ein paar Tagen zurück. Ich werde mit ihr und den Kindern einen kleinen Ausflug nach Washington machen und mir dort mein Visum holen. Das heißt, wenn mein Kontakt noch besteht.«

»Schieb es nicht hinaus. Ich hörte, daß du mit Uri gesprochen hast.«

Seine Worte erwischten mich kalt. Ich wußte nicht, was ich sagen sollte, ob ich überhaupt etwas sagen sollte. »Du hast aber eine Spätzündung. Das ist schon lange her.«

»Solange nun auch wieder nicht. Bist du seither mit ihm in Verbindung gewesen?«

»Frag ihn.«

Er sagte nichts weiter darüber. Am Abend ließ er sich von mir zum Flughafen fahren, und weg war er. Er wollte mir einige Informationen über den Waffentransfer zukommen lassen, sobald ich aus Washington zurück war und einen festen Reisetermin hatte.

Wir machten unseren kleinen Ausflug am Freitag, dem 4. Juli; wir kamen an einem Feiertag in die USA. Zur ägyptischen Botschaft wollte ich erst Montag morgen gehen. Die Fahrt verlief ohne Zwischenfälle. Ich hatte Bella erzählt, daß ich einige Diplomaten aus Zaire treffen und meine Reise dorthin vorbereiten müßte.

In der Botschaft ging alles glatt. Nachdem ich meinen Paß dem Sicherheitsbeamten am Eingang überreicht hatte, wurde ich in einen luxuriösen, hellblau ausgestatteten Raum geführt. Man bat mich, unter dem Porträt des lächelnden Präsidenten Hosni Mubarak zu warten. Einige Minuten später kam der Attaché herein und begrüßte mich sehr herzlich. Er wollte wissen, ob ich abergläubisch sei. Ich versicherte ihm, das wäre nicht der Fall. Er sagte, mein Flug werde am 13. Juli gehen, in nur einer Woche. Ich ließ mir nicht anmerken, daß ich damit Probleme hatte, doch meine Knie fühlten sich weich an. Mein Ticket würde am Aer-Lingus-Schalter am Kennedy-Flughafen bereitliegen, aber ich müsse es noch bezahlen; sie hätten nur den Platz reserviert. Er gab mir einen Umschlag mit 2000 Dollar. Ich sollte am 20. Juli wieder zurück sein. Nach seinen Angaben würde ich am Flughafen abgeholt und in ein sicheres Haus gebracht werden. Er versprach mir, daß ich mir keine Sorgen zu machen brauchte und daß über meine Bezahlung mit den Beamten im Land gesprochen würde. Er gab deutlich zu verstehen, daß er wegen seines diplomatischen Status und seiner Achtung vor den USA als Gastland über die Herstellung der Verbindung hinaus nichts weiter mit der Angelegenheit zu tun habe.

»Solange Ihr Herz rein ist, wenn Sie mit uns Geschäfte machen«, sagte der Mann mit einem Lächeln, »haben Sie absolut nichts zu befürchten.«

Dieser Satz jagte mir größere Angst ein, als es je irgendeine Drohung vermocht hätte. Aber war es wirklich eine verschleierte Drohung, oder hatte ich es nur in meiner brenzligen Lage so aufgefaßt?

Auf dem Rückweg nach Ottawa war ich ganz mit meinen Gedanken beschäftigt. Ich fühlte ein Damoklesschwert über mir schweben. Endlich hatte ich mich an einem Ort niedergelassen, wo ich mich wohl fühlte, und ein neues Leben begonnen. Doch nun sollte ich zu einer Reise zurück in die Hölle aufbrechen, die ich gerade erst verlassen hatte. Aber ich wußte, daß dieses neue Leben nur eine Illusion war. Ich war immer noch ein Soldat auf einem sehr fernen Außenposten jenseits der Grenze meines Landes, einer Grenze, die so fern und verschwommen war, daß es niemals richtig klar wurde, auf welcher Seite man gerade stand. Es war eine jener Grenzen, zu deren Definition man die Philosophie zu Hilfe nehmen mußte, und das gefiel mir gar nicht.

Sonntag, den 13. Juli 1986

Ich kam nachmittags in New York an und holte mir mein Ticket am Schalter. Der Flug 986 der Egypt Air ging um zehn Uhr abends. Mir blieb noch reichlich Zeit. Ich fühlte mich bei meinem Vorhaben nicht sehr wohl. Alles sträubte sich in mir dagegen, die Sicherheit der USA hinter mir zu lassen. Ich hatte in der letzten Zeit mit zu vielen Geheimdiensten zu tun gehabt, um mich auf so einer Reise sicher zu fühlen. Es war beinahe unmöglich, daß die Ägypter, die einen sehr effizienten, aber etwas obskuren Geheimdienst hatten, nicht über zumindest eine meiner Tätigkeiten Bescheid wußten.

Der Flug ging pünktlich. Was immer mich erwartete, nun gab es kein Zurück mehr. Ich machte auf dem ganzen Flug kein Auge zu, weil ich mich schuldig fühlte, Bella nicht erzählt zu haben, wohin ich reiste. Aber das wäre mehr aus Egoismus als aus Mitgefühl geschehen, denn dann hätte es außer Ephraim noch jemanden gegeben, der wüßte, wo ich steckte.

Es war schon Tag, als wir über dem glitzernden blauen Mittelmeer schwebten. Der Pilot kündigte den Anflug auf den internationalen Flughafen von Kairo an. Das blaue Meer wurde von der eindrucksvollen gelben ägyptischen Landmasse abgelöst. Je näher wir kamen, um so dunstiger wurde es. Als wir landeten, brauchte man gar nicht erst hinauszugehen, um zu wissen, wie heiß es war.

Freitag, den 18. Juli 1986
Kairo

Die nackte Glühlampe, die von der schimmligen Decke baumelte, flackerte kurz. Ich hörte ganz schwach einen Schrei irgendwoher aus den Eingeweiden des Gebäudes, das ich für leer gehalten hatte. Die fernen Schreie verursachten bei mir sofort einen kalten Schweißausbruch. Ich lag auf dem Rücken.

Dann kam wieder der alte Mann mit einem frischen Krug Limonade und einem Tablett mit Essen. Ich wartete auf diese Gelegenheit. Ich mußte etwas tun, um seine Aufmerksamkeit zu erregen. Als der alte Mann in den Duschraum ging, schleuderte ich das beladene Tablett zur Tür hinaus. Es verfehlte nur knapp den Wächter. Einen Augenblick lang glaubte ich, daß er seine Waffe benutzen würde, um mich auf der Stelle niederzuschießen. Statt dessen schaute er überrascht, rief dem alten Mann etwas zu, der schleunigst die Zelle verließ. Ich legte mich wieder zurück auf das Bett. Der Ventilator hörte plötzlich auf, sich zu drehen. Aber es war zu heiß, daran etwas zu machen.

Ich dachte über meine mißliche Lage nach. Schon vier Tage war ich in dieser Zelle. Die Möglichkeit, daß dies mein Zuhause für den Rest meines Lebens sein könnte, war erschreckend. Um diesen Gedanken zu verscheuchen, malte ich mir aus, was ich tun würde, wäre ich nur erst einmal wieder draußen.

Ich glaube, es war irgendwann am frühen Nachmittag, als sich die Tür öffnete und ein großer Mann in einem hellgrauen, kurzärmeligen Anzug eintrat. Ich hatte gerade geduscht und war erst halb angekleidet. Ich nahm alle paar Stunden eine Dusche und zog nur immer gerade so viel an, daß jederzeit ein Besucher hereinkommen konnte. Mittlerweile wirkte sich mein Training aus. Ich war gefühllos für meine Umgebung geworden. Ich hatte aufgehört zu grübeln und achtete nur darauf, daß ich hier überlebte.

»Herr Ostrovsky?« sagte der große Mann mit einem freundlichen Lächeln. Sein Glatzkopf war so tief gebräunt wie sein Gesicht. Ich drehte mich um, als ob ich hinter mir jemanden suchte. »Dann meinen Sie also tatsächlich mich?«

Sein Lächeln wurde noch breiter. »Ich muß mich entschuldigen, daß ich Sie nicht schon früher begrüßt habe.«

Ich starrte den Mann wortlos an, immer noch im Zustand des Halbschlafes, den ich mir angewöhnt hatte. Dieser Mann konnte jede Minute wieder gehen und nie zurückkommen, um mich wieder meiner Qual zu überlassen. Ich beschloß, alles zu tun, um aus diesem schrecklichen Loch herauszukommen. Im stillen machte ich mir Sorgen, daß dies eine Halluzination sein könnte, daß ich vielleicht dabei war, verrückt zu werden.

»Sobald Sie angezogen sind, möchte ich Sie mit ein paar Leuten bekannt machen, die Sie schon erwarten.«

Ich nickte, und zehn Minuten später folgte ich ihm den Gang hinunter in einen großen Konferenzraum. Am Ende eines langen Tisches lag ein Stapel von *Bamahaneh*-Magazinen[1]. Der Raum hätte zu einem modernen Bürohaus gehören können; er war frisch und sauber und paßte nicht zu dem halbverfallenen Gebäude. In einer Ecke stand eine Kaffeemaschine, und in der Luft lag der Duft von starkem Kaffee, auf amerikanische Art gekocht. Der große Mann bot mir eine Tasse Kaffee an und deutete dann auf das Tablett mit Milch und Zucker. Rechts war eine große Spiegelwand angebracht. Irgend jemand öffnete eine Tür hinter dem Spiegel, wodurch er eine Sekunde lang transparent wurde. Ich sah mehrere Leute dahinter sitzen und eine Kamera auf einem Dreifuß in der Ecke stehen.

»Wozu sind die Magazine?« fragte ich. Der Mann sagte, daß sie für mich seien und ich sie mit in meine Zelle nehmen könne, sobald wir für heute fertig wären. Das hörte ich gar nicht gerne. Ich wollte nicht in das stinkende Loch zurück; ich wollte weg von diesem verdammten Ort, aber ich mußte ruhig Blut bewahren.

Es ging dann alles sehr schnell. Die Ägypter legten mir einen Stapel Fotos vor und baten mich, daraus die Mossad-Leute zu identifizieren. Sie machten keine Spielchen wie die anderen Geheimdienste. Jedes Foto war englisch und arabisch mit dem Namen beschriftet. Etwa fünf Fotos konnte ich nicht identifizieren. Und diese Leute, so sagten sie, würden in Europa Dienst machen, so daß es sehr wahrscheinlich sei, daß ich sie nicht kenne. Sie hatten auch einen Plan von den Mossad-Abteilungen und einen Grundriß des Gebäudes am King Saul Boulevard. Ich mußte ihnen zeigen, wo ich saß, als ich im dänischen Ressort arbeitete.

Mir war nun klar, daß sie bereits mit Leuten gesprochen hatten, die dort gearbeitet hatten, und daß sie sehr gut über die Organisation informiert waren. Mein Gastgeber zeigte sich sehr viel entspannter, als ich ihm keinen Ägypter nennen konnte, der für den

[1] Wochenmagazin der israelischen Armee; der Titel lautet übersetzt »Lager«.

Mossad arbeitete. Und er war überglücklich, die Informationen über die Waffenlieferungen für die Moslembruderschaft zu bekommen.

Er wollte dann alles erfahren, was ich über Robert Maxwell, den englischen Zeitungsmagnaten wußte. Als Grund nannte er mir, daß er sich klar war, was es mit dem permanenten Interesse des Mossad am Kauf von Medien auf sich hatte. Der Mossad wollte sowohl die öffentliche Meinung beeinflussen als auch den Journalismus als Cover für eingeschleuste Agenten benutzen.

Es schien mir, daß meinem Gastgeber ebensoviel daran gelegen war, mir zu zeigen, was er alles wußte, als auch zu erfahren, was er nicht wußte. Für einen Geheimdienst-Offizier war das nicht gerade die klügste Verhaltensweise. Er bezeichnete Maxwell als Mossad-Agenten und erinnerte mich an andere Gelegenheiten, bei denen der Mossad angeblich hinter Zeitungskäufen in England gestanden hatte. Als Beispiel nannte er die *Eastern African*, die mit Mossad-Geld von dem israelischen Geschäftsmann Arnon Milchen (der zufälligerweise auch bei der Finanzierung der Rambo-Filme mit von der Partie war) gekauft wurde. Ziel war, der südafrikanischen Propagandamaschinerie zu helfen, die Apartheid im Westen gesellschaftsfähiger zu machen. Plötzlich wurde mir die unheilvolle Natur dessen, wofür Maxwell eingespannt wurde, klar. In seinem Eifer, mit Israel zusammenzuarbeiten, und obwohl er nicht selbst ein Agent war (wie mir die Briten in Washington eindeutig klargemacht hatten), war Maxwell doch ein *Sayan* in großem Stil. Der Mossad finanzierte viele seiner Operationen in Europa mit Geld, das aus der Pensionskasse der Zeitschriften gestohlen wurde. Der Mossad legte seine Hand auf das Geld, sobald Maxwell die Zeitungen aufgekauft hatte (mit vom Mossad geliehenem Geld und aufgrund von Expertisen, die vom Mossad erstellt wurden). Das Unheilvolle daran war, abgesehen von dem Diebstahl, daß jeder in Maxwells Nachrichtentruppe an jedem Ort im Nahen Osten automatisch verdächtigt wurde, für Israel zu arbeiten, und immer mit einem Bein im Grab stand.

Ich erklärte meinem Gastgeber wie zuvor schon den Briten, daß der Mossad zu Anfang Maxwell beim Kauf der Zeitungen durch Darlehen, Schüren von Arbeitsunruhen und künstlich erzeugten Problemen geholfen hatte, wodurch die Objekte günstiger zu haben waren. Später änderte man die Taktik. Der Mossad suchte zuerst eine Zeitung als Zielobjekt aus und brachte sie mit allen erdenklichen Mitteln auf Kollisionskurs und zum Bankrott. Es begann mit Aufwiegelung der Angestellten und ging weiter mit Kreditkündigungen und Rücknahme von Anzeigen seitens der Leute beziehungsweise Banken, die mit Israel sympathisierten. Sobald das Objekt weich war, trat Maxwell auf den Plan, um ihm den Todesstoß zu geben.

An jenem Abend nahm mich mein Gastgeber mit nach Kairo. Als nur wir beide in seinen Wagen stiegen, wußte ich, daß er sich mit mir sicher fühlte. In den ersten Minuten mußte ich eine Augenbinde tragen, ebenso auf dem Rückweg. Die Stadt hat mich nicht beeindruckt, auch die Pyramiden ließen mich kalt. Ich war viel zu frustriert und angespannt, um etwas aufnehmen zu können. Aber ich genoß die Weite des Raums um mich und das Gefühl von ein bißchen Freiheit. Um Mitternacht war ich wieder in meiner Zelle mit der Garantie meines Gastgebers, daß er am Morgen wiederkommen und ich am Sonntag mit dem Flug 985 der Egypt Air zurück nach New York fliegen würde.

Nur in Unterwäsche lag ich auf dem Bett und starrte an die Decke. Ich hatte das Gefühl, daß der Mann mich nicht angelogen hatte und daß ich wirklich fliegen würde, aber weil die Dinge bislang nicht so gelaufen waren, wie ich es mir vorgestellt hatte, gab es für nichts eine Garantie.

Ich gab mir selbst das Versprechen, daß ich, falls ich hier herauskäme, Kanada nie mehr verlassen würde, solange ich lebte. Ich war ein normaler Mensch gewesen, bevor ich in den Mossad eingetreten war, vielleicht ein bißchen naiv und mit zuviel Vertrauen in beinahe jeden Menschen. Der Mossad hatte mich verändert; sie hatten mich auf Überleben programmiert, was bedeutete, daß ich niemandem mehr über den Weg trauen durfte. Er hatte mich unempfindlich gemacht und mir eine innere Zähigkeit antrainiert. Früher hatte ich ein Ziel gehabt, wovon mich nur der Tod hätte abbringen können. Im Mossad hatte man geglaubt, nicht nur die Hingabe, dieses Ziel zu erreichen, in mir geweckt zu haben (wie in allen anderen Mossad-Offizieren auch), sondern mit ihrer Gehirnwäsche auch das Einverständnis für ihre verrückten politischen Methoden. Das war ein Irrtum. Statt dessen hatten sie es geschafft, einen Mann heranzuziehen, der die Ausdauer eines Mossad-Offiziers besaß, der sich jedoch völlig der Zerstörung des Mossad widmet – was sie später ihren schlimmsten Alptraum nannten. Nur wenn man sich vor Augen führt, wie weit ich gegangen bin, um sie unschädlich zu machen, welche Risiken ich bereit war einzugehen, und nur wenn man sich bewußtmacht, daß es viele wie mich auf der anderen Seite gibt, die ebenso hingebungsvoll für ihr Ziel arbeiten, kann man verstehen, wie gefährlich der Mossad ist.

Ich wußte damals in der kleinen Zelle ganz genau, daß der einzige Weg, den Mossad zu erledigen, darin bestand, ihn bloßzustellen. Inzwischen wußte ich auch, daß sie nicht die Organisation waren, die zu sein sie alle glauben machen wollten. Ja, sie waren gefährlich. Ja, sie waren böse, aber sie waren nicht effizient. Und sie waren auch nicht, was sie zu sein vorgaben: ein Geheimdienst, der den Staat vor potentiellen Gefahren warnt.

Ich flog wie versprochen nach New York zurück. Man gab mir 10 000 Dollar für meine Hilfe. Ich mußte ein Blatt unterschreiben, auf dem es hieß, daß ich aus freien Stücken nach Ägypten gekommen und gut behandelt worden sei und daß ich die Summe von 10 000 Dollar als Geschenk erhalten habe.

Als das Flugzeug in New York landete, hätte ich am liebsten den Boden geküßt. Ich hatte den Ägyptern versprochen, daß ich wiederkommen und mit ihnen Verschiedenes durchgehen würde, wenn sie es wünschten und es nötig sein sollte. Aber schon, als ich das sagte, wußte ich, daß ich nie wieder ägyptischen Boden betreten würde, wenn es irgend ginge.

Erst einige Zeit später erfuhr ich den Grund für die Behandlung, die ich in Kairo erfahren hatte. Die Ägypter selbst gaben mir nie eine Erklärung, außer der, daß es ein Mißverständnis gewesen sei.

In Wirklichkeit hatte ihnen jemand den Tip gegeben, daß ich ein Spion wäre, der immer noch für den Mossad arbeitete. Ich würde ihnen falsche Informationen liefern, um ihre Organisation durcheinanderzubringen, ich würde jemanden als Maulwurf bezeichnen, der angeblich für den Mossad arbeitete.

Man entschloß sich, mich zu isolieren und zu sehen, was sie aus dem Mossad durch falsche Spuren herausbekommen könnten. Sie informierten die Botschaft, daß sie die Leiche eines Mannes gefunden hätten, auf die meine Beschreibung paßte. Nach ihren Angaben war der Mann mit demselben Flug nach Ägypten eingereist wie ich und kanadischer Staatsbürger. Sie behaupteten ferner, daß sie glaubten, der Mann sei ein Israeli. Die Nachricht wurde an den Mossad weitergeleitet, aber weil er niemanden in der Gegend hatte, auf den die Beschreibung paßte, antwortete er nicht.

Nach vier Tagen waren die Ägypter überzeugt, daß ich nicht zum Mossad gehörte, weil der nicht so lange mit einer Antwort gewartet hätte. Er hätte zumindest darum gebeten, die Leiche sehen zu wollen. Die israelische Botschaft antwortete lediglich, daß kein Israeli, auf den diese Beschreibung paßte, gesucht werde und daß man sich an die kanadischen Behörden wenden solle. Unterdessen ging Ephraim im Hauptquartier die Wände hoch, weil er dachte, daß es mir nicht gelungen sei, meine wahre Identität zu beweisen und meine Karten offenzulegen oder, schlimmer noch, daß ich ihn verraten hätte, wie er sich später ausdrückte.

Kapitel 23

Ich brauchte mehrere Tage, um mich wieder an das Leben als freier Mensch zu gewöhnen. Ich wollte niemals wieder eine Marionette sein. Ich würde nur noch bei solchen Sachen mitmachen, von denen ich wußte, daß sie dem Mossad schadeten. Ich erkannte jetzt, daß der Mossad eine Todesmaschine ohne jedes Ziel war, und wenn Ephraim nicht so mit mir zusammenarbeiten würde, wie ich es wollte, könnte er zum Teufel gehen, und ich würde es allein machen. Ich machte ihm deutlich, daß ich nicht mehr an Aktionen teilnehmen wollte, die den Mossad nicht empfindlich treffen würden.

Er wollte wissen, ob ich bereit sei, weiterhin mit den Ägyptern zu arbeiten, und ich sagte ihm, daß ich es nur täte, wenn ich ihnen Informationen weiterreichen könnte, die dem Mossad schadeten. Ich wollte jedoch meine Aktivitäten mit den Jordaniern fortsetzen, da ich glaubte, daß sie zu einer friedlichen Lösung des Konfliktes zwischen Jordanien und Israel beitragen könnten. Wenn es dem Mossad gelänge, König Hussein zu stürzen, dann würde es niemals in der Region zum Frieden kommen. Die Fundamentalisten würden triumphieren, und das wäre das Ende.

Ich sagte auch, daß ich gerne die Briten mit Informationen beliefern und Kontakte mit den Franzosen machen würde. Aber das sollte noch eine Weile dauern.

Ich kontaktierte wieder die Jordanier und verabredete ein Treffen mit Albert in Ottawa. Zuerst wollte er nicht kommen, weil er eine Falle fürchtete, aber am Ende stimmte er zu und plante, Mitte September anzureisen.

Ich suchte auch einen örtlichen Galeriebesitzer auf, einen Herrn Koyman, der mehrere Galerien in Ottawa, Montreal und Toronto besaß. Ich brachte ihm verschiedene meiner Arbeiten. Er ließ sie rahmen und begann, sie in seiner Hauptgalerie am Rideau Center in Ottawa zu verkaufen. Gleichzeitig gab ich von nun an offiziell als Berufsbezeichnung an, daß ich als Sicherheitsberater für ausländische Mächte tätig war. Das entsprach der Wahrheit. Ich hatte begonnen, eine Analyse der politischen Lage im Nahen Osten und der Bedeutung der dortigen verschiedenen politischen Aktivitäten zu schreiben, wobei ich mich auf die Analyse der Reden israelischer Politiker konzentrierte. Das Papier würde den Jordaniern erlauben, ihre Entscheidungen auf der Basis eines realistischen Bildes der politischen Arena zu treffen und nicht auf der Basis von weit hergeholten, überbezahlten und einseitigen amerikanischen Medien-Analysen. Zu welcher Zeit auch immer man den Fernseher anstellte, hörte man die Kommentatoren unentwegt davon schwatzen wie sie die Lage einschätzten, wobei es jedem, der denken konnte, klar war, daß sie alle voneinander abkupferten.

Albert kam nach Ottawa, und ich gab ihm einen zweiwöchigen Crash-Kurs, wie man Analytiker analysiert. In vielen arabischen Hauptstädten wurde eine Menge Papier für den internen Gebrauch produziert, wobei gleichzeitig geschluckt wurde, was sogenannte Experten über das zu sagen hatten, was andere arabische Führer sagten. Aus irgendeinem Grunde hatten sie aufgehört, ihrem gesunden Menschenverstand zu vertrauen.

Albert drängte mich wegen des Netzes israelischer Spione, das ich versprochen hatte, und er trug noch eine Bitte vor. Seine Leute waren sehr besorgt, was bei dem bevorstehenden Regierungswechsel in Israel herauskommen würde. Da die israelischen Wahlen zwei Jahre zuvor unentschieden ausgegangen waren, kamen die beiden größten Parteien (die Arbeitspartei auf der einen und die rechte Likud-Block auf der anderen Seite) überein, eine große Koalition zu bilden, in der ihre Führer abwechselnd die Macht übernehmen sollten.

Es wurde beschlossen, daß in den ersten beiden Jahren Shimon Peres von der Arbeitspartei Premierminister sein sollte und Yitzhak Shamir vom Likud-Block Außenminister. Nach zwei Jahren sollte es umgekehrt sein. Yitzhak Rabin von der Arbeitspartei sollte für den gesamten Zeitraum Verteidigungsminister bleiben. Es kam nun der Zeitpunkt heran, an dem Shamir Premier sein sollte. Die Jordanier wollten, daß ich nach Amman käme, um zu analysieren, was das für sie bedeuten würde. Sie waren mit meiner schriftlichen Analyse zufrieden, aber diesmal wollten sie mich dort haben.

Warum sollten sie mich auch nicht zu sich einladen? Sie hatten mich gut behandelt, und sie hatten ihren Teil der Vereinbarungen in jeder Hinsicht eingehalten. Ich stimmte zu, wünschte mir aber eine Bedenkzeit hinsichtlich des Termins. Ich fragte mich allerdings, was die Reise für einen Sinn machte, solange ich nicht alle notwendigen Informationen für die Analyse hatte. Ich wollte auch die Hilfe von Ephraim bei der Aufstellung des Spionageringes, von dem wir gesprochen hatten, zumindest aber eine Liste von Leuten und verschiedene operative Optionen für die Jordanier.

Nachdem Albert am 30. September abgereist war, kam Ephraim. Wir trafen uns mehrmals in seinem Hotelzimmer im Holiday Inn. Er erzählte, daß es zu Hause jetzt etwas turbulent zugehe, so daß er in der nächsten Zeit nicht kommen könne. In der Zwischenzeit solle Eli mein Kontaktmann sein. Er würde am Freitag, dem 3. Oktober, ankommen. Ich kannte Eli von der Akademie, als er mein Instrukteur in meinem ersten Kurs war. Wir hatten damals eine gute Beziehung gehabt. Ich wußte nicht, daß er dazugehörte, und hätte ich raten müssen, wäre ich nie auf ihn gekommen. Ich hatte ihn immer als rechten Hardliner angesehen.

Eli war sehr glücklich, in Kanada zu sein. Er war als Tourist gekommen und wohnte im Holiday Inn in der Queen Street (das später das Hotel Radisson wurde). Bella sagte ich, daß ich Geschäftsfreunde treffen würde.

Wir gaben in mehreren jüdischen Zeitungen, auch solchen in hebräischer Sprache, in den USA und Kanada Annoncen auf. Wir suchten Israelis mit militärischer Ausbildung für die Arbeit in einem Sicherheitsdienst, der sich International Combat Service (ICS) nannte. Als Adresse gaben wir ein Postfach in Ottawa an, und innerhalb weniger Tage wurden wir mit Briefen von Israelis aus ganz Amerika und Israel überschwemmt, die ihre Lebensläufe auf hebräisch an eine Gesellschaft schickten, die sie gar nicht kannten. Sie nannten ihren Namen, ihre Adresse und ihren militärischen Rang, und manche scheuten sich auch nicht, ihre exakte militärische Laufbahn zu schildern, Namen und Orte ihrer militärischen Einheiten und ihre spezielle Ausbildung. Das war an sich schon ein Berg von Wissen, den zu sammeln, es eines erfahrenen und gut funktionierenden Geheimdienstapparats bedurft hätte. Mit Sicherheit waren einige Informationen erfunden, oder manche Briefschreiber mochten sich besonderer Verbindungen oder Erfahrungen rühmen, die sie nicht hatten, aber nach dem, was ich aus der Marine und anderen militärischen Einheiten her wußte, konnte ich feststellen, daß das meiste von alldem stimmte.

Eli nahm die meisten Briefe mit und faxte sie an Ephraim, der eine Liste vorbereiten wollte, die ich nach Amman mitnehmen konnte. Sie sollte sieben Namen umfassen. Und wenn unser Plan Wirklichkeit würde und wir sie rekrutieren könnten, dann sollten sie wertvolle Informationen liefern, allerdings nicht solche, die den Staat Israel gefährdeten.

Ephraim hatte darauf bestanden, daß ich am 20. Oktober fliegen sollte, und ich bereitete mich darauf vor. Er sagte auch, daß zwei der drei *Kidon*-Teams mit dem Vanunu-Fall beschäftigt seien und das dritte in Bereitschaft liege. Außerdem sei das der Tag, an dem Shamir und Peres ihre Jobs wechselten, so daß es zumindest achtundvierzig Stunden dauern würde, die Bewilligung für irgendeine *Kidon*-Aktivität zu erhalten, falls meinetwegen Alarm ausgelöst würde. Damals ließ er sich nicht weiter über den Vanunu-Fall aus. Ich hörte erst viele Monate später, nachdem die Nachricht schon durch alle Medien gegangen war, von Uri Näheres über die Vanunu-Affäre.

Es stellte sich heraus, daß es deswegen einen Zwist zwischen Shamir (damals noch Außenminister) und Peres (damals Premier) gegeben hatte. Vanunu war ein Techniker in der geheimen israelischen Atomfabrik in Dimona. Ihm war klargeworden, daß Israel Atombomben entwickelte, und auch wenn Israel eine gesunde Demokratie zu sein schien, konnte ein extremistischer Führer allzu leicht den Kopf verlieren und den Nahen Osten und die Welt in einen Nuklearkrieg stürzen. Ihm war ferner klar, daß das Versteckspiel, das Israel hinsichtlich seines nuklearen Potentials mit der Welt spielte, die Situation noch verschlimmerte. Solange der Westen so tun konnte, als ob er keine Beweise hätte, daß Israel Atomwaffen besaß, mußte er keine Schritte unternehmen, um die Verbreitung von Nuklearwaffen in der Region zu unterbinden.

Vanunu entschloß sich, die Fakten offenzulegen und die Welt dadurch zum Handeln zu zwingen. Er machte etwa fünfzig Fotoaufnahmen vom Inneren der geheimen Nuklearanlage, verließ das Land und ging in Australien zur *Sunday Times*. Die Zeitung brachte ihn nach London, wo man seine Enthüllungen publizieren wollte, und anschließend sollte sich Vanunu der Presse stellen, um die Glaubwürdigkeit zu erhöhen. Premierminister Peres, der von der Angelegenheit erfahren hatte und sah, daß der Schaden nicht mehr rückgängig zu machen war, wollte die Situation zu seinem Vorteil nutzen. Er wollte der Welt zeigen, insbesondere den arabischen Ländern, von denen einige eifrig andere Massenvernichtungswaffen entwickelten – Giftgas und bakteriologische Waffen –, daß Israel sehr wohl die Fähigkeit besaß, diese Gegner zu vernichten. Er wollte, daß die Story veröffentlicht wurde. Vanunu sollte aber nach Israel zurückgeholt werden, damit er nichts ausplaudern konnte. Auf diese Weise wollte er zwei Fliegen mit einer Klappe schlagen: Die Welt hätte allen Grund, Israel zu fürchten, und gleichzeitig könnte Israel immer noch die Tatsache leugnen, weil niemand da wäre, um sie zu bezeugen. Shamir war absolut gegen diesen Plan; er wollte sowohl die Story als auch Vanunu sterben lassen.

Peres merkte, daß die Zeitung zögerte, die Story zu veröffentlichen, vor allem deswegen, weil man sich nicht blamieren wollte, wenn sich am Ende herausstellen würde, daß man einem Desinformationskomplott aufgesessen war. Peres rief die Herausgeber der israelischen Zeitungen zu sich und bat sie, die Story nur beiläufig zu erwähnen. Damit hoffte er, daß dies dem britischen Verleger zu Ohren kam und ihm bewies, daß die Geschichte echt war, weil der israelische Premier sie herunterschrauben wollte. Zur selben Zeit kontaktierte Shamir seinen Freund Robert Maxwell, den englischen Medienzaren, damit er eine Story brachte, die Vanunus Glaubwürdigkeit anzweifelte und ihn als Scharlatan abtat. Er wollte auch ein Foto von ihm in der Zeitung, damit Vanunu, der mit diesen Machenschaften nicht vertraut war, Panik bekam.

Die *Sunday Times* brachte schließlich die Story am 5. Oktober, eine Woche nach ihrer Veröffentlichung in Maxwells *Daily Mirror*. Der Mossad hatte ein *Kidon*-Team auf Vanunus Spur gesetzt. Es kam am 20. September in London an und lockte Vanunu mit Hilfe einer Frau, der berüchtigen Cindy, nach Italien. Dort wurde er gekidnappt und nach Israel gebracht. Mordechai Vanunu wurde vor Gericht gestellt und zu achtzehn Jahren Gefängnis verurteilt. Die Strafe muß er in Einzelhaft absitzen. Erst Jahre später erfuhr ich von der Maxwell-Shamir-Verbindung und merkte dann erst, daß ich eigentlich schon die ganze Zeit davon gewußt hatte.

Der Zweck meines Besuchs in Jordanien war diesmal etwas unbestimmt. Ich flog nach New York und abends um halb elf mit der Alia, der jordanischen Fluggesellschaft, Flugnummer 264, weiter nach Amman. Meine einzige Sorge war, daß mein Ticket, das mir von der jordanischen Botschaft zugeschickt worden war, kein Datum für den Rückflug angab. Man hatte es offengelassen, was mich nach meinen jüngsten Erfahrungen in Ägypten etwas beunruhigte, zumal ich wußte, daß Ägypten und Jordanien auf vielen Gebieten zusammengearbeitet hatten.

Der Flug war recht angenehm. Ich saß neben einem Offizier der Air Canada, der nach Jordanien flog, um die Überführung einer Herde kanadischer Kühe per Flugzeug im Rahmen eines landwirtschaftlichen Hilfsprogramms vorzubereiten.

Albert sollte mich am Flughafen abholen. Aber er verspätete sich, was mich einigermaßen beunruhigte, zumal ich mit meinem kanadischen Paß reiste, der in Tel Aviv ausgestellt worden war. Wenn ich durch die Paßkontrolle müßte, würde es Ärger geben. Auf dem Flughafen von Amman herrschte nicht viel Betrieb, und wenige Minuten nach meiner Ankunft war ich ganz allein in der Halle. Die Polizisten begannen mich auf merkwürdige Art zu mustern. Als gerade einer von ihnen auf mich zukam, tauchte Albert auf. Er war blaß und entschuldigte sich vielmals. Er hatte meine Ankunftzeit falsch berechnet. Er brachte mich sicher durch alle Kontrollen. Dann fuhren wir in die Stadt in das Regency Palace Hotel. Diesmal war das Hotel voll, und die meisten Gäste schienen aus Saudi-Arabien zu kommen, ihren weißen Gewändern mit Goldstreifen nach zu urteilen.

Den ersten Tag verbrachten wir mit Artigkeiten und Besuchen bei Leuten, die ich bei meinem letzten Besuch getroffen hatte – diesmal allerdings gingen wir wie alte Bekannte aufeinander zu. Das Gefühl angstvoller Erwartung verschwand, bevor der Tag um war. Am folgenden Morgen wurde ich auf einen Ausflug nach Petra mitgenommen, eine alte Stadt, die man einst aus den roten Bergen herausgehauen hatte. Ihre kolossalen Paläste und riesigen Säulen sind alle Teil des Felsgebirges. Es ist ein atemberaubender Anblick und erinnert einen an die Kürze unseres Erdendaseins.

Wir fuhren weiter nach Akaba am Golf von Akaba, gegenüber der israelischen Stadt Eilat, wo ich zwei Jahre meiner Jugend verlebt hatte. Die beiden Städte liegen sehr nahe beieinander. Ich erinnere mich an einen Abend, als ich am Strand war, wo die Jugend von Eilat die meiste Zeit zubrachte, und es in der Stadt einen Stromausfall gab. Die Touristen deuteten zu dem nur wenige Kilometer entfernten Akaba hinüber und fragten, wieso es dort Licht gebe.

Es war ein unheimliches Gefühl, auf der Veranda einer wunderschönen weißen Villa am Golf von Akaba zusammen mit Freunden vom jordanischen Geheimdienst zu sitzen und mit einer kalten Limonade in der Hand über die Bucht nach Eilat hinüberzuschauen, wo gerade die Patrouillenboote aus dem militärischen Teil des Hafens ausliefen. Ich konnte sogar den Bug eines Raketenschiffes der »Saar«-Klasse in dem riesigen Trockendock sehen.

In dieser angenehmen Umgebung diskutierten wir die Rückwirkungen, die von dem Regierungswechsel in Israel am Tag zuvor zu erwarten waren. Ihnen machte vor allem die Philosophie Sharons Sorgen. Arik Sharon versuchte durchzusetzen, daß Jordanien als Palästina angesehen wurde, und da beinahe fünfundsiebzig Prozent der jordanischen Bevölkerung Palästinenser waren, sollten sie den König stürzen, ihren eigenen Staat dort gründen und das Westjordanland vergessen. Ich erklärte ihnen, daß das mit dem Westjordanland nicht anders sei, wenn es nach Shamir ginge. Im Grunde war es ihm völlig egal, ob Jordanien Palästina würde oder nicht. Wenn ihn überhaupt etwas kümmerte, dann würde er es vorziehen, die Dinge so zu lassen, wie sie waren.

Wir blieben zwei Tage in Akaba und fuhren dann nach Amman zurück. Mein alter Freund Fadllal wartete im Hotel auf mich. Er kam gleich zur Sache.

»Wie steht es mit dem Spionagering, den du uns versprochen hast?« Sein Mund lächelte, aber seine Augen nicht. Ich nahm ein Blatt Papier aus meinem Koffer und gab es ihm. »Dies ist eine Liste von israelischen Offizieren, die sich gegenwärtig in Europa und in den Vereinigten Staaten aufhalten und bereit sind, im Sicherheitsbereich zu arbeiten für den, der ihnen am meisten zahlt. Ihr müßt nur ein paar eurer Leute finden, die hebräisch reden, am besten mit einem amerikanischen Akzent. Ihr schickt sie nach Mexiko, und von dort aus kontaktiert ihr die Leute auf dieser Liste. Ihr werdet sie natürlich auf eure Kosten nach Mexiko holen, ihr befragt sie dann einen nach dem anderen, als ginge es um einen Job. Bringt sie in einem netten Hotel unter, und gebt ihnen etwas Taschengeld.«

»Wieso glaubst du, daß sie reden werden?«

»Wenn ihr sie überzeugt, daß sie in Gegenwart von Israelis sind, und wie ich erlebt habe, könnt ihr das sehr gut, dann werden sie mit dem Reden gar nicht mehr aufhören. Aber denkt daran, den Bogen nicht zu überspannen. Wenn einer von ihnen irgendwann gehen möchte, laßt ihn gehen. Und am wichtigsten ist, daß ihr dafür sorgt, daß sie sich nicht untereinander treffen. Ihr müßt die Interviews individuell durchziehen.«

Fadllal nickte. Ich beschrieb nun, wie sie die Bewerber aussondern mußten, die ihnen mehr als nur einfaches Wissen, sondern taktische militärische Techniken vermitteln konnten. Diese Bewerber mußten dann rekrutiert und in ein Lager in Mexiko geschickt werden, wo sie »Soldaten« in diesen Techniken ausbilden sollten, die für den jordanischen Geheimdienst von größtem Interesse waren. Meine letzten Tage in Amman gingen wir immer wieder diesen Plan durch.

Einige Zeit später erzählte mir Albert, der einige der Videos gesehen hatte, die bei den Befragungen in einem Hotel in Acapulco gemacht worden waren, daß seine Leute gesagt hätten, sie würden jetzt zu verstehen beginnen, was es mit den Israelis auf sich habe. Bei der ersten Analyse schienen sie einfach nur große Kinder zu sein mit einem Haufen Selbstvertrauen und ausgeprägter Feindseligkeit, gleichwohl aber freundlich. Sie stellten fest, daß die Israelis extreme Vorurteile gegen alles zeigten, was nicht israelisch war, und daß sie obendrein noch andere Vorurteile hegten.

Mein ziemlich ereignisloser Besuch war beinahe vorbei, als ich einen Riesenschrecken bekam. Am Tag vor meiner Abreise verließ ich mein Hotelzimmer und begegnete einem Zimmermädchen, das aus dem Nebenraum kam und zu ihrem beladenen Putzwagen ging. Aus Gewohnheit und Gedankenlosigkeit wünschte ich ihr auf hebräisch einen guten Morgen und sagte »*Boket Tove*«. Sie beachtete das kaum, aber zwei Hotelgäste, die am Aufzug standen, drehten sich um. Ich ging in mein Zimmer zurück, damit ich nicht mit ihnen zusammen den Fahrstuhl nehmen mußte, aber da ich Gast des Geheimdienstes war, machte ich mir keine allzu großen

Sorgen. Ich ging hinunter, um Albert im zweiten Stock in dem holzgetäfelten Speisesaal zum Frühstück zu treffen. Die Tische waren rund und für acht Leute gedacht, aber wir waren nur zu zweit. Vielleicht würde Fadllal noch dazustoßen.

Ich ging hinüber zu dem kreisrunden Buffet in der Mitte des Saales, dann setzte ich mich mit meinem Teller zum Essen. Plötzlich erstarrte ich. Ich konnte hören, wie sich zwei Männer hinter mir auf hebräisch unterhielten. Zuerst wollte ich mich umdrehen, konnte mich aber in letzter Sekunde beherrschen. Ich hatte nicht vor, Albert etwas davon zu sagen, weil ich ihm keine Israelis ausliefern wollte, aus welchem Grund auch immer sie hier waren. Eines allerdings wußte ich genau: Sie waren nicht meinetwegen hier. Sonst hätten sie sich nicht hinter mich gesetzt und hebräisch gesprochen. Sie mußten in offizieller Mission unterwegs sein, aber bestimmt nicht beim jordanischen Geheimdienst. Wahrscheinlich hatten sie mit dem Außenministerium zu tun.

Bei meinem nächsten Gang zum Buffet warf ich einen kurzen Blick in ihre Richtung und erhielt meinen zweiten Schock. Dabei verlor ich beinahe das Gleichgewicht: Ich schaute direkt in das Gesicht eines Mannes, den ich vom Mossad her kannte. Ich war mir sicher, daß ich ihn dort regelmäßig gesehen hatte. Ich sah, daß er ein viel besserer Schauspieler war als ich, denn in seinem Gesicht bewegte sich kein Muskel. Er wandte sich wieder den Männern zu, mit denen er zusammensaß, denselben, die hebräisch miteinander geflüstert hatten, und unterhielt sich weiter auf englisch mit ihnen.

»Hast du ein Gespenst gesehen?« fragte mich Albert, als ich an den Tisch zurückkam.

»Nein, ich denke nur gerade daran, daß ich vergangene Nacht zuviel getrunken habe, und das macht sich jetzt bemerkbar. Ich glaube, ich gehe wieder rauf, wenn du nichts dagegen hast, und erwarte dich in meinem Zimmer.«

»Gut. Ich komme dann nach«, sagte er mit seiner gewohnten Höflichkeit.

Ich lag auf dem Bett und dachte darüber nach, wen ich gesehen hatte. Schließlich kam ich drauf. Ich kannte den Mann, aber er kannte mich nicht. Es war Amnon P. beziehungsweise Hombre, so lautete sein Kodename. Er war der Verbindungsoffizier in Dänemark und Skandinavien, und ich hatte jeden Tag der Woche auf sein Foto gestarrt, als ich im dänischen Ressort gearbeitet hatte. Es war eine Arbeitsmethode im Mossad, in den Übersee-Stationen Fotos von Offizieren an die Bürowände der Ressorts zu hängen, die ihnen zuarbeiteten. Damit hatten die Offiziere an den Schreibtischen einen zusätzlichen Bezugspunkt, wenn sie mit den Operateuren arbeiteten. Ich kannte sein Gesicht, aber er nicht meines. Ich konnte mir nicht vorstellen, was er hier zu tun hatte, auch nicht, wieso die anderen beiden Israelis hier waren. Es gab keine Möglichkeit das herauszukriegen, ohne das Risiko einzugehen, sie zu entlarven. Möglicherweise waren sie getarnt hier.

Ich hielt mich bis zu meiner Abreise am folgenden Tag fast ausschließlich in meinem Zimmer auf.

Kapitel 24

Mittwoch, den 29. Oktober 1986

Ich flog über die Vereinigten Staaten zurück. Von den Jordaniern hatte ich 10000 Dollar bar in kanadischer Währung erhalten. Ich deklarierte das Geld in den USA und füllte sogar ein besonderes Formular aus, da ich über Nacht in New York bleiben wollte. Aber nach einem Telefonat mit Bella beschloß ich, noch am selben Tag nach Kanada zu fliegen. Bei der Ausreise deklarierte ich das Geld nicht, nur bei der Einreise nach Kanada.

Einige Tage später klopfte es an die Tür meiner Wohnung in Ottawa. Ein RCMP-Mann (Royal Canadian Mounted Police) begleitete einen amerikanischen Zollbeamten von der amerikanischen Botschaft, der mir ein paar Fragen stellen wollte. Der RCMP-Mann sagte mir, daß ich dem Amerikaner die Fragen nicht beantworten müsse, daß aber meine Mitarbeit erwartet werde. Ich sah mein Cover vor meinen Augen dahinschmelzen. Wenn dieser Amerikaner einen Report schrieb, der in die Hände des Mossad geriet, nur weil er irgendeine Bestätigung brauchte, und man merken würde, daß ich in Jordanien gewesen war, dann würde meine Lebenserwartung auf wenige Wochen zusammenschrumpfen. Andererseits hatte ich keine andere Wahl, als zu kooperieren und zu hoffen, daß die Unterlagen nicht den Israelis in die Hände fielen. Ich erklärte ihnen, daß es für mich wichtig sei, daß die Informationen nicht weitergegeben würden. Ich sei ein Sicherheitsberater, der gerade den Jordaniern geholfen habe, ihr Sicherheitssystem zu verbessern (was stimmte), und daß ich sie auch in den neuesten Techniken zum Schutz von VIP-Leuten unterrichtet habe (was ebenfalls stimmte).

Die beiden schienen mir meine Story abzunehmen und erklärten mir, daß wegen meines kurzen Aufenthalts in den USA und der recht großen Geldsumme, die ich mitgebracht, scheinbar aber nicht ausgeführt hatte, man befürchtete, ich hätte es mit Drogenhandel oder ähnlichem zu tun. Ich weiß heute, daß sie mir glaubten, weil ich nichts mehr von ihnen gesehen oder gehört habe.

Ephraim war sehr beunruhigt, als er von dieser Geschichte hörte, und meinte, ich solle eine Weile halblang machen. Wir standen in regelmäßiger Verbindung mit den Jordaniern, und es bestand keine Notwendigkeit, die Situation überzustrapazieren.

Außerdem erzählte mir Ephraim bei dieser Gelegenheit noch empört (und dabei konnte ich durch das Telefon geradezu seinen verärgerten Gesichtsausdruck sehen): »Shamir hatte gerade die Liaison-Abteilung angewiesen, Kontakte mit dem KGB herzustellen. Er will tatsächlich mit denen zusammenarbeiten. Er sagt, das wäre hilfreich, um die sowjetischen Juden herauszuholen, da die Rumänen nicht helfen könnten. Aber wir alle wissen, daß er das schon seit langem wollte.«

»Da muß er sich nicht groß anstrengen«, sagte ich. »Er hat ja einen KGB-Mann in seinem Büro. Er braucht doch nur mit Levinson[1] zu sprechen. Oder war das die Idee von Levinson?«

Aber Ephraim fand das gar nicht komisch. »Halte dich da raus«, sagte er. »Es wird hier viel zu heiß, und ich kann es nicht haben, wenn alles gleichzeitig passiert. Ich werde dich brauchen, um die Briten wieder zu kontaktieren und sie über eine Operation zu informieren, die in London anläuft. Aber ich habe noch nicht alle Informationen beisammen, und ich möchte nicht, daß einer unserer Leute dabei draufgeht.«

»Wer macht das?« fragte ich.

»Barda«, antwortete er kurz, als ob damit schon gesagt sei, daß die Operation in die Hose ginge. Der Ex-Taxifahrer, der sich in einen Spion verwandelte, war ein exotischer, eigennütziger Opportunist. Er wurde schon mehrmals mit der Hand im Sahnetopf erwischt, kam aber wegen seiner guten Verbindungen immer mit einem milden Tadel davon.

»Aber im Moment kann der Mossad nicht viel tun, ohne erwischt zu werden«, sagte ich mit Bezug auf die Tatsache, daß die Engländer nach unserem Treffen in Washington genug Zeit gehabt hatten, um so ziemlich alle sicheren Häuser des Mossad unter Beobachtung zu stellen.

[1] Der KGB-Maulwurf im Büro des Premierministers, der dort bis 1989 arbeitete; siehe Kapitel 15.

»Sie haben gemerkt, daß ihre sicheren Häuser beobachtet werden. Deswegen kochen sie jetzt auf kleiner Flamme, und Barda wird die Operation mit zwei anderen Attack-Einsatzoffizieren[1] aus Brüssel machen.«

»Was soll ich dabei tun?«

»Wie gesagt: Sobald ich mehr Informationen habe, gebe ich sie dir, damit du sie den englischen Freunden weiterreichen kannst. In der Zwischenzeit kümmere dich um die Jordanier, und warte ab.«

Ich mußte einige Monate warten und freute mich des Lebens. Ich begann T-Shirts zu entwerfen und zu bedrucken. Ich nannte das Ganze Sharlee Creations, nach einer Kombination der Namen meiner beiden Töchter Sharon und Leeorah. Das Geschäft lief gut an. Es warf keine großen Gewinne ab, aber es gab mir etwas zu tun, was mir Spaß machte. Von dem Geld, das von den Jordaniern einging, konnten wir gut leben, und meine laufenden Unkosten wurden von Ephraim gedeckt. Alle Gelder liefen über meine Geschäftsbücher. Bella sagte ich, daß es Geld für meine T-Shirt-Entwürfe und meine Beratertätigkeit für Zaire und Sri Lanka sei.

Aber diese Zeit hielt nicht so lange an, wie ich mir gewünscht hätte. Ephraim bekam die Hände wieder frei, und wir wollten dem Panzer des Mossad eine neue Scharte verpassen.

Montag, den 5. Januar 1987

Einige Tage zuvor hatte ich die englische Botschaft in Washington angerufen und meinen Freunden dort hinterlassen, daß ich neue Informationen habe, die für sie wichtig seien.

Ephraim hatte mir Unterlagen über die Operation Domino zukommen lassen, die über einen Zeitraum von einem Jahr in England ablaufen sollte. Das Endergebnis dieser Operation sollte die Ermordung eines palästinensischen Cartoon-Zeichners durch ein Mossad-Team sein, der für eine Zeitung in Kuweit arbeitete, wobei die

[1] Ein Einsatzoffizier, der die Fähigkeit besitzt, sehr schnell Kontakt mit einer Zielperson herzustellen und sie sofort als Agent für den Mossad zu rekrutieren. Sobald das geschehen ist, wird die normale Betreuung dieses Agenten einem regulären Einsatzoffizier übertragen; der Attack-Einsatzoffizier wendet sich neuen Operationen zu. Es gibt höchstens fünf dieser Leute, die normalerweise im Mossad-Hauptquartier in Brüssel stationiert sind.

Verantwortung dafür der PLO beziehungsweise der Force 17, der Prätorianergarde der PLO, in die Schuhe geschoben werden sollte. Diese Operation war zeitraubend und verzwickt, und mehrere Einheiten des Mossad waren daran beteiligt. Für uns stand zweifelsfrei fest, daß die englisch-israelischen Beziehungen zwar für einige Zeit angeschlagen wären, aber die Mossad-Führung einen solchen Skandal nicht überleben würde, falls es den Briten gelänge, den Mossad auf frischer Tat zu ertappen. Es wäre der Strohhalm, der den Rücken des Esels bräche.

Ephraim quartierte sich im Westin Hotel in Ottawa ein, und ich mußte ihm versprechen, ihn sofort aufzusuchen, sobald ich mein Treffen mit den Briten hinter mir hatte.

Um die Mittagszeit kam der Engländer zu mir. Ich ging mit ihm runter zum Swimmingpool. Ich wollte mit ihm zuerst an einem neutralen Ort sprechen, bevor ich ihn später vielleicht mit in meine Wohnung oder in das Westin Hotel nähme, wo Ephraim unter meinem Namen ein Zimmer gemietet hatte.

Ich kannte den Mann nicht. Er stellte sich vor und sagte, daß seine Leute sehr dankbar seien für die Information, die zur Beschlagnahmung der Pässe in Westdeutschland geführt habe. Ich wollte wissen, ob sie etwas bezüglich der Information über Maxwell und der großen Geldsummen, die er regelmäßig an die Mossad-Station in London überwies, unternommen hatten.

Obwohl er in den Vorgang im einzelnen nicht eingeweiht war, versicherte er mir, daß man sich darum gekümmert habe. Er hatte es sehr eilig zu erfahren, was es an Neuem gebe. Da es sich um sehr heiße Informationen drehte, wollte ich darüber nicht in dieser Umgebung reden. Ich schlug ihm vor, in ein Hotelzimmer zu gehen, das ich zuvor gesichert hätte. Ich war überrascht, wie schnell er einverstanden war, mit in das Hotel zu kommen, ohne irgendwelche Vorsichtsmaßnahmen zu treffen.

Wir fuhren in meinem Wagen, ich parkte in der Tiefgarage und holte meinen Zimmerschlüssel. Wir gingen hinauf in eine Ecksuite, bestellten Kaffee und Sandwiches und machten uns dann an die Arbeit. Ich übergab ihm die Unterlagen von Ephraim, in denen verschiedene Aspekte der Operation beleuchtet wurden, die in England bereits angelaufen war.

Die meisten Akteure befanden sich schon vor Ort. Wahrscheinlich als Ergebnis der Informationen, die ich ihnen in Washington gegeben hatte, war es den Briten gelungen, die *Bodlim* zu beschatten, die aus der israelischen Botschaft kamen. Sie hatten so mehrere sichere Häuser entdeckt, die sie nun scharf überwachten. Das bedeutete, daß sie die meisten Routineaktivitäten der Station kannten. Vor einigen Wochen jedoch hatte ein *Bodel* gemerkt, daß er beobachtet wurde, und den Zwischenfall dem Stationschef gemeldet. Der ließ ein *Yarid*-Team[1] aus Israel kommen, um die Sicherheit der Operationen zu überprüfen. Mousa, der Kopf aller Operationen in Europa, kam aus Brüssel angereist, um die Sache zu leiten. Man stellte fest, daß mehrere sichere Häuser unter Beobachtung standen, und gab sie auf. Als Grund gab man an, daß einer der Einsatzoffiziere nachlässig gewesen sein müsse und einen Rattenschwanz von Beschattern hinter sich hergeschleppt habe. Nachdem sie Ordnung geschaffen hatten, waren sie überzeugt, daß die Arbeit nun wieder aufgenommen werden konnte. Aber um ganz sicherzugehen, hatten sie drei Attack-Einsatzoffiziere aus Brüssel herangezogen, die außerhalb der Botschaft arbeiten sollten, was bedeutete, daß sie nicht Teil des Botschaftsstabes wären wie die anderen Einsatzoffiziere der Londoner Station. Wenige Tage nach dem *Yarid*-Einsatz hatten die Briten ihre Spur wieder aufnehmen können, weil sie die *Bodlim* kannten. Solange die Station ihre Sicherheitsvorkehrungen einhielt, konnten ihre Aktivitäten von den Briten aufgedeckt werden.

Mousa, der wußte, daß die Briten wachsam waren, hatte den Mossad-Bossen eine Doppel-Blind-Operation[2] vorgeschlagen, daher der Name Domino. Zweifellos war der offizielle operative Name irgendein per Computer erzeugtes Kürzel, das auf allen offiziellen Dokumenten erscheinen würde, aber der Spitzname war Domino.

Ein neues Gesicht betrat die Bühne, und zwar ein PLO-Offizier, der im Krieg von 1982 vom Mossad rekrutiert worden war und dem kaum eine andere Wahl blieb. Der Mann war Ende der

[1] Für die Sicherheitsmaßnahmen bei Aktivitäten in Europa zuständige Einheit.

[2] Eine Operation, die mit einem bestimmten Ziel und im Wissen, daß der Gegner davon weiß, durchgeführt wird, um ihn glauben zu machen, sie hätte ein anderes Ziel.

siebziger Jahre Leutnant und Mitglied der Al-Sa'iqa[1] gewesen, hatte dann die Militärakademie der El Fatah abgeschlossen und in der palästinensischen Panzereinheit in der syrischen Armee gedient. 1978 wurde er mit seiner Einheit in den Libanon versetzt, wo ihn der Mossad rekrutierte. Sie brachten ihn dazu, daß er sich in die Force 17 versetzen ließ. Sein Name war Muhammad Mustafa Abd-al-Rahaman, seine Erkennungsnummer 13952.

Der einzige Kontakt des Mannes in England war ein Palästinenser namens Sawan, der schon einige Zeit für den Mossad arbeitete. Mousa nahm wohl zu Recht an, daß Sawan in irgendeiner Form beobachtet wurde, weil er mit Barda, seinem Operateur, in Beziehung stand, der seinerseits ein Haus benutzte, das überwacht wurde. Von da an wurde Abd-al-Rahaman als der Bösewicht dargestellt und als derjenige mit dem direkten Draht zur PLO und Force 17.

Er sollte Waffen nach England schmuggeln, die Sawan in seiner Wohnung für ihn aufbewahren würde. Ziel war, den Briten ein falsches Gefühl der Sicherheit zu geben. Sie würden nicht handeln, solange sie glaubten, sie wüßten, was vor sich ginge, sondern abwarten, um dadurch vielleicht einen größeren Fisch ins Netz zu bekommen. Obendrein wären sie dann überzeugt, alles ohne das Wissen des Mossad zu tun.

Der Mossad plante, daß sowohl Sawan als auch Abd-al-Rahaman im richtigen Moment das Land verlassen würden. Ein *Kidon*-Team des Mossad sollte daraufhin anreisen, den Mord durchführen, und ihn Abd-al-Rahaman in die Schuhe schieben. Aber zu dem Zeitpunkt würde der schon in einem namenlosen Grab im Gazastreifen liegen. Wie unter guten Freunden üblich, würde der Mossad dann die Briten mit allen Informationen beliefern, die sie für die Untersuchung brauchten. Er würde ihnen auch das Waffenversteck verraten, ebenso Sawan, den Agenten, der auf die schiefe Bahn geraten sei, der Informationen liefern sollte, es aber nicht tat.

Der Engländer schrieb alles auf und ließ obendrein ein Aufnahmegerät laufen. Er stellte mir endlos viele Fragen und wollte vor allem wissen, woher die Informationen stammten. Seine techni-

[1] Prosyrische Fraktion der PLO, die 1968 gebildet wurde und sich 1983 von der PLO abtrennte.

schen Fragen beantwortete ich, so gut ich konnte, aber bezüglich der Quellen erklärte ich ihm, daß ihn die nichts angingen.

Statt dessen sagte ich ihm, daß ich ein neues Krawattenmuster für ihn habe. Ich gab ihm ein Paßfoto, auf dem das Gesicht herausgeschnitten war.

»Wozu ist das gut?« fragte er und starrte das Bild an.

»Geben Sie es den Leuten, die ich in Washington getroffen habe. Sagen Sie ihnen, das sei das neue Muster, und sie werden wissen, wovon die Rede ist.«

»Haben Sie nicht Lust, für ein paar Tage nach London zu kommen?« Der Mann grinste, als würde er mir damit irgendeinen Preis überreichen. »Alles bezahlt, natürlich.«

»Warum? Damit mich dasselbe Schicksal wie Vanunu trifft?«

»Wovon reden Sie? Damit hatten wir nichts zu tun.« Er klang beinahe beleidigt.

»Erzählen Sie mir doch nichts. Sie hatten damals die Londoner Station bereits unter Beobachtung und auch verschiedene der sicheren Häuser. Ihnen mußte doch einfach klar sein, daß das Mädchen, diese berüchtige Cindy, die er traf, nicht die war, die sie zu sein behauptete. Das mußten Sie wissen. Ich hab' Ihren Leuten genug Informationen gegeben, um rauszukriegen, daß sie sich mit Leuten der Londoner Station traf, nachdem sie Verabredungen mit Vanunu hatte. Sie wurde in einem sicheren Haus befragt und instruiert, und Sie hätten ihn zumindest bewachen lassen können. Kommen Sie mir also nicht damit, daß Sie damit nichts zu tun hatten. Das können Sie denen im Parlament erzählen.«

Der Mann bewahrte die Fassung, aber seiner Haltung merkte man doch an, daß er sich nicht wohl fühlte. Er überreichte mir einen Umschlag. »Unsere Freunde möchten Ihnen dies geben. Ich weiß, daß es nicht viel ist, aber sie möchten zumindest danke sagen.« Der Umschlag enthielt 800 Dollar. Ich begleitete ihn hinaus, aber er meinte, daß er den Weg allein finden würde. Ich wußte, daß er sich beeilte, zu seiner Botschaft zu gelangen, um seinen Bericht so schnell wie möglich abzuliefern. Bevor er sich verabschiedete, gab ich ihm noch den Namen des Opfers, damit sie es zumindest schützen konnten, falls alles andere schiefging.

Ich ging hinüber zum Byward Markt, einem hübschen kleinen Platz in Ottawa, und machte eine schnelle Übung, um festzustellen, ob ich beschattet wurde oder nicht. Ich war sauber. Ich ging zurück zum Hotel und zu Ephraim aufs Zimmer. Ich gab ihm einen ausführlichen Bericht und sagte ihm, daß ich hoffte, daß sie es schaffen würden, die Operation Domino zu stoppen. Ich fragte ihn, ob er nicht der Meinung wäre, wir sollten Scotland Yard anrufen und ihnen von der Operation erzählen.

»Das, mein Junge, würde unseren Plan zunichte machen. Sie würden die Operation stoppen, bevor sie begonnen hätte, und der Mossad wird wieder ungeschoren davonkommen. Keine Sorge, sie werden es schon richtig machen. Du hast ihnen mehr gegeben, als sie dafür eigentlich brauchen. Ich bin allerdings nicht glücklich darüber, daß du dich wegen Vanunu so weit aus dem Fenster gehängt hast.«

Ephraim reiste am folgenden Tag ab. Ich hörte über den Fortgang der Geschichte erst sehr viel später. Am 22. Juli wurde Ali Al Ahmed, ein Cartoonist einer kuweitischen Zeitung, die der PLO gegenüber kritisch eingestellt war, angeblich von Abd-al-Rahaman und einem großen Team palästinensischer Mörder umgebracht. In der palästinensischen Gemeinde war die Empörung groß. Die Briten erwachten endlich aus ihrem tiefen Schlaf und warfen die gesamte Mossad-Station aus London raus. Ich fragte mich danach immer wieder, ob sie auch dann eine so große Schau abgezogen hätten, wenn nicht im Verlauf des öffentlichen Prozesses gegen Sawan im Juni 1988 die Tatsache ans Licht gekommen wäre, daß er ein Mossad-Agent war. Eins ist jedoch sicher: Der britische Geheimdienst ist für den Tod dieses Cartoonisten ebenso verantwortlich wie der Mossad, weil er ihn hätte verhindern können. Es bestätigte nur, was ich schon wußte: Jede Organisation, die mit dem Mossad in Kontakt kam, wurde auf eine Weise angesteckt, die nicht dem Wohl ihres Landes diente.

Nach dem Treffen mit den Briten beschlich mich das Gefühl, daß es bestimmt nicht über sie gelingen könnte, dem Schatten des Mossad zu entkommen. Die Aufgabe würde letztendlich jenen zufallen, die sich wirklich Sorgen machten, Einzelpersonen, die einen festen Standpunkt einnahmen, wie es die Pflicht eines jeden Menschen wäre, um das Monster zu entlarven und bloßzustellen, und zwar öffentlich. Ich hatte mich entschlossen, so eingebildet es klingen mag, an die Öffentlichkeit zu gehen. Zuerst glaubte ich, der schnellste Weg, dies zu erreichen, wäre der Film. Die Öffentlichkeit sollte die Wahrheit über den Mossad erfahren, und wie könnte man besser möglichst viele Menschen erreichen als über einen Film?

Ich stellte einige Nachforschungen an, wovon ich Ephraim nichts sagte, und am Ende kam es zu einem Treffen in Montreal mit einem Herrn namens Robin Spry. Er besaß eine kleine Filmgesellschaft, die Telecine. Nachdem ich seine Vorgeschichte geprüft hatte, wußte ich, daß er Hollywood und der jüdischen Gemeinde fern genug stand, um relativ sicher zu sein.

Wir trafen uns in seinem Büro in einem renovierten alten Haus in Montreal. Er war sehr höflich und zeigte sich sehr begeistert, machte mir aber von Anfang an klar, daß er das Thema lieber als Fiktion behandeln wollte, weil er sich nicht in der Lage fühlte, dem Wirbel standzuhalten, den die Sache erzeugen konnte. Ich bat ihn, mir ein Angebot und einen Vorschlag zu machen, und beschloß dann, daß ich auf ihn zurückkommen würde, wenn alles andere fehlschlagen sollte.

Meine nächste Anlaufstelle war ein Verleger in Toronto. Ich traf mich mit zwei Repräsentanten des Verlagshauses im dortigen Prince Hotel.

Da ich kurzfristig kalte Füße bekommen hatte, entschied ich im letzten Moment, das Buch als Roman zu präsentieren, der auf einer wirklichen Geschichte basierte. Es war eine schlechte Idee, und die Verleger lehnten ab. »Da wir von Ihnen noch nichts Schriftliches gesehen haben, müßten wir erst ein vollständiges Manuskript in Händen haben«, sagten sie und hatten damit recht. Ich gab den Plan vorerst auf und beschloß, Ephraim die Idee vorzuschlagen und sein großes Wissen und seine guten Verbindungen zu nutzen.

Ephraim konnte sich für meine Buch-Idee nicht begeistern und versuchte zuerst mit allen Mitteln, mich davon abzubringen. Er sagte mir, daß der Mossad bei so etwas nicht tatenlos zuschauen würde. Niemals zuvor habe jemand ihm mit Erfolg einen Streich von solchen Ausmaßen gespielt.

Er gab eine lange Liste von Leuten, die wider den Stachel zu löcken versuchten. Die meisten von ihnen ruhen knappe zwei Meter unter der Erde, und andere liegen irgendwo in der gottvergessenen Wüste in Stücke zerfetzt. Der einzige, der jemals ein Buch über den Mossad geschrieben hat und noch lebt, um davon zu erzählen, ist ein Ex-Chef des Mossad, Isar Harel, der aber von aller Welt als senil angesehen wird. Und der einzige Grund, daß er das machen konnte, war der, daß er die Geschichte so sterilisiert hat, daß dabei ein einziger Lobgesang auf den Mossad herausgekommen ist. Ephraim erklärte, daß das, was ich beabsichtige, ganz unerhört wäre und von niemandem in Israel als das erkannt würde, was es sei: ein Versuch, das Land von einer Pest zu befreien.

»Sie werden dich einen Verräter nennen«, sagte Ephraim.

»Und was ist, wenn sie durch irgendeinen Patzer von deiner Seite oder von anderen herausbekommen, was ich in den vergangenen zwei Jahren getan habe?«

»Aber das wird nicht passieren. Es besteht überhaupt kein Risiko für dich. Die Dinge laufen im Moment ausgezeichnet.«

Ich wußte, daß er mir den Ärger ansah. »Laufen sie wirklich so ausgezeichnet? Wir haben zwei Jahre damit verbracht, unter deiner Regie Spielchen zu treiben, und wir haben nichts erreicht. Ich denke, es ist an der Zeit, was Handfestes zu machen. Was immer du beschließen wirst, ich akzeptiere es. Ich möchte nur, daß du weißt, daß, egal was du sagst, ich den Versuch wagen werde. Wenn du mitmachst, kann ich dich fragen, was in das Buch hinein soll und was nicht, weil wir ja schließlich ein gemeinsames Ziel haben.«

Er saß eine Weile schweigend da, während seine Zigarette im Aschenbecher langsam verglühte. Dann schaute er mich an und grinste. »Zum Teufel auch, treten wir sie in den Arsch!«

Seit langem hatte ich mich nicht mehr so gut gefühlt. Ich wußte, daß ich wieder auf dem richtigen Weg war. Jetzt würden die Dinge offengelegt werden. Probleme, die noch nicht gelöst waren, schienen eher geringfügig zu sein.

So dachten wir zumindest zu Anfang. Aber je mehr wir den Plan wälzten, um so größer wurden die Probleme. Wer sollte das Schreiben übernehmen? Ich selbst fühlte mich dazu nicht in der Lage; ich hatte kein Vertrauen in meine Fähigkeiten. Ich wollte jemanden, der die Story so einfach wie möglich erzählen konnte, aber mit größtmöglicher Durchschlagskraft. Er durfte aus Sicherheitsgründen kein Jude sein, und er mußte Mut haben. Dann galt es einen Verleger zu finden, der bereit war, es mit dem Mossad aufzunehmen, und es mußte alles geheimgehalten werden. Es durfte nichts über den Inhalt des Buches ausgeplaudert werden. Dann war da die

Frage, wie wir die Leute dazu bringen würden, uns überhaupt zu glauben. Wir hatten nicht den geringsten Zweifel, daß die offizielle Reaktion des Mossad sein würde: »Victor Ostrovsky? Haben wir nie gehört, aber Sie können es ja mal in der Abteilung für Geisteskrankheiten beim Gesundheitsministerium versuchen.«

Wie konnten wir ahnen, was uns noch erwartete?

Kapitel 25

Sonntag, den 3. April 1988

Ephraim bestand darauf, daß bei dem Buch, das ich schreiben wollte, möglichst viele aus der Clique mit einbezogen wurden. Er stellte auch als Regel auf, daß ich, da es um meinen Arsch ging, ein Vetorecht haben sollte. Ich würde damit Inhalt und Art der Darstellung bestimmen.

Wir saßen in einem Zimmer des Hotels Four Seasons. Anwesend waren Ephraim und Uri (der nur wenige Stunden Zeit hatte, so daß wir ihn zuerst anhören mußten), außerdem Eli, der immer noch meinte, daß es eine verrückte Idee sei, und auch festgehalten wissen wollte, daß er entschieden dagegen war (er wird also sehr glücklich über diesen Absatz sein).

Meine Gedanken schweiften ab. Ich hatte Bella erzählt, daß ich ein Buch über den Mossad schreiben wollte. Ich hatte ihr versichert, daß es nur ein Roman würde, ihr aber dennoch geraten, Stillschweigen zu wahren. Als ich ihr das sagte, hatte sie mich angeschaut wie einen Mann in einer Zwangsjacke, der über Mode redet. Ich wußte, daß sie nicht eine Minute lang glaubte, daß es mir gelingen würde, das Buch zu veröffentlichen. Aber nun schrieb ich ein Sachbuch, und ich wußte nicht genau, wie und wann ich ihr das beibringen sollte. Ich machte mir auch Gedanken darüber, daß es schwieriger wäre, es ihr zu verheimlichen, wenn ich erst einmal mit jemandem zusammenarbeiten würde. Und da sie Israel über alles liebte, wußte ich nicht, wie sie damit zurechtkam.

»Was steht denn heute auf dem Programm?« fragte Uri.

»Ich muß so was wie eine Gliederung haben«, sagte ich. »So eine Art Skizze, wovon das Buch handeln wird, in Form von Überschriften. Ich brauche mehr Gliederungspunkte als ich letztendlich benutzen werde, damit die Person, mit der ich zusammenarbeite, sich dazu äußern und die Richtung bestimmen kann.«

Eli wollte wissen, welche Absicht das Buch verfolgen sollte, und

Ephraim pflichtete bei, daß dies das erste wäre, womit wir uns befassen müßten. Dann würden wir die richtigen Storys finden, um die Sache rund zu machen. »Es gibt Tausende von Geschichten«, sagte er. »Aber die meisten sind zum Einschlafen oder handeln nur von Routine.«

»Ich möchte aufzeigen, was der Mossad ist«, sagte ich. »Leuten, die keine Ahnung haben, eine Vorstellung davon geben, was ein Geheimdienst eigentlich macht. Ich bin überzeugt, daß es viele Menschen faszinierend und abstoßend zugleich finden werden. Außerdem werden wir allen Menschen, die wir nicht direkt erreichen können, in allen Geheimdiensten, die mit dem Mossad zusammenarbeiten, einen Grund liefern, ihre Beziehung mit ihm zu überdenken. Ich glaube nicht, daß die Dänen oder Deutschen sehr stolz sein werden, wenn sie erfahren, in welcher Weise sie benutzt werden. Und selbst wenn die Leute in Israel mich als Verräter betrachten, werden sie doch die Fakten des Buchs zur Kenntnis nehmen müssen, und das wird die Hauptsache sein. Ich denke, daß man nach so einer Art Entlarvung nicht umhin kann, den Mossad zu säubern.«

»Ich stimme mit dir überein«, sagte Ephraim. »Ich schlage vor, daß du zu Anfang erst einmal was aus deinem Leben erzählst und dann auf die Operationen zu sprechen kommst. Du mußt diejenigen auswählen, von denen die Leute schon mal was gehört haben oder von denen das Endergebnis bekannt ist, etwa die Sache mit der irakischen Atomanlage.«

»Find' ich auch«, sagte ich und schrieb Operation Sphinx auf meinen gelben Block.

Uri zündete sich eine Zigarette an. »Wir sollten eine Story aus jeder Abteilung bringen, damit wir alles abdecken. Warum machst du nicht eine Liste der Abteilungen, damit wir aus jeder was rausfischen?«

Ephraim wandte sich an Uri. »Kannst du deinen Aufenthalt hier abkürzen und nach Tel Aviv kommen?«

»Ich bin sowieso in einem Monat wieder zurück. Warum?«

»Wir werden ein gutes Warnsystem brauchen, während er an dem Ding schreibt, weil dann auch Außenstehende damit zu tun haben. Wir müssen darauf vorbereitet sein, ihn sofort zu warnen, wenn es im Büro bekannt wird.«

»Ich dachte, daß du das unter Kontrolle hast.«

»Hab' ich auch. Aber zu deinem Freund Aaron Sherf vom *Tsafririm* hab' ich keinen Draht.«

»Was hat der damit zu tun?«

»Die Information kann über eine der jüdischen Organisationen mit denen wir arbeiten, wie Bnai Brith oder der UJA, reinkommen. Und dann gibt's all die anderen, die von den Boten betreut werden. In dem Moment, wenn jemand von der jüdischen Gemeinde irgendwo in Nordamerika Wind von der Sache bekommt, wird er zu seiner Organisation rennen und davon erzählen. Er wird damit nur seine zionistische Pflicht erfüllen. Und Sherf ist es dann, der ihnen sagen wird, was zu tun ist.«

»Ich verstehe. Das wird kein Problem darstellen. Ich werd' sowieso da sein.«

Nachdem das abgehakt war, zeichneten wir einen kleinen Organisationsplan vom Mossad auf einen Briefbogen des Hotels und klebten ihn auf den Fernsehschirm. Wir begannen dann die Storys aus jeder Abteilung aufzulisten, die aufgenommen werden sollten. Es wurde auch beschlossen, daß die ausgewählten Storys breit angelegt sein müßten und weitestgehend auch die geheime Operation umfassen sollten, einschließlich der Planung und Entscheidungsfindung, damit der potentielle Leser das Ausmaß der Korruption verstehen würde, die im Mossad herrschte.

»Ich denke«, sagte Ephraim, »daß die Operation Hannibal und ihr abruptes Ende ein hübsches Kapitel abgäben.« Er wandte sich an Uri. »Die Art und Weise, wie Ran H. jenen deutschen Politiker drankriegte, ist schon eine tolle Geschichte.«

Ich kannte Ran noch von der Akademie her, ein pausbäckiger Bursche mit braunem Haar und grauen Augen. Seine Muttersprache war Deutsch, und er hatte sogar die rosigen Wangen und das blasse Aussehen, das so typisch für die Deutschen ist. Bevor er zum Mossad kam, war er Verantwortlicher für die El-Al-Sicherheit in Deutschland und Österreich, wo er mehrere Jahre verbrachte. Die Tatsache, daß er nicht in den Flugzeugen in direktem Kontakt mit den Passagieren arbeitete, ermöglichte ihm die Arbeit beim Mossad.

Ich wußte über die Operation Hannibal durch meinen Job im dänischen Ressort Bescheid. Es war eine kombinierte Operation, bei der die Arbeit der Liaison und Geheimaktivitäten seitens der *Melucha* verknüpft waren. Bei der Kooperation waren drei Länder und ihre jeweiligen Geheimdienste beteiligt. Genauer gesagt, waren es die Geheimdienste, die kooperierten, und nicht die Länder.

An sich war die Operation Hannibal ein Waffendeal zwischen Israel und Iran, wobei der deutsche Geheimdienst als Strohmann diente. Da der Iran dringend Ersatzteile für seine ramponierte Luftwaffe brauchte und Israel die Teile besaß, vor allem für die »Phantom F-4«, lag nahe, sie ihm zu verkaufen, zumal die Verlängerung des Iran-Irak-Krieges ein erklärtes Ziel des Mossad war. Dabei wurde auch nicht vergessen, bei dem Deal einen finanziellen Gewinn herauszuschlagen. Da der Iran und sein Ayatollah Khomeini nicht gerade begeistert waren, direkt mit Israel, das zu zerstören sie täglich schworen, Geschäfte zu machen, wurden die Deutschen als Zwischenhändler eingeschaltet. Der BND, der deutsche Bundesnachrichtendienst, wurde ausgesucht, um den Job zu machen, obwohl der Mossad die örtlichen Dienststellen des Verfassungsschutzes sowohl in Hamburg als auch in Kiel auf dem laufenden hielt. Eine Zusammenarbeit dieser Art mit dem BND war ziemlich neu; normalerweise ließ der Mossad bei seinen Operationen in Deutschland den BND im dunkeln.

Im Mossad wurde der BND als unzuverlässig angesehen, weil der Mossad sicher war, daß die Stasi ihn stark infiltriert hatte. Außerdem stand er Helmut Kohl sehr nahe, der kein besonderer Freund des Mossad war. Bei der Operation Hannibal jedoch gab es einen Verbindungsmann für den BND, der rekrutiert worden war und der nebenbei noch schmutzige Geschäfte über den Ex-Mossad-Offizier Mike Harari mit dem Staatschef von Panama, General Manuel Noriega, machte.

Bei dieser Operation wurden die Flugzeugteile (von Elektronikteilen für den Bordradar bis hin zu kompletten Motoren und zerlegten Flügeln) über Land transportiert, damit sie auch wirklich den Bestimmungsort erreichten beziehungsweise um die Herkunftsquelle zu verschleiern, falls sie vor der Auslieferung abgefangen wurden.

Zuerst wurden die Teile im Hafen von Ashdod in speziellen Containern auf israelische Schiffe verladen. Die Container waren so konstruiert, daß sie direkt vom Schiff auf die wartenden LKWs gehoben werden konnten und Teil des LKW wurden. Die Schiffe liefen verschiedene italienische Häfen an, wo der italienische Geheimdienst (SISMI) alle notwendigen Papiere beschaffte, die bezeugten, daß es sich um italienische Agrarprodukte handelte, die für Deutschland bestimmt waren. Zu diesem Zweck wurden auch die LKWs mit Werbetafeln italienischer Produkte versehen. Die Leute für diese Operation und die Fahrer wurden von den italienischen Verbündeten des Mossad gestellt, den rechtsgerichteten Anhängern eines Mannes namens Licio Gelli und seiner inzwischen verbotenen Geheimloge mit dem Namen Propaganda 2 und einer zweiten Gruppe, Gladio genannt (eine NATO-Gründung ähnlich der in Belgien).

Die Fahrer brachten ihre Wagen in ein Lagerhallengebiet in Hamburg, wo sie von neuen Fahrern übernommen wurden, diesmal von Israelis. Der Mossad nannte diese Fahrer OMI, die Abkürzung von *Oved Mekomy*, was »ortsansässiger Arbeiter« heißt. Um ein OMI zu werden, muß man als Student auf eigene Kosten in das betreffende Land gekommen sein, und man muß wirklich ein Studium aufnehmen. Die Studenten wenden sich dann an die israelische Botschaft, um nach Arbeit zu fragen, und wenn der Mossad gerade Leute braucht, werden sie vom *Shaback* einem Sicherheitscheck unterworfen. Wenn alles in Ordnung ist, können sie eingestellt werden, um untergeordnete Tätigkeiten zu erledigen. Sie arbeiten als Fahrer oder werden als Bewohner von sicheren Häusern eingesetzt. Von Hamburg aus fuhren die LKWs zu einem ehemaligen Flughafen, zwanzig Minuten von Kiel entfernt. Ein Iraner, der in den USA studiert und seinen Flugzeugingenieur gemacht hatte, kam dann aus Kiel angereist und inspizierte die Ladung.

Wurde die Lieferung für gut befunden, wurde die Hälfte des Geldes in bar auf dem Flughafen übergeben. Die zweite Hälfte wurde fällig, sobald die Lieferung im Iran angekommen war. Die ganze Operation wurde in Kooperation zwischen BND-Leuten auf mittlerer Ebene und dem Mossad-Verbindungsmann in Bonn durchgeführt.

Zur Geschichte des Ganzen muß noch erwähnt werden, daß Helmut Kohl einer Kooperation mit dem Mossad zur Bekämpfung des Terrorismus einst zugestimmt hatte, weshalb die BND-Oberen dem Mossad erlaubten, ihren Stationen im Ausland unter die Arme zu greifen, und es als große Freundschaftsgeste betrachteten, wenn der Mossad Seminare über Terrorismus abhielt (die den BND-Leuten als Gästen des israelischen Geheimdienstes in Israel kostenlos geboten wurden).

Die BND-Bosse wußten allerdings nicht, daß diese Seminare, die der Mossad in der angenehmen Umgebung des Country Club abhielt, in Wirklichkeit gut geschmierte Rekrutierungs-Operationen waren, die dem Mossad Hunderte, wenn nicht Tausende von Staatsdienern aus den Vereinigten Staaten, wo sie vom Bnai Brith rekrutiert wurden, oder aus den Geheimdiensten Dänemarks, Schwedens und vieler anderer Länder Europas einbrachten.

Im Geheimdienstbereich zählt vor allem die Fähigkeit zu beweisen, daß es einem gelungen ist, einen terroristischen Angriff abzuwehren. Mit dieser Verheißung manipulierte der Mossad die mittleren Chargen des BND zur Kooperation, indem man sie wissen ließ, daß ihre Bosse zwar einverstanden wären, aber die Operation nicht offiziell billigen könnten. Auch die Tatsache, daß der Mossad die rückhaltlose Unterstützung der örtlichen Dienststellen des Verfassungsschutzes hatte, war hilfreich, die BND-Leute zu überzeugen.

Die Transporte gingen reibungslos vonstatten, und lange Zeit gab es keine Probleme. Von Deutschland fuhren die LKWs weiter nach Dänemark, wo sie unter den wachsamen Blicken des dänischen Geheimdienstes und ihres Verbindungsmannes zum Mossad, Paul Hensen Mozeh, auf dänische Schiffe verladen wurden. Von dort ging die Fracht in den Iran.

Irgendwann fragten die Iraner ihren BND-Verbindungsmann, was man tun könnte, um iranische Piloten auszubilden, am liebsten außerhalb des Kriegsgebietes. Mit dieser Frage wandte sich der BND-Mann an den Mossad-Kontakt. Zuerst kam der Vorschlag auf den Tisch, das Training in Südamerika durchzuführen, entweder in Chile oder in Kolumbien, wo der Mossad sowohl die notwendigen Flugfelder als auch die Genehmigung für solche Operationen erhalten könnte. Aber die Nachbarschaft zu amerikanischen Aktivitäten in jener Hemisphäre ließ den Mossad umdenken.

Nachdem der Mossad und der BND Experten der israelischen Luftwaffe zu Rate gezogen und von den Iranern weitere Informationen erhalten hatte, etwa über den Ausbildungsstand ihrer Piloten, entschloß man sich, daß der größte Teil der Ausbildung an Simulatoren und deshalb in Deutschland stattfinden könnte. Es wurde vorgeschlagen, daß derselbe Flugplatz mit seinen großen verlassenen Hangars, der für die Kontrolle der Ersatzteile benutzt wurde, auch dafür dienen könnte, die fünf Simulatoren mitsamt dem notwendigen Material aufzunehmen. Die Iraner mußten die Simulatoren kaufen und auch die gesamte Installation sowie alle sonstigen Ausgaben bezahlen und natürlich auch für das eigentliche Training finanziell aufkommen.

Man kam zu dem Schluß, daß ein Team von zumindest zwanzig Israelis bereitstehen müßte, um die iranischen Piloten auszubilden und zu trainieren. Die Israelis sollten getrennt in Kiel und Hamburg leben, während die iranischen Piloten (die, wie die Deutschen fürchteten, Aufmerksamkeit wecken könnten) auf dem Flughafen untergebracht werden sollten.

Der BND-Kontaktmann arbeitete jetzt direkt mit dem Mossad-Verbindungsmann in Bonn zusammen, der seine Informationen an die geheime Mossad-Station in der Bonner Botschaft weiterleitete. Die Deutschen sagten, daß zur Sicherheit und für den glatten Verlauf der Operation der Ministerpräsident von Schleswig-Holstein in das Geheimnis eingeweiht werden müßte. Sein Name war Uwe Barschel, er zählte zu den engen Freunden von Helmut Kohl. Um sich seine Unterstützung zu sichern, kam man überein, daß der BND seinen Einfluß geltend machen würde, um Bundesgelder für eine krisengeschüttelte Kieler Werft lockerzumachen, wofür Barschel dann die Lorbeeren einheimsen könnte. Außerdem ging es um einen großen internationalen Flughafen in der Region. Und man versprach noch verschiedene andere Dinge, die weder für den Mossad noch für Ran von Interesse waren, der jetzt die Operation leitete.

Als ich den Mossad verließ, war das Training der Piloten voll im Gange. Außer den Simulatoren gab es noch einige umgebaute Cessnas, an denen die Piloten auf einem anderen Flugfeld, fünfundvierzig Minuten von Kiel entfernt, ausgebildet wurden. Ich kann mich noch gut entsinnen, wie Ran damals zum Star aufstieg.

Ephraim erzählte mir, was danach passierte. Ihm zufolge (und ergänzenden Details, die zum Ärger von Eli von Uri beigesteuert wurden) stellte Ran irgendwann im März 1987 fest, daß am Horizont Gewitterwolken aufzogen.

Es gab im Mossad und bei den rechten Elementen in der Regierung zunehmende Unzufriedenheit über das Verhalten von Kanzler Helmut Kohl, der direkten israelischen Warnungen bezüglich seiner Beziehung zum österreichischen Politiker Kurt Waldheim, den man scheinbar als Nazi entlarvt hatte, trotzte. (Die »Entlarvung« war von einer Al-Einheit vorbereitet worden, die in das UNO-Gebäude an der Park Avenue in New York eingedrungen war und verschiedene belastende Dokumente, die anderen Akten entnommen worden waren, in die Akte von Waldheim – und einiger anderer Personen – geschmuggelt hatte. Die gefälschten Dokumente wurden dann von dem israelischen Botschafter bei der UNO, Benjamin Netanyahu, »entdeckt«. Das war Teil einer Diffamierungskampagne gegen Waldheim, der den israelischen Aktivitäten im südlichen Libanon kritisch gegenüberstand.) Kohl wischte die israelischen Drohungen als Nonsens beiseite und verursachte damit Wutausbrüche in israelischen Geheimdienstkreisen, wo er als *Klutz* mit einem großen Maul und schlechter Kinderstube beschimpft wurde.

Sorge bereitete der Mossad-Führung auch eine plötzliche politische Krise in Dänemark. Der dänische Geheimdienst bekam kalte Füße und bat darum, die Waffenlieferungen über Dänemark zeitweilig zu stoppen, bis man wüßte, wie sich die neue politische Situation im Land gestalten würde.

Der BND fragte nun bei Uwe Barschel um Erlaubnis an, die Häfen in Schleswig-Holstein für die Überführung der Waffen in den Iran benutzen zu dürfen. Barschel lehnte ab. Der Mossad hatte es nicht für notwendig erachtet, Barschel deswegen anzugehen. Der BND wußte allerdings nicht, daß der Mossad sich schon die Kooperation des Verfassungsschutzes gesichert hatte. Deshalb kam es dazu, daß der BND an Barschel herantrat und ihm einiges mehr erzählte, als nötig war. Doch der BND hatte Barschels Festigkeit in dieser Angelegenheit falsch eingeschätzt. Als Barschel ablehnte, gerieten alle in Panik. Sie erkannten, daß Barschel für sie zu einer Bedrohung werden könnte, wenn er sich dazu entschließen würde, Helmut Kohl über all diese Vorgänge zu informieren.

Es war sehr verführerisch, mehrere Fliegen mit einem Schlag

erledigen zu können: Der Mossad hätte das Sagen bei der Kontrolle des neuen Politikers und könnte den BND als Partner einführen. Man könnte einen Störenfried, nämlich Barschel, eliminieren, der zwar kooperierte, aber nicht aus den richtigen Gründen. Er war nicht wirklich gekauft, wie es der Mossad bei seinen Politikern gerne hatte, sondern er nutzte die Situation nach Kräften, um, wie er meinte, das Beste für seine Wählerschaft rauszuholen, und gleichzeitig sicherte er seine politische Basis ab. Seine Beseitigung würde auch ein Schlag für Helmut Kohl sein, der gerade eine Wahl gewonnen hatte und sich deshalb nun noch unangenehmer aufführen würde als in der Vergangenheit.

Ran begann also Verbindungen zur Oppositionspartei zu knüpfen und kam in engen Kontakt mit einem ihrer Führer. Er fühlte ihm auf den Zahn, ob er, für den Fall, daß er die Wahl gewänne, zur Mitarbeit mit denen, die ihm geholfen hätten, bereit wäre und sich erkenntlich zeigen würde. Jenem Oppositionspolitiker wurde bedeutet, daß der BND hinter ihnen stehe und alles im besten Interesse Deutschlands geschehe. Die Antwort übertraf alle Erwartungen Rans: Der Oppositionspolitiker, der keine Chance sah, die Wahl zu gewinnen, war zu jedem Versprechen bereit. Nachdem Ran diesen Politiker sicher in der Tasche hatte, was ihn eine neue Pfeife und etwas Tabak kostete, war es an der Zeit, Barschel aus der politischen Arena zu werfen.

Yoel, ein Einsatzoffizier von der Bonner Station, wurde zu dieser Operation herangezogen. Ihm wurde die Aufgabe übertragen, als Kanadier mit deutschen Vorfahren aufzutreten, der sehr reich sei und nach Deutschland zurückkehren wolle. Bevor er den entscheidenden Schritt machte, plante dieser Kanadier angeblich, in Deutschland ein neues Unternehmen zu starten und mit dem politischen Establishment bekannt zu werden, damit er seine Firma optimal aufziehen und den größtmöglichen Vorteil aus seiner Rückkehr ziehen könnte. Ein politischer Apparatschik in Barschels Partei, der von Ran und Yoel den Spitznamen »Whistler« (englisch: »to whistle« = pfeifen) erhielt, wurde ihr Zielobjekt. Ran lieferte der Mossad-Liaison eine Liste mit allen Leuten, die mit Barschel zusammenarbeiteten und direkten Kontakt zu ihm hatten. Die Namen sollten durch die Polizeicomputer in Kiel und Hamburg gejagt werden, um herauszufinden, ob über irgendeinen von ihnen etwas Nachteiliges bekannt war. Der Name von »Whistler« hatte einen dunklen Fleck. Es stellte sich heraus, daß er der Mißhandlung einer Hamburger Prostituierten beschuldigt worden war, aber da es jemandem gelang, den Zuhälter auszuzahlen, wurde die Akte ohne förmliche Anklage geschlossen.

Yoel wurde »Whistler« durch einen *Sayan* vorgestellt, der »Whistler« laut seiner Mossad-Akte kannte. Nach einigen Schmeicheleien sagte Yoel zu »Whistler«, daß er nach Kanada zurückkehren müsse, und machte ihn mit Ran bekannt, der seinen Geschäftsberater in Deutschland mimte. Falls »Whistler« in seiner Abwesenheit irgend etwas benötige, könne er sich an Ran wenden, der autorisiert sei, ihm zu helfen.

Einige Tage nach Yoels angeblicher Abreise rief Ran »Whistler« an und verabredete ein Treffen, in dessen Verlauf er ihm klarmachte, daß er »Whistlers« politische Richtung nicht schätze, sondern die Opposition unterstütze. Ran erklärte ihm außerdem, daß er verpflichtet sei, Yoels Interessen nach bestem Wissen zu vertreten, weshalb er auf eigene Faust eine kleine Untersuchung vorgenommen habe. Dabei sei er auf den Zwischenfall mit der Prostituierten gestoßen, was bedeute, daß »Whistlers« politische Karriere beendet sein dürfte, falls diese Tatsache an die Öffentlichkeit käme, und obendrein wären Yoels Investitionen auch verloren. Er schlug ihm dann vor, daß er ihm beim Sturz Barschels helfen solle. Ran war überrascht, mit welcher Begeisterung »Whistler« diesem Vorschlag zustimmte. »Whistler« sagte klipp und klar, daß er kein Fan von Barschel sei und alles tun würde, um ihn dranzukriegen.

Ran, der schon einen fertigen Plan in der Tasche hatte, um Barschel abzusägen, ging die einzelnen Schritte mit dem Mann, den er gerade rekrutiert hatte, bedächtig durch, um ihm das Gefühl zu geben, dieser wäre an dem Planungsprozeß beteiligt. Auch sollte ihm das Gefühl von eigener Wichtigkeit eingeflößt werden, unter anderem für den Fall, daß ihm die Schuld zugeschoben werden mußte, falls etwas schiefging. Ihm wurde darüber hinaus gesagt, daß man sich finanziell großzügig um ihn kümmern werde, falls diese Operation seine politische Zukunft gefährde. Ran gab »Whistler« zu verstehen, daß er zu einer Organisation nach Art der Mafia gehöre und daß es ausgeschlossen sei, daß er seine Meinung ändere oder Geschehenes ungeschehen machen könne. Auch dürfe er über Ran kein einziges Wort verlieren.

Während dieser ganzen Zeit fütterte der Mossad den Verfassungsschutz des Bundeslandes mit falschen Informationen über Barschels angeblich geheimen Waffengeschäfte und sonstige illegale Transaktionen, an denen sein Bruder beteiligt sei, quasi als Strohmann Barschels.

Der Plan wurde von Mousa gutgeheißen, der für Operationssicherheit in Europa zuständig war und damals auch als Chef für Europa fungierte. Bei dieser ganzen Sache hielt man den BND draußen. Ran ließ »Whistler« falsche, aber sehr schädigende Informationen über die Führer der Opposition im allgemeinen und den Spitzenmann der Opposition im besonderen in der örtlichen Presse verbreiten, ohne die Quelle der Gerüchte verlauten zu lassen oder aufzudecken, wer scheinbar nicht dichthielt. Als die Wahlen näher rückten, wurden Mossad-Leute aus Belgien ins Land gebracht, um als Privatdetektive aufzutreten, die anzuheuern Ran »Whistler« empfohlen hatte. Sie agierten höchst auffallend, fuhren bei ihrer Überwachung teure Autos und sammelten auf sehr amateurhafte Weise Material über den Oppositionsführer, wodurch sie natürlich die Aufmerksamkeit auf sich lenkten.

Die Sache wurde auf eine Weise durchgezogen, daß höchstens ein Reporter der »Braille Times« nicht in der Lage gewesen wäre, es als das zu erkennen, was es war: eine Schmutzkampagne. In der letzten Minute, als Dementis von Barschel zu spät gewesen wären, um noch den Wahlausgang zu beeinflussen, gab »Whistler« zu, daß er hinter den schmutzigen Tricks stecken würde. Er gab an, daß er dazu von Barschel beauftragt worden sei, wodurch er endgültig die Karriere eines Politikers beendete, der sich nicht kooperativ zeigte, und einen Mann ans Ruder brachte, der dazu bereit war. Außerdem wurde Kohl dadurch in arge Bedrängnis gebracht. Alle Proteste Barschels, daß er unschuldig sei, wurden als politische Rhetorik beiseite gewischt.

»Ich glaub', das wäre ein tolles Kapitel«, sagte ich. »Es enthält all die schmutzigen Elemente der Mossad-Aktivitäten in einem freundlich gesinnten Land.«

»Das ist unmöglich«, sagte Eli. »Ran ist noch im Einsatz, und das würde sowohl ihn als auch Yoel enttarnen.«

»Wir könnten die Story ein bißchen verändern und trotzdem auf den Punkt kommen. Wir müßten nur den Ort und die exakten Angaben ändern«, schlug Uri vor.

»Dann vergiß es«, sagte ich. »Wenn wir nicht die ganze Story erzählen können, dann erzählen wir sie gar nicht. Wir könnten allerdings beide Teile voneinander trennen und das Training der iranischen Piloten in Deutschland bringen.«

Ephraim erklärte, daß noch mehr an der Geschichte dran sei. Er erzählte, daß nach seiner Niederlage bei den Wahlen (eine direkte Folge der Kampagne, die Ran organisiert hatte) Barschel seine BND-Verbindung kontaktierte. Er drohte, das Fehlverhalten des BND in vollem Umfang offenzulegen, wenn der BND nicht alles tun würde, um seinen Namen reinzuwaschen. Der BND, der seine Informationen vom Verfassungsschutz bezog – dieselben Informationen, die dieser vom Mossad erhalten hatte –, zweifelte nicht daran, daß Barschel Dreck am Stecken hatte, und bat den Mossad um Hilfe.

Der Grund, warum der BND den Mossad benutzen mußte, um mit dieser Situation fertig zu werden, bestand darin, daß sich die Drohung Barschels gegen die mittleren Chargen des BND richtete. Diese hielten entgegen den direkten Befehlen ihrer Vorgesetzten Kontakt mit dem Mossad. Der BND konnte sich also nicht mit einem Hilfegesuch an seine eigenen Leute wenden.

Der BND-Kontaktmann sagte dem Mossad-Verbindungsoffizier, daß innerhalb weniger Tage einige Anhörungen vor einem Untersuchungssausschuß stattfinden würden, und würde Barschel vorher nicht Genüge getan, würde er auspacken. Der Zeitrahmen war zu knapp für den Mossad, um die Operation auf den beiden Flugfeldern abzubrechen und die israelischen Mannschaften mitsamt ihrem Material rechtzeitig herauszuholen. Barschel mußte gestoppt werden, bevor er als Zeuge aussagen konnte.

Der BND gab dem Mossad-Verbindungsmann den Ort bekannt, an dem Barschel auf den Kanarischen Inseln Urlaub machte, sowie seine Telefonnummer. Er wohnte in einem Haus, das ihm von einem Freund zur Verfügung gestellt worden war.

Ran rief Barschel an. Beim ersten Anruf meldete sich niemand. Eine Stunde später versuchte er es wieder, und jemand antwortete, daß Barschel im Moment nicht erreichbar sei. Beim dritten Versuch hatte er Barschel am Apparat und sagte ihm, daß er Informationen besitze, die helfen könnten, seinen Namen reinzuwaschen. Er stellte sich als Robert Oleff vor.

Er bestand darauf, daß Barschel nach Genf kommen solle. Er, Oleff, werde ihm am Flughafen abholen. Barschel verlangte mehr Informationen, bevor er sich festlegte, und Ran sagte, daß vielleicht einige interessante Iraner anwesend sein würden, die in das Geschäft verwickelt seien. Das machte Barschel glauben, daß die Angelegenheit seriös war. Der Mann am Telefon zeigte sich gut informiert, Barschel war einverstanden, und sie legten die Details der Reise fest.

Das *Kidon*-Team, das direkt von Brüssel geschickt worden war, wartete bereits in Genf. Nachdem es die Lage in Genf genau untersucht hatte, kam es zu dem Ergebnis, daß das Hotel Beau-Rivage am besten seinen Zwecken dienen würde. Ein Stück weiter gab es eine riesige Baustelle. So etwas war immer gut, um das, was man in der Eile loswerden wollte, verschwinden zu lassen. Zwei Einsatz-Paare quartierten sich im Hotel ein: das eine im vierten Stock, nahe beim Ausgang zum Dach, und das andere, das am selben Tag wie Barschel ankam, im dritten Stock neben dem Zimmer, das Ran für Barschel reserviert hatte.

Die übrigen Leute des Teams deckten das Umfeld ab und hielten sich in der Nähe auf, um nötigenfalls eingreifen zu können. Ran traf Barschel in dessen Zimmer am Nachmittag des 10. Oktober. Nachdem er eine Flasche Wein für den von ihm mitgebrachten Käse bestellt hatte, machte er Barschel zuerst ein Angebot. Barschel sollte überredet werden, seinen Sturz zu akzeptieren. Ran versprach ihm, daß man ihn großzügig entschädigen werde. Er versuchte ihm zu suggerieren, daß das, was er angeblich getan habe, im Bereich der Politik keine so große Sache darstelle und daß es besser für ihn sei, die Dinge laufen zu lassen und das Geld zu nehmen. Ran benutzte den üblichen Satz, den der Mossad so liebte, daß Geld keine Rolle spiele.

Barschel war sehr ungehalten. Er bestand darauf, daß Ran ihm die Beweise liefere, die seinen Namen reinwaschen könnten, oder zu verschwinden. Er war nicht daran interessiert, einen Profit aus der Sache zu schlagen, sondern er wollte es allen zeigen, die ihn verleumdet hatten.

Da wurde Ran klar, daß es keine Möglichkeit gab, den Mann umzustimmen. Die Operation mußte in ihre zweite Phase treten, was die Beseitigung dieses Mannes bedeutete. Er war jetzt zu einer Gefahr für die Sicherheit der beteiligten Mossad-Leute geworden. Es gab aus diesem Grund keine Notwendigkeit, die Zustimmung zu seiner Eliminierung außerhalb des Mossad einzuholen. Das wäre bei einer Exekution aus politischen Gründen der Fall gewesen; hier hätte der Premierminister seine Zustimmung geben müssen. Ran wollte jedoch das Einverständnis des Mossad-Chefs haben, den man ständig auf dem laufenden hielt und der am selben Tag wie Barschel nach Genf gekommen war. Er wohnte im Hotel Des Bergues am Ende derselben Straße, in der Barschel untergebracht war. Er hatte sich unter den Namen P. Marshon eingetragen.

Bis der Wein in Barschels Zimmer ankam, war er schon von einem *Kidon*-Mitglied präpariert worden, entweder in der Küche oder auf dem Weg nach oben. Andere Team-Mitglieder schafften in Vorbereitung auf den letzten Akt Eisbeutel auf ihre Zimmer. Ran erzählte Barschel, daß es nur seine Absicht gewesen sei, seine Standfestigkeit zu prüfen. Da er es offenbar mit einem ehrenwerten Mann zu tun habe, wolle er ihm helfen. Barschel war immer noch aufgebracht und weigerte sich weiterzureden, wenn Ran ihm nicht sofort einen Beweis liefern würde, daß er wirklich seinen Namen reinwaschen könnte.

Ran rief den Mossad-Verbindungsmann an, der in einem sicheren Haus wartete. Er bat ihn, seinen BND-Kontaktmann anzurufen, der Barschel in seinem Hotelzimmer zurückrufen solle, um ihm zu sagen, daß alles gutgehen würde. Der Verbindungsmann war darauf vorbereitet, er hatte mit Ran im Vorfeld alle Optionen abgesprochen. Der BND-Mann stand in Wartestellung bereit; er war schon im voraus angerufen worden – unter dem Vorwand, etwas Wichtiges würde sich tun.

Einige Minuten später rief der BND-Mann Barschel an und sagte ihm, daß man die Dinge zurechtrücken werde. Barschel entspannte sich und trank von dem Wein. Ran täuschte Magenbeschwerden vor und lehnte ab; er nahm nur etwas von seinem Käse zu sich.

Ran wußte, daß Barschel in etwa einer Stunde ohnmächtig werden würde, und wollte die direkte Zustimmung des Mossad-Chefs, um den Job zu beenden. Er sagte Barschel, daß er einige

Papiere holen wolle, die ihn entlasten würden, und daß er in einer Stunde wieder da sei.

Ran traf den Mossad-Chef in dessen Hotelzimmer. Er gab ihm eine kurze Zusammenfassung des Vorgefallenen und sagte, daß Barschel innerhalb weniger Tage vor einem Untersuchungsausschuß aussagen werde, der Behauptungen über Unregelmäßigkeiten im Vorfeld der Wahlen prüfen solle. Es gebe keine Möglichkeit, Barschel davon abzubringen, vor diesem Gremium alles auszusagen, was er wußte. Ran konnte nicht garantieren, daß alle Beweisstücke, die Israel belasteten, in der kurzen verbliebenen Zeit von den Flugfeldern beseitigt wären. Das Risiko einer Entlarvung war für den Mossad hier viel zu groß, und deswegen gab der Mossad-Chef sein Einverständnis, den Mann zu eliminieren.

Ran rief die zwei Männer im vierten Stock von Barschels Hotel an und gab ihnen grünes Licht für die Operation. Sie warteten die Zeit ab, bis Barschel von dem Mittel im Wein eingeschlafen war. Sie riefen außerdem noch bei ihm an, um sicherzugehen, daß er nicht wach war. Dann drangen sie in sein Zimmer ein.

Barschel lag auf dem Boden rechts neben dem Bett. Er war offenbar ohnmächtig geworden und aus dem Bett gefallen. Das Team zog ein Plastiktuch über das Bett und legte den Bewußtlosen darauf, mit den Beinen zum Kopfende, damit die nächsten Schritte einfacher wären. Ein zusammengerolltes Handtuch wurde ihm unter den Nacken gelegt, als ob er eine Mund-zu-Mund-Beatmung bekommen sollte. Fünf Leute befanden sich zu dem Zeitpunkt im Raum. Vier kümmerten sich um das Opfer, und einer füllte die Badewanne mit Wasser und Eis; das Geräusch würde jedes andere übertönen. Ein langer, gut geölter Gummischlauch wurde dem schlafenden Mann in den Hals geschoben, langsam und vorsichtig, um ihn nicht zu ersticken. Einer schob den Schlauch, während ihn die anderen Männer für den Fall einer plötzlichen Konvulsion festhielten. Sie alle hatten so etwas schon vorher gemacht.

Sobald der Schlauch den Magen erreicht hatte, brachten sie am oberen Schlauchende einen kleinen Trichter an, durch den sie nun verschiedene Pillen einführten, dazu ab und zu etwas Wasser, damit sie auch tatsächlich den Magen erreichten.

Danach wurden dem Mann die Hosen heruntergezogen. Zwei Männer hielten seine Beine hoch, und ein Dritter führte ihm rektal

Zäpfchen mit einem starken Sedativ und einem fiebererzeugenden Mittel ein. Die Hosen wurden ihm wieder hochgezogen, und die Leute warteten auf die Wirkung der Medikamente; sie legten ihm ein Thermometer auf die Stirn, um seine Temperatur zu beobachten.

Nach einer Stunde hatte er hohes Fieber bekommen. Er wurde dann in das Eisbad gelegt. Der Schock rief starke Körperzuckungen hervor. Der plötzliche Temperaturwechsel im Verein mit der Wirkung der Medikamente erzeugte so etwas, was wie eine Herzattacke aussah. Nach ein paar Minuten stellte das Team fest, daß er wirklich tot war, und begann das Zimmer aufzuräumen, um keine Spuren zu hinterlassen. Sie merkten, daß sie den Fehler gemacht hatten, dem Mann nicht die Kleider auszuziehen, bevor sie ihn in die Wanne legten. Aber es war zu spät, das noch zu ändern. Sie merkten auch, daß die Ersatzweinflasche, die sie mitgebracht hatten, zwar ein Beaujolais war, aber nicht die richtige Marke, so daß sie keine Flasche hatten, um sie dazulassen.

Die Lage war gespannt. Sie hatten mehrere Stunden in dem Raum zugebracht, und einige von ihnen waren mehrmals hinausgegangen und wiedergekommen. Daß sie neben einer toten oder sterbenden Person Wache hielten, wäre wohl kaum zu erklären gewesen.

Nachdem sie das Zimmer verlassen und das Schild »Bitte nicht stören« angebracht hatten, ging jeder seiner Wege. Zwei Leute verließen das Hotel noch am selben Abend, das zweite Paar erst am folgenden Morgen. Die übrigen Mitglieder des Teams hatten die Stadt schon in derselben Nacht mit dem Wagen verlassen und fuhren zurück nach Belgien in die Sicherheit des Mossad-Hauptquartiers in Europa. Ran wurde informiert, daß die Mission erfüllt war, ebenso der Mossad-Chef, dem ein Team-Mitglied ein Polaroidfoto von dem Toten brachte.

»Ich bin immer noch überzeugt, das würde ein gutes Kapitel für das Buch abgeben«, sagte ich.

»Wir werden sehen. Laß es erst mal beiseite. Aber die Story über die Marinebasis im Sudan, die benutzt wurde, um die äthiopischen Juden herauszuholen, die Operation Moses, kannst du nehmen«, sagte Ephraim. Ich merkte, daß sich über diesen Punkt nicht mehr diskutieren ließ, zumal in Gegenwart von Eli.

Wir machten mit der Aufstellung unserer Liste weiter, und am

Ende des Tages war sie fertig. Ich mußte nicht viel aufschreiben, weil mir das meiste ohnehin bekannt war. Wenn später noch mehr Informationen gebraucht würden, könnte Ephraim sie immer noch liefern. Er bestand auch darauf, jede einzelne Seite des Manuskriptes durchzugehen, bevor sie der Verlag bekam.

Ich brachte noch meine größte Sorge vor, daß der Mossad auf das Buch überhaupt nicht reagieren würde. Ephraim schlug vor, dem Buch einige Dokumente beizufügen, wie den Bericht des dänischen Geheimdienstes und einen Fragebogen, der für einen syrischen Top-Agenten über die syrische Armee vorbereitet worden war.

»Es gibt keinen Experten auf der Welt«, sagte Ephraim und Uri nickte, »der dir nicht glauben wird, wenn er erst mal den Fragebogen sieht. Du mußt zum Mossad gehören, um in der Lage zu sein, so viele Fragen stellen zu können.«

Das mußte ich zugeben. Wir gingen weitere Themen durch. Es war wichtig, daß wir keine Dinge in das Buch aufnahmen, die antisemitische Reaktionen auslösen könnten – zumindest sahen wir es so. Wir waren uns zum Beispiel alle einig, daß die Sache mit den Medikamenten, die an Schwarzen in Südafrika getestet wurden, zu stark war und Israel einen zu harten Schlag versetzen würde. Diese Mengeles, die sie nach Afrika schickten, würden mit dem Staat in Verbindung gebracht werden, und man würde nicht begreifen, daß sie völlig vom Mossad kontrolliert wurden. Ähnlich dachten wir von der direkten Verbindung des Mossad mit den Kahane-Leuten, der Anti-Diffamierungs-Liga des Bnai Brith, der AIPAC und der UJA. Was allerdings unbedingt abgehandelt werden sollte, waren die Frames (Rahmen), jüdische Selbstschutz-Einheiten, die in der ganzen Welt vom Mossad aufgestellt wurden, und die Jugendlager, die *Hets va-keshet* (Pfeil und Bogen) hießen und vom Mossad organisiert wurden. Man holte jüdische Kinder und Jugendliche über den Sommer nach Israel, um sie, mit einer starken Dosis militanten Zionismus geimpft, als künftige Spione zurückzuschicken.

Alle waren einverstanden, daß im Buch alle Namen von Einsatzoffizieren genannt werden sollten, die bereits enttarnt waren, also jene Leute, deren Fotos ich in Ägypten, Jordanien und in der britischen Botschaft gesehen hatte. Ephraim wollte dafür sorgen, daß sie nicht draußen im Einsatz waren, wenn das Buch herauskam.

Da ihr voller Name im Buch stehen würde, könnten sie nicht mehr außerhalb des Landes arbeiten, was ihrem eigenen Wohl dienen würde.

»Was glaubst du also, wird das Hauptverdienst des Buches sein?« fragte Ephraim.

»Ich denke, daß es die Unterstützung ans Licht bringt, die der Mossad in der ganzen Welt von der jüdischen Gemeinde erhält, und die Weise, wie er das Vertrauen mißbraucht.« Alle waren mit mir einverstanden. Und alle hatten wir unrecht.

Nach dem Treffen ging ich nach Hause und versteckte die Liste, die ich zusammengestellt hatte, an einer Stelle, wo Bella sie nicht finden würde. Sie war noch im Laden, den wir in der Bank Street im Zentrum von Ottawa eröffnet hatten, wo wir die von mir entworfenen T-Shirts verkauften.

Am folgenden Tag streifte ich durch die Buchhandlungen und die Bibliotheken auf der Suche nach Namen ortsansässiger Autoren. Ich suchte einen Mann, der schreiben konnte und den Mut hatte, mich bei dem Versuch, Unrecht geradezubiegen, unterstützen würde. Ich wußte, daß das nicht einfach sein würde. Es mußte jemand mit einem guten Ruf sein, der ein Gespür für Politik hatte, aber kein Experte für die Welt der Geheimdienste war, damit er nicht versuchen würde, das Buch seinen Vorstellungen von Spionage anzupassen. Er mußte in der Nähe wohnen, durfte kein Jude sein, und er mußte Zeit und Lust haben, daran zu arbeiten.

Ein paar Ecken von unserer Straße entfernt fand ich in einer Buchhandlung ein Buch mit dem Titel *Friends in High Places*, das vom kanadischen Premierminister handelte. Der Autor war der ortsansässige Reporter und Parlamentsberichterstatter Claire Hoy. Ich entschloß mich, den Mann anzurufen und dann weiterzusehen. Er war einverstanden, mich in einem kleinen Café in der Bank Street zu treffen. Nachdem ich ihm erklärt hatte, worum es sich drehte, war er Feuer und Flamme. Ich hatte einen Partner und konnte beginnen, dem Mossad wirklich an den Karren zu fahren. Wir würden zum Angriff übergehen, und zwar von außen und am einzigen Ort, wo der Mossad verwundbar ist: im Rampenlicht.

Claire und ich verbrachten beinahe einen Monat mit der Vorbereitung des ersten Kapitels des Buches und der Straffung der Gliederung. Dann traten wir an einen Verlag heran.

Wir trafen uns mit Claires Verlegerin, die auch sein Buch *Friends in High Places* herausgebracht hatte, in ihrem Büro in Toronto. Sie lehnte ab. Ich wurde sehr nervös, als ich mir bewußt wurde, daß das Geheimnis kein Geheimnis mehr blieb. Es gab keine Garantie, daß die Verlegerin nicht darüber reden würde, was wir ihr erzählt hatten. Doch wenn sie wirklich geredet hat, dann mußte irgend jemand im Mossad-Hauptquartier geschlafen haben, denn es passierte nichts.

Claire und ich arbeiteten weiter, während Claire versuchte, einen Verleger zu finden. Das war gar nicht so einfach, weil er dem Verleger nicht allzuviel erzählen konnte und er jemanden finden mußte, der die Geschichte diskret behandeln würde. Es war reine Glückssache gewesen, daß wir ungeschoren aus dem Treffen mit seiner Verlegerin herausgekommen waren. Ich konnte jedenfalls den Mossad nirgends in meiner Umgebung entdecken. Auch Ephraim oder Uri, die wieder im Mossad-Hauptquartier saßen, hörten nichts.

»Wir sind mit einem Herrn Nelson Doucet verabredet«, sagte Hoy eines Tages. »Er gehört zum Verlagshaus Stoddart in Toronto, und er ist ein guter Typ.« Inzwischen hatte ich Claire Hoy schon besser kennengelernt, und ich vertraute ihm, was ich niemals bereuen mußte. Wir trafen Nelson in dem Restaurant Hy's in Ottawa, und bei einem großen Steak (von dem ich kaum etwas aß, weil ich die ganze Zeit redete) und einer Flasche guten französischen Weines machten wir den Vertrag. Claire und ich sollten uns als Autoren das Honorar teilen und 80 000 Dollar Vorschuß erhalten. Nelson glaubte, daß das Buch für Aufsehen sorgen würde. Sie hatten schon Erfahrungen mit einem anderen Spionagebuch gemacht, das sie bis zum Publikationsdatum geheimgehalten hatten und das dann von den Briten verboten wurde. Er war sich sicher, daß sie dieses Projekt ebenso durchziehen könnten. »Meinen Sie nicht, Sie könnten die Israelis dazu bringen, Ihr Buch zu verbieten?« fragte er, als wir gerade aufbrechen wollten. Ich lachte. »Ich glaube nicht«, sagte ich. »Schließlich könnten sie von der Erfahrung der Engländer gelernt haben. Die machten ja das Buch mit ihrem Verbot zum Bestseller!«

»Da haben Sie ganz recht«, sagte Nelson.

Als wir im Auto nach Hause fuhren, hätte ich am liebsten vor

Freude laut gejubelt. Es lief alles großartig und sehr schnell. Ich führte ein R-Gespräch mit Ephraim und erzählte ihm von dem Treffen. Ich stand beinahe eine Stunde in der Telefonzelle. Das wird ihn eine Stange Geld gekostet haben.

Ephraim war mit meiner Einschätzung einverstanden, daß sie nicht versuchen würden, das Buch zu stoppen, aber er versprach, daß er sich etwas ausdenken würde, um einen Knalleffekt zu erzeugen, der die Aufmerksamkeit auf die Neuerscheinung lenken würde. Sollte das klappen, würden wir genau das erreichen, was wir uns vorgestellt hatten.

Kapitel 26

Sonnabend, den 2. Juli 1988

Irgendwann am Nachmittag klingelte das Telefon. Eli war am Apparat. Er rief aus New York an und wollte, daß ich in einer Stunde zurückriefe. Dieses verabredete Zeichen bedeutete, daß ich zu einem sauberen Telefon ging und ihn per R-Gespräch anrief.

Er war unfreundlich wie immer, und ich stellte mir sein kantiges Gesicht mit seinem verkniffenen Blick vor. Er sah aus, als würde er in die blendende Sonne schauen, selbst wenn er im halbdunklen Kino saß. Bevor dies alles geschah, kannte ich ihn als angenehmen Mann, geradezu als Scherzbold, aber diese ganze Geschichte brachte ihn aus dem Gleichgewicht. Obwohl er der Auffassung war, daß wir das Richtige taten, hätte er es doch lieber gehabt, wie wahrscheinlich jeder von uns, in Ruhe gelassen zu werden und nichts davon zu wissen.

»Hast du gehört, was in London passiert ist?« fragte er. Er bezog sich natürlich darauf, daß die Engländer gerade die ganze Mossad-Station hinausgeworfen und zwei der drei aus Brüssel geliehenen Einsatzoffiziere enttarnt hatten. Die Briten hatten weiterhin sichtbar vor sieben sicheren Häusern, die der Mossad in London unterhielt, Polizeioffiziere postiert. Auch wenn sie auf diese Weise nur sieben der mehreren hundert sicheren Häuser markierten, war die Botschaft eindeutig.

Es gab von nun an für den Mossad keine Möglichkeit herauszufinden, wie viele ihrer Posten wirklich bekannt waren und ob nicht weitere Treffen mit *Sayanim* diese gefährden würden.

»Ja, hab' ich gehört«, sagte ich. »Wie lange wird es dauern, bis sie wieder eine Station aufgebaut haben?«

»Das geht dich nichts an«, antwortete Eli.

»Dein Ton gefällt mir nicht«, sagte ich. »Es ist eine reine Glückssache, daß ich hier bin und du dort. Da hätte nicht viel gefehlt, und unsere Rollen wären vertauscht.«

Es herrschte ein kurzes Schweigen. »Es tut mir leid, wenn es so geklungen hat. Es ist nur, weil ...«

»Ich scheiß' drauf«, unterbrach ich ihn. »Sag schon, was los ist, laß uns dieses blöde Gespräch beenden.«

Er sagte, daß Ephraim zufolge jetzt, nachdem die Londoner Station ausgemistet sei, Paris drankommen müsse. Er sagte auch, daß die Londoner Station in den nächsten Monaten in einem sicheren Haus arbeiten müsse und nicht in der Botschaft, weil sie nicht einen Schwung Einsatzoffiziere auf einmal hinschicken könnten. Sie müßten es nach und nach tun. Sie meinten, daß sie die Station bis zum Januar 1989 wieder aufgebaut haben würden.

Wir redeten darüber, was den Franzosen gesagt werden müßte und wie der Kontakt gemacht werden sollte.

»Ich glaub', du solltest das tun«, sagte ich zu Eli.

»Was redest du da!«

»Du sprichst doch französisch, oder nicht?«

»Ja.«

»Ich nicht. Ich werd' Ephraim später anrufen und ihm sagen, was ich denke. Ich meine, was für einen Unterschied macht es schon, wenn du mit ihnen redest?«

»Du bist verrückt«, sagte er, aber ich konnte seiner Stimme eine gewisse Beklommenheit anmerken.

Ich sprach noch am selben Tag mit Ephraim, und er erklärte, daß es einer Hinrichtung gleichkäme, wenn sie Eli fingen, weil er im aktiven Dienst sei. Es würde viel schlimmer sein, als wenn sie mich schnappten. Schließlich stünde ich schon außerhalb der Organisation. Seine Erklärung war nicht ganz stimmig, aber da ich die Angelegenheit nur auf den Tisch gebracht hatte, um Eli eins auszuwischen, ließ ich es dabei. Aber ich sagte ihm, daß ich mit Eli nicht mehr sprechen wolle.

Am Mittwoch, dem 6. Juli, rief ich die französische Botschaft in Washington an und sprach mit dem Geheimdienst-Verantwortlichen. Ich hatte mittlerweile schon Routine darin, und am Ende der Woche bekam ich Besuch aus Washington. Nach einem mehrstündigen Gespräch sagte er, daß er wiederkommen würde, wollte aber wissen, ob ich bereit wäre, eine kurze Reise nach Frankreich zu machen.

Ich kam am 28. Juli in Paris an und wurde am Flughafen von

einem sehr freundlichen Franzosen empfangen, der mich an den französischen Schauspieler Bourvil erinnerte. Nach der Gepäckausgabe ließ er meinen Paß in einem kleinen, abseits gelegenen Büro abstempeln. Dann nahm er mich in seinem Renault mit in die Stadt. Ich wohnte in dem Hotel Jardin de Eiffel neben einer Polizeiwache. Von dem kleinen, aber angenehmen Hotel aus konnte man den Eiffelturm zu Fuß erreichen.

In der folgenden Woche wurde ich regelmäßig vom Hotel abgeholt und zu einem Haus außerhalb der Stadt gefahren, das wie ein verlassenes Bürogebäude aussah. Die Fahrt dauerte dreißig Minuten, und das Gebäude gehörte zu einer kleinen Abhörstation in der Nähe von Sarcelles, nicht weit, wie ich erfuhr, vom Landsitz Madame Pompidous entfernt. Die Fahrerei glich einem Ausflug mit der Achterbahn. Ich bin in Israel aufgewachsen, wo das Fahren zu den Kampfkünsten zählt, aber das hier war total verrückt.

In dem »Bauernhaus« verbrachte ich den Tag mit »Bourvil« und drei anderen Leuten. Sie waren alle vom französischen Geheimdienst, der im Volksmund Le Pisson hieß. Sie waren außerordentlich höflich und hatten offenbar schon vor meiner Ankunft eine lange Liste mit Fragen vorbereitet. Jeden Tag um die gleiche Zeit machten wir eine Mittagpause, gingen hinüber zu der Abhörstation, wo wir in einem kleinen, aber eleganten Speisezimmer ein großartiges Essen einnahmen. Der Kommandant der Station stieß beinahe regelmäßig zu uns, und das Öffnen der Weinflaschen, die jeden Tag ein anderer mitbrachte, war immer eine Zeremonie. In der Woche knüpfte ich insbesondere zu einem meiner Gastgeber ein gutes Verhältnis; er sollte nach meiner Abreise mein Kontaktmann sein. Da wir beide mehr als die anderen rauchten, erhielt er den Spitznamen »Cendrier« (Aschenbecher).

Zuerst gingen wir einen Plan mit den verschiedenen Abteilungen des Mossad durch. Viele Abteilungen kannten sie schon, und auf manche waren sie besonders neugierig. In der Hauptsache waren sie an den Abteilungen *Komemiute*[1] und *Tsafririm* interessiert.

Sie fanden sich sehr schnell in der Organisationsstruktur zurecht und verstanden die Logik der graphischen Darstellung, die in anderen Organisationen ähnlich sein muß. Schwer verständlich

[1] Abteilung für Geheimoperationen. Der alte Kodename lautete *Metsada*.

war ihnen, daß es im Mossad keine abgegrenzten Abteilungen gab. Aber nach einer Weile merkten sie an der Menge und Qualität der Informationen, die mir zur Verfügung standen und ich ihnen weitergab, daß so was tatsächlich nicht existierte.

Fast den ganzen zweiten Tag verbrachten wir damit, Fotos von Mossad-Leuten durchzugehen. Dort erfuhr ich, daß Mousa in Brüssel stationiert war. Es gab so viele Mossad-Offiziere in ihren Büchern, daß ich mir ganz nackt vorkam. Hier war ein Foto von Oren Riff, wie er eine Straße in Paris mit anderen Mossad-Leuten entlangging. Alle drei hatten nicht die geringste Ahnung, daß sie beobachtet wurden. Ich fragte mich, wen sie wohl treffen wollten und wie viele Agenten und jüdische Helfer sie auf diesem einen Parisbesuch enttarnt hatten. Dann gab es ganze Stapel von Fotos, die vor dem Mossad-Gebäude in Tel Aviv aufgenommen worden waren. Die Fotos waren in Serien eingeteilt: Da war ein Foto von einem Mann, der das Mossad-Hauptquartier am King Saul Boulevard betrat, dann eine Vergrößerung von seinem Gesicht und daneben ein Paßfoto und seine Diplomatenpapiere.

Sie kannten mehr Mossad-Leute als ich. Ich erinnere mich, wie »Cendrier« zu mir im Spaß sagte: »Schau dir das mal an.« Und er deutete auf eine Liste von Diplomaten der israelischen Botschaft und verglich sie mit den Fotos und den Personalpapieren. »Israel ist eins der wenigen Länder, das so viele ältere rangniedrige Attachés hat. Für wie blöd halten die uns eigentlich? Glauben die denn, daß wir einfach nicht hinschauen?«

»Es kümmert sie einfach nicht«, sagte ich, und das war wirklich so. Sie kümmerten sich nicht drum. Es war beinahe, als machte es ihnen Spaß. Es lag mir einfach auf der Zunge zu fragen: »Wenn Sie soviel über sie wissen, wie kommt es, daß Sie nichts unternommen haben?«

»Weil, soweit wir wissen, die, die wir kennen, nicht viel tun. Vidal, der Chef der Mossad-Station, ist kaum jemals im Land, und der neue Mann, Aaron B., kümmert sich nur um die jüdische Gemeinde. Und wir wollen mit ihnen keinen Ärger haben.«

Alles in allem hatten sie mehr als fünfzig Mossad-Leute ausgemacht mitsamt ihren Aufenthaltsorten, auch in den anderen Botschaften Europas. Nur von der Kooperation zwischen dem Mossad und der Action directe und mit den faschistischen Elementen in Frankreich wußten sie nichts, und das fanden sie sehr unangenehm.

Am Ende der Woche schien es, daß sie alles von mir erfahren hatten, was sie wissen wollten. Ich war mir bewußt, daß ich ihnen sehr viel weniger als den Briten gegeben hatte, einfach deshalb, weil sie sehr viel argwöhnischer im Umgang mit dem Mossad waren. Ich wußte, daß sie es nicht wie die Briten zu einem großen Showdown mit dem Mossad kommen ließen, sondern dem Mossad auf subtile Weise die Flügel beschneiden würden.

Erst am letzten Tag fiel mir ein, daß ich noch über das Geld für meine Hilfe mit ihnen reden mußte. Sie versprachen mir, darüber nachzudenken, und am folgenden Tag am Flughafen gaben sie mir einen Umschlag mit 3000 Dollar. Sie sagten auch, daß mich bald jemand kontaktieren werde, damit ich vielleicht ein paar Jobs für sie erledigte und um mir den Rest des Geldes zu bringen, den sie mir zu schulden glaubten. Wie Ephraim mich angewiesen hatte, erzählte ich ihnen am Flughafen nach Erhalt des Geldes von der Verwicklung des Mossad in die Ermordung eines Führers auf der Pazifikinsel Vanuatu wegen des Verdachts, daß er Kontakt mit Gaddafi aufnehmen wollte. Das war die offizielle Begründung für ihre Tat. Der eigentliche Grund für den Mord war der Widerstand jenes Führers gegen die Einrichtung eines Waffenlagers auf der Insel durch einen israelischen Waffenhändler, der von dort aus die Region beliefern wollte. Der Dealer war ein Ex-Mossad-Offizier, der über die entsprechenden Kontakte in der Organisation verfügte, um die Aktion durchzuziehen.

Ein paar Wochen später bekam ich in Kanada Besuch von einem Kontaktmann, der mich zu einem Treffen nach Montreal einlud. Zuerst übergab er mir einen Umschlag mit 7000 Dollar und meinte, wenn ich es für zuwenig halte, solle ich mich melden oder meinen Freund »Cendrier« unter der Nummer anrufen, die er mir gegeben habe.

»Nicht nötig«, sagte ich. »Das reicht. Was kann ich denn jetzt für Sie tun?« Schließlich war er nicht gekommen, um mir nur das Kuvert zu überreichen. Er holte ein Papier hervor und fragte mich, ob ich auch privat Nachforschungen anstellen würde. Ich hätte ja die beste Ausbildung der Welt erhalten zum Beschaffen von Informationen.

»Das hängt davon ab, was ich für Sie rauskriegen soll. Wenn Sie Informationen wollen, die ich bekommen kann, ohne gegen das Gesetz zu verstoßen, dann werde ich Sie gerne um möglichst viel Geld erleichtern. Wenn es sich jedoch um das Einholen politischer oder militärischer Informationen in Nordamerika dreht, dann vergessen Sie es.«

Er sagte, das wisse er nicht, er werde aber in einigen Tagen wiederkommen. Das nächste Mal trafen wir uns in Ottawa. Er brachte einige Fotos mit und eine dünne Akte. Zuerst sollte ich mir den Mann auf den Fotos anschauen. Ich sagte, daß wir ihn schon in Paris als Ran S. identifiziert hätten, und ich wußte, daß auch die Ägypter und Jordanier Fotos von ihm besaßen.

Er war beobachtet worden, wie er sich in Paris mit einer prominenten jüdischen Führungspersönlichkeit traf. Bevor sie an jene Person herantreten würden, um ihr zu sagen, daß sie diese Aktivitäten unterlassen solle, wollten sie sichergehen, daß er wirklich Ran war und nicht eine Art Doppelgänger. Die Franzosen sprachen jetzt mit vielen jüdischen Führungspersönlichkeiten, von denen sie wußten, daß sie sich mit von mir identifizierten Mossad-Offizieren getroffen hatten. Sie machten dem Mossad auch arabische und palästinensische Agenten abspenstig, die bei Treffen mit Mossad-Offizieren beobachtet worden waren. Ich merkte, daß sie die Sache groß aufzogen und ich in Paris auf ganzer Linie gewonnen hatte.

Die Akte enthielt meinen nächsten Auftrag. Sie wollten, daß ich alles über eine Reihe von Leuten herausfinden sollte, die zu ihrem Kummer darauf aus waren, ihre Kolonien im Südpazifik zu destabilisieren. Der Plan dieser Leute war, modellhaft ein kleines Land zu privatisieren und gleichzeitig auf verschiedene Weise Geld daraus zu schlagen. Es handelte sich für die Franzosen um einen sehr heiklen Bereich, und sie wollten eine Privatperson damit beauftragen, mehr darüber in Erfahrung zu bringen.

Der erste Name auf der Liste war der prominente Amerikaner Robert Pool junior. Der Mann war der führende Anwalt für Privatisierungen in den USA und stand auch hinter der Privatisierung der Luftfahrtindustrie. Er war Präsident einer Stiftung, die Reason Foundation hieß und in Santa Monica in Kalifornien ihren Sitz hatte.

Der zweite Name war Alfred Letcher, Präsident des Letcher

Mint-Unternehmens, das früher in Alaska seinen Sitz hatte und dann nach Lancaster in Kalifornien übersiedelte.

Dann gab es einen Mann mit Namen Harry Donald Schultz, den sie des Drogenhandels verdächtigten. Er lebte in den USA und von Zeit zu Zeit in Monaco. Schultz' Partner hieß Riner Dienharts. Der Franzose sagte, daß alle diese Leute irgendwie mit einer kanadischen Stiftung in Vancouver, British Columbia, zu tun hätten, die sich Phoenix Foundation nannte.

Er ließ sich nicht weiter darüber aus, wonach sie genau suchten oder welche Verdachtsmomente sie hatten, sondern sie wollten sehen, was ich selbständig herausfinden konnte. Er meinte, wenn er mir sagte, was sie wüßten (oder vielmehr vermuteten), dann würde ich in ihre Fußstapfen treten und finden, was sie auch gefunden hatten. Es liege in der Natur des Geheimdienstspiels, daß derjenige, der die Informationen beibringe, es seinem Auftraggeber nach Möglichkeit recht machen wolle. Ich wußte, daß das stimmte, aber mir war es letztlich gleichgültig, ob er recht hatte oder nicht. Ich wollte lediglich einen Draht zu ihnen behalten, damit ich dem Mossad eins auswischen konnte, falls es notwendig war oder sich mir eine Möglichkeit dazu bot.

Ephraim sagte, daß ich ihnen den Wunsch erfüllen sollte. Ich entschloß mich zu einer kurzen Reise in die Vereinigten Staaten, um zu sehen, was an alldem dran war.

Ich merkte bald, daß es sich dabei um eine viel schwierigere Aufgabe handelte, als ich mir gewünscht hätte. Pool war ein Mitglied, wenn nicht ein Führer der Libertarian Party, was an sich schon ein Grund für mich wäre, nicht mit dem Fall befaßt zu sein. Aus dem, was ich herausfand, konnte ich mir nur schwer vorstellen, daß sich die Geheimdienste nicht ohnehin damit beschäftigten.

Es zeigte sich, daß dieser Mr. Pool 1967 am MIT (Massachusetts Institute of Technology) seinen Doktor gemacht, dann bei Sikorsky gearbeitet hatte und seit 1970 bei der General Research Corporation in Santa Barbara beschäftigt war, wo er es auch schaffte, die Kontrolle über die Reason Foundation zu erlangen, einen Privatisierungs-Think-tank.

Ich fand heraus, daß die Stiftung auf den Neuen Hebriden einen Kandidaten gegen einen kommunistischen, aber populären Führer namens Vater Walter Lenny unterstützt hatte. Die Reason Foundation wollte auf der Insel die Libertarian Party etablieren. Als der Versuch fehlschlug, versuchte sie auf dem Minerva Riff, 1500 Kilometer von den Fidji-Inseln entfernt, die Republik Minerva zu gründen. Ich fand zudem heraus, daß Letcher Mint aus Kalifornien, die auch ein Kupferbergwerk auf den Neuen Hebriden besaß, die Münzen für die Republik prägte, die, nachdem die neuen Bürger von Minerva von einem Patrouillenboot der Insel Togo verjagt worden waren, bei Numismatikern hoch in Kurs standen.

Nach dieser Episode wurde Mr. Pool Berater von Präsident Reagan in Fragen der Privatisierung. Zudem stellte sich heraus, daß der Besitzer der Letcher Mint, Alfred Letcher, 1944 in der US-Marine im Südpazifik gedient hatte. Weiter war ich nicht bereit zu gehen. Ich fuhr zurück und übergab dem Franzosen alles, was ich herausgefunden hatte. Bei einer Begegnung in Ottawa sagte ich ihm, daß ich in dieser Angelegenheit nicht mehr für ihn tun könne. Ich sei bereit, in jeder nur denkbaren Weise behilflich zu sein, um die Mossad-Aktivitäten in Frankreich zu beenden, aber ich würde für sie nicht als Glücksritter in anderen Bereichen arbeiten.

Ich setzte Ephraim davon in Kenntnis, was ich dem Franzosen gesagt hatte. Ich bat ihn auch, mir einige der Trainings-Unterlagen zu besorgen, die meiner Ausbildung zugrunde lagen, um sie im Buch zu verwenden. Er war einverstanden und ich machte mich wieder mit Claire an die Arbeit.

Kapitel 27

Claire und ich hatten so etwas wie eine Routine entwickelt. Nachdem wir die Gliederung des Buches festgelegt hatten, trafen wir uns mehrmals in der Woche in meinem gemieteten Haus in der Kleinstadt Nepean außerhalb Ottawas, wohin ich umgezogen war. Ich erzählte Claire die Details der Ereignisse, die wir in einem bestimmten Kapitel unterbringen wollten, und Claire stellte bei vielen Tassen Kaffee endlos Fragen. Ein paar Tage später kam er mit dem getippten Kapitel, damit ich es durchging, und dann sprachen wir über das nächste Kapitel. Beim nächsten Mal gab ich ihm das durchgesehene Kapitel mit meinen Bemerkungen und Korrekturen, die wir diskutierten. Schließlich lieferte Ephraim noch seine Kommentare dazu, die ich je nach ihrer Stichhaltigkeit akzeptierte oder zurückwies. Ich war nur daran interessiert, daß alles, was wir zu Papier brachten, die Wahrheit wäre und nichts als die Wahrheit.

Es war schwierig, die Story des Mossad so zu erzählen, wie sie wirklich war, den Mossad zu entmystifizieren und zu zeigen, wie stümperhaft er bei seinen Aktivitäten vorging und wie er jeden gefährdete, der mit ihm in Kontakt kam. Aber selbst in Claires Augen konnte ich ablesen, welche Faszination der Mossad ausübte. Ich wußte, daß ich einen schwierigen Kampf auszufechten hatte, der aber dennoch notwendig war.

Uri besuchte mich mehrmals und berichtete mir, daß ich in den Augen des Mossad T-Shirts in Kanada fabrizierte und sonst nichts. Sie waren damals stark mit der Operation Brush-Fire beschäftigt. Das war ein umfassender LAP-Angriff (israelische psychologische Kriegführung), der darauf zielte, die USA zum militärischen Eingreifen im Nahen Osten im allgemeinen und im Golf im besonderen zu bewegen.

Der Golfkrieg war vorüber. Es schien, daß die Iraner genug hatten und glücklich waren, dem Wunsch der Iraker nach Beendigung des Krieges nachzukommen. Der Mossad machte das Spiel der Amerikaner mit und gab vor, Saddam Hussein stürzen zu wollen. Gleichzeitig ließ er aber über die israelische Botschaft in Washington dem irakischen Geheimdienst Informationen über geplante Attentate auf Saddam Hussein und den Irak zukommen. Der Mossad betrachtete Saddam Hussein als seinen größten Trumpf in der Region, da er verrückt war und völlig irrationale außenpolitische Entscheidungen traf. Man brauchte nur darauf zu warten, daß er einen dummen Schachzug machte, den der Mossad zum eigenen Vorteil ausnutzen konnte.

Der Mossad fürchtete am meisten, daß seine riesige Armee, die den Iran-Irak-Krieg überlebt hatte und die vom Westen ausgerüstet und von den Saudis bezahlt wurde, in die Hände eines Führers fallen würde, der dem Westen annehmbarer wäre, aber dennoch eine Bedrohung für Israel bliebe.

Der erste Schritt wurde im November 1988 unternommen, als der Mossad dem israelischen Außenministerium nahelegte, alle Friedensgespräche mit den Irakern einzustellen. Damals fanden geheime Verhandlungen zwischen Israelis, Jordaniern und Irakern unter der ägyptischen Schirmherrschaft und mit dem Segen der Franzosen und Amerikaner statt. Indem der Mossad diesen Draht durchschnitt, wollte er die Amerikaner glauben machen, daß der Irak andere Pläne hatte, und die Schuld des Abbruchs wurde ihm in die Schuhe geschoben. Im Januar 1989 begann die LAP-Maschine des Mossad, Saddam als Tyrannen und als Gefahr für die Welt darzustellen. Der Mossad aktivierte jede vorhandene Möglichkeit an jedem nur denkbaren Ort, von ihren Agenten bei Amnesty International angefangen bis hin zu gekauften Kongreßmitgliedern. Saddam würde seine eigenen Leute umbringen, so der Aufschrei, was hätten erst seine Feinde zu erwarten? Die schrecklichen Fotos von kurdischen Müttern, die ihre toten Babys nach einem irakischen Gasangriff umklammerten, waren echt und die Taten entsetzlich. Aber die Kurden waren mit dem Regime in Bagdad in einen Guerillakrieg auf Leben und Tod verwickelt, und sie sind jahrelang vom Mossad unterstützt worden, der Waffen und Berater in die Gebirgslager der Barazani-Familie geschickt hat. Das Vorgehen konnte daher schwerlich als Angriff auf das eigene Volk bezeichnet werden. Aber wenn das Orchester erst einmal eingesetzt hat, so sagte Uri einmal, kann man nur noch mitsummen.

Die Medien wurden mit Insider-Informationen und Hinweisen

aus zuverlässigen Quellen versorgt. Berichtet wurde, daß der verrückte Führer des Irak Leute mit bloßen Händen umbrachte und daß er Raketen zum Angriff auf iranische Städte benutzte. Was man aber den Medien zu sagen vergaß, war, daß die meisten Zieleinstellungen für die Raketen vom Mossad mit Hilfe amerikanischer Satelliten geliefert wurden. Der Mossad tat alles, um Saddam abzusägen, sah sich aber vor, selbst keinen Schaden zu nehmen. Man wollte, daß die Amerikaner die Arbeit machten und Saddams riesige Militärmaschinerie zerstörten, damit Israel ihr nicht eines Tages an seinen Grenzen gegenüberstünde. Das war an sich für jeden Israeli ein edles Motiv, aber die Welt der Gefahr eines globalen Krieges und Tausende von Amerikanern dem Tod auszusetzen war schierer Wahnsinn.

Ende Januar riefen die Briten an und wollten mich sprechen. Sie sagten, es sei dringend und baten, am folgenden Tag kommen zu dürfen. Ich entschloß mich, bei dem Treffen eine Information weiterzureichen, die ich von Uri erhalten hatte. Die Briten konnten sie dann den Amerikanern geben, mit denen ich wegen der geographischen Nähe nicht zusammenarbeiten wollte.

Wir trafen uns im Speisesaal des Hotels Château Laurier in der Innenstadt von Ottawa. »Was kann ich für Sie tun?« fragte ich den Mann, den ich schon einmal getroffen hatte.

»Ich habe nur eine Frage an Sie, von der Sie vielleicht denken, daß sie Unsinn ist. Aber man hat mir aufgetragen, sie zu stellen.«

»Nur zu.«

»Glauben oder denken oder wissen Sie, ob der Mossad in irgendeiner Weise an dem beteiligt ist, was dem Flug 103 über Lockerbie passierte?«

Ich war sprachlos. Ich brauchte mehrere Sekunden, um zu begreifen, was er gefragt hatte. Beinahe automatisch antwortete ich: »Ausgeschlossen.«

»Warum?«

»Da gibt es keinen Grund. Das ist ausgeschlossen, fertig. Wenn Israel oder der Mossad für den Absturz einer Maschine verantwortlich war, so geschah das bis jetzt jedesmal ungeplant und hing direkt mit der sogenannten Sicherheit des Staates zusammen, wie das libysche Flugzeug über dem Sinai und das italienische Flugzeug 1980, von dem man glaubte, daß es Uran transportierte, und bei dessen Absturz einundachtzig Menschen starben. Es ist ausgeschlossen, daß sie so was wie Lockerbie tun würden.«

»Sagen Sie das, weil Sie es wissen oder weil Sie es vermuten?«

»Warten Sie hier«, sagte ich. »Ich werd' einen Anruf machen, und dann sprechen wir weiter.«

Ich meldete in der Lobby ein R-Gespräch an und hatte nach wenigen Minuten Ephraim an der Strippe. »Haben wir irgendwas mit PanAm 103 zu tun gehabt?«

»Warum fragst du?«

»Antworte einfach. Ich muß das wissen, denn wenn es so ist, wird das das Ende des Mossad sein.«

»Nein«, antwortete er ohne zu zögern. Ich wußte, daß er mir die Wahrheit sagte. Er würde sich so eine Gelegenheit, die Organisation in die Enge zu treiben, nicht entgehen lassen. »Danke. Ich ruf' dich später an.«

Ich ging zurück und erzählte dem Mann, was Ephraim gesagt hatte.

»Sie sind also immer noch in Verbindung?« sagte er lächelnd. »Das ist wahrscheinlich der Grund, daß ich noch am Leben bin«, ich lächelte ebenfalls. »Aber es gibt etwas, das Sie wissen sollten. Es wird Operation Brush-Fire genannt.« In der nächsten halben Stunde gab ich ihm eine Zusammenfassung von dem, was ich wußte, und bat ihn, die Information an die Amerikaner weiterzugeben. Er machte keine Versprechungen, sagte aber, sein Bestes tun zu wollen. Damit war ich zufrieden.

Die nächsten Monate war ich mit dem Buch beschäftigt; wir kamen dem Ende immer näher. Ich wurde immer angespannter, je schneller sich der Tag näherte, an dem die Scheinwerfer auf mich gerichtet sein würden – und wer weiß, was sonst noch alles.

Sonntag, den 1. April 1990

Ich traf Uri im Stadtzentrum. Wir saßen ein paar Stunden in meinem Wagen vor der Bibliothek in Ottawa. Er hatte eine Story für das Buch, die gerade passiert war, und er informierte mich ausführlich.

Uri ist ein außerordentlich ruhiger Mensch und hatte noch

niemals, solange ich ihn kannte, Zeichen von Angst gezeigt. Den Geschichten nach zu schließen, die ich über ihn hörte, war er kein Typ, der jammerte. Aber jetzt in meinem Wagen war er sehr nervös und schaute sich ständig um wie ein blutiger Anfänger. Er las mir seine Notizen vor, zerriß dann die kleinen Zettel in winzige Stücke und warf sie in seine Aktentasche. Bald merkte ich, warum er so nervös war. Es handelte sich um sehr heikles, ja explosives Material.

Im August 1989 fuhren ein Kontingent vom Matkal, der Elite-Aufklärungseinheit des israelischen Militärs, und mehrere Leute einer Marineeinheit in einem kleinen Boot, das über einen Mossad-Kämpfer von einem ortsansässigen Händler erworben worden war, den Euphrat hoch. Ihr Ziel war die Stadt Al-Iskandariyah und die dortige Munitionsfabrik. Es handelte sich um eines von fünf Zielen, das der Mossad als mögliche chemische oder nukleare Anlage ausgemacht hatte. Die anderen lagen in Salman Pack Fallujah und Samarra weiter im Norden und waren schwer zu erreichen. Aus Informationen, die der Mossad vom amerikanischen Geheimdienst als Jumbo[1] zugespielt bekommen hatte, erfuhr man, daß jeden Donnerstag ein kleiner Konvoi von LKWs zu dem Komplex kam und mit Munition beladen wurde, die dann nach Karbala zur Herstellung von Geschützgranaten transportiert wurde.

Die Aufgabe war, in der Nähe der Basis am Mittwoch, dem 23. August, Stellung zu beziehen und zu warten, bis am folgenden Tag die LKWs beladen wurden. In dem Augenblick sollten Scharfschützen mit speziellen schallgedämpften Gewehren Explosivgeschosse auf je einen LKW abfeuern, der dadurch in die Luft gehen würde. Das mußte während des Beladens passieren, damit man eine Kettenreaktion erzeugte, die sich bis in die Lagerräume fortsetzen würde. Die Tore wären zu dem Zeitpunkt geöffnet, wodurch mehrere Stapel hochexplosiven Materials, die dort bereitstünden, die Explosion zum Hauptlagerraum weiterleiten würden.

Eine solche Operation, die so sehr einer Selbstmordaktion gleichkam, war von der israelischen Armee noch nie gemacht worden. Die Hauptfluchtroute ging den Fluß hinunter und war sicher,

[1] Persönliche Information, die von Verbindungsoffizieren des Mossad bei ausländischen Geheimdienstleuten außerdienstlich auf dem Weg von freundschaftlichen Beziehungen erworben wird.

solange die Irakis glauben würden, daß die Explosion ein Unfall wäre. Später würden sie etwas anderes herausbekommen, aber dann wäre die Einheit bereits in Sicherheit. Bei dem Ganzen war keine unterstützende Hilfsmission eingeplant, was den Soldaten auch gesagt wurde. Deshalb waren alle Freiwillige.

Die Operation verlief sehr erfolgreich, und die Explosion rief die Art von Publizität hervor, die der Mossad erhofft hatte, um die Aufmerksamkeit auf Saddams ständiges Bemühen zu richten, eine riesige und mächtige Kriegsindustrie aufzubauen. Der Mossad gab seine »Erkenntnisse« an die westlichen Geheimdienste weiter und ließ die Story von der Explosion in die Presse sickern, wobei die Zahl der Toten mit Hunderten angegeben wurde.

Da es eine stark bewachte Fabrik war, hatten westliche Reporter kaum Zugang. Allerdings luden die Iraker Anfang September westliche Medienleute ein, um den Wiederaufbau nach dem Krieg vorzuführen. Der Mossad sah hier sofort eine Gelegenheit, erneut Schaden zu stiften. Ein Mann, der sich Michel Rubiyer nannte, und angeblich für die französische Zeitung *Le Figaro* arbeitete, trat an Farzad Bazoft heran, einen einunddreißigjährigen Reporter, der als freier Mitarbeiter für die englische Zeitung *The Observer* tätig war. Rubiyer war niemand anders als Michel M., mit dem zusammen ich ausgebildet wurde und der aus Frankreich stammte (wohin er und seine Familie aus Rumänien gezogen waren, als er noch klein war). Michel ging später nach Israel und trat in die Armee ein, wo er in die Einheit 8200 (Signalerkennung) versetzt wurde. Unter Einsatz seiner Beziehungen zu Geheimdienstkreisen wurde er vom Mossad rekrutiert und bekam schließlich einen Job in der Pariser Station.

Michel erzählte Farzad Bazoft, daß er ihn gut bezahlen und seine Story auch bringen werde, wenn er eine Gruppe von Journalisten nach Bagdad begleite. Als Grund dafür, nicht selbst hinzufahren, gab er an, daß er dort auf der schwarzen Liste stehe. Er sei hinter einer großen Story her. Er ließ Bazoft wissen, daß er doch das Geld und die Abwechslung wegen seiner kriminellen Vergangenheit gut gebrauchen könne. Michel erzählte dem verblüfften Reporter, daß er von seiner Verhaftung 1981 wegen eines bewaffneten Raubüberfalls im englischen Northampton wisse. Nach dieser Drohung versprach er dem Reporter, daß er dafür sorgen werde, daß die Story auch im *Observer* gedruckt werde.

Er wollte, daß Bazoft Informationen über die Explosion in Al-Iskandariyah sammelte, Fragen darüber stellte, Skizzen von dem Gebiet anfertigte und Bodenproben nahm. Er versicherte dem besorgten Reporter, daß Saddam es nicht wagen würde, einem Journalisten etwas anzutun, auch wenn er über seine Aktivitäten nicht glücklich wäre. Das Schlimmste, was Saddam tun könnte, wäre, ihn hinauszuwerfen, was schon ausreichte, ihn als Reporter berühmt zu machen.

»Warum gerade Bazoft?« fragte ich.

»Er war iranischer Abstammung, was es den Irakern leichter machte, ihn zu bestrafen. Er war kein Europäer, den Saddam wahrscheinlich nur verhaften und dann hinauswerfen würde.«

Der Mossad war Bazoft auf die Spur gekommen, weil der auf der Suche nach Storys seine Nase in einen Mossad-Fall gesteckt hatte. Er hatte sich bemüht, Informationen über einen Ex-Mossad-Mann mit dem Namen Dr. Cyrus Hashemi zu erhalten, der im Juli 1986 vom Mossad eliminiert worden war. Da Bazoft schon zuviel rausbekommen hatte, war er der ideale Kandidat für den Job.

Uri erzählte weiter, daß Bazoft auch tatsächlich bis zu der angegebenen Fabrik vordrang und verhaftet wurde, wie zu erwarten war, und zwar zusammen mit seiner britischen Freundin, die damals als Krankenschwester in einem Hospital in Bagdad arbeitete.

Innerhalb weniger Tage nach der Verhaftung rief ein Mossad-Verbindungsoffizier in den USA den irakischen Vertreter in Holland an und sagte ihm, daß Jerusalem bereit sei, einen Deal mit ihnen zur Freilassung ihres Mannes zu machen. Er sagte auch, daß das nur den Mann betreffe, da Israel mit der Krankenschwester nichts zu tun habe. Der Iraker bat um Aufschub, um Bagdad zu kontaktieren. Am folgenden Tag rief ihn der Mossad-Mann wieder an und sagte, es sei alles ein großes Versehen, und brach den Kontakt ab. Nun hatten die Iraker keine Zweifel mehr, daß sie einen richtigen Spion in Händen hielten, und wollten ihn hängen. Jetzt brauchte sich der Mossad nur noch zurückzulehnen und zu beobachten, wie Saddam der Welt bewies, was für ein Monster er doch war.

Am 15. März 1990 traf Farzad Bazoft, der im Abu-Ghraib-Gefängnis, zwanzig Kilometer westlich von Bagdad festgehalten wurde, kurz mit dem britischen Botschafter im Irak zusammen. Wenige Minuten später wurde er gehängt. Seine englische Freundin wurde zu fünfzehn Jahren Haft verurteilt. Seine Leiche wurde der englischen Botschaft in Bagdad übergeben. Ein offizieller Sprecher sagte: »Frau Thatcher wollte ihn lebend, wir haben ihr gerade seine Leiche gebracht.«

Die Welt war schockiert, aber der Mossad war noch nicht zufrieden. Passend zu der Story von der brutalen Hinrichtung lieferte ein Mossad-*Sayan* dem ABC-Fernsehen eine Reihe von Dokumenten zusammen mit einer Story aus einer verläßlichen Quelle im Nahen Osten, die von einer Fabrik berichtete, in der Uran hergestellt werde. Die Informationen waren überzeugend, noch mehr die Fotos und die Skizzen. Es sei an der Zeit, die Aufmerksamkeit der Welt auf Saddams Massenvernichtungsmittel zu richten.

Nur drei Monate zuvor, am 5. Dezember 1989, hatten die Iraker eine »Al-Abid«, eine Dreistufenrakete, gezündet. Die Iraker behaupteten, es sei eine Satelliten-Trägerrakete, die Gerald Bull, ein kanadischer Wissenschaftler, mit ihnen entwickelt habe. Der israelische Geheimdienst wußte, daß der Abschuß, der als großer Erfolg gefeiert wurde, ein totaler Reinfall war und daß das irakische Programm niemals sein Ziel erreichen würde, was man aber wohlweislich für sich behielt. Ganz im Gegenteil wurde der Raketenabschuß übertrieben und wahnsinnig aufgeblasen, und der Welt wurde erzählt, daß jetzt alle Puzzleteile zusammenpassen würden: Hier ist ein Verrückter, was wir ja alle wissen, und er entwickelt nukleare (siehe den israelischen Angriff auf den irakischen Reaktor 1981) und chemische Waffen (siehe die Angriffe auf sein eigenes Volk, die Kurden). Er sei der Mann, der die westlichen Medien verachte, der sie alle als israelische Spione ansehe. Dieser Verrückte werde bald die Fähigkeit besitzen, Raketen von jedem beliebigen Ort im Irak auf jedes beliebige Ziel im Nahen Osten und darüber hinaus abzuschießen.

Nach der Verhaftung von Bazoft bekam Gerald Bull, der auch an dem irakischen Projekt einer Riesenkanone – »Babylon« genannt – arbeitete, Besuch von Freunden aus seiner früheren Zeit der Zusammenarbeit mit Israel (denselben, die ihn mit den Südafrikanern in Verbindung gebracht hatten zur gemeinsamen Entwicklung einer weitreichenden Kanone, die von den Südafrikanern

»G-5 155 mm« genannt wurde, und der Kanone »G-6 155 mm« auf Selbstfahrlafette, die ursprünglich in Israel von der Firma Sultam gebaut wurde). Der eine der Besucher war David Biran, damals Liaison-Chef, und der zweite war Ron Vintrobe, damals Chef des irakischen Ressorts im Mossad-Hauptquartier. Ihr Auftauchen sollte für Bull eine nicht zu übersehende Drohung signalisieren. Beide waren Bull als Mitglieder des israelischen Geheimdienstes bekannt. Doch sie liefen nicht Gefahr, enttarnt zu werden, da sie keine Außendienstleute waren.

Die psychologische Abteilung des Mossad hatte die Lage, in der sich Dr. Bull befand, sehr genau studiert und alles, was über seinen Charakter bekannt war, analysiert. Man war zu dem Ergebnis gekommen, daß er unter Drohungen seine Arbeit nicht aufgeben, sondern ohne Rücksicht auf seine eigene Sicherheit weitermachen würde. Das hieße allerdings nicht, daß er gelassen bliebe. Im Gegenteil kam man zu dem Schluß, daß man ihn durch die Drohungen sehr wohl in Schrecken und starken Streß versetzen könnte. Aber, wie gesagt, er würde nicht aufgeben.

Aus alldem würde der Mossad nur Vorteile ziehen: Die Augen der Welt würden über die Leiche von Gerald Bull hinweg auf sein Werk gerichtet sein, die irakische Riesenkanone »Babylon«. Das Timing mußte stimmen; es mußte direkt auf einen Terrorakt des Regimes in Bagdad folgen, eine Tat, die nicht als Unfall oder Provokation dargestellt werden konnte. Die Hinrichtung des Reporters vom *Observer* am 15. März sollte dieser Auslöser sein.

Nach der Hinrichtung reiste ein *Kidon*-Team nach Brüssel, wo sie das Appartementgebäude, in dem Bull lebte, genau prüften. Der Job mußte an einem Ort erledigt werden, wo er nicht als Raubüberfall oder Unfall gelten könnte. Gleichzeitig wurde eine Fluchtroute für das Team vorbereitet, wofür einige alte Kontakte zu rechten Elementen in der belgischen Polizei wiederbelebt wurden, um sicherzugehen, daß sie während der Beseitigung Bulls im Dienst waren, damit man notfalls befreundete Polizei zu Hilfe rufen konnte. Über den Grund ihrer Alarmbereitschaft wurde ihnen nichts erzählt; den würden sie später erfahren und schweigen.

Einige Mitglieder des *Kidon* mieteten ein leerstehendes Appartement neben dem von Bull, zogen allerdings nicht ein, sondern begnügten sich mit den Hausschlüsseln. Acht Tage nach dem

Erhängen des Reporters (während der englische Geheimdienst kurz davor stand, eine Blitzoperation der Iraker zu durchkreuzen, bei der sie nukleare Schaltungen aus den USA schmuggeln wollten, ähnlich den Schaltungen, bei deren Schmuggel Israel vor sieben Jahren erwischt wurde) befand sich ein Mossad-Killer in dem leeren Appartement und wartete auf ein Zeichen von einem *Kidon*-Mann, der vor dem Gebäude den Eingang beobachtete. Ein dritter Mann sicherte das Treppenhaus, und zwei weitere saßen in zwei Fluchtautos auf der Straße.

Als Dr. Bull um 20.30 Uhr das Haus betrat, signalisierte der Beobachter vor dem Haus dem Mann im leeren Appartement im sechsten Stock, sich bereitzumachen. Der Schütze verließ die Wohnung und ließ nur eine leere Zigarettenschachtel und ein Streichholzbriefchen eines Brüsseler Hotels zurück. Er versteckte sich in einer Nische. Sobald sich die Fahrstuhltür hinter Dr. Bull geschlossen hatte, schoß der Killer dem Mann aus unmittelbarer Nähe in das Genick und den Kopf. Dann ging er zu dem Mann, der zusammengesackt war, und entnahm seiner Tragetasche eine Handvoll Dokumente und sonstige Papiere, die er in eine Einkaufstüte stopfte. Schließlich sammelte er noch die Geschoßhülsen ein und steckte sie zusammen mit dem Revolver ebenfalls in die Einkaufstüte.

Zusammen mit dem Partner im Treppenhaus verließ er das Gebäude. Ihre Fluchtautos wurden in einer Tiefgarage abgestellt, wo sie am nächsten Tag von einem *Sayan*, einem Autohändler, abgeholt wurden, der ihnen die Wagen vermietet hatte, ohne den Vorgang zu registrieren. Dann fuhren sie nach Amsterdam, wo sie Europa in Richtung Israel in einer El-Al-Frachtmaschine als Teil der Besatzung verließen. Genauso waren sie angekommen.

In den folgenden Wochen kamen mehr und mehr Einzelheiten über die Riesenkanone und andere Elemente von Saddams Kriegsmaschinerie ans Licht. Der Mossad überschwemmte die Geheimdienste mit furchterregenden Informationen über die bösen Absichten von Saddam dem Schrecklichen.

Es war klar, worauf der Mossad abzielte. Er wollte, daß der Westen seine Anweisungen durchführte genau wie in Libyen, das die Amerikaner in einem Ausmaß bombardierten, wie die Israelis es niemals hätten tun können. Schließlich besaß Israel keine Flugzeugträger und keine Luftstreitmacht, wie sie die Amerikaner hatten. Sie waren zwar in der Lage, ein Flüchtlingslager in Tunis zu bombardieren, aber dies hier war nicht dasselbe. Für die Mossad-Führung war klar, wenn sie Saddam nur böse genug erscheinen ließ und als Bedrohung des Golf-Öls darstellte, dessen Beschützer er bis dahin gewesen war, dann würden die USA und ihre Alliierten ihm nichts mehr durchgehen lassen und Maßnahmen ergreifen, um seine Armee und sein Waffenpotential zu zerstören, besonders wenn sie glauben würden, daß es die letzte Chance wäre, bevor er in den Besitz von Atomwaffen geriete.

Ich hatte die Geschichte zu Papier gebracht und beschloß, am folgenden Tag die belgische Polizei anzurufen und alles zu erzählen, was ich wußte. Schließlich würde es ohnehin demnächst in meinem Buch stehen. Uri war noch nie so glücklich, einen Ort zu verlassen, wie bei seiner Abreise noch am selben Tag aus Ottawa. Am folgenden Morgen rief ich die belgische Polizei an und verbrachte beinahe eine Stunde am Telefon, weil ich die Story wieder und wieder erzählen mußte. Ich gab ihnen weder meinen Namen noch die Quelle meiner Informationen an, aber sonst verschwieg ich nichts. Als ich auflegte, war ich überzeugt, daß sie meine Story untermauern könnten und mit dem Finger in die richtige Richtung weisen würden.

Am nächsten Tag sollte Claire kommen und mit mir an dem neuen Kapitel arbeiten. Aber ich erhielt einen Anruf von Ephraim: »Streich die Geschichte, die Uri dir erzählt hat.« Ich protestierte, aber er war nicht umzustimmen. Er sagte mir, daß ich ihm in dieser Sache vertrauen müsse und er mir ein anderes Mal alles genau erklären werde. Und die belgische Polizei hat auch nie den Mord aufgeklärt. Am meisten verwirrte mich allerdings das mangelnde Interesse der kanadischen Presse und der Bevölkerung (und der kanadischen Regierung sowieso) für den Mord an einem ihrer Landsleute.

Kapitel 28

Mitte März schlossen Claire und ich das Buch ab. Ephraim hatte das meiste gebilligt und grollend den Rest akzeptiert.

Nelson Doucet, unser Ansprechpartner beim Stoddart-Verlag, erzählte uns, daß er eine Außenlektorin beauftragt habe. Sie sei jedoch mit dem Verlag verbunden und daher zuverlässig und diskret. Sie hieß Frances Hanna und war die Frau von Bill Hanna, der bei Stoddart für ausländische Lizenzen zuständig war.

Sie sagte uns, daß sie als Lektorin mit einem anderen Buch mit demselben Thema zu tun gehabt habe und daß sie gerne meine Meinung dazu hören würde. Das Buch hieß *Vengeance* (Rache).

Ich sagte ihr, daß ich nur den Anfang gelesen und es unglaublich lächerlich gefunden und deshalb auch nicht zu Ende gelesen habe. Sie reagierte darauf ziemlich ungnädig, aber im Laufe der Zeit, als sie erfuhr, was wirklich in der Welt der Geheimdienste vor sich geht, verstand sie wohl meinen Standpunkt.

Als das Buch in Satz gegangen war, reiste Bill Hanna mit den Druckfahnen nach New York, um sie Tom McCormick, dem Verleger von St. Martin's Press, zu geben. Tom wollte das Buch über Nacht lesen, und am Morgen sollte ich in sein Büro kommen. Nach dem Treffen wollte er entscheiden, ob er mitmachte.

Ich fuhr zusammen mit Bella nach New York. Ich war um unsere Sicherheit etwas besorgt. Zu diesem Zeitpunkt waren schon zu viele Leute an dem Projekt beteiligt, so daß möglicherweise etwas zum Mossad gedrungen war, ohne daß es Ephraim und seine Clique erfahren hatten. Es könnte ja auch eine andere Clique geben, die ihre Angelegenheiten genauso geheimhielt wie wir unsere.

Bella und ich stiegen im Ritz ab. Als erstes traf ich mich mit Bill, der mich zu Tom mitnehmen wollte. Bella machte unterdessen einen Schaufensterbummel.

Ich war sehr angespannt und konnte mich nur schwer konzentrieren. Ich hatte das Gefühl, verfolgt zu werden, konnte es aber an nichts festmachen. Ich sagte mir, daß es eigentlich egal war, weil die

Tatsache, daß viele Leute daran beteiligt waren, sowohl zu meinem Vorteil als auch zu meinem Nachteil sein konnte. Ich wurde durch das Scheinwerferlicht geschützt.

Das Treffen mit Tom verlief sehr angenehm. Er stellte einige knallharte Fragen, aber da ich nichts zu verbergen hatte, konnte ich problemlos damit umgehen. Tom war sehr entspannt. Mit seinem bissigen Humor und seiner leisen, tiefen Stimme sorgte er für eine gute Atmosphäre. Bill hatte die Fahnen eingehüllt in den Umschlag eines anderen Buches transportiert; es war von Pierre Elliott Trudeau. Diese Vorsichtsmaßnahme hielt er für angebracht. Ich fand das eher amüsant.

Nach zwei Stunden ging ich. Bill blieb noch, um das Geschäftliche zu regeln. Man hatte mir noch keine definitive Antwort gegeben, aber ich hatte auf dem Rückweg ins Hotel ein gutes Gefühl.

Bella und ich verließen sogleich die Stadt. Ich rief Bill unterwegs von einem Restaurant an, und er hatte gute Nachrichten: St. Martin's machte mit. Ich informierte Ephraim, sobald ich wieder in Ottawa war, und er war begeistert. »Das haut rein! Ich bin sicher, das gibt ihnen den Rest«, sagte er.

Ich hatte meine Zweifel. »Sie können sagen, daß sie mich nicht kennen. Sie können sagen, es sei alles gelogen, wie sie es schon früher gemacht haben.«

»Nicht, wenn ich es verhindere. Dann nicht. Du bist nicht Vanunu, und das wissen sie. Wir müssen abwarten.«

»Weißt du, ob schon was durchgesickert ist?«

»Soviel ich weiß, nein. Aber du mußt sehr vorsichtig sein und dich in der nächsten Zeit öfters umschauen, zumindest bis das Buch raus ist und du den Schutz der Medien genießt.«

»Das heißt, daß du keine Ahnung hast, ob sie es wissen oder nicht.«

»Es kommt auf die Größenordnung an«, sagte er, »aber mach dir keine Sorgen. Wenn sie was Drastisches vorhaben, dann werd' ich es mit Sicherheit erfahren.«

Ich wußte sehr gut, auf was ich mich einließ, als ich mit dem Schreiben des Buches begann. Aber zumindest sein letzter Satz gab mir ein wenig Ruhe.

Sonntag, den 2. September 1990

»Die Katze ist aus dem Sack«, sagte Ephraim am Telefon. »Sie haben eine Diskette vom Buch und drucken es gerade aus. Soviel ich gehört habe, steht es nicht gut. Es liegt jetzt beim Premierminister.«

»Der kleine Bastard wird ihnen den Auftrag geben, mich umzubringen«, sagte ich.

»Ich ließ ihm durch jemanden eine bessere Idee einblasen, und ich glaube, er hat den Köder geschluckt.«

»Kannst du dich genauer ausdrücken?«

»Im Moment lieber nicht. Aber du wirst in den nächsten Tagen Besuch bekommen.«

»Kenne ich ihn?«

»Ich bin nicht sicher, aber ich glaub', schon.«

Mehr sagte er nicht. Claire und ich reisten nochmals nach Toronto. Wir hatten ein Treffen mit dem Vertreter von St. Martin's Press, und es wurde bei Stoddart beschlossen, die Veröffentlichung um einen Monat zu verschieben, damit beide Ausgaben zeitgleich erscheinen konnten. Die Auflage von Stoddart war gerade ausgedruckt und wurde in einem leeren Speicher neben dem Verlagsgebäude gelagert und extrem bewacht. Die Spannung stieg; wir waren startklar. Ich fühlte mich wie jemand, der von einer sehr hohen Klippe springen soll, und ich konnte nur hoffen, daß das, was ich mir auf dem Rücken geschnallt hatte, ein Fallschirm war.

Bevor wir den Verlag verließen, kam Jack Stoddart, um uns zu sagen, daß etwas Merkwürdiges passiert sei. Er habe gerade einen anonymen Anruf erhalten, in dem es hieß, daß Israel das Anwaltsbüro Goodman and Carr in Toronto beauftragt habe, die Veröffentlichung des Buches zu unterbinden. Jack war sich nicht sicher, ob das echt war oder ob sich jemand im Verlag einen Scherz erlaubt hatte. Ich war mir sicher, daß es kein Scherz war, aber ich konnte daran auch nichts ändern. Wir fuhren nach Ottawa zurück, und ich hatte mich vergewissert, daß wir nicht verfolgt wurden.

Jetzt bekam auch Bella mit, was in dem Buch stand, obwohl sie es weder gelesen hatte, noch irgend etwas veröffentlicht war. Ein paar Tage zuvor waren wir mit den Mädchen in ein italienisches Restaurant in Ottawa gegangen und hatten ihnen kurz erzählt, was vor sich ging. Ich erklärte ihnen, warum ich diesen Schritt gemacht hatte, und bereitete sie auf die Wutausbrüche vor, die vielleicht kommen würden.

Am Abend nach meiner Rückkehr aus Toronto fuhren Bella und ich zum Bayshore-Einkaufszentrum. Ich brauchte eine Atempause und wollte, da ich die Geister kannte, die bald aus der Flasche entweichen würden, die Gelegenheit ergreifen, noch ein paar Stunden der Anonymität zu genießen.

Ich entdeckte sie, als ich im Telefonhäuschen in einer der Einkaufspassagen stand: ein Team von fünf Leuten, das uns wohl schon die ganze Zeit gefolgt war. Ich dachte, das wär's wohl und diese Nacht wird die letzte sein. Wir verließen das Einkaufszentrum und fuhren nach Hause. Ein paar Tage zuvor war ich mit dem Umschlag des Buches zur Polizeiwache in Nepean gegangen. Ich hatte ein langes Gespräch mit dem Chef gehabt. Ich erklärte ihm, daß ich ein Buch über den israelischen Geheimdienst geschrieben hatte, worüber der nicht glücklich war. Er versprach, wachsam zu sein; sie wollten so schnell wie möglich zur Stelle sei, falls ein Problem auftauchen würde.

Ich erwartete nicht, daß sie es mit dem Mossad aufnehmen könnten, aber die Tatsache, daß sie Bescheid wußten, gab mir ein besseres Gefühl. Ich fuhr auch zum RCMP-Hauptquartier in Ottawa und sprach mit den Zuständigen dort. Sie sagten mir, daß solche Sachen in den Bereich der Leute vom CSIS, des kanadischen Geheimdienstes, fielen, die im selben Gebäude saßen. Ich ging in deren Büro und gab ihnen dieselben Informationen wie der Polizeiwache in Nepean. Damit hatte ich mein Möglichstes getan.

Um neun Uhr abends klopfte es an der Tür. Ich machte gerade Kaffee in der kleinen Küche. Bella öffnete. Oren Riff und Araleh Sherf standen draußen (Oren war persönlicher Assistent des Mossad-Chefs und mein ehemaliger Kursleiter. Araleh Sherf, ehemaliger Leiter der Akademie, war jetzt Chef der *Tsafririm*-Abteilung und verantwortlich für die Überwachung und Aktivierung der jüdischen Diaspora). Oren trug eine Tasche über der Schulter, und Araleh versuchte krampfhaft zu lächeln.

»Wir möchten mit dir reden«, sagte Araleh.

Ich griff zum Telefon und wählte den Notruf, aber bevor eine Antwort kam, legte ich auf. Irgend etwas hinderte mich daran, schon jetzt solch einen drastischen Schritt zu tun.

Oren sagte mit schiefgelegtem Kopf: »Wir sind gekommen, um zu reden.«

Das Telefon klingelte. Es war die Polizei, die wissen wollte, was los sei. Ich sagte ihnen, alles wäre in Ordnung. Falls es Probleme gebe, würde ich zurückrufen. Ich ging zur Tür und merkte, daß Bella kreidebleich geworden war. Ich dachte, sie würde jeden Moment ohnmächtig werden. Aber sie wurde nicht ohnmächtig, sondern sagte den Besuchern ihre Meinung. Wahrscheinlich hatte ihr plötzliches Auftauchen diesen Zornesausbruch ausgelöst. Sie wußte genau, wer sie waren, und ihr Besuch ließ alle ihre Befürchtungen wegen des Buches wahr werden.

»Können wir reinkommen?« fragte Oren.

»Nein. Ich hab' euch nichts zu sagen«, erwiderte ich.

»Bitte, laß uns wie zivilisierte Menschen miteinander reden«, sagte er.

Ich mußte darüber lachen, riß mich dann aber zusammen. Ich wußte, während die beiden an meiner Tür standen, würde das Team, das mich ergreifen und in ein kleines, stinkendes Loch nach Israel bringen wollte, draußen in der Dunkelheit Position beziehen. Ich würde nicht darauf reinfallen zu glauben, daß sie nur mit mir reden wollten.

»Wenn ihr mir was zu sagen habt, dann tut es hier und jetzt«, sagte ich. »Ich lass' euch nicht reinkommen. Und ich würde euch raten, euch kurz zu fassen, und dann so schnell wie möglich von hier zu verschwinden.«

»Wir befinden uns im Krieg«, sagte Araleh mit Bezug auf die Situation am Golf. Und das kam aus dem Mund einer Person, die Teil des Mechanismus war, der diese Situation provoziert hatte. Es hörte sich an wie jemand, der seine Eltern umgebracht hat und nun Gnade verlangt, weil er Waise ist.

»Was wollt ihr?« Ich mußte das Spiel mitmachen, bis ich eine Gelegenheit sah zu entkommen. Auch wollte ich meine Familie so weit wie möglich raushalten. Als meine Tochter Leeorah hebräisch sprechen hörte, glaube sie, es seien Gäste aus Israel da, und war die Treppe heruntergekommen. Aber sie rannte wieder hoch, sobald sie meine zornige Stimme hörte.

»Wir möchten, daß du das Buch stoppst«, sagte Araleh.

»Das hätte ich dir nicht zugetraut«, gab Oren seinen Senf dazu.

Araleh schaute ihn wütend an, als wollte er sagen: »Verärgere nicht unsere Beute.«

»Das liegt nicht nur an mir«, versuchte ich es in ganz vernünftigem Ton. »Außerdem ist das Buch schon gedruckt und wird jeden Moment ausgeliefert.«

»Wie hoch ist die Auflage für Kanada?« wollte Araleh wissen. »Du mußt das Buch stoppen.«

»So einfach ist das nicht.« Ich spielte auf Zeit.

»Du weißt, daß Geld keine Rolle spielt«, sagte Oren. »Wir werden alle Unkosten decken und die wahrscheinlichen Gewinne – das weißt du.«

»Ich muß mit verschiedenen Leuten reden. Dafür brauch' ich Zeit.«

Sie schauten einander an. »Ruf mich im Konsulat in Toronto an«, sagte Oren. »Ich warte dort auf deinen Anruf bis morgen mittag.«

»Okay.« Ich schloß die Tür. Sie gingen zu ihrem roten Chevrolet Cavalier mit einem Nummernschild aus Quebec. Sie saßen eine Weile im Wagen und fuhren dann los. Ich wußte, daß mir nicht viel Zeit blieb. Ich erwartete, daß das Team jeden Moment zur Tür hereinkam.

Ich sah nackte Angst in Bellas Augen. Ich wußte, daß sie nicht um sich selbst Angst hatte, sondern um ihren dummen Mann, der sich schon wieder in den Schlamassel geritten hatte. Ich stopfte alles Notwendige in meinen Aktenkoffer und setzte mich dann, um über meinen nächsten Schritt nachzudenken. Nach kurzer Analyse kam ich zu dem Schluß, daß sie jetzt nicht hereinstürmen würden. Sie würden abwarten, um festzustellen, ob ich einen Schutzmechanismus hätte, der nach ihrem frechen Besuch in Aktion treten würde. Sie wollten ja nicht auf frischer Tat ertappt werden.

Ich beschloß, Punkt Mitternacht zu verschwinden. Ich mußte irgendwohin gehen, wo rund um die Uhr Polizei war. Aber eine Polizeiwache kam da nicht in Frage. Ich mußte zum Flughafen. Er war vierundzwanzig Stunden in Betrieb, und dort gab es auch Polizei. Ich würde von dort aus alle Leute anrufen, die ich kannte, und versuchen, die Stadt so schnell wie möglich zu verlassen. Ich glaubte, ich würde bei meinem Verleger am sichersten sein. Schließlich war er in dieser Angelegenheit mein Partner.

Um Mitternacht ging ich zum Wagen und fuhr los. Ich wurde von einem kleinen grauen Auto und einem großen, fensterlosen Lieferwagen verfolgt. Ich machte etliche Manöver, um zu entkommen, was mir auch glückte, da ich die Gegend besser als sie kannte. Ich fuhr direkt zum Flughafen und ging zur dortigen RCMP-Station.

Ich hatte eine kurze Unterhaltung mit dem Wachtmeister. Ich sagte ihm, daß ich von Mossad-Leuten verfolgt werde. Er versprach, alle Polizisten am Flughafen zu informieren, die regelmäßig nach mir schauen sollten. Es gab keine Flüge vor dem nächsten Morgen; also mußte ich die Nacht im Flughafen verbringen.

Ich rief Bella an und sagte ihr, daß alles in Ordnung sei, und dann Claire, um ihm von den Vorfällen zu erzählen. Nelson Doucet war nicht zu Hause, und deshalb rief ich Jack Stoddart an. Ich hatte von ihm erwartet, daß er etwas unternehmen oder vielleicht Besorgnis zeigen würde, aber weder noch. Er sagte nur, daß alles in Ordnung sei und er mich morgen im Büro erwarte.

Um sieben Uhr früh ging der Flug. Es dauerte eine Weile, bis wir wegen des Nebels in Toronto landen konnten. Schließlich klappte es. Dann nahm ich ein Taxi, und nach einer wilden Fahrt erreichte ich den Verlag.

Bei Stoddart mußte ich eine Weile warten. Endlich kam jemand, dem ich erklären konnte, was passiert war. Der Mossad war auf unserer Spur und bereitete Maßnahmen vor, um das Buch zu stoppen. In einem Gespräch unter vier Augen mit Stoddart fühlte ich mich verpflichtet, ihm einen Ausweg aus der Situation zu weisen. Ich sagte ihm, wenn er sich zurückzuziehen wünsche, werde er vom Mossad großzügig entschädigt, dessen Vertreter Oren Riff auf meinen Anruf im Konsulat von Toronto warte.

Jack antwortete, daß die Verlegertätigkeit für ihn nicht nur eine Angelegenheit des Geldes, sondern auch des Prinzips sei. Er habe nicht die Absicht, sich da herauszuziehen; das Buch werde erscheinen, egal was passiere.

Angel Guerra, Stoddarts Pressemann, hatte in der Zwischenzeit eine kleine Gruppe Reporter von den größeren Zeitungen und vom Fernsehen zusammengerufen. Sie warteten auf mich im Konferenzsaal. Ihnen war eine kurze Zusammenfassung des Buches gegeben worden. St. Martin's Press, der amerikanische Verlag, wurde von der neuen Entwicklung unterrichtet. Sie wollten das Tempo noch beschleunigen. Stoddart hatte siebzehntausend Exemplare des Buches in seinem Warenlager bereitliegen und beschloß, sie sofort auszuliefern. Sie hatten ein System, bei dem der Verlag die Läden ohne Bestellung belieferte. Die Buchhändler bekamen die Neuerscheinung in Kommission, somit wurde eine schnelle Verbreitung erreicht.

Bill Hanna, der für Lizenzen zuständig war, hatte auch einen Vertrag mit Bloomsbury, einem englischen Verlag, abgeschlossen. St. Martin's Press, die den englischen Verlag mit Exemplaren versorgen sollte, hatte jedoch noch keine Bücher, so daß man warten mußte, bis das Buch in Kanada und den USA erschien.

Ich telefonierte mit Bella, die mir sagte, daß Rina aus Israel angerufen habe. Rina war eine von Bellas besten Freundinnen. Sie hatte gesagt, daß sie und ihr Mann Hezy sowie noch einige andere unserer Freunde am folgenden Tag nach Ottawa kommen würden, um zu versuchen, das Erscheinen des Buches zu verhindern. Bella hatte Rina erklärt, daß ihre Mühe umsonst sei. Es sei unwahrscheinlich, daß sie dort Erfolg hätten, wo sie selbst gescheitert sei. Später, als Oren anrief und mich verlangte, sagte ihm Bella, er solle seinen Leuten in Israel sagen, nicht alle unsere Freunde auf diese dämliche Reise zu schicken. Oren spielte den Ahnungslosen. Aber sie pochte darauf, und er blies schließlich die ganze Aktion ab.

Unterdessen saß ich bei Stoddart und fühlte mich sehr hilflos. Ich konnte die Gegenwart des Mossad-Teams beinahe spüren, war aber nicht in der Lage, mit Ephraim oder sonst jemandem zu reden. Es gab zu viele Augen und Ohren um mich herum.

Als ich gerade in den Konferenzraum gehen wollte, kam ein Fax von Anwalt Joel Goldenberg aus der Kanzlei Goodman and Carr, in dem es hieß, daß sie im Namen des Staates Israel eine einstweilige Verfügung gegen die Auslieferung erwirkt hätten. Ich wurde aufgefordert, über den Inhalt Stillschweigen zu wahren, bevor die Sache nicht vor Gericht geklärt sei. Mir wurde ein Maulkorb angelegt, und zum ersten Mal in der kanadischen Geschichte blockierte ein fremdes Land die Veröffentlichung eines Buches – und das, bevor ein einziges Exemplar die Lager in Kanada verlassen hatte und bevor die Rechtsvertreter die Chance hatten, ein Exemplar zu sehen, es sei denn, sie bekamen ein gestohlenes. Die Tatsache, daß mein Name auf dem Umschlag stand, und die Tatsache, daß es ein

Sachbuch über den Mossad war, reichten aus, um es zu einer Gefahr für Israel werden zu lassen.

Bevor in den USA irgendwelche rechtlichen Schritte unternommen werden konnten, hatte St. Martin's Press schon zwölftausend Exemplare an amerikanische Buchhandlungen ausgeliefert. Es konnte nicht lange dauern, daß Israel versuchen würde, das Buch in den USA ebenso zu stoppen wie in Kanada.

Der Regierung Israels war von Anfang an klar, daß das alles vergeblich war und sie aller Voraussicht nach nicht gewinnen konnte. Aber es gab andere Pläne, die nichts mit den Gerichten zu tun hatten. Wie später über die israelische Presse herauskam, hatte der Mossad-Chef verlangt, ihm Zeit zu geben, damit er Schritte unternehmen könne, mich zu stoppen. Er hatte vor einem Sonderausschuß der Knesseth, der zur Untersuchung meines Falles eingesetzt worden war, zugegeben, daß er Leute nach Kanada geschickt hatte, um mich zu überraschen, das Buch nicht zu veröffentlichen, und daß mir auch vergeblich Geld angeboten worden war. Daraufhin habe er beschlossen, zu anderen Mitteln zu greifen.

Erst viel später, als wieder Ruhe eingekehrt war, erzählte mir Ephraim, wie diese Pläne aussahen. Der Chef wollte, daß die juristische Intervention mich in den ersten Tagen daran hinderte, zu reden und relevante Fragen zu beantworten, damit er ausreichend Zeit hätte, mich zu schnappen und nach Israel zu bringen. Sie waren von der Annahme ausgegangen, daß, egal wie sehr meine Verschleppung den offiziellen Beziehungen schaden würde, dieser Schaden gering wäre im Vergleich zu dem, den ich anrichten könnte, wenn ich in den Medien zu Wort käme. Und es war eher die Enthüllung ihres persönlichen Verhaltens, was ihnen an meinem Buch Sorgen machte, als die Enthüllung sogenannter Staatsgeheimnisse.

Mich völlig zu ignorieren zog der Mossad-Chef überhaupt nicht in Betracht. Dies teilweise deswegen, weil Ephraim auf einem Treffen der Abteilungschefs gesagt hatte, daß es Zeitverschwendung sei, mich zu ignorieren, weil ich verschiedene Dokumente in das Buch aufgenommen habe. Es stelle hingegen keine unmögliche Aufgabe dar, mich zu ergreifen und zurück nach Israel zu holen. Er verwies auch darauf, daß der Fragebogen, den ich aus dem Hebräischen übersetzt habe, ein solches Wissen über die syrische Armee zeige, wie man es außerhalb des Mossad oder des syrischen Militärs nicht haben könne.

Sally Tindel, Angels Sekretärin, wurde zu den wartenden Journalisten geschickt, um das ausgeteilte schriftliche Informationsmaterial einschließlich der Zusammenfassung des Buches wieder einzusammeln. Man hatte gerade erfahren, daß Israel rechtliche Schritte gegen die Veröffentlichung des Buches eingeleitet hatte. Zu meiner Überraschung rückten die Journalisten die Papiere anstandslos heraus. Wir hielten eine kurze Pressekonferenz ab, auf der ich nicht viel sagen konnte, nur so viel, daß ich glaubte, das Buch sei wichtig und müsse veröffentlicht werden.

Der Mossad ging in den USA genauso vor und setzte dort ebenfalls eine einstweilige Verfügung gegen die Auslieferung des Buches durch. So etwas hatte es noch nicht gegeben. Aber die Reaktion in den USA war sehr viel lautstarker und heftiger als in Kanada. Es wurde deutlich, daß die Amerikaner ihre Redefreiheit viel ernster nahmen als die Kanadier. Nachdem mir ein Maulkorb verpaßt worden war, setzte nun gegen mich in der ganzen Welt eine Hetzkampagne ein.

Die einstweilige Verfügung wurde in den USA innerhalb von vierundzwanzig Stunden aufgehoben. Bis dahin waren schon alle zwölftausend Exemplare verkauft, und die Läden verlangten Nachschub. Die Verkaufszahlen brachen alle Rekorde, aber gleichzeitig war es nicht erlaubt, über den Inhalt zu reden. Ich wechselte in Toronto ständig meinen Aufenthaltsort und überlegte meine nächsten Schritte, sprach aber mit niemandem darüber. Am ersten Tag hatte die RCMP mich unter ihre Fittiche genommen. Sie traten mit der Entschiedenheit von Leuten auf, die wissen, was sie wollen. Am Abend wurde beschlossen, mich nach Ottawa zurückzubringen, wo es einfacher wäre, mich und meine Familie zu beschützen, quasi als Paketlösung, wie sie meinten. Wir fuhren nach Ottawa und hielten bei der Polizeiwache von Nepean, wo meine beiden etwas verlegenen RCMP-Begleitoffiziere den wachhabenden Polizisten sagten, daß die RCMP-Führung beschlossen habe, es sei Aufgabe der Polizei von Nepean, mich zu beschützen, und sie mich ihnen überlassen würden.

Mir wurde gesagt, daß diese Entscheidung während unserer Fahrt nach Ottawa getroffen worden war. Sie glaubten, daß der

Mossad es nicht wagen würde, in Kanada in Aktion zu treten, und es deshalb auch keine Notwendigkeit für eine ständige Bewachung gäbe.

Daran konnte ich nichts ändern. Der Polizist gab mir seine Karte und meinte, falls Probleme auftauchten, könnte ich ihn jederzeit und von überall anrufen. Das ließ mich und meine Familie nun im wesentlichen nur unter dem Schutz der Polizeiwache von Nepean zurück, die eine Serie von Ladendiebstählen bereits als Verbrechenswelle ansah. Das war kein großer Trost.

Bella war schockiert, mich wiederzusehen, denn sie wußte sehr gut, worum es ging. Sie glaubte auch, daß ich zu Hause, lediglich beschützt von der örtlichen Polizei, sehr viel gefährdeter wäre. Am folgenden Morgen fuhr ich zum Bahnhof und sprang auf den Zug, als er gerade anfuhr. Nachmittags kam ich in Toronto an und ging direkt zum Stoddart-Verlag.

Der Mediensturm war in Gang gekommen. Ich gab Interviews entweder für das Fernsehen und über das Telefon für Radiosender; der weitest entfernte Ort war das australische Sydney, der nächste die jüdische Presse in Toronto. Aber über den Buchinhalt und meine persönlichen Erfahrungen im Mossad durfte ich immer noch nicht sprechen.

Und plötzlich tauchten auch einige israelische Medienleute auf, die sowohl als Reporter für ihre eigenen Blätter als auch als Kommentatoren für andere Medien agierten. Einer hieß Ran Dagony, der für die israelische Zeitung *Maarive* schrieb. Sie veröffentlichte ein verheerendes Interview mit mir, das Dagony vorgab, mit mir in Toronto geführt zu haben. Das Interview ging über beinahe zwei Seiten. Der Mann vergaß nur zu erwähnen, daß wir uns nie gesehen hatten, daß ich niemals mit ihm gesprochen hatte, nicht einmal telefonisch.

Der kanadische Richter hatte alle Diskussionen über das Buch für zehn Tage untersagt. Ich wußte, daß in diesem Zeitraum der Mossad versuchen mußte, mich zu stoppen. Ab und zu erwischte ich sie, wie sie mir folgten, aber ich konnte ihnen immer entkommen. Dann dankte ich jedesmal Mousa und Dov für das gute Training, das ich von ihnen bekommen hatte.

Bevor die zehn Tage um waren, entschloß ich mich, wieder nach Hause zu fahren. Mir fielen keine neuen Möglichkeiten mehr ein, den Stoddart-Verlag zu verlassen, ohne in eine Routine zu verfallen. Ich fühlte mich auch sehr frustriert. Ich war in den ABC-Abendnachrichten mit Peter Jennings gewesen, im NBC mit Tom Brokaw und in allen größeren Sendern, konnte aber wegen der einstweiligen Verfügung so gut wie nichts sagen. Ich kam mir vor wie ein Hampelmann.

Als ich nach Ottawa zurückkam, wurde ich wieder von einem Medienpulk erwartet. Reporter aus Israel waren gekommen und Leute von den lokalen Medien. Am seltsamsten fand ich, daß mir nicht erlaubt war, etwas über das Buch zu sagen, daß ich nicht einmal ein Exemplar in Händen halten durfte, während Oded Ben-Ami, der Vertreter des israelischen Rundfunks, in einem Hotelzimmer in Ottawa ganze Abschnitte aus meinem Buch über Telefon seinen Zuhörern in Israel vorlas.

Eine große Überraschung war eine Botschaft von meinem Vater, der über die Medien von meinem Buch gehört hatte. »Ruf mich an«, ließ er mich wissen, »was auch geschieht, ich bleibe immer dein Vater.«

Das tat gut. Zwar standen wir in Kontakt, seitdem ich in Kanada lebte, aber ich hatte sehr auf ein solches Zeichen von ihm gewartet. Nun war er da, als ich ihn am meisten brauchte. Ich rief ihn an, und wir taten, als sei gar nichts Besonderes passiert. Aber schließlich war er es gewesen, der selbst nach dem Siegesrausch des Sechstagekrieges 1967 immer gesagt hatte, daß die Araber mit Würde und Respekt behandelt werden sollten, daß nicht jeder Araber schlecht und nicht jeder Israeli automatisch ein Engel sei. Seit jenem Telefongespräch wurden wir schließlich die besten Freunde, worauf ich immer gehofft hatte.

Ein paar Tage später konnte ich endlich Ephraim erreichen. Ich hörte, daß mich der Mossad vorerst in Ruhe lassen wollte. Die einzigen Schritte gegen mich würden aus der Desinformations-Abteilung kommen, aber nicht gegen mein Leben gerichtet sein. Ich wußte allerdings, daß dies keine Garantie war und daß sich die Dinge schnell ändern konnten, sobald ich das Land verließ, und sei es nur, um in die Vereinigten Staaten zu reisen.

Ich begann Rundfunkshows in den USA und Kanada per Telefon zu machen. Ich schaffte über zweihundert in weniger als drei Monaten. Ich hatte auch mehrere Fernsehshows über Satellit.

Zusammen mit Charles Gibson aus Toronto trat ich in »Good Morning America« auf, und er war ebenso charmant als Gastgeber wie als Interviewer. Das war ein großer Tag für mich.

Dann war da die »Larry King Show«, als die einstweilige Verfügung aufgehoben wurde. Dort lagen die Dinge etwas anders. Um der Sache Würze zu geben, hatte man als meinen Gegenspieler Amos Perelmuter, Professor an der Universität Washington, D. C., eingeladen. Es war von Anfang an klar, daß es sich bei Perelmuter um einen begeisterten Anhänger Israels handelte. Er war wenig angetan von dem, was er über mein Buch gehört hatte. Gelesen hatte er es allerdings nicht, das gab er offen zu.

Diese Shows ließen einem niemals genug Zeit, diese Fürsprecher Israels aufzuspießen. Woher wußten sie, daß alles Lüge war? Ich kam doch vom Mossad, nicht sie. Wieso akzeptierten diese loyalen amerikanischen Bürger jeden Dreck, mit dem der CIA beworfen wurde, ohne nur eine Sekunde nachzudenken, verteidigten aber bis aufs Messer den Geheimdienst eines fremden Landes, von dem man wußte, daß er in den Vereinigten Staaten spioniert hatte (wie in dem Pollard-Fall) und nicht davor zurückgeschreckt war, amerikanische Interessen zu schädigen (wie unter anderem in der Lavon-Affäre[1] in Ägypten).

Die erste von dem Buch verursachte Welle der Empörung betraf die Enthüllung, daß der Mossad von dem Kamikaze-Attentat in Beirut wußte (einschließlich Farbe und Fabrikat des Wagens), aber seine Informationen den Amerikanern nicht weitergegeben hatte. Daraufhin wurden im Oktober 1983 in Beirut 241 amerikanische Marineinfanteristen von einem bombenbeladenen LKW, der ihre Unterkunft rammte, in die Luft gejagt. In mancher Hinsicht war die Story aus dem Zusammenhang gerissen und so erzählt, als habe der Mossad gewußt, daß die Amerikaner das Ziel darstellten, was nicht der Fall war.

[1] Sie betraf 1950 Pinhas Lavon, den damaligen israelischen Verteidigungsminister. Mehrere ägyptische Juden wurden als terroristische Zelle organisiert und losgeschickt, um amerikanische Ziele in Ägypten anzugreifen. Dadurch wollte man die ägyptisch-amerikanischen Beziehungen vergiften. Der Plan schlug fehl, und die Leute wurden verhaftet. Darauf folgte eine lang anhaltende und schmerzliche politische Krise in Israel. Es wurde niemals geklärt, wer den Befehl für diese blamable Operation gab, aber als Verteidigungsminister mußte Lavon letztlich die Verantwortung übernehmen.

Diese und viele andere Geschichten aus dem Buch sorgten für Schlagzeilen und katapultierten das Buch an die Spitze der Bestsellerliste in der *New York Times*, wo es neun Wochen lang blieb. Das Buch kam in fast allen der über zwanzig Länder, in denen es erschien, auf die Bestsellerlisten. Es wurde in fünfzehn Sprachen übersetzt (allerdings auf hebräisch ist es bis heute nicht erhältlich), und am Ende des Jahres lag die Verkaufszahl weltweit bei über einer Million Exemplare.

Wäre Bella nicht in letzter Minute eingeschritten, dann hätten die Namen aller Einsatzleute im Buch gestanden. Ich hatte damit keine Probleme, auch Ephraim nicht. Wir wußten beide, daß sie bereits enttarnt waren und die Veröffentlichung ihrer Namen zu ihrem Besten wäre. Aber es machte mir auch nichts aus, sie rauszulassen.

Doch das schützte mich nicht davor, in der israelischen Presse als der Leibhaftige porträtiert zu werden. Ein israelischer Reporter schrieb in einem Zeitschriften-Editorial, daß jemand mir eine Kugel in den Kopf schießen solle. Ein anderer meinte, ich solle an einen Pfahl gebunden werden, damit alle Leute aus Israel kommen könnten, um mich zu bespucken. Nicht eine Person im ganzen Staat sagte: »Vielleicht liegt ja ein Körnchen Wahrheit in dem, was er sagt.«

Das Buch wurde nun in viele andere Sprachen übersetzt, und ich hatte Menschen aus der ganzen Welt getroffen und ihre Fragen beantwortet. Je mehr Zeit verging, um so mehr zeigte sich, daß die im Buch behaupteten Dinge stimmten.

Ich war in ein größeres Haus umgezogen und hatte eine neue Karriere begonnen. Ich wollte Autor werden und einen Roman schreiben. Ich wußte, daß das eine schwere Aufgabe war, glaubte aber, daß ich ein paar Geschichten zu erzählen hätte und dazu auch in der Lage wäre. Stoddart war einverstanden und wollte das Buch drucken.

Ephraim erzählte mir, daß die Kommission, die von der Knesseth zur Untersuchung der Ostrovsky-Affäre eingesetzt worden war, zu dem Ergebnis gekommen sei, daß der einzige Fehler darin bestand, mich überhaupt rekrutiert zu haben. Was den Mossad selbst betreffe, gebe es keinerlei Änderungen. Das einzige, was sich geändert habe, sei der Rauswurf einiger Leute, die vom Mossad als sogenannte Moderate für meine Rekrutierung verantwortlich gemacht worden seien. Und aus Angst, daß eines Tages vielleicht ein Komitee eingesetzt werde, das den Mossad aufs Korn nehme, würden verschiedene Präventivmaßnahmen ergriffen. Die Verbindungen zu den Siedlern in den besetzten Gebieten würden verstärkt und im Verteidigungsministerium und in der Armee »Spione« rekrutiert.

»Ich glaube, du bekommst noch einen Job zu erledigen«, sagte Ephraim. »In der Umgebung des neuen Chefs befinden sich einige Elemente, die viel gefährlicher sind als alle, die du zu deiner Zeit kanntest.«

»Ich kann jetzt nicht viel tun, so wie ich mich exponiert habe.«

»Mal sehen. Laß dich einfach treiben, und versuch, nicht unterzugehen.«

Ich nahm seine Warnung ernst, weil ich wußte, woher die Gefahr drohte.

Kapitel 29

1991 war kein gutes Jahr für den Mossad, obwohl es zuerst so aussah. Zwar saß ein neuer Boß auf dem Thron, und es war zur Freude aller Opportunisten ein Insider. Sie hatten es erfolgreich verhindert, daß die Regierung einen General von draußen einsetzte. Diesmal hatten sie auch ihren Mann an der Spitze der Macht in Israel: Yitzhak Shamir, Premierminister, der so gerne an seine Vergangenheit im Mossad dachte (obwohl er innerhalb des Mossad immer als mittelmäßig angesehen wurde, und das will etwas heißen, wo er als Mann ohne Vorstellungskraft und Visionen doch so gut hineinpaßte).

Diesmal hatte der Insider seine Top-Funktion als natürliches Erbe angetreten und machte von Anfang deutlich, daß es von nun an keinen Außenseiter mehr als Boß im allmächtigen Mossad geben würde. Der Panzer der Organisation, die immer im Dreck wühlte, sich aber nicht beschmutzte, wurde nur noch undurchdringlicher.

Der neue Chef trat sein Amt an, ohne irgendwelche Änderungen in der Organisation vorzunehmen – zur Freude seiner Kumpel. Dadurch zerfiel jedoch die Verbindung zwischen Mossad und Armee, die zuvor immer einen Ex-General als Chef gestellt hatte. Zum zweiten Mal in Folge stand ein Mann am Ruder des Mossad, der die Armee nicht kannte und auch keinen großen Respekt vor ihr hatte. Der neue Boß betrachtete die Militärführung als Primaballerina, die ständig gehätschelt werden mußte und nicht in der Lage war, zu harten Bandagen zu greifen.

»Das einzig Wirksame, was wir jetzt noch in Angriff nehmen können«, sagte Ephraim, »wäre, den Mossad in einem Land nach dem anderen aufs Korn zu nehmen, um so eine Veränderung herbeizuführen.«

»Das haben wir doch schon gemacht. Und was hat es gebracht?«

»Hör zu, ich weiß von einigen Aktivitäten, die gerade jetzt in Norwegen stattfinden. Warum nehmen wir uns nicht das Land vor und schauen, was passiert? Was haben wir denn zu verlieren?«

»Hast du nie daran gedacht, den Mossad von innen aufzurollen, wo doch alle Versuche, ihm von außen beizukommen, gescheitert sind?«

»Ich hab' es stets in Betracht gezogen. Wenn es eine Chance für mich gäbe, das Ruder zu übernehmen, glaub mir, ich würd' sie nutzen. Aber sie haben sich die Macht für Gott weiß wie lange gesichert. Solange Shamir im Amt ist, haben wir keine Chance, irgendwas zu unternehmen. Er haßt die ganze Welt, und welches bessere Instrument, um sich zu rächen, gibt es als den Mossad? Er haßt Bush, weil er ihn in Washington erniedrigt hat und ihn bezüglich der Darlehen kurzhält. Er haßt die Briten«, Ephraim machte eine Pause, »nun ja, die hat er schon immer gehaßt. Er traut den Franzosen nicht über den Weg, und wir wissen ja, was er von den Arabern und allen anderen hält.«

»Und was nun?«

»Ich habe einen Freund in Norwegen, der einen Reporter von der Zeitschrift *Aftenposten* kennt. Ich könnte meinem Freund vorschlagen, daß der Reporter dich anruft und fragt, ob es für ihn eine Geschichte über den Mossad gibt.«

»Gibt es denn eine Geschichte?«

»Aber sicher.«

Wir brüteten über den Details der Story, und wir fanden mehrere Bezugspunkte zu den dänischen Dokumenten, die ich besaß. Ich mußte nun nur noch auf den Anruf warten. Wir setzten wenig Hoffnung in diese kleine Eskapade, aber es wäre besser, als untätig zu bleiben. Und obwohl ich mitten in meinem Roman steckte, war mir klar, da es noch Wichtigeres zu tun gab.

Ich hatte das Gefühl, daß es eine Chance für Friedensverhandlungen erst dann gäbe, wenn es zu einem Regierungswechsel in Israel kam. In gewisser Hinsicht änderte sich also mein Ziel. Von da an war ich nicht nur hinter dem Mossad her. Ich suchte auch nach Möglichkeiten, die Regierung in Verlegenheit zu bringen. Für mich sollte 1991 ein sehr gutes Jahr werden.

Innerhalb weniger Tage erhielt ich einen Anruf aus Norwegen von einem Mann, der sich Stanghelle nannte. Er bestätigte, daß er für die *Aftenposten* arbeitete, und er wollte mir ein paar Fragen stellen. Dann folgten die üblichen Höflichkeiten. Er sagte mir, wie sehr ihm mein Buch gefallen habe, und er hoffe, daß ich ein weiteres schreiben würde. Schließlich kam er zur Sache. Er wollte wissen, ob ich von irgendwelchen Aktivitäten des Mossad in Norwegen berichten könne.

Ich erklärte ihm, daß ich mit dem norwegischen Ressort nichts zu tun gehabt habe, ich ihm lediglich vergleichbare Hinweise zu den Mossad-Aktivitäten in Dänemark liefern könne, die ausführlich in meinem Buch beschrieben seien. Ich sagte ihm, daß meiner Meinung der Mossad in Norwegen genauso aktiv sei wie in Dänemark. Wenn er Zeit für Nachforschungen investieren wolle, wäre ich gerne bereit, ihn auf die Fährte zu setzen und ihm zu helfen, die Informationen einzuschätzen, die er eventuell fände. Ich bot ihm auch an, einen kurzen Abriß von dem zu geben, was meiner Meinung nach in Norwegen vor sich ging. Er müßte das alles dann nur noch mit den entsprechenden Fakten untermauern, auf die er bei seinen Nachforschungen stoßen würde.

Der Reporter war sehr erfreut, und ich wußte, daß er dem Mossad einen weiteren empfindlichen Nasenstüber versetzen würde – wenn sie mir nicht auf die Schliche kämen und alles abblasen würden. Aber wie gewöhnlich fuhren sie fort, das zu tun, was sie am besten konnten, nämlich die Freundschaft eines guten Alliierten auszunutzen, ihn aber im Stich zu lassen, wenn es brenzlig wurde.

Ich erzählte meinem neuen Freund, daß der Mossad gewiß eine enge Beziehung zu ihrem Geheimdienst auf mittlerer Ebene unterhielt. Er könnte die Verbindungen aufspüren, wenn er die Namen der Leute bei der Polizei und dem Geheimdienst herausfinden würde, die mehrmals Seminare in Israel besucht hatten. Eine zweite Möglichkeit wären die palästinensischen Flüchtlinge, die in Norwegen um Asyl nachsuchten. Der Mossad würde, genau wie ich es im Buch am Beispiel Dänemark beschrieben hatte, dem Geheimdienst seine Dienste anbieten, um Sicherheit zu garantieren und die potentiellen Terroristen unter den Asylanten auszusieben. Man würde vorschlagen, daß der Mossad Experten schickt, die dann norwegische Papiere erhalten mußten. Sie würden die Asylanten in einer Sprache verhören, die sie verständen (was für sie sowohl arabisch als auch brutale Gewalt hieß). Die Israelis würden anschließend die Verhörprotokolle übersetzen und den Norwegern übergeben. Diese Vorgehensweise wäre dazu gedacht, die Infiltration von Unruhestiftern zu verhindern und Norwegen aus dem blutigen Spiel im Nahen Osten herauszuhalten.

Ich sagte dem Reporter auch, daß meiner Meinung nach die Leute von der Polizei und vom Geheimdienst von der Richtigkeit ihres Tuns überzeugt wären. Zur Sicherheit ihrer Freunde vom Mossad müßten sie natürlich alles vor den Politikern geheimhalten, denen man in Sicherheitsangelegenheiten ja nicht trauen dürfe.

Stanghelle machte sich daran, den größten Geheimdienstskandal in der norwegischen Geschichte ins Rollen zu bringen, und das wußte er auch. Die Kommunikation zwischen uns war sporadisch. Er rief mich zu den merkwürdigsten Zeiten an, um Rat einzuholen.

Wir begannen die Arbeit an der Story im Januar 1991. Ende August hatte Stanghelle seinen Artikel fertig, und im September ging er in Druck. Der erwartete Aufschrei in der norwegischen Öffentlichkeit kam tatsächlich, und die Erklärungen der Geheimdienststellen waren sehr lahm. Alle von mir gelieferten Fakten waren korrekt, aber ich selbst erntete wenig Ruhm. Das Wichtigste für mich war jedoch, daß der Mossad wieder ins Gerede gekommen war.

Es kam heraus, daß der Mossad eine geradezu intime Beziehung zu Norwegens Geheimdienst und Polizei unterhielt. Der norwegische Geheimdienst hatte das Mossad-Personal mit norwegischen Ausweisen versorgt und einreisen lassen, um palästinensische Asylsuchende zu verhören. Die Mossad-Offiziere verhörten die Palästinenser auf arabisch, obwohl die Palästinenser fließend englisch konnten, genau wie die norwegischen Beamten. Arabisch jedoch sprach niemand von ihnen, weshalb sie nichts von dem verstanden, was gesagt wurde. Die Mossad-Offiziere bedrohten die Palästinenser mit Ausweisung, wenn sie nicht mit Israel zusammenarbeiteten – alles in Gegenwart der norwegischen Beamten, manchmal auch in deren Abwesenheit, wobei dann aber das Verhör sehr viel gewalttätiger ausfiel.

Aufgrund der Story verlangte der norwegische Justizminister Karl Gjesteby die volle Aufklärung der Angelegenheit. Natürlich sollte damit nur die aufgebrachte Öffentlichkeit beruhigt werden, die zum zweiten Mal die Unverletzlichkeit Norwegens von Israel rüde mißachtet sah (das erste Mal war 1974 der Mord von Lillehammer, als der Mossad einen marokkanischen Kellner für Ali Hassan Salameh[1] gehalten hatte).

In der Nacht vor der Veröffentlichung in der *Aftenposten* hatte mich Stanghelle zu später Stunde norwegischer Zeit angerufen. Er klang sehr seltsam am Apparat. Er lachte und weinte abwechselnd und bat mich um Verzeihung, weil er es wirklich nicht so gemeint habe. Dann legte er auf, und ich war sehr besorgt. Ich dachte, daß ihm vielleicht jemand auf die Spur gekommen war, bevor der Artikel in Druck ging, und er sich in Gefahr befand. Da ich niemanden in Oslo kannte und Ephraim nicht erreichen konnte, um ihn zu fragen, was man machen könnte, rief ich den in New York stationierten dänischen Reporter Frank Esman an, Vertreter des dänischen Rundfunks in den USA. Ich erklärte ihm die Situation, und er rief seinerseits einige Bekannte in Norwegen an, die wiederum die Polizei in Stanghelles Nachbarschaft alarmierten. Nach mehreren nervenaufreibenden Stunden erfuhr ich durch Esmans Bekannte, daß die Polizei in Stanghelles Haus gewesen sei und ihn völlig besoffen vorgefunden habe. Es stellte sich heraus, daß er mich nach einer ausgiebigen Feier zum Abschluß seines Artikels angerufen hatte, um auf seine Art Dankeschön zu sagen.

Der Rat der norwegischen Organisationen für Asylanten (NOAS) strengte einen Prozeß gegen den Geheimdienst an wegen bewußter Übertretung des norwegischen Strafgesetzes Paragraph 325 und 121. Wenige Tage nach der Enthüllung reichte der Chef des Geheimdienstes (Overvakingstjeneste), Svein Urdal, seinen Abschied ein.

Obwohl das norwegische politische Establishment versuchte, in der Angelegenheit gute Miene zum bösen Spiel zu machen und sie als bloßes Mißverständnis zu deklarieren, hörte ich von Ephraim, daß die Norweger über verdeckte Kanäle sehr wohl klarlegten, daß sie keine Mossad-Aktivitäten in Norwegen dulden würden. Zum Beweis zogen sie ihren Verbindungsmann aus Tel Aviv ab und verlangten vom Mossad, daß ihr Liaison-Mann bis auf weiteres Oslo nicht betrete. Das war ein harter Schlag für den Mossad.

[1] Ali Hassan Salameh stand in Verdacht, den Überfall bei den Olympischen Spielen in München angezettelt zu haben. Er wurde später vom Mossad in Beirut eliminiert.

Die Ereignisse in Norwegen folgten auf verschiedene andere Ohrfeigen für den Mossad, an denen ich nicht unbeteiligt war, worauf ich stolz bin. Alles zusammen erwies sich wirksamer als mein Buch: Es beschädigte das Ansehen des Mossad hinreichend, um den Leuten in Israel zu erlauben, an der Unbesiegbarkeit des Mossad zu zweifeln. Seine Effektivität ist seither in Zweifel gezogen, obwohl er immer noch als Gott angesehen wird – zumindest aber als ein etwas kleinerer Gott.

Während Stanghelle seine Nachforschungen betrieb, kam Eli, mit dem ich eigentlich nichts mehr zu tun haben wollte, auf Besuch und sagte mir, daß er beabsichtige, den Mossad zu verlassen, weil alles immer unerträglicher werde. Mehr als die Hälfte der neuen Rekruten käme von einer messianischen religiösen Sekte. Wenn ich glaubte, daß die Haltung der Leute im Mossad mies war, als ich selbst noch mitmischte, dann könne ich mir keine Vorstellung davon machen, wie es jetzt sei. Die Hälfte der Mossad-Leute würde jetzt in Siedlungen in den besetzten Gebieten des Westjordanlands leben. Schon das allein reichte aus, mir vorzustellen, wie weit rechts die Organisation gerutscht war. Er wollte wissen, ob ich irgendeinen Draht zum amerikanischen Geheimdienst hätte.

Das war nicht der Fall, wenn man von gelegentlichen Anrufen absah, die mich Ephraim machen ließ, um ihnen irgendeine Information zu übermitteln. Wie die Dinge jetzt standen, glaubte ich, daß es auch zu spät wäre, da jeder, den ich kontaktieren würde, sicher dachte, daß ich Material für ein neues Buch sammelte. Im übrigen hatte kein Geheimdienst wirkliche Sympathien für sogenannte »Pfeifenbläser«, weil man nicht wissen konnte, nach welcher Pfeife sie als nächstes greifen würden.

Ich hatte jedoch einen Kreis von Freunden, die ich im Laufe der Zeit gewonnen hatte, die auf freiwilliger Basis versuchten, die Leiden des palästinensischen Volkes zu erleichtern. Einige von ihnen besaßen vielleicht Verbindungen. Aber es bedurfte für mich eines sehr guten Grundes, um diesen Draht zu benutzen, und wenn, dann mußten die betreffenden Leute genau wissen, worum es ging.

Eli meinte, er würde das Gesagte an Ephraim weitergeben, der ihn auf diese Reise geschickt habe, damit er, in Ausnutzung der freien Reisemöglichkeiten, etwas für sich in den USA aufbauen könne. Er hatte dort Familie und konnte ohne Probleme einen Paß bekommen.

»Und der letzte muß auf dem Ben-Gurion-Flughafen die Lichter ausmachen«, sagte ich. Das war ein alter Witz aus der Depression in Israel noch vor dem Sechstagekrieg, der dann alles veränderte. Wir lachten beide herzlich und lange und ließen auf diese Weise Dampf ab, weil wir nichts ändern konnten.

Damals im Gespräch mit Eli merkte ich, daß ich viel weiter gegangen war als er. Eli und auch Uri glaubten immer noch an den zionistischen Traum. Sie waren eher wie die Leute, die ich in Israel kannte, meine alten Freunde und meine Familie. Obwohl sie an etwas beteiligt waren, was von den meisten Israelis als Extremismus angesehen würde, taten sie es aus dem Glauben an die zionistische Idee heraus.

Ich dagegen hatte schon seit geraumer Zeit gemerkt, daß ich diese Ideologie nicht mehr teilte, daß für mich der israelische Staat nicht mehr die Erfüllung eines uralten Traumes war. Für mich war er mehr ein Alptraum von Vorurteilen, etwas, das sich in Rassismus wälzte und die weiß-blaue Fahne als Banner der Unterdrückung schwenkte. Ich hatte damit nichts zu tun. Was ich jetzt tat, tat ich, um diesen Traum zu beenden, den Trägern dieses Banners ihre Verletzlichkeit zu zeigen, damit sie aufhören und ihre Ziele überdenken würden. Vielleicht könnten sie dann der Familie der Völker gleichberechtigt beitreten.

»Sie planen etwas auf Zypern«, sagte Eli und überreichte mir ein Stück Papier.

»Was ist das?«

»Das ist die Telefonnummer der Polizei auf Zypern. Du rufst sie an und sagst ihnen, daß jemand in dieses Bürogebäude einbrechen wird.«

»Was ist das genau?«

»Keine Ahnung, und es interessiert mich auch nicht. Ephraim sagte, daß du den Anruf übermorgen machen sollst, um 17.30 Uhr Ortszeit.«

»Ist das alles, was du weißt?«

»Ich weiß, daß ein *Yarid*-Team dort ist und was tun will, was sie nicht tun dürften.«

»Das reicht mir schon«, sagte ich.

Eli blieb nicht lange. Er fühlte sich irgendwie beschämt, weil er den Mossad und das Land verlassen wollte, und ich spürte, daß er sich in meiner Anwesenheit nicht wohl fühlte. Mir ging es genauso, konnte es aber nicht erklären, weshalb ich auch keinen Versuch machte, ihn zum Bleiben zu bewegen, obwohl ich ihn gerne noch so vieles gefragt hätte.

Dienstag, den 23. April 1991

Zur festgesetzten Zeit rief ich an und verbrachte beinahe zwanzig Minuten am Telefon. Am Ende konnte ich wohl dem Beamten klarmachen, daß ein paar Leute in das Bürogebäude eingedrungen seien, die meiner Meinung dort nichts zu suchen hatten.

Der Mann war zuerst nicht sonderlich beeindruckt, aber nachdem er kontrolliert hatte, was sich unter der angegebenen Adresse verbarg, und feststellte, daß die drei obersten Stockwerke von der iranischen Botschaft gemietet waren, glaubte er doch, der Sache auf den Grund gehen zu müssen. Es stellte sich heraus, daß das *Yarid*-Team, das aus vier Männern und zwei Frauen bestand, mit keinem Zwischenfall gerechnet hatte. Sie hatten sich in zwei verschiedene Hotels als Touristen einquartiert, um kein Aufsehen zu erregen. Zwei der Männer hatten schon in der Wohnung eines benachbarten Gebäudes eine Abhörstation eingerichtet, um die Informationen der Wanzen zu empfangen, die von den »Installateuren« an Ort und Stelle angebracht werden sollten.

Zwei Leute sollten das Gebäude betreten und die Wanzen in den Telefonleitungen installieren, während zwei Leute davor Wache zu schieben hatten. Sie waren jedoch sehr nachlässig. Schließlich gehörten sie zum großartigen Mossad. Was sollte schon schiefgehen?

Die beiden Wachen fühlten sich auf der Straße, wo sie sich nicht gut verstecken konnten, unbehaglich und beschlossen daher, hochzugehen und ihren Kollegen zu helfen. Um so schneller wären sie fertig, um sich dem vergnüglichen Teil ihres Zypernaufenthaltes zuzuwenden, auf Kosten des Mossad natürlich.

Allerdings konnten sie gar nicht behilflich sein, weil nur einer der

»Installateure«, der Experte war, der die eigentliche Arbeit erledigte. Die anderen standen nur herum und machten ihn nervös.

Er trennte gerade die Drähte nach einem mitgebrachten Plan und versuchte, die Leitungen von der iranischen Botschaft herauszufinden, als der Polizist hereinkam. Alle vier hockten um die offene Telefonschaltstelle mit den Wanzen in der Hand, um sie dem Experten zu geben, sobald er die richtigen Drähte hatte.

Der Polizist war genauso überrascht wie die Ertappten. »Was macht ihr denn hier?« fragte er zuerst auf griechisch und dann auf englisch, als keine Antwort kam.

Die vier ließen alles fallen, was sie in Händen hielten, schauten sich an und wußten nicht, was sie sagen und tun sollten.

Ran Sofe[1], der Teamchef, redete als erster. Er war ein dreiunddreißigjähriger *Yarid*-Veteran. Er hätte draußen mit Amit Litvin aufpassen sollen, die sehr provozierend angezogen war, um die Aufmerksamkeit auf sich zu lenken, falls jemand dazwischenkommen sollte (ein Trick, der vielleicht funktioniert hätte, wären sie auf ihrem Posten geblieben). »Wir suchen eine Toilette. Die Mädchen mußten mal, verstehen Sie?«

Die anderen nickten wie Schulkinder, die mit den Fingern im Kuchenteig erwischt werden und ihre windige Ausrede selbst nicht glauben.

Die Polizei natürlich auch nicht. Man brachte sie alle auf die Polizeiwache im Zentrum von Nikosia.

Mittwoch, den 24. April 1991

Die vier wurden vor einen Richter gebracht, der sie wegen Anzapfens von Telefonleitungen für acht Tage in Untersuchungshaft schickte. Es dauerte nicht lange, bis der Skandal in die Medien kam, und dann war der Teufel los. Der Mossad zog alle Fäden, um die Affäre zu einem schnellen Ende zu bringen.

[1] Ran Sofe, David Dabi, Anna Dolgin und Amit Litvin waren die Namen, die sie der Polizei angaben und unter denen sie angeklagt, verurteilt und schließlich freigelassen wurden.

Donnerstag, den 9. Mai 1991

Es folgten mehrere Tage intensiven Feilschens und von Versuchen, die Reporter fernzuhalten. Schließlich entließen die Behörden alle vier, nachdem sie schuldig gesprochen waren, unrechtmäßig in fremde Räume eingebrochen zu sein, um Verbrechen zu begehen. Sie wurden zu 800 Dollar Strafe verurteilt und dann den Israelis übergeben. Sie wurden noch am selben Tag nach Israel zurückgeflogen, wobei sie versuchten, ihre Gesichter zu verbergen und den Reportern auszuweichen.

Etwa eine Woche nach diesem Ereignis wurde ich von einem Reporter der israelischen Zeitung *Yediot Aharonot* kontaktiert, der meine Meinung dazu wissen wollte. Er rief mich deshalb an, weil ich der einzige Ex-Mossad-Mann sei, der bereit wäre, mit den Medien zu reden, und der auch tatsächlich einer sei, im Gegensatz zu so vielen, die das in der Vergangenheit schon behauptet hätten, nur um die Aufmerksamkeit auf sich zu lenken.

Ich erzählte ihm, was meiner Meinung nach Schritt für Schritt geschehen war, wobei ich betonte, daß das natürlich nur eine Vermutung darstellte. Er schrieb einen Artikel, der aber von der Militärzensur verboten wurde. Die Zeitung wollte vor Gericht gehen, wurde aber von Freunden im Geheimdienst davor gewarnt. Die Zeitung gab klein bei, weil sie nicht ihren Zugang zu »Insider-Informationen« verlieren wollte, um weiterhin ihre Leser »informieren« zu können.

Es schien, daß es uns durch diesen recht unbedeutsamen Eingriff gelungen war, dem Mossad einen Hieb zu versetzen, der doch ein kleines Rinnsal von Kritik an der operativen Ebene der Organisation auslöste, was den Boden, auf dem sie stand, etwas aufweichte. Das war aber immer noch weit entfernt von dem Strom, der notwendig wäre, um sie ins Schwimmen zu bringen.

Kapitel 30

Mittwoch, den 30. Oktober 1991
Madrid

Air Force One war im Landeanflug, gefolgt von einer identischen Air Force One. Die beiden Jumbos (sie glichen sich bis auf die Nummern auf ihren Rümpfen; in der einen fliegt der Präsident und in der zweiten, die auch als Hilfsstation für Notfälle mitfliegt, seine Begleitung) brachten den amerikanischen Präsidenten und ein großes Medienkontingent nach Madrid zu den Friedensgesprächen, die zwischen Israel und allen seinen arabischen Nachbarn, einschließlich Syrern und Palästinensern als Teil der jordanischen Delegation, stattfinden sollten.

In den Monaten vor diesem theatralischen Schauspiel hatte der amerikanische Präsident wirklich geglaubt, er könnte einen Wechsel in der starren Haltung bewirken, die seit Jahrzehnten in der Region vorherrschte. Um die rechte Regierung Yitzhak Shamirs an den Verhandlungstisch einer internationalen Friedenskonferenz zu zwingen, hatte der Präsident besonderen Druck eingewandt. Bislang war kein amerikanischer Präsident mutig genug gewesen, dieses Mittel einzusetzen. Entgegen den Wünschen einer erbosten jüdischen Gemeinde hatte George Herbert Bush alle Darlehensgarantien an Israel, die sich auf zehn Milliarden Dollar über die nächsten fünf Jahre beliefen, einfrieren lassen. Dies nicht etwa als Strafe für die Errichtung von Siedlungen im besetzten Westjordanland und im Gazastreifen (die von den USA als illegal angesehen wurden), sondern um die in Geldschwierigkeiten steckende Likud-Regierung an den Verhandlungstisch zu zwingen.

Durch diese Entscheidung wurde der Präsident von allen jüdischen Organisationen der Vereinigten Staaten auf die schwarze Liste gesetzt und als größten Feind Israels angesehen. In Israel wurde Bush im ganzen Land auf Plakaten mit dem Kopfschmuck der Pharaonen dargestellt. Unter diesem Konterfei stand zu lesen:

»Wir haben die Pharaonen überlebt, wir werden auch Bush überleben.« Shamir bezeichnete das Vorgehen des Präsidenten als Am-Bush (nicht übersetzbares Wortspiel: »ambush« = Hinterhalt, Überfall). Israelische Sendboten besuchten im Eiltempo alle jüdischen Gemeinden in den USA und bereiteten Angriffe auf den Präsidenten vor. Sie fütterten die Medien unablässig mit Kritik an allen seinen Schritten, während sie gleichzeitig seinem Vizepräsidenten Quayle einzureden versuchten, daß er immer noch ihr Liebling sei und daß die Handlungen des Präsidenten ihre gute Meinung über ihn nicht beeinflussen würden.

Diese »Liebesaffäre« mit dem Vizepräsidenten war nicht neu; so etwas war beinahe die Regel seit Gründung des Staates Israel. Jedesmal, wenn ein Präsident mit Israel nicht auf bestem Fuße stand, wurden die jüdischen Organisationen angewiesen, den Vizepräsidenten zu umschmeicheln. Das war der Fall bei Eisenhower, den Israel als den schlimmsten Präsidenten der Geschichte ansah (obwohl ironischerweise der Vizepräsident Nixon, den man als Freund betrachtete, zum Feind wurde, sobald er Präsident war). Das stand auch hinter der kräftigen Unterstützung für Johnson, der in seinem ersten Jahr als Präsident die Hilfe für Israel beinahe verdoppelte, nachdem Kennedy das israelische Nuklearprogramm scharf kritisiert hatte, weil er glaubte, daß es der erste und gefährliche Schritt zur Weiterverbreitung von Atomwaffen in der Region wäre – ganz zu schweigen von der Tatsache, daß die Familie Kennedy immer als antisemitisch angesehen wurde, angefangen bei Joseph Kennedy, dem Vater von J. F. K., der bei ihnen als Nazi-Sympathisant galt. Diese Politik stand auch hinter dem Haß auf Nixon und der Liebe zu Ford. Und dann kam Carter, dessen ganze Regierung als großer Fehler angesehen wurde, was Israel anging, ein Fehler, der Israel den Sinai kostete im Austausch gegen einen lauwarmen Frieden mit Ägypten.

Und jetzt dieser Friedensprozeß, der von einem Country-Club-Idioten in Gang gesetzt wurde. Shamirs stiller Schrei um Hilfe sollte den Prozeß stoppen, weil er glaubte, er würde zu einem Kompromiß führen und Israel zwingen, Land für Frieden zu geben und nicht Frieden für Frieden, wie er es geplant hatte. Die Bautätigkeit in den besetzten Gebieten wurde unter rückhaltloser Mithilfe des Wohnungsbauministers Sharon forciert.

Eine rechte Clique im Mossad sah diese Situation als Krise auf Leben und Tod an und beschloß, die Dinge in die eigenen Hände zu nehmen, um das Problem ein für allemal zu lösen. Sie glaubten, daß Shamir das selbst befohlen haben würde, wenn er nicht durch die Politik geknebelt worden wäre. Wie so viele Leute vor ihnen in zahllosen Ländern und Amtsstuben wollten sie tun, was die Führung eigentlich auch wollte, aber nicht verlangen konnte – die israelische Version eines Obersten Oliver North, nur auf viel tödlichere Weise.

Für diese Clique war vollkommen klar, was sie zu tun hatte. Bush würde am 30. Oktober, wenn er die Friedensgespräche in Madrid eröffnete, nicht in seiner vertrauten Umgebung sein. Während des Ereignisses würde stets höchste Alarmstufe bei den Sicherheitsvorkehrungen herrschen, wo sich doch so viele potentielle Feinde an einem Ort trafen.

Obendrein waren alle da, die gegen die Gespräche waren: die palästinensischen Extremisten und die Iraner und die Libyer, ganz zu schweigen von den dezimierten Irakern mit ihrem endlosen Geschrei nach Rache für den Golfkrieg.

Die spanische Regierung mobilisierte mehr als zehntausend Polizisten und Zivilgardisten. Hinzu kamen der amerikanische Geheimdienst, der sowjetische KGB und alle Geheimdienste der beteiligten Länder.

Der königliche Palast in Madrid war zu jener Zeit der sicherste Platz der Welt, es sei denn, man hätte die Sicherheitspläne und könnte eine Lücke finden. Und das war genau das, was der Mossad zu tun beabsichtigte. Von Anfang an war klar, daß so etwas natürlich den Palästinensern in die Schuhe geschoben würde, was ein für allemal ihren erbitterten Widerstand brechen und sie zu den schlimmsten Feinden aller Amerikaner machen würde.

Ein *Kidon*-Team holte drei palästinensische Extremisten aus ihrem Versteck in Beirut und brachte sie in ein Speziallager in der Negev-Wüste. Die drei waren Beijdun Salameh, Mohammed Hussein und Hussein Shahin.

Gleichzeitig gab es verschiedene Morddrohungen gegen den Präsidenten. Einige waren real, andere falscher Alarm. Der Mossad trug sein Scherflein dazu bei, um die Drohung zu präzisieren, als ob sie von der Gruppe um Abu Nidal käme. Der Mossad wußte, daß dieser Name eine Garantie dafür war, nachhaltig Aufmerksamkeit zu erregen. Wenn also etwas passierte, würden die Medien schnell reagieren und sagen: »Wir wußten es, und vergeßt nicht, wer es zuerst gesagt hat.«

Einige Tage vor dem Ereignis kam der spanischen Polizei zu Ohren, daß die drei Terroristen auf dem Weg nach Madrid wären und wahrscheinlich irgend etwas planten.

Da der Mossad alle Sicherheitspläne zur Hand hatte, würde es kein Problem sein, die »Killer« so nahe an den Präsidenten heranzubringen, wie sie es wünschten. In der anschließenden Verwirrung würde es zweifellos den Mossad-Leuten gelingen, die »Täter« zu töten, wodurch sich der Mossad mit einem weiteren Sieg brüsten könnte. Es würde ihnen sehr leid tun, daß es ihnen nicht gelungen sei, den Präsidenten zu retten, aber ihn zu schützen wäre schließlich nicht ihr Job. Bei all den involvierten Sicherheitsbeamten und den toten Mördern würde es sehr schwierig sein herauszufinden, wo die Sicherheitslücke gewesen war, außer daß verschiedene der beteiligten Länder, wie etwa Syrien, ja als Unterstützer von Terroristen bekannt wären. Und wenn man das wisse, ließe sich doch leicht denken, wo die Lücke gewesen ist.

Für die Mossad-Clique war das eine todsichere Sache.

Ephraim rief mich am Donnerstag, dem 1. Oktober, an. Ich merkte an seinem Ton, daß er stark unter Streß stand. »Sie wollen Bush umbringen«, sagte er. Zuerst kapierte ich gar nichts. Ich dachte, er meinte, daß sie den Präsidenten politisch fertigmachen wollten. Ich hatte gehört, daß mehrere Bücher über ihn in der Mache waren und eine Hetzkampagne wegen seiner angeblichen Verwicklung in die Iran-Contra-Affäre lief (wovon ich sicher wußte, daß das Unsinn war).

»Na und? Darauf sind sie doch schon seit langem aus.«

»Ich meine, wirklich umbringen, ermorden!«

»Was redest du da? Das kann doch nicht dein Ernst sein. Das würden sie doch niemals wagen.«

»Spiel doch nicht den Naiven«, sagte er. »Sie wollen es während der Madrider Friedensgespräche tun.«

»Warum rufst du nicht den CIA an? Ich meine, das ist schließlich keine kleine Operation, die dich nichts angeht.«

»Ich werd' alle anrufen, die ich in den europäischen Geheimdiensten kenne. Aber im amerikanischen kenn' ich niemanden, jedenfalls niemanden, dem ich vertrauen kann.«

»Was soll ich also tun?«

»Wir auf unserer Seite werden tun, was wir können. Aber nichts davon wird an die Öffentlichkeit dringen. Ich möchte, daß du das veröffentlichst. Wenn sie wissen, daß die Amerikaner Bescheid wissen, dann gibt es eine gute Chance, daß sie es nicht tun werden.«

Ich wußte, daß er die Wahrheit sagte. Wenn ich die Aufmerksamkeit darauf lenken und den Plan veröffentlichen könnte, würde das mehr dazu beitragen, die Aktion zu stoppen, als alle Geheimdienste zusammen es vermöchten. Der Trick bestand nur darin, es so zu veröffentlichen, daß man nicht wie ein weiterer Verrückter mit einer weiteren Verschwörungstheorie dastand, wovon alle schon genug hatten. Ich müßte etwas in einem relativ kleinen Kreis verlauten lassen und hoffen, daß es nach außen dringen würde. Nutzte das nichts, müßte ich verschiedene Reporter kontaktieren und ihnen die genauen Tatsachen mitteilen.

Es kam mir gerade recht, daß ich von der Nahost-Diskussionsrunde als Redner zu einem Essen im Parlamentsgebäude von Ottawa geladen wurde. Das ist ein locker verbundener Think-tank, der vom Nationalrat Kanadisch-Arabischer Beziehungen unterstützt wird, dessen Vorsitz der frühere liberale Abgeordnete Ian Watson innehatte. Das Ziel dieser Gruppe ist es, die Parlamentsmitglieder und das diplomatische Korps über Dinge zu informieren, zu denen die Medien keinen freien Zutritt haben, und den Dialog mit dem Nahen Osten zu fördern.

Bei dem Essen waren etwa zwanzig Mitglieder des Think-tank und ein paar Abgeordnete anwesend. Ich gab eine kurze Darstellung von den Zielen des Mossad und der Gefahr, die von ihm für jede Friedensinitiative in der Region ausging. Ich sagte auch, daß, meiner Meinung nach und wie die Dinge lägen, die einzige Chance für einen Frieden im Nahen Osten in der Streichung der Finanzhilfe für Israel durch die Vereinigten Staaten bestehe. Ich betonte, daß ein großer Teil dieser Hilfe in das Westjordanland und in die Siedlungen fließe, die wahrscheinlich der größte Stolperstein für eine Friedensinitiative seien. Dann stellte ich mich den Fragen.

Ich wurde gefragt, was der Mossad tun würde, um den aktuellen Friedensprozeß zu hintertreiben. Ich sagte, daß den Quellen zufolge, über die ich verfügte, und aufgrund meiner Erfahrungen mit dem Mossad ich nicht überrascht sein würde, wenn gerade jetzt ein Komplott geschmiedet würde, um den Präsidenten der Vereinigten Staaten zu töten und die Verantwortung einer extremistischen Palästinensergruppe in die Schuhe zu schieben.

Wie ich später erfuhr, rief irgendein Teilnehmer dieses Treffens einen Ex-Kongreßmann aus Kalifornien mit Namen Pete McCloskey an. Er übermittelte ihm die wesentlichen Punkte meiner Stellungnahme, und da jener Mann ein alter und enger Freund des Präsidenten war, fühlte er sich zum Handeln verpflichtet.

Am 15. Oktober rief mich McCloskey an. Er erklärte, daß er von einem Freund von meinen Ausführungen gehört habe, und er wollte wissen, ob es meiner Meinung nach eine echte Bedrohung gebe oder ob ich es nur so dahergesagt habe. Ich erwiderte, daß es mir bezüglich der Gefahr für den Präsidenten sehr ernst sei. Ich sagte auch, daß die Bekanntmachung dieser Bedrohung vielleicht ausreichen würde, um sie zu beseitigen, weil sonst ihre Durchführung sehr riskant werden könnte.

Er sagte, daß er in ein paar Tagen nach Ottawa kommen könne, und fragte, ob ich bereit wäre, ihn zu treffen. Ich sah da kein Hindernis, so verabredeten wir uns für den 19. Oktober.

Ich traf Pete im Westin Hotel, und wir gingen in ein kleines Café, wo wir einige Stunden beisammensaßen. Der Mann stellte mir Fragen, die sich auf alle möglichen Aspekte bezogen. Mir war klar, daß er nach genauen Informationen suchte, um später darlegen zu können, daß es eine reale Bedrohung gab. Ich konnte ihm natürlich nicht sagen, daß ich die Information aus erster Hand hatte, aber ich ließ ihn wissen, daß ich nicht vollständig vom Mossad abgeschnitten wäre. Das war an sich schon ein Risiko. Ich ging es hier zum ersten Mal ein. Ich dachte aber, daß es dafür gute Gründe gab und ich es machen mußte.

Am folgenden Sonntag, dem 20. Oktober, war McCloskey in Washington, um an einem Treffen der Kommission für nationale und kommunale Dienstleistungen teilzunehmen. Er wohnte im Phoenix Park Hotel, von wo er den Geheimdienst im Weißen Haus anrief. Er wurde an den Sonderagenten Allan Dillon im Geheimdienst in der 1050 Connecticut Avenue, N. W., Washington, D. C., verwiesen.

Pete faxte Dillon die Kopie eines Memos, das er nach unserem Treffen geschrieben hatte. Am selben Tag traf er sich mit Don Penny, dem ehemaligen Adjutanten im Weißen Haus aus der Ford-Ära, der ihm eine Story über mich erzählte. Ich war überhaupt nicht überrascht, als Pete mir später berichtete, was er von ihm gehört hatte: Er hätte von Senator Sam Nunn und aus anderen Quellen im CIA erfahren, daß ich ein Verräter an Israel und völlig unzuverlässig sei. Und wenn er sich mit mir einließe, würde er sich selbst ins Schußfeld bringen. Pete befragte später den Senator über mich, aber Nunn konnte sich an kein Gespräch über mich erinnern. Unterdessen hatte Rowland Evans, ein bekannter Washingtoner Kolumnist, Pete berichtet, daß er mehrere Monate zuvor Leute vom CIA über mich befragt habe und die ihm gesagt hätten, daß ich »echt« sei.

Ich erklärte Pete, daß Don Penny wahrscheinlich Teil der Schmutzkampagne gegen mich war, die alle Teile der politischen und geheimdienstlichen Arena erreichte, wobei Leute wie Penny benutzt wurden, weil er wohl irgendeine Schuld begleichen mußte. Pete führte am 22. Oktober ein Gespräch mit dem Agenten Terry Gallagher vom Diplomatenschutz des Auswärtigen Amtes und traf sich am selben Tag noch mit Allan Dillon vom Geheimdienst.

Am 24. Oktober wollte der Geheimdienst mit mir reden. Sie stellten eine förmliche Anfrage über die amerikanische Botschaft in Ottawa beim CSIS, dem kanadischen Geheimdienst. Ein Geheimdienstmann aus den USA traf mich in Anwesenheit eines CSIS-Mitgliedes.

Ich erzählte ihnen, was meiner Meinung nach passieren würde, wobei ich nur die Tatsache beiseite ließ, daß ich es von einem aktiven Mitglied des Mossad wußte. Aber ich machte ihnen deutlich, daß ich meine Verbindungen hatte, hauptsächlich deshalb, um mich selbst zu schützen.

Die Informationen sickerten in die Presse, und Jack Anderson brachte die ganze Geschichte in einer Kolumne. Das gleiche machte Jane Hunter in ihrem Nachrichtenbrief, der ein absolutes Muß für alle Leute in Washington ist, die mit dem Nahen Osten zu tun haben und die vorurteilslos über die neuesten Entwicklungen in jener Region informiert sein wollen.

Ich war zuversichtlich, daß der Präsident mittlerweile nicht mehr auf seiner Madridreise in direkter Gefahr schwebte; trotzdem wäre es besser, dort so wenig Zeit wie möglich zuzubringen. Aber die Entscheidung, ihn zu eliminieren, würde deshalb nicht zurückgezogen, sondern nur verschoben und anders geplant. Ich hatte den amerikanischen Geheimdienstmann darauf hingewiesen, daß der Präsident an Bord der Air Force One extrem gefährdet war, sowohl durch Boden-Luft-Raketen als auch durch Sprengstoff, der im präparierten Gepäck eines unverdächtigen Reporters an Bord gebracht werden konnte, etwa in seiner Fotoausrüstung oder in einem Rekorder.

Von Ephraim hörte ich später, daß es kurz nach der Landung des Präsidenten in Madrid eine telefonische Bombendrohung in der amerikanischen Botschaft gegeben hatte und ein Teil des Gebäudes geräumt wurde, während sich der Präsident dort befand. Aber der restliche Plan war aufgegeben worden, und die drei vorgesehenen Attentäter, deren Namen und Aussehen man der spanischen Polizei mitgeteilt hatte, wurden gar nicht aus ihrer Haft im Negev entlassen. Später brachte man sie in die Forschungsanstalt Nes Ziyyona, wo sie ermordet wurden.

Am 31. Oktober war der Präsident wieder in Washington und wollte sein Haus in Kennebunkport besuchen, das in einem Sturm beschädigt worden war, der die ganze Küste verwüstet hatte. Der Geheimdienst fertigte am 1. November ein Memo an, das an die Passagiere der Air Force One verteilt wurde. Darin hieß es: »Wir verfügen über ein sehr effektives System, um Terroristen daran zu hindern, Sabotage am Flugzeug zu verüben. Trotzdem gibt es eine Schwachstelle. Es handelt sich dabei um das persönliche Gepäck, das aus der Autokolonne kurz vor dem Abflug an Bord gebracht wird...«

Kapitel 31

Der israelische Premierminister Yitzhak Shamir war nicht in bester Laune, als er in der israelischen Botschaft in Madrid auf einer besonders gesicherten Leitung einen Anruf erhielt, so berichtete es mir Ephraim. Shamirs alter Freund Robert Maxwell war am Apparat. Er rief aus London an und wollte Shamir dringend treffen. Er war bereit, nach Madrid zu kommen.

Die beiden Männer kannten einander seit langem. Der junge Shamir hatte den noch jüngeren Maxwell in die radikale zionistische Untergrundorganisation Irgun eingeführt. Maxwell, der sich aus Europa retten konnte, kam während des Zweiten Weltkriegs in ein sicheres Haus in Beirut und anschließend in ein sicheres Haus in Tel Aviv. Er wurde in verschiedenen Techniken für Untergrundkampf und Sabotage unterrichtet. Danach schickte man ihn nach Frankreich, wo er in die britische Armee eintreten und sich abrufbereit halten sollte.

Nach dem Krieg stellte Shamir, der damals im französischen Exil lebte, den Kontakt wieder her. Shamir wollte Maxwell direkt in die Mitte des gehaßten britischen Establishments einschleusen und bot ihm an, Maxwells erstes großes Geschäft zu finanzieren. In den folgenden Jahren erhielt Maxwell Insider-Informationen über globale Ereignisse von seinem Freund im israelischen Untergrund, der schließlich Mitglied des Mossad und am Ende Premierminister wurde, nachdem er in die Politik gegangen war. Shamir gab Maxwell den Kodenamen »Kleiner Tscheche«. Nur eine Handvoll Leute in der israelischen Geheimdienst-Gemeinde wußte, wer der »Kleine Tscheche« war. Dieser versorgte die Organisation stets mit Schmiergeldern in Hülle und Fülle, wann immer sie knapp bei Kasse war.

All die Jahre stürzte Maxwell jedesmal in finanzielle Löcher, wenn der Mossad teure Operationen laufen hatte, die nicht auf legitime Weise finanziert werden konnten, oder wenn andere, weniger legitime Quellen ausgetrocknet waren. Das war 1990 nach der amerikanischen Invasion in Panama der Fall, als die Einkommen des Mossad aus dem Drogenhandel für einige Zeit nicht mehr flossen und Maxwell sich gezwungen sah, tief in die Kassen seiner Unternehmen zu langen.

Aber Shamir spielte seinen geheimen Trumpf zu oft aus. Es war ein großer Fehler, Maxwell in Angelegenheiten von sekundärer Bedeutung (insbesondere in die Vanunu-Affäre) hineinzuziehen, wofür Maxwell auch noch den Preis bezahlen mußte.

Dieses Engagement machte das britische Parlament mißtrauisch, das meinte, ohne Feuer gäbe es keinen Rauch. Den Anstoß hatte ein Buch von einem amerikanischen Reporter gegeben, der behauptete, daß Maxwell ein Mossad-Agent sei. Maxwell antwortete mit einer Klage, aber der Boden wurde ihm langsam zu heiß unter den Füßen. Der Mossad kam in Verzug mit der Rückzahlung seines Geldes, und seine üblichen Rettungsaktionen in letzter Minute schienen sein Finanzimperium nicht über Wasser halten zu können.

Shamir wohnte in seiner gutbewachten Hotelsuite gegenüber dem Palast in Madrid, wo die Friedensgespräche zwischen Israel und seinen arabischen Nachbarn stattfanden. Das war nicht gerade seine große Stunde, um es mal freundlich auszudrücken. Er nahm an einem Prozeß teil, der in seinen Augen den Sicherheitsinteressen des Staates Israel diametral entgegenstand, nur weil er von Bush und seinem »antisemitischen« Außenminister James Baker an die Wand gespielt worden war. Vor dem Hotel fand eine kleine, aber hitzige Demonstration statt. Es handelte sich um die Kahane-Chai-Bewegung, die von Benjamin Kahane (Sohn von Meir Kahane, dem rassistischen Rabbi, der in New York erschossen worden war) geleitet wurde. Gleichzeitig hörte Shamir die Nachricht von dem um sich greifenden Skandal wegen der Mossad-Machenschaften in Deutschland. Dieser Skandal war das Ergebnis eines Anrufs von Uri bei der Hamburger Hafenpolizei, in dem er sie informierte, daß Waffen auf ein israelisches Schiff verladen wurden.

Die Waffen bestanden aus sowjetischen Panzern und Flaks, die in großen Containern verstaut waren, die die Aufschrift »Landwirtschaftliche Erzeugnisse« trugen. Die Lieferung war mit Hilfe des BND zustande gekommen, ohne das Wissen der Bundesregierung und des Verteidigungsministeriums. Es handelte sich genau um die Lieferung, die das Verteidigungsministerium im März desselben

Jahres verboten hatte, nach Israel zu schicken, weil man glaubte, damit gegen das Verbot zu verstoßen, Kriegsmaterial in Konfliktzonen zu liefern.

Shamir wußte nicht, welche Ausmaße dieser Skandal noch annehmen würde. Er erinnerte sich noch gut an den Skandal von 1978, als die Deutschen Mossad-Offizieren erlaubt hatten, als deutsche Geheimdienstoffiziere aufzutreten, um in deutschen Gefängnissen Palästinenser zu verhören. Es wäre schön, wenn die deutsche Regierung den sich anbahnenden Skandal eingrenzen könnte. Aber wenn Informationen erst einmal in die Medien gelangt waren, wußte man nicht, was noch alles passieren würde.

Und dann kam der Anruf von Maxwell, der darauf bestand, Shamir in einer wichtigen Angelegenheit zu treffen. Shamir bat ihn, damit zu warten, bis die Madrider Eskapade vorbei war und er wieder in Jerusalem saß, aber Maxwell war hartnäckig. Er sprach sogar eine verhüllte Drohung aus: Da jetzt vom Parlament und den britischen Medien Untersuchungen angestellt würden, könne er, falls es ihm unmöglich sei, seine finanziellen Angelegenheiten zu regeln, nicht garantieren, das Treffen mit Krjutschkow geheimzuhalten.

Maxwell bezog sich (und damit besiegelte er sein Schicksal) auf eine von ihm mitarrangierte Zusammenkunft zwischen der Mossad-Liaison und dem früheren KGB-Chef Wladimir Krjutschkow, der zu dem Zeitpunkt wegen seiner Rolle beim August-Putsch im Untersuchungsgefängnis Nummer vier in Moskau saß. Bei jenem Treffen, das auf Maxwells Jacht stattfand, die in jugoslawischen Gewässern vor Anker lag, wurde die Unterstützung des Mossad zum Sturz Gorbatschows diskutiert. Der Mossad versprach, über seine politischen Beziehungen sowohl für eine frühzeitige Anerkennung des neuen Regimes zu sorgen, als auch sonstige logistische Unterstützung zu geben. Im Austausch forderte er, alle sowjetischen Juden freizulassen beziehungsweise auszuweisen, was einen massiven Exodus bewirken würde. Die Zahl der Auswanderer wäre zu groß, um von anderen Ländern absorbiert zu werden. Die Menschen würden daher nur nach Israel gehen können.

Shamir hatte an die Notwendigkeit dieses Treffens mit den Planern des Putsches geglaubt. Er wußte, wenn Rußland nicht mehr der Feind war, gab es keine Bedrohung aus dem Osten mehr, und der strategische Wert Israels verringerte sich für seinen größten Bundesgenossen, die USA. Dann war ganz realistisch mit Allianzen zwischen den USA und den arabischen Ländern in der Region zu rechnen. Shamir glaubte, daß diese Friedenskonferenz, zu der er gezwungen worden war, das direkte Ergebnis dieser neuen Weltordnung darstellte, in der Israels Rolle als einsame westliche Demokratie im Nahen Osten zu Ende ging.

Es war Maxwell gewesen, der geholfen hatte, die Verbindungen zum jetzt aufgelösten KGB zu knüpfen. Shamir war sich bewußt, daß es ein verheerender Schlag für Israels Stellung im Westen wäre, wenn herauskäme, daß sich der Mossad auf irgendeine und sei es noch so geringfügige Weise an dem Putschversuch zur Beendigung des Demokratisierungsprozesses in der Sowjetunion beteiligt hätte. Das würde als Verrat am Westen aufgefaßt werden. Maxwell benutzte jetzt diese Tatsache als Drohung gegen Shamir, um eine sofortige Hilfsaktion für sein wankendes Imperium zu erzwingen. Shamir bat Maxwell, in ein paar Stunden zurückzurufen. Dann kontaktierte er den Mossad-Chef und verlangte, sich des »Kleinen Tschechen« ein für allemal zu entledigen.

Der Mossad war auf solch ein Vorhaben nicht vorbereitet. Shamir erfuhr, daß es mehrere Wochen dauern würde, um einen Plan aufzustellen, der auf den Gewohnheiten des Mannes basierte, um dann die Falle zuschnappen lassen zu können. Ein Mossad-Verbindungsoffizier, der zusammen mit dem Premierminister (selbst ein Ex-Mossad-Offizier) reiste, schlug vor, die Sache schneller zu erledigen, indem man Maxwell zu einem Rendezvous einlud, bei dem der Mossad zuschlagen könnte.

Shamir bat Maxwell, am folgenden Tag nach Spanien zu kommen, und versprach ihm, daß alles geregelt werde und kein Grund zur Panik bestehe. Maxwell solle mit seiner Jacht nach Madeira segeln und dort auf eine Botschaft warten.

Maxwell kam am 31. Oktober 1991 in Gibraltar an, ging an Bord seiner Jacht »Lady Ghislaine« und segelte nach Madeira, wie ihm gesagt worden war. Am Freitag, dem 1. November, wurde eine Sondereinheit des Mossad, die sich wegen der Friedensgespräche aus Sicherheitsgründen in Spanien aufhielt, damit beauftragt, sich um Maxwell zu kümmern. Sie flog nach Marokko, wo sie den Mossad-Chef der dortigen Station traf, der sich bereits um die notwendige Ausrüstung und sonstige Vorbereitungen gekümmert hatte.

Zuerst wurde Maxwell gesagt, daß die Begegnung in Madeira stattfinde und er ausreichend Geld erhalten werde, um die Angelegenheit bereinigen zu können. Dann wolle man ihm weitere Gelder überweisen. All das solle unter absoluter Geheimhaltung geschehen, um seinen Feinden nicht weiteres Material zu liefern, die nichts lieber hätten, als seine direkte Verbindung zum Mossad nachzuweisen.

Am 2. November erfuhr der Mossad, daß Maxwell seinen Sohn in England angerufen und mit ihm ein Treffen auf der Insel ausgemacht hatte. Das warf die Pläne des Mossad über den Haufen, und Maxwell wurde nun vom Mossad mitgeteilt, das ausgemachte Treffen sei geplatzt. Statt dessen solle er mit den Geldboten auf Teneriffa zusammentreffen.

Als er in Santa Cruz auf Teneriffa anlegte, eilte er sofort zu dem Treffen im Hotel Mency. Als er allein im Hotelrestaurant aß, kam jemand an seinen Tisch und überreichte ihm einen Zettel: Er solle am folgenden Morgen in Los Cristos auf der anderen Seite der Insel sein. Er solle auf seiner Jacht dorthin segeln. Die empfohlene Route führte um Gran Canaria herum.

Ich erfuhr von alldem in einem Telefongespräch mit Ephraim. Er hatte keine Ahnung, wie es dem *Kidon*-Team gelungen war, Maxwell auf hoher See zu erwischen, während die Jacht mit fünfzehn Knoten dahinsegelte, aber gerade das Unwahrscheinliche gehörte ja zur *Kidon*-Magie. Irgendwann in der Nacht vom 4. auf den 5. November wurde Shamirs Problem auf den Grund des Atlantiks versenkt.

Nach einer Autopsie, die mehr Fragen aufwarf, als sie beantwortete, fand eine zweite Autopsie in Israel unter den wachsamen Augen des Sicherheitsapparats statt. Maxwell bekam schließlich ein Begräbnis auf dem Ölberg in Jerusalem, dem Friedhof für die stolzesten Helden der Nation.

»Er hat mehr für Israel getan, als heute gesagt werden kann«, erklärte Shamir in seiner Totenrede für seinen Freund und sein Opfer.

Kapitel 32

Uri besuchte mich kurz nachdem ich meinen ersten Roman *Im Dienste des Mossad* fertig hatte. Seit unserem letzten Treffen war einige Zeit vergangen, und überhaupt hatte ich mit der Clique seit 1991 wenig Kontakt. Das Buch war in den USA, Deutschland und Kanada schon auf dem Markt und sollte demnächst in Holland und Belgien erscheinen. Ich war gerade dabei, einen weiteren Roman zu beenden. Man bat mich, eine Lesereise durch Holland zu machen. Seit das Buch *Der Mossad* 1990 erschienen war, hatte ich den Atlantik nicht mehr überquert und zögerte auch jetzt, es zu tun. In dieser Hemisphäre war eine Menge los, und ich wollte nicht riskieren, in Israel in einer Gefängniszelle zu landen. Ich rief Ephraim an und fragte ihn um Rat, und er schickte Uri, um alles mit mir zu besprechen.

»Du bist nicht in Gefahr«, sagte Uri pauschal. »Die Regierung der Arbeitspartei ist nicht der rechte Likud. Die Dinge haben sich inzwischen geändert. Du brauchst dir keine Sorgen zu machen. Wir empfehlen dir sogar rüberzufahren.«

Ich zögerte noch immer, aber die Möglichkeit zu reisen und den Adrenalinspiegel zu erhöhen, war eine große Versuchung. Ich stellte ein kleines Sicherheitsteam zusammen, das aus drei Studenten der Universität Ottawa bestand, denen ich beibrachte, die Rolle von Sicherheitsbeamten zu spielen. Das Ganze war mehr eine Show. Ich wußte, daß ich mich nicht auf professionelle Sicherheitsdienste verlassen konnte, weil sie eine große Zahl Israelis angestellt haben, die regelmäßig den israelischen Behörden Bericht erstatten.

Ich wußte, wenn es so aussähe, als hätte ich gute Sicherheitsvorkehrungen getroffen, dann würden bestimmte Randelemente nichts versuchen. Und wenn andererseits der Mossad mir etwas antun wollte, dann würde er es auch dann tun, wenn ich ständig von einem echten Sicherheitsteam umgeben war.

Aber in Holland ging alles gut, und am Schluß der Tournee fuhren wir für zwei Tage nach Belgien. Da ich die Geschichte des

Mossad in Belgien kannte und die Korruption der belgischen Polizei, war mir klar, daß ich ein Schlangennest betrat. Aber Ephraims Versprechen genügte mir. Am letzten Tag in Belgien sollte ich in einer Fernsehsendung in Brüssel auftreten. Bis zum Ende der Show lief alles glatt. Als ich und mein Team zum Wagen hinausgingen, der uns zum Hotel in Antwerpen bringen sollte, war weder Wagen noch Fahrer da. Es gab einige Verwirrung darüber, was mit dem Fahrer los sei. Dann wurde uns ein anderes Auto vorgeschlagen, aber mir und meinen Leuten kam das komisch vor. Da der Fernsehsender in Brüssel nicht weit entfernt vom Flughafen liegt, beschlossen wir, rasch zu handeln. Wir bestellten Taxis und teilten uns in Gruppen auf. Mein belgischer Verleger fuhr einen der Jungen und mich zurück in das Hotel, und die übrigen nahmen zwei Taxis. Wir verließen den Ort in drei verschiedene Richtungen und schickten sogar ein leeres Taxi noch woanders hin.

Ich wollte nur aus dieser Stadt herauskommen und mit Ephraim telefonieren. Wenn etwas im Busch wäre, dann wüßte er es bestimmt, dessen war ich sicher. Und er könnte mir sagen, was ich tun sollte. Aber ich kam erst nach Mitternacht dazu, ihn anzurufen.

»Hallo?« hörte ich Ephraims verschlafene Stimme.

»Ephraim?«

»Ja, wer ist dort?«

»Ich!« Da er nicht besorgt klang, fühlte ich mich schon etwas erleichtert.

»Wer, ich?«

»Victor, nun wach schon auf.«

»Ich bin wach.« Ich konnte seiner Stimme plötzlich eine Spannung anmerken. »Victor, wer?«

»Was heißt das? Ich bin nicht zu Spielchen aufgelegt, Ephraim.«

»Ist dort Victor Ostrovsky?« Er schien echt überrascht zu sein.

»Was ist das für ein Spiel?«

»Wie geht es dir? Wo bist du?«

»Du weißt, wo ich bin.«

»Wovon redest du?«

»Ephraim, ich warne dich. Treib kein Spiel mit mir, ich bin nicht dazu aufgelegt.«

»Untersteh dich, mich zu belästigen.« Ich konnte deutlich die Drohung in seiner Stimme hören. »Mach nicht denselben Fehler, den Spiro gemacht hat. Habe ich mich deutlich ausgedrückt, mein Junge?«

»Du Hurensohn!« Ich warf den Hörer auf. Ich hing tiefer drin, als ich mir einzugestehen wagte. Ian Spiro war ein *Sayan*, der viele Jahre mit dem Mossad zusammengearbeitet hatte. Er war ein sehr hilfreicher Kontakt. Bei vielen Gelegenheiten hatte er mit verschiedenen libanesischen Fraktionen in Verbindung gestanden. Er war britischer Staatsbürger und lebte in den USA. Sein Draht zu den Iranern und den Schiiten im Libanon brachte ihm im Laufe der Zeit eine Menge Geld ein. Dabei trieb er es ein wenig zu weit.

Der Mossad hatte ihm mehrere Millionen Dollar übergeben, um sie einer libanesischen Familie zu bringen, die mit dem Geld ihrerseits die Freilassung des gefangenen israelischen Fliegers Ron Arad erreichen wollte. Aber wegen Spiros Verwicklung in die Iran-Contra-Affäre wollte die libanesische Familie mit ihm nichts mehr zu tun haben. Und er behielt das Geld. Als das *Kidon*-Team am 7. November 1992 zu ihm nach Hause kam, um sich das Geld zurückzuholen, lief irgend etwas schief, und seine Frau und drei Kinder wurden getötet. Ihn schleppten sie in die Wüste, wo sie aus ihm herausholten, wo er das Geld versteckt hatte, nachdem er anfangs behauptet hatte, es der libanesischen Familie gegeben zu haben. Dann flößte man ihm eine giftige Substanz ein, die er bei sich trug, um die Reinheit von Gold zu prüfen, das er zu fördern plante.

Nun war mir klar, daß meine Zeit ablief. Am frühen Morgen stiegen wir alle in ein Taxi und fuhren nach Holland zurück. Als wir die holländische Grenze überquerten, war ich sehr erleichtert, aber ich wußte, daß das Schlimmste erst überwunden war, wenn ich wieder auf kanadischem Boden stand. Ich machte einen letzten Anruf bei Uri, wurde aber aus irgendeinem Grund unterbrochen.

Auf dem Flug wurde mir schließlich klar, was geschehen war. Ich würde das noch überprüfen, aber ich war mir ziemlich sicher. Im Mossad gab es einen Machtkampf um den Spitzenjob. In den letzten Jahren hatte sich erwiesen, daß Ephraim und seine Clique die einzigen hohen Offiziere waren, die keinen Dreck am Stecken hatten. Dank dieser guten Führung würde es Ephraim wahrscheinlich gelingen, die Kontrolle über den Mossad zu gewinnen, wenn nicht von außen ein neuer Mann hereingebracht würde. Es wäre nur eine Frage der Zeit, bis er und seine Leute hinter mir her sein würden, um mich umzulegen.

Ich war das schwache Glied in der Kette, und ich war eine leichte Beute. Jetzt lag es an mir. Was ich zu tun hatte, war klar. Ich mußte alles andere beiseite lassen und diese Story schreiben, die alle erfahren sollen. Jetzt ist es getan und liegt nicht mehr in meiner Hand. Urteilen Sie selbst.

Epilog

Viel zu lange hatte ich den falschen Herren gedient. Soweit ich mich zurückerinnern kann, hegte ich meine Zweifel an ihnen, erstickte aber immer schnell die Flamme des Skeptizismus aus Loyalität für das größere Ziel. Ich nahm die neuentstandene Religion des Zionismus an. Nichts ist einfacher, als in den Sog des Nationalismus zu geraten. Selbst heute noch, wenn ich auf meine zerbrochenen Träume zurückblicke, fühle ich einen Schauder, wenn auch nur von weitem die israelische Nationalhymne erklingt.

Ich hatte mein Leben jenem Land gewidmet und der einzigartigen Lebensweise, die es zu bieten schien. Es tut mir nicht um die verlorenen Jahre leid, die ich danach strebte, den sogenannten israelischen Traum zu verwirklichen. Mich schmerzt lediglich, etwas grundlegend Falschem angehangen zu haben. Der Zionismus existiert, genau wie die Apartheid, nur zum Wohle eines einzelnen Volkes. Schon von der Definition her ist es eine obsolete, dem neunzehnten Jahrhundert angehörende rassistische Bewegung, die nach Maßstäben der Menschenrechte keiner Prüfung standhalten würde.

Wenn Privilegien durch einen Staat bewilligt oder entzogen werden auf der Basis der Religionszugehörigkeit oder des ethnischen Ursprungs seiner Bürger, wird erwartet, ja ist es sogar notwendig, daß dem Staat erlaubt wird, die Zugehörigkeit der Herkunft eines bestimmten Bürgers zu überprüfen, dem er Privilegien gewähren oder entziehen soll. So etwas kann nur als diskriminierende und rassistische Politik bezeichnet werden, und genau diese Politik liegt der Gründung des zionistischen Staates zugrunde.

Der Zionismus ist eine politische Bewegung, die in den siebziger Jahren zwei drastischen Veränderungen unterworfen wurde. Die erste geschah, als die Regierung akzeptierte, daß dem Rabbiner die Autorität zukomme, anhand der Abstammung zu bestimmen, wer Jude ist und wer nicht. Diese Entscheidung hatte den Effekt, die gesamte jüdische Reformbewegung aus der jüdischen Rasse herauszulösen, da Konversionen und sonstige von Reform-Rabbinern vollzogene Handlungen vom israelischen Staat nicht anerkannt werden.

Und dann kam 1977 der rechte Likud-Block von Menachem Begin an die Macht. Von nun an schrieb der sogenannte Neozionismus das Schlagwort vom Groß-Israel auf seine Fahnen. Und seine Pioniere, die Siedler in den besetzten Gebieten, machten sich die religiöse Vorstellung zu eigen, daß sie, natürlich, die Garantie zur Erfüllung des uralten, von Gott gemachten Versprechens an das Volk Israel darstellten. Diese Vorstellung wäre akzeptabel, wenn die Erfüllung dieses Versprechens an keine Bedingungen geknüpft wäre, oder wenn doch Bedingungen existierten, müßte man ihnen entsprechen.

Aber dies ist nicht der Fall. Als das Volk Israel aus dem Gelobten Land nach der Zerstörung des Zweiten Tempels vertrieben wurde, hieß es, daß Gott das Volk Israel über die ganze Welt zerstreue und daß er und er allein, sobald es gerecht und dem Herrn wohlgefällig wäre, den Messias schicken würde, um es zurück in sein Land zu führen und um das Königreich Davids von neuem zu errichten. Nirgends steht geschrieben, daß er eine nationale Bewegung namens Zionismus schaffen würde, die sein Stellvertreter auf Erden werden sollte.

Ich habe kein Problem mit dem Staat Israel und dem Bedürfnis des jüdischen Volkes, ein eigenes Land zu besitzen. Ich finde es aber problematisch, die Schrift zu benutzen, um die Entwurzelung eines anderen Volkes im Namen einer Religion zu rechtfertigen, die wir gar nicht praktizieren, während wir für jene, die sie praktizieren, Feinde sind. Es ist ein wohlgehütetes Geheimnis, daß die ultraorthodoxen Juden, die in Israel und in der Diaspora leben, den Staat Israel nicht anerkennen. Yassir Arafat hat sogar einen ultraorthodoxen Juden, Rabbi Harsh, zu seinem Minister für jüdische Angelegenheiten ernannt. Der Rabbi sollte Delegierter der Palästinenser bei den Madrider Friedensgesprächen sein. Als er gefragt wurde, warum er nicht hinführe, sagte er, weil er nicht bereit sei, mit den Zionisten an einem Tisch zu sitzen.

Die Kompromisse hinsichtlich der besetzten Gebiete, die der zionistische Staat gegenüber den Palästinensern macht, sind nichts anderes als eine oberflächliche Geste. Sie basiert auf der Annahme, daß die Palästinenser aus einem unerklärlichen Grund bereit wären, ihren Willen, ihre nationalen Bestrebungen aufzugeben für das Recht, Bürger zweiter Klasse in einem nicht näher definierten Territorium zu sein.

Vergessen wir nicht, daß sogar die Balfour-Erklärung, worauf die zionistische Bewegung ihre Legitimität stützt, deutlich macht, daß die Erfüllung des zionistischen Traums nicht auf Kosten des nichtjüdischen Volkes von Palästina gehen dürfe:

»Die Regierung seiner Majestät betrachtet mit Wohlwollen die Gründung einer nationalen Heimstatt für das jüdische Volk in Palästina, und sie wird alle ihre Kräfte einsetzen, um die Verwirklichung dieses Ziels zu erleichtern, wobei wohlverstanden nichts unternommen wird, was die bürgerlichen und religiösen Rechte der in Palästina ansässigen nichtjüdischen Gemeinschaften verletzen könnte, bzw. was das Recht oder den politischen Status verletzen könnte, den die Juden in jedem anderen Land genießen.«[1]

Wenn man erst einmal seine ganze Existenz auf einer Lüge aufbaut, kann es keine Moral für irgendwelche Handlungen geben. Und der Arm zur Umsetzung der Handlungen des israelischen Staates ist der Mossad, der daher die größte Lüge ist. Der Mossad ist der aktivste aller westlichen Geheimdienste, ständig auf der Suche danach, jene anzugreifen, die er als Feinde des Staates ansieht, ob sie sich innerhalb oder außerhalb des Landes befinden. Mir ist es gelungen, mit meinen Aktionen zu zeigen, daß der Mossad nicht einmal Dinge bemerkt, die direkt vor seiner Nase passieren, und daß er viel weniger verschwiegen ist, als er gerne glauben machen möchte.

Mein Volk, das jüdische Volk, hat immer und bei jeder Gelegenheit gesagt, daß jeder dafür verantwortlich ist, was in Europa durch die Nazis geschah, weil sie es durch ihr Schweigen erst möglich machten. Wenn der Tag kommt, an dem die israelischen Generäle und Politiker für ihre Handlungen in den besetzten Gebieten und sonstwo Rechenschaft ablegen müssen, dann werde ich zumindest wissen, daß ich nicht geschwiegen habe.

Für jeden, der Verständnis für Militärstrategie hat, ist klar, daß Israel, auch wenn es seine arabischen Nachbarn in einem örtlich

[1] Zitiert nach Nathan Weinstock: Das Ende Israels? Berlin 1975, S. 105.

begrenzten Krieg besiegen kann, es sie nicht zu überrennen oder zur Kapitulation zu zwingen vermag. Solange demnach ein nicht gelöster Konflikt schwelt, insbesondere ein solcher, bei dem Israel eindeutig der Aggressor ist, ist das Schicksal des Landes besiegelt und seine Zerstörung eigentlich nur eine Frage der Zeit. Für das Volk Israels ist es höchste Zeit, in die Diskussion einzutreten, und zwar über seine Ideologie. Wollen die Juden Bürger einer wirklichen Demokratie sein oder Wächter der Festung Israel? Sie brauchen sich doch nur die Berge Israels anzuschauen, die übersät sind mit Festungen, die alle mit der Zeit untergegangen sind.

Der Judaismus ist ewig, der Zionismus nur eine Episode. Israel wird nur als ein säkularisierter Staat zwischen Jordan und Mittelmeer sicher sein, in dem alle Völker frei sind und die gleichen Rechte besitzen. Überlassen wir es Gott, den Dritten Tempel zu errichten.

Literatur

Kapitel 1

Stephan Ketele, »Subs for Aalst dateline on sked alert issued in supermarket massacre«, United Press International, 10.11.1985.

Judith Miller, »Belgium is shaken by bombs and ›crazy killers‹«, *New York Times*, 24.11.1985.

James M. Markham, »Terrorists put benign Belgium under mental siege«, *New York Times*, 6.2.1986.

Raf Casert, »Belgium orders investigation into secret anti-communist group«, Associated Press, 9.11.1990.

»Belgium probes terrorist links with NATO-wide resistance group«, Reuters, 9.11.1990.

Michael Binyon, »Head of Belgian detective force arrested«, *The Times*, 26.4.1990.

David Usborne, »Belgium throws the book at its bungling state security service«, *The Independent*, 8.5.1990.

Dan Izenberg, »Apparent blunder: Israel jets intercept, release Libyan plane«, Associated Press, 4.2.1986.

David Nordell, »Israeli leaders have no apologies for grounding plane«, Associated Press, 5.2.1986.

Andrew Whitley, »Israel forces down Libyan jet«, *Financial Times*, 5.2.1986.

»When Mossad shoots itself in the foot«, *Manchester Guardian Weekly*, 16.2.1986.

Kapitel 2

Brenda C. Coleman, »Company accuses Israel of stealing trade secrets«, Associated Press, 19.8.1986.

»Loral wins contract for joint service image processing system«, PR Newswire, 22.9.1987.

Edward T. Pound / David Rogers, »Inquiring eyes: An Israeli contract with a U.S. company leads to espionage – arbiters say Israel stole data, and it wasn't first time the ally spied in America«, *Wall Street Journal*, 17.1.1992.

Edward T. Pound / David Rogers, »How Israel spends $ 1,8 billion a year at its purchasing mission in New York«, *Wall Street Journal*, 20.1.1992.

Edward T. Pound / David Rogers, »Politics and policy: Roles of ex-Pentagon officials at Jewish group show clout of cold-warrior, pro-Israel network«, *Wall Street Journal*, 22.1.1992.

Kapitel 4

Embassy of the Democratic Socialist Republik of Sri Lanka, press release, Washington, D. C., 20. 9. 1990.

Yohanan Lahav, »The Mossad assisted Tamils in Sri Lanka: as told by Indian Minister of Finance Subramanis Swami«, *Yediot Aharonot*, 14. 12. 1990.

Thalif Deen, »Mossad sells arms to Tamil Tigers«, *Sri Lanka Sunday Observer*, 30. 9. 1990.

»Mossad behind bugging of Danish parliament's ombudsman, paper says«, Agence France Presse, 2. 12. 1993.

»Danish officials confirm illegal Mossad activities«, *The Washington Times*, 10. 10. 1990.

Ygal Rom, »Danish government enquiry into Mossad's bugging of Professor, from the Danish paper Extrablatt«, *Yediot Aharonot*, 3. 12. 1993.

»Denmark: Mossad is working in our territory against the law«, *Yediot Aharonot*, 22. 9. 1990.

Julian M. Isherwood, »Danish parliament investigates Israel's Mossad«, United Press International, 10. 10. 1990.

Peter Eisner, »Judge in Noriega trial stops questions on CIA, Mossad«, *Newsday*, 25. 9. 1991.

»With Noriega, the end of Harari«, *Latin American Weekly Report*, 18. 1. 1990.

Kapitel 8

Ian Black / Benny Morris, *Israel's Secret Wars: The Untold History of Israeli Intelligence*, London: Hamish Hamilton, 1991, S. 426–427.

Stanley Meisler, »France will put Arab on trial in 2 assassinations«, *Los Angeles Times*, 29. 1. 1987.

Kathleen Brady, »A Paris court stands firm; Life in prison for a terrorist«, *Time*, 9. 3. 1987.

Ehud Ya'ari, »Behind the terror«, *The Atlantic*, Juni 1987.

Robert Suro, »Unmasking a terror group: Typical pattern of travel, havens and killings«, *New York Times*, 13. 4. 1986.

John Vinocur, »American diplomat shot in Strasbourg; C. I. A. link denied«, *New York Times*, 27. 3. 1984.

»Around the world; police in Paris sees link among political slayings«, *New York Times*, 10. 4. 1982.

Steven Strasser / Milan J. Kubic / James Pringle / Julian Nundy / Ray Wilkinson, »A terrible swift sword«, *Newsweek*, 21. 6. 1982.

Karin Laub, »Shamir denies he decided to fire Mossad chief«, Associated Press, 12. 1. 1989.

Kapitel 11

Allyn Fisher, »American immigrant doctor blamed for Hebron massacre with Israel-unrest«, Associated Press, 25. 2. 1994.

Michael Arndt, »More mainstream Jews drawn to Kahane's side«, *Chicago Tribune*, 20. 4. 1986.

Leonard Buder, »Prison for ex-J. D. L. chief in bombing«, *The New York Times*, 27. 10. 1987.

Kapitel 12

»Five in Bermuda ordered deported in Iran arms sale plot«, Reuters North European Service, 16.5.1986.
Thomas L. Friedman, »Israel denies smuggling cluster bomb technology«, *The New York Times*, 10.7.1986.
Thomas L. Friedman, »How Israel's economy got hooked in selling arms abroad«, *The New York Times*, 7.12.1986.

Kapitel 14

Kim I. Mills, »Two israelis charged in ongoing probe of U.S. defense industry«, Associated Press, 29.4.1993.
James Rowley, »Paisley, former assistant secretary, pleads guilty«, Associated Press, 14.6.1991.
»Arms fraud probe said widened to two Israeli firms«, Reuters, 11.7.1988.

Kapitel 15

Jacob Erez, »A high-ranking officer in the office of the Prime Minister was a KGB agent«, *Maariv Israeli Daily*, 3.9.1993.
»Suspect held over disco blast that sparked US raid on Libya«, *The Independent*, 28.7.1990.
Bob Woodward, »Protecting Reagan: CIA built case against Qadhafi U.S. interception of messages led to raid on Libya«, *Chicago Tribune*, 28.9.1987.

Kapitel 19

Menachem Shalev, »Best of British ...«, *The Jerusalem Post*, 17.1.1989.
»Syria says British and Israeli secret services cooperate«, Reuters, 25.6.1988.
»British say Israelis faked passports; Mossad accused of using forgeries in attacks on foes«, *Los Angeles Times*, 16.3.1987.
Simon O'Dwyer-Russell / Christopher Elliott, »Israeli intelligence cell pulled out of Britain«, *Sunday Telegraph*, 24.7.1988.
Simon O'Dwyer-Russell, »Israel halts secrets trade with MI6 after expulsions«, *Sunday Telegraph*, 21.8.1988.
John Weeks, »End of MI6-Mossad rift vital to terrorist hunt« *Daily Telegraph*, 30.12.1988.
Simon O'Dwyer-Russell, »Israel link in Blowpipe scandal«, *Daily Telegraph*, 16.5.1989.

Kapitel 21

»Shamir insists Israel not involved in Pollard affair«, Reuters, 23.3.1987.
»U.S.A.: Israel, Inman and Pollard«, *Intelligence Newsletter*, 10.2.1994.
Michael J. Sniffen, »Appeals court upholds guilty plea and sentence for spy«, Associated Press, 20.3.1992.
G. Keenan, »Worsening relations with Israel inevitable«, *The Vancouver Sun*, 26.3.1992.

Kapitel 22

Graeme Kennedy, »Pacific Express finds demand for dirty work«, *The National Business Review*, 30.4.1993.

Graeme Kennedy, »Pacific Express expands air freight fleet, *The National Business Review*, 4.12.1992.

»Swiss/Soviet metro freight carrier topples«, *Flight*, 17.7.1991.

»Movie producer Arnon Milchen shopped for Israel's nuclear weapons program, TV report says«, *Israeli Foreign Affairs*, Bd. IX, Nr. 3.

Kapitel 23

Daniel Schifrin, »Traitor of patriot?: Mordechai Vanunu is in jail for exposing Israel's alleged nuclear secrets. But his brother, Meir, calls him a hero«, *Baltimore Jewish Times*, 13.8.1993.

Chaim Bermant, »Israel's not-so-secret weapon: Chaim Bermant on the subplots of the Vanunu affair«, *Sunday Telegraph*, 19.7.1992.

R. Barry O'Brien, »Conman link admitted by Hersh«, *Daily Telegraph*, 18.11.1991.

Peter Hounam / David Leppard / Nick Rufford, »Another hoaxed over Maxwell Mossad link«, *Sunday Times*, 17.11.1991.

Alastair McCall, »New charges in Vanunu affair«, *Daily Telegraph*, 13.11.1991.

Sam Seibert / Ronald Henkoff / Barbara Rosen, »A right to disobedience? Israel tries Vanunu«, *Newsweek*, 17.9.1987.

George Jones / Philip Johnson, »Book links Maxwell to Mossad«, *Daily Telegraph*, 23.10.1991.

»British newspaper says Israel among world's nuclear powers«, Reuters, 4.10.1986.

»U. K. cuts syria ties over El Al Bomb plot: Jordanian suspect is convicted«, *Facts on File World News Digest*, 31.10.1986.

Kapitel 25

»New theories about death of West German Politician«, The Reuter Library Report, 3.8.1988.

Anna Tomforde, »SPD win Schleswig-Holstein«, *Manchester Guardian Weekly*, 15.5.1988.

»Second autopsy ordered on body of West German politician«, Reuters, 23.10.1987.

»Scandal-hit West German politician was murdered, brother says«, The Reuter Library Report, 12.10.1987.

»Iran pulls envoy after alleged gas deal«, *St. Petersburg Times*, 28.6.1989.

David Gow, »Mr. Clean under fire over new dirty tricks revelations«, *The Guardian*, 1.5.1993.

Ron Csillag, »Profile: Benjamin Netanyahu; Israel's ambassador to the U. N. and the opening of the war crimes archives«, *Lifestyles*, Bd. 15, Nr. 92, 1988.

Kapitel 26

»Vanuatu: South Pacific news coverage upsets leaders«, *National Business Review*, 7.7.1989.

Kapitel 27

Finlay Marshall, »Bazoft cleared of spying, says Observer«, Press Association Newsfile, 17.3.1990.

David Connett / Tim Kelsey / Julian Nundy, »Inside Story: Who was this man who was hanged as a spy?« *The Independent*, 18.3.1990.

David Leppard, »Ex-police chief reveals Bazoft talks at Yard«, *The Sunday Times*, 18.3.1990.

Anton Ferreira, »Iraqi chemical threat seen as response to fears over Israel«, The Reuter Library Report, 10.4.1990.

Charles Miller, »Murder link theory in arms find«, Press Association Newsfile, 12.4.1990.

Steve Weizman, »Slain weapons expert helped Israel improve big guns«, The Reuter Library Report, 13.4.1990.

»Iraq: Evidence was faked to smear Bazoft«, *Observer*, 10.6.1990.

Michael Kneissler, »So killte ich Saddam Hussein«, *Wiener*, 2.2.1991.

Petre Huck »Iraq: Saddam's superguns«, *Australian Financial Review*, 27.3.1992.

»How Britain armed Saddam«, *Observer*, 15.11.1992.

Richard Norton-Taylor, »Director tells how he foiled supergun plot«, *The Guardian, 1.7.1993.*

Kapitel 28

Ken Gross / J.D. Podolsky, »As Israel tries to smother his book, a former Mossad spy spills some dark secrets of that shadowy service«, *People*, 1.10.1990.

Jamie Lamb, »A mystery story«, *The Vancouver Sun*, 17.11.1990.

»Inside the Mossad«, *Newsweek*, 24.9.1990.

Joshua Brilliant, »Ex-Mossadnik said to be ›greedy, ambitious‹«, *The Jerusalem Post*, 11.9.1990.

Gagy Baron, »Israel turned to a Canadian court because Mossad wanted to buy time: Ostrovsky refused a financial offer in return for not publishing. A high source ›The book would have gained prominence anyway‹«, *Yediot Aharanot*, 19.9.1990.

Ian Black, »Agency chiefs mop up after Mossad book«, *Manchester Guardian Weekly*, 23.9.1990.

»Victor Ostrovsky and Mossad«, *El Aharam*, 9.4.1992.

»Israel rejects charge of kidnapping Shiite cleric«, AFP, 8.4.1992.

»Lebanon – April 8 – Israel denies Sadr kidnapping«, *APS Diplomatic Recorder*, 11.4.1992.

»Mossad background«, *APS Diplomat Strategic Balance in the Middle East*, 7.9.1992.

»How Israel blew up Saddam bomb«, *The Sunday Times*, 16.9.1990.

Angel Guerra, »Publisher did not claim writer's life threatened«, *The Toronto Star*, 3.10.1990.

Bertrand Desjardins, »Un ex-agent se met à table et dévoile des secrets«, *Le Journal de Montréal*, 26.1.1991.
»Les États-Unis sont-ils manipulés par Israël?«, *Le Journal de Montréal*, 26.1.1991.
»Détruire la bombe de Saddam!«, *Paris Match*, 8.11.1990.
Batsheva Tsur, »Navy saved Ethiopian Jews in '80s«, *The Jerusalem Post*, 18.3.1994.
Antonio Carlucci, »Il Mossad è nudo«, *Panorama*, 14.10.1990.
Mike Anderson, »Deception and controversy«, *Metro*, Bd. III, Heft IX, November 1990.
»Tony Brown's comments«, *Washington (D.C.) Informer*, 3.10.1990.
Art Winslow, »Mossad's cover story«, *The Nation*, 22.10.1990.
Mark Kennedy, »Spy inquiries touched off by allegations«, *The Ottawa Citizen*, 5.2.1992.
Dan Raviv, »On angry spy«, *The Toronto Star*, 6.10.1991.
»Mossad's dirty laundry«, *Antigo (Wisc.) Journal*, 31.10.1990.
Jane Hunter, »Steven Emerson: A journalist who knows how to take a leak«, *EXTRA!*, Oktober/November 1992.
Robert Fife, »Israeli spying detailed«, *The Ottawa Sun*, 15.5.1992.

Kapitel 29

»Norway police lets Mossad question Palestinian asylum seekers«, The Reuter Library Report, 18.9.1991.
»Intelligence chief resigns after scandal«, Associated Press, 11.10.1991.
»Norway: Asylum organization files action against Secret Service«, Inter Press Service, 8.11.1991.
Irwin Block, »Rights groups want release of Palestinian«, *The Gazette* (Montreal), 19.11.1991.
»Canada Deports former PLO colonel to Algeria«, The Reuter Library Report, 26.2.1992.
»Mossad said to offer cash in return for PLO killing – paper«, The Reuter Library Report, 24.4.1992.
»Norway lets Palestinians stay after Israeli interrogation row«, The Reuter Library Report, 17.1.1992.
»Israel – Oct. 11 – Mossad scandal in Norway«, *APS Diplomatic Recorder*, 12.10.1991.
»Norway: Mossad agents allowed to interrogate Palestinians«, Inter Press Service, 27.9.1991.
»Norwegian Intelligence service confirms Mossad cooperation«, Agence France Presse, 18.9.1991.
Miriam Jordan, »Arrest of four Israelis in Cyprus puts Mossad in spotlight«, The Reuter Library Report, 25.4.1991.
Katherine McElroy, »Cyprus: Israelis fined for attempting to bug Iranian embassy«, *Guardian*, 10.5.1991.

Kapitel 30

Christopher Dickey / Margaret Garrard Warner / Theodore Stanger, »With if the talks aren't all talk?«, *Newsweek*, 4.11.1991.

Margaret Garrard Warner / Christopher Dickey, »Behind the insults«, *Newsweek*, 11.11.1991.

»Glittering start to Madrid talks; Arab-Israeli peace talks regional focus«, *Middle East Business Weekly*, 8.11.1991.

Ira Rifkin, »Shamir's G.A. speech fuels peace debate«, *Baltimore Jewish Times*, 29.11.1991.

Paul Bedard, »Security keen for Bush's jets; Terrorist bombing threatened«, *The Washington Times*, 10.11.1991.

»Security alert on Air Force One«, United Press International, 6.11.1991.

»World news summary; Wednesday, Oct 30 (since 0300 GMT)«, Agence France Presse, 30.10.1991.

»Bush flying to Maine Saturday to inspect damage to his compound«, United Press International, 31.10.1991.

»Spanish police on alert for three terrorists«, United Press International, 29.10.1991.

Jack Anderson, »Israel's Shamir has no great love for Bush«, *Northwest Arkansas Times*, 7.11.1991.

»Reuter Middle East highlights 1830 GMT Oct 30«, The Reuter Library Report, 30.10.1991.

Maxim Ghilan, »Madrid«, *Israel & Palestine Political Report*, Nr. 167, 15.11.1991.

»Shamir to walk out of peace talks for heaven's sake«, The Reuter Library Report, 31.10.1991.

»Spain ousts israeli demonstrations after Shamir hotel row«, The Reuter Library Report, 31.10.1991.

John Dirlik, »Canada–Israel committee calls Bush ›idiot‹, Baker ›pompous jackass‹«, *Washington Report on the Middle East*, o. J.

Kapitel 31

Peter Bale, »UK MPs urge probe over alleged Maxwell / Israel ties«, Reuters, 22.10.1991.

»Claims about Mirror-Israeli links to be probed if justified«, Xinhua General Overseas News Service, 22.10.1991.

»Report Maxwell died from lethal injection is denied«, Associated Press, 25.11.1991.

Richard Norton-Taylor, »UK: American journalist claims Daily Mirror man ›helped hunt for Vanunu‹, *Guardian*, 13.11.1991.

Lin Jenkins, »Maxwell ›lived for fours hours in sea before heart attack‹«, *The Times*, 13.11.1991.

»The Making of a Billionaire«, *Newsweek*, 18.11.1991.

»Former KGB boss makes life easier for new friends in prison«, The Reuter Library Report, 31.10.1991.

Natalia Gevorkyan, »Was Maxwell a KGB agent?«, *Moscow News*, 18.12.1991.

Richard Beeston: »Israel buries Maxwell with full honours«, *The Times*, 11.11.1991.

Richard Homan, »Israel threatens Beirut; U. S. urges cease-fire«, *The Washington Post*, 11.6.1982.
»Maxwell relayed Israeli proposals to Soviets, paper says«, Associated Press, 19.12.1991.
»Maxwell buried in Israel; was he murdered? Publisher Robert Maxwell«, *Editor & Publisher*, 16.11.1991.
Joshua Hammer / Daniel Pedersen / Rod Norland, »A tycoon's final days«, *Newsweek*, 18.11.1991.
Jimmy Burns, »The big lie – inside Maxwell's empire: Questions raised by Maxwell's last hours«, *Financial Times*, 19.6.1992.
»Flamboyant life and times of Robert Maxwell«, *Guardian Weekly*, 17.11.1991.

Kapitel 32

Con Coughlin, »Spies take cover as Coughlin's murky story unfolds«, *Sunday Telegraph*, 15.11.1992.
Con Coughlin, »British spy ›murdered by Iranians‹«, *Sunday Telegraph*, 19.12.1993.
Jim Wolf, »Book says Iran killed CIA operative in California«, The Reuter Library Report, 24.11.1993.
Paul Greengrass, »Secret lives«, *The Guardian*, 16.11.1993.
Ruth L. McKinnie, »County's solemn duty: Last rites for estates in relative obscurity, public administrator shows the will to deal«, *San Diego Union-Tribune*, 15.1.1994.

Epilog

»Emotions run high as anti-Israel rabbi arrives in Jerusalem«, *The Globe and Mail*, 8.6.1994.
Eric Silver, »New accounts of Deir Yassin«, *Manchester Guardian Weekly*, 17.4.1983.
Yaakov Sharett, *»Suicidal Israel«*, Tel Aviv 1988.

Stichwortverzeichnis

E

F

G

H

I